画舫 闺阁与

Boudoir
and
Painted Boat

1796—1850

*The Sentimental Discourse
and Writing about Women
of Jiangnan Literati in
Qing Dynasty*

清代江南文人的
情感话语和女性书写

（1796—1850）

李汇群 著

上海人民出版社

图书在版编目(CIP)数据

闺阁与画舫:清代江南文人的情感话语和女性书写.
1796—1850/李汇群著. —上海:上海人民出版社,
2022
ISBN 978 - 7 - 208 - 17965 - 3

Ⅰ.①闺… Ⅱ.①李… Ⅲ.①文人-研究-华东地区
- 1796 - 1850 Ⅳ.①K820.52

中国版本图书馆 CIP 数据核字(2022)第 181504 号

责任编辑 马瑞瑞
封扉设计 人马艺术设计·储平

闺阁与画舫
——清代江南文人的情感话语和女性书写(1796—1850)
李汇群 著

出　　版　上海人民出版社
　　　　　(201101 上海市闵行区号景路 159 弄 C 座)
发　　行　上海人民出版社发行中心
印　　刷　江阴市机关印刷服务有限公司
开　　本　890×1240 1/32
印　　张　12.75
插　　页　5
字　　数　293,000
版　　次　2022 年 10 月第 1 版
印　　次　2022 年 10 月第 1 次印刷
ISBN 978 - 7 - 208 - 17965 - 3/K·3243
定　　价　68.00 元

目　录

序
刘勇强

　　清代女性文学创作盛极一时，这是近些年广受学界关注，尤其受女性学者关注的一个课题，随着研究的展开，大家越来越清楚地认识到，如果忽视女性的创作，不仅无法完整地描写清代文学的基本面貌，而且可能因为这一缺失，导致对其发展原因、演变过程的简单化处理。不过，这种简单化处理也并不会因为女性创作受到的关注就自然得到克服。相反，若是孤立地研究女性创作，同样可能会影响对女性创作价值准确的判断。事实上，由于生活范围的狭窄，清代女性文学创作虽然很有特点，但是总体成就似不宜夸大。女性文学创作的意义也许主要不在其本身的艺术贡献，而在于整个文学生态乃至文化格局中的一部分，其思想与艺术价值只有置于文学生成的环境并与相关的文学活动联系起来考察才更有意义。显然，男性对女性的态度、与女性的关系、对女性的书写是女性自身创作的最好的参照，李汇群的《闺阁与画舫：清代江南文人的情感话语和女性书写（1796—1850）》非常明智地将文人与女性的关系作为研究的重点，使女性的创作与对女性的书写在相互影响的意义上，得到了更为恰如其分的揭示。

　　汇群是从"闺阁"与"画舫"两个角度切入文人与女性关系的，通过挖掘史料，考证原委、分析内涵，勾勒出一幅清代嘉道时期江南地区独特的社会文化与文学图景。这一图景或许与重大的政治动荡和社会文化的主流还有一些距离，但它作为历史真相的一部分，是我们更全面把握社会内在发展脉络必须顾及的深隐层面。嘉道时期是闺秀诗集编纂的一个高峰时期，这是不少人都注意到了的基本事实，汇群在对这一事实作了认真的梳理阐发后，又进一步强调了女性对文人及其文学活动的多方面影响，例如在家庭生活中，母亲、妻子的文学活动都会对儿子、丈夫影响甚大；闺阁女"士"与士人的交往唱和更为普遍；而女性也更多地成为了文人书写、咏唱的一个对象和题目。其中有些方面虽然是不言而喻的事实，如母亲、妻子对儿子、丈夫的影响，但因古人疏于记载，往往鲜有提及。对此，汇群是下了很大的功夫的。比如书中有这样一段论述：

> 在科考社会中，对于文人而言，最伤心的莫过于科举的失败和仕途的不顺。而闺阁女"士"，由自己在男性社会中的弱势位置，而能够很好地体味到文人内心的困顿和挣扎，因而出语安慰往往颇能切中款曲，委婉动人。如前文已经提到过席佩兰和孙原湘这对文学伉俪，席佩兰不仅能够在诗文创作方面给丈夫很好的鼓励，更难得的是她于夫子落第时也能够设身处地为其着想，予以开导劝解………有如此深明大义的夫人，无怪乎孙原湘后来会于居官不久后即辞职，并与之同隐了。像席佩兰这样的闺阁女性在当时不是个别的现象，如徐达源之妻吴琼仙也曾于徐达源入都时倾心赠言，而作为张问陶的妻子，林颀更以"发君笔底有烟霞，自拔金钗付酒家。修到人间才子妇，不辞清瘦似梅花"的落落赢得士林称赏。

显然，在考察男性的事功、思想时，这些生活细节并不是无关紧要的，然而往往被我们忽略了。

　　出于同样的思路，汇群注意到一些文学史上一向受到冷落的人物，如车持谦、陈裴之、蒋坦等。眼光的下移，将重心转向二、三流的作家，是近二十年来古代文学研究的一个倾向，其得失不可一概而论。由于名家名作研究已趋于"饱和"，当研究者感到难以置词时，便不得不别觅洞天于荒郊野径，其劳作虽可能有填补空白的意义，有时却也不免夸张其事或故作惊人之语。不过，汇群之关注文学史上次要人物倒并不只是因为前人鲜有涉猎，足以申论。更重要的是，这些各具特点的研究对象，有助于从不同角度展现清代文人的女性观念及相应的女性书写。所以，她在"结语"一条小注说，她并不完全认同"第二流""第三流"的说法来指称"大家"之后的其他文人群体，说到底，文学作品的流传也是一种偶然和必然结合的结果。在"当时"的平面上，文人群体中彼此认同和划分的标准，往往和后世有着很大的差别。我赞赏她的这一观点，也赞赏她由此展开的分析。当一个研究者摆脱了某种固定的思维模式后，就有可能在纷繁的现象中，提炼出真正具有理论涵盖意义的结论来。汇群对所谓"真情"与"幻情"的剖析，就是如此。大而言之，她指出从晚明到嘉道二百年的时间，文人对"福薄才女"的书写，将其普通现实的人生涂上种种幻美的色彩，这种种"修改"或者说"伪造"中折射出来的其实是文人自己内心深处的自我痛悼。同样的现象也存在于文人的青楼书写中。小而言之，她指出陈裴之《香畹楼忆语》对文字本身的关注甚至超过了对紫湘本人的悼念，使得真情经过发酵和夸张成了服从于行文需要的一段幻情；而蒋坦《秋灯琐忆》空灵隽永的文字与他和关锁真实生活之间存在着的差距，折射出来的蒋、关二人对待婚姻的不同态度，等等。如此洞幽烛隐的分析，不仅需要对文献作艰苦的披检与考证，还需要有基于对社会历史准确把握的精确解读与阐发。

因此，汇群此书的贡献主要有三方面，一是她注重关系、过程、细节的揭示而不是单纯的价值判断，对于拓宽研究领域，在方法上是值得借鉴的；二是她对诸多史实的考证，不但多有纠偏正误之处，同时也为还原清中叶的文学现场，提供了很多精彩的片断。三是作为女性研究者的敏锐细心，使她常能透过诗文的表层叙述，揭示出人物关系深隐的心理因素。比如文中指出"冯小青"故事在嘉道时期的流行，文人和女性理解的角度各有不同，以致在相同的书写符号中，有着不同的投射与寄寓，就独具神解。这些胜识新见，读者未必都能认同，但从中获得启发、引出商榷，应当是无可否认的。

汇群自北大获得博士学位以后，去了中国传媒大学从事传播学的教学科研工作，与她原先所学的古代文学专业似乎有些距离，但她很快就适应了新的工作要求，这使我想到了《儒林外史》第十一回中鲁编修说的："八股文章若做的好，随你做甚么东西，要诗就诗，要赋就赋，都是一鞭一条痕，一掴一掌血。"这番高论套用了朱熹的原话，用在八股上自属夸张。但若就一个人所具备的优良的研究素质来说，却是不错的。大约也正是由于这样的信念，汇群仍然坚守着自己的学术兴趣。这肯定也有助于她今后的工作。

绪　论

一

　　性别研究是近年来的重要研究方向，已经渐渐渗透到了人文科学研究的各个领域。在中国古典文学，尤其是明清文学研究方面，也渐渐有越来越多的学者开始关注这段时期女性社会活动环境的变化及其在女性文学创作方面的影响。

　　具体来讲，明清文学研究中，对中国古代女性文学创作的研究主要集中在明末清初和清朝中期。如孙康宜的《陈子龙柳如是诗词情缘》从陈寅恪的《柳如是别传》脱出，将研究重心放在陈柳二人的诗词唱和中，借以勾勒出明清之际女性，尤其是江南名妓生活环境的大变动。赵雪沛的《明末清初女词人研究》将明末清初大致界定于明末五十年至清初五十年大约百年左右时间，从晚明个性解放思潮和明清鼎革带来的巨大冲击两重维度，考察了女词人创作题材和风格上的突破。马珏玶的《明清文学的社会性别研究》以社会性别理论为抓手，从叙事、抒情两大类别出发，梳理了明清文学的文本建构和社会性别之间的互动。马思聪的《明清易代语境下江南文人的女性书写研究》以明清易代为背景，从历史认知与女性形构、家国情怀与女性场域、政治隐喻与女性身份、易代评判与女性才德等四个方面，考察了易代语境下女性书写的特质内涵。而钟慧玲的《清代女诗人研究》和《清代女作家专题》，以翔实的资料还原了清代女诗人活动的社会背景，并采取个案分析的方法，对明末至清代中期的几位重要女诗人，如王端淑、汪端、席佩兰的文学创作作了重点分析。黄嫣梨的《清代四大女词人：转型中的清代知识女性》中提到徐灿、顾春、吴藻和吕碧城，顾春和吴藻都是清代中叶重要的女词人。陶慕宁的《青楼文学与中国文化》意在探讨青楼文学对中国文化的影响，对明末江南名妓与文人的关系给予了更多关注。鲍震培的《清代女作家弹词小说论稿》虽然写的是清朝一代弹词的创作，但考其分析重点，如《天雨花》《再生缘》等，视野明显地集中于清初至中期这段时间。杜芳琴的《痛菊奈何霜：双卿传》，对清代中期女词人贺双卿的生平及创作作了详细的考证。张宏生、张雁编《古代女诗人研究》和张宏生编《明清文学与性别研究》是两本编选较好的古代文学性别研究论文集，《古代女诗人研究》收入清代研究论文 16 篇，其中主要谈到明清之际和清代中期的有 12 篇，比例高达 3/4，《明清文学与性别研究》收入论文 54 篇，关注明清之际和清代中期的论文则有近 30 篇。由此，都可以看出近年来明清文学性别研究关注的中心和热点所在。

　　本书研究范围为清嘉庆道光时期（1796—1850），仍然属于清代中期这个大范围。就笔者所见，现今清代中期性别研究仍然更多集中在女性与重要文人的交游及相关作品的梳理方面。如钟慧玲的《清代女诗人研究》和《清代女作家专题》，在清代女诗人活动和创作的材料搜集方面堪称翔实，于清代中期则拈出"随园女弟子"和"碧城仙馆女弟子"的活动,作了清晰的勾勒。王英志著《袁枚暨性灵派诗传》,对"随园女弟子"的交游作了详细论述。严迪昌著《清诗史》,辟出专节论及"随园女弟子"及汪端,而邓红梅的《女性词史》论及"万花为春的清代中期词坛",所谈到的重要女词人,如李佩金、杨芸、张玉珍、王倩、吴藻等,都与随园和碧城有着千丝万缕的联系。具体而言,研究者在还原清代中期女性文学活动方面已经做了很多工作,但部分研究还是停留在现象层面,如钟慧玲分析清代女诗人兴盛的原因时列举了"晚明文学环境的酝酿""清代文学风气的影响""清代文人的奖掖""官宦世家的提倡"等因素,搜集材料不可谓不细,却未能对材料展开进一步的深入分析。又如黄嫣梨的《清代四大女词人:转型中的清代知识女性》,分析从清初徐灿到清代中期顾春、吴藻词的变化,条分缕析,考证翔实,但在谈到为什么会出现这种变化时,仍然从时代氛围的变动来进行论述,却没有展开更深入的发掘。

就研究时间而言,不同于明末清初的是,清代中期是一个很长的时间段,苏珊·曼(Susan Mann)甚至将清代中期的时间划分为"Long Eighteenth Century"(1683—1839),跨度长达 150 年。在一个较长的时间背景下观察研究对象,从某种程度上来讲,能够连贯地把握住研究对象的变化,如她将 18 世纪女性文学兴起的背景总结为"清政府的政策""满汉地方官员的政策""考据学的兴起""商业、竞争和流动""人口增长""人口迁徙和流动"等六点,应该说也的确部分把握了清代中期的特殊脉动。但从根本上来讲,文学史也是人的历史,150 年的时间在研究者眼中是一个抽象的研究范围,于当时人而言却是具体的生活环境。以 20 年为一代人来计算,150 年的时间有七代人生活在"长江下游"(Susan Mann 语)这样一个具体环境中,从康熙到道光，从时代的大变动到个人生活际遇的变化，丰富的人生似乎不是抽象的历史可以简单囊括。这也是本书立足于"嘉道时期"这半个世纪来展开研究的原因。

嘉道时期在清代历史上是一个特殊时期，一般认为它是清王朝由盛而衰的转折点。影响于江南地区，[1]人口的持续增长，考据学的渐渐退潮，科举的日益艰难，使得士人心态普遍趋于萧瑟寒缩。[2]举例言之，卢见曾和曾燠先后在乾嘉时期（1736—1820）任两淮盐运使，卢见曾任职时期为乾隆二年（1737）至三年（1738），乾隆十八年（1753）至二十七年（1762），曾燠任职时期为乾隆五十八年（1793）至嘉庆十一年（1806）。二人都矜尚风雅，喜好延揽文士，卢见曾的幕府和曾燠的幕府是清代幕府中两个重要的亮点，但二者的成就、影响则完全不同。卢氏幕府喜好编书，刊刻了不少汉唐以及清代的经史著作，对保存古代文献，推动汉学的发展起了积极的作用。曾氏幕府则仅有一部《邗上题襟集》传世，且中多寒咏苦酸之语，与盛世气象殊不相符。[3]其原因则是曾府"才人常下第，此地往来多"，[4]客观上

---

1. 关于"江南"的地域划分历来说法不一。有学者认为明清时期的"江南"，"是指长江以南属于江苏省的江宁、镇江、常州、苏州、松江各府及太仓直隶，以及浙西的杭州、嘉兴、湖州三府所属各县。"（见刘石吉：《明清时代江南市镇研究》，中国社会科学出版社1987年版，第1页）又如李伯重认为"就明清时期的情况而言，江南地区的地域范围应限定在苏州、松江、常州、镇江、江宁（应天）、杭州、嘉兴和湖州八府以及由苏州府析出的太仓州这八府一州组成的地区。"（李伯重：《江南的早期工业化》，社会科学文献出版社2000年版，第19页）本书采用此种划分界限，将"江南"限定为八府一州及扬州地区。关于扬州的江南文化特性，见陈晓燕、包伟民：《江南市镇：传统历史文化聚焦》，同济大学出版社2003年版，第16页。
2. 陈玉兰：《清代嘉道时期江南寒士诗群与闺阁诗侣研究》，人民文学出版社2004年版，第75页。
3. 陈玉兰：《清代嘉道时期江南寒士诗群与闺阁诗侣研究》，人民文学出版社2004年版，第77—78页。
4. 曾燠：《题吴退庵之粤西》，见《赏雨茅屋诗集》卷三，清嘉庆刊本。

已经成为了落第文人排解苦闷，消磨时光的地方。仕途坎坷，功名梦断，当"立功"已经变得遥不可及，"立德"看起来又虚无飘渺，嘉道文人的人生重点渐次转移，对自己的文字给予了更多的热情。康正果提到"在这古典诗歌本身已经资源衰竭的最后阶段，诗词的写作、出版和传播却在数量和广度上超过了从前的任何朝代"，他认为造成这种局面的物质因素是"十七世纪以来江南出版业的发达和商业化"。[1] 固然如此，但我以为，文字写作、传播的井喷和其时士人的深层心理状态存在更深入的联系。

<h2 style="text-align:center">二</h2>

如前文所述，"随园女弟子"和"碧城仙馆女弟子"是清代中期女性文学、文化研究的重要对象。随园与碧城二人为乡里，互为先后，在发扬女学、褒奖女性方面发挥了重要作用。两人虽然是浙江人，但一居南京，一居吴门，活动范围辐射到了整个江南地区，其流风直至清末，影响不可谓不大。可以说，离开了随园和碧城，则无从探讨清代中期的女性文学，而目前有关二人的研究还不尽全面。如袁枚研究更多关注其生前，于其身后之影响则发掘不多。事实上，文学的传播影响有其自身的惯性，其人虽已没，而数载或者数十载之内，风流余韵却依然不绝其缕。如关于随园女弟子，学界对袁枚本人认可

---

1. 康正果：《泛文与泛情》，见张宏生编：《明清文学与性别研究》，江苏古籍出版社 2002 年版。

者或提及者如袁氏三妹等关注较多，而事实上，在袁枚逝世数十年的时间里，至少以南京为中心，随园的风光一如往昔。这不仅表现在后一辈（其孙女辈）袁氏闺秀们的继续创作方面，还反映在以袁枚嗣子袁通为中心的南京文人与闺秀以及名妓的交往上。对陈文述来讲，以往研究一般只谈到他的女弟子和儿媳汪端，对围绕在他周围并直接受到他影响的直系亲属则提及不多，包括他的独子陈裴之、女婿叶廷琯和堂兄陈鸿寿等。而陈裴之等的人生经历、文学创作及与女性之关系，在某种程度上来讲，比陈文述更能表现出嘉道文人的特点，在以往的研究中却没有得到足够的重视。并且，清代中期奖掖女性文学的文人并不只有袁枚、洪亮吉、陈文述等人，那是一个时代的风气。虽然也有章学诚之类的正统派对之不以为然，但流风所及，舒位的《乾嘉诗坛点将录》提到乾嘉时期甚有影响力的一些诗人，其文集中都不乏与闺秀或名妓唱和的作品。真实的文学史本身，或许并不像以往学术研究所展现的那般，只是袁枚与陈文述在唱双簧戏。

换言之，如果把清代中期奖掖女学的文人群体比作一座冰山，那么袁枚和陈文述只是露出水面的一小部分，水面之下的人在想什么，做什么，他们的所思所为，和袁、陈是否有不同，这种不同又折射了什么，或许才是学术研究更应关注的对象。比如郭麐，舒位的《乾嘉诗坛点将录》称之为"浪子"，乾嘉之际重要诗人的文集中几乎都提到与郭麐的交游唱和，其《灵芬馆全集》中关于女性的书写和论述也占到相当比重，但目前对于郭麐与清代女性文学的研究还涉及不多。这种研究的薄弱和其人在清代文学性别研究中所应占的地位是不相称的，而当前研究的一个重要任务应是重新还原个人在文学史上的地位及影响。

又如嘉道时期是女性文集编纂的又一个高峰时期，将文学创作看作一种生产，把文学产品的流通完全纳入研究视野，是近些年来小说研究的重要领域，[1] 事实上这一研究角度也适用于女性研究。对闺秀而言，处于女性基本与社会隔绝的状态中，从文集作品的编纂、出版来讲，女性周围的文人对她们的帮助毋庸待言。郭蓁曾撰文分析男性文人提拔和支持女诗人的方式主要有六种："为女诗人诗集作序和题词""为女诗人刊刻作品""招收女弟子，指导她们的诗歌创作""在诗话类著作中着意存录女诗人的经历和作品""编辑诗歌总集时，为闺秀诗人留有自己的位置""对于同女诗人唱和酬答的作品加以整理并收入文集中"，[2] 已经间接提到女性作品流通和文人的关系。本书将在前人研究基础上，从更多角度，探讨嘉道时期文人对闺秀文学的奖掖。

任何事物都是双向的，从另一个方面来讲，闺秀对文人的影响何从表现呢？清代闺秀文学发展有着明显地域性和家族性的特点，闺秀在为人女，为人妻，为人学生时受到文人的鼓励和奖掖，而部分才华高绝的妻子同样会对丈夫的人生及文学生涯产生相当的影响，如席佩兰之于孙原湘。而闺秀作为母亲，其言传身教，对文人的影响更是关乎一生。更重要的是，明清时期文人题咏的风气盛行，大到国家政治，小到生活琐细，无不可以成为题咏对象。选择"女性"作为题咏对象，在嘉道文人"泛文"风气影响下，表现得也很突出。礼教的细

---

1. 如陈大康的"中国小说史"系列，包括《明代商贾与世风》，上海文艺出版社 1996 年版；《明代小说史》，上海文艺出版社 2000 年版和《通俗小说的历史轨迹》，湖南出版社 1993 年版等。
2. 郭蓁：《清代女诗人研究》，北京大学 2001 年博士学位论文。

微总是表现在各个方面，就"闺秀"这一指称而言，母亲、妻子和姜氏的身份迥然不同，这种不同在文人的题咏中都有所体现。"闺秀"成为文人题咏的对象和主题，在连篇累牍的词语罗积中，文人最后对文字的关注和迷恋往往超过了他们歌咏的对象本身。

谈到清代女性文学，部分研究者认为传统的青楼文学到清代已经风光不再，清代是闺秀一统天下的时代。如鲍震培提到"明代青楼才女能诗属文，这本是中国青楼女性文化的传统，但同时闺阁才女的力量也在积聚，并于明末清初成为新传统而取代旧传统"。[1] 又如苏珊·曼在她那本著名的著作 *Precious Records*：*Women in China's Long Eighteenth Century* 中提到恽珠"同时要求她自己对于古典主义的权威，把自己和晚明的女性书写疏离开来，发出盛清时期女性作者的声音"。[2] 所谓"盛清时期女性作者的声音"，是指恽珠在编选《国朝闺秀正始集》时，明确提出"青楼失行妇人，每多风云月露之作，前人诸选，津津乐道，兹集不录。然如柳是卫融香湘云蔡闰诸人，实能以晚节盖，故遵国家准旌之例选入附录以示节取"。[3] 闺秀和名妓的分野，或许早在明末方维仪编《宫闺诗史》时即已有之，方氏将《诗史》分为"正""邪"两编，今虽已不见全稿，但王士禄在《然脂集例》"区叙"中针对《宫闺诗史》区分二集时说，"方夫人《宫闺诗史》《文史》二书，并有《正集》《邪集》之分，虽义存劝惩，实不必。尼父编《诗》，《柏舟》与《墙茨》联章，《鸡鸣》与《同车》接简，贞

1. 鲍震培：《清代女作家弹词小说论稿》，天津社会科学院出版社 2002 年版，第 35 页。
2. Susan Mann：*Precious Records*：*Women in China's Long Eighteenth Century*，Stanford，Calif.：Stanford University Press，p.98.
3. 恽珠：《国朝闺秀正始集》序，清道光十一至十六年红香馆刊本。

淫并列，美刺自昭，固无事区别也。故此书（按：指《然脂集》）编叙《宫掖》《戚畹》、《闺秀》、《女冠》、《尼》、《妓》之外，不复更立'邪''正'之目。"可见"正""邪"应该分别指代闺秀与名妓。此后山阴王端淑编选《名媛诗纬》，将闺秀列入"正"类，青楼列入"艳"类，较之方氏名虽有别，其实则一。可见，恽珠将名妓文字从其选集中剔除的做法是其来有自。如果说恽珠的编选在某种程度上表明了闺秀对青楼的蔑如，而持这种态度的"闺秀"在清代中期占到多大比例？当时的文人又持何种看法呢？如果不能回答这两个问题，则闺秀与名妓在清代的分野这个命题是否能成立要打一个大大的问号了。

事实上，就目前看到的材料而言，《浮生六记》中芸娘与憨园结盟，袁氏姐妹的诗集中提到随园集会有金陵名校书参加，又如吴藻那首著名的赠青林校书词，似乎都说明了清代闺秀与名妓的交往或许比不上晚明那般密切，二者之间却也并非壁垒分明，互为楚汉。更重要的，还要考察文人的态度。相比晚明，清代中期文人对闺秀和名妓以及她们的创作持何种态度，是探讨名妓与闺秀分野的关键所在。清代中期记载妓女轶事的笔记在数量上远超晚明，对这类笔记，过去学术界提及不多，评价也不高。[1] 姑且不论这些评价是否恰当，清代中期文人的冶游及书写，比晚明有过之而无不及，是大致可以成立的事实。近年来随着性别研究的兴起，西方汉学界逐渐重视清代中期的这批笔记，如苏珊·曼在其著作中专门辟出一章来探讨清代妓女，其研究基本建立在这批笔记之上。孙康宜在其编选的 *Writing Women in Late*

---

1. 参看鲁迅：《中国小说史略》，东方出版社 1996 年版，第 208 页；侯忠义、刘世林：《中国文言小说史稿》，北京大学出版社 1993 年版，第 351，354 页；陶慕宁：《青楼文学与中国文化》，东方出版社 1993 年版，第 213 页。

Imperial China 中也将这批笔记列为重要参考书目。而陶慕宁的《青楼文学与中国文化》探讨"顺治迄道光间的青楼文学",立论也基于这批笔记。但由于这批笔记的作者多用字号署名,在文中讲述他们的冶游时也多用代号,倘若对其中的人名不作详细考证,则通过这批笔记探讨清代中期文人的冶游生活及名妓文学只是一个难以实现的念想。

建立在考证基础上,[1] 这批笔记在还原和进一步研究清代中期女性文学,尤其是青楼文学方面还将发挥更大的作用。清代中期为什么会出现数量众多的狭邪笔记?从时代大背景来看,与人口的增长和流动密不可分,人口的增长加剧了生存竞争,因生存压力而走乡串巷,转徙他乡的孤独将中下层男性驱向花街柳巷,离开此,则难以解释大量狭邪笔记在清代中期的突如其来。而清代中期江南城市文化的发达和晚明风流的流绪,则从内容到形式,都在这批狭邪笔记中打上了深

---

1. 如我经过考证而知《秦淮画舫录》的作者为车持谦(秋舲),《吴门画舫录》的作者是董麟(竺云),《吴门画舫录》的作者是程开泰(韵簧),《秦淮廿四花品小传》的作者是秦耀曾和凌志珪。而从乾隆晚年直到道光时期,据这批笔记所载,活跃于江南风月场中的文人包括以陈文述为中心的吴派文人,如陈鸿寿(翼庵、种榆道人)、陈裴之(小云)、沈廷炽(镜卿)、郭麔(频伽)、陈基(竹士)、曹棐堂(或赵函,两人同字艮甫)、周笠(云岩)、稽集虚、稽天眉、王文治(梦楼)、马燦(云题)、吴墀(次升)、张若采(子白)、刘嗣绾(芙初)、郑梦白、刘开(孟涂)等,和以袁通(兰村)、车持谦为中心的南京文人,如汪世泰(紫珊)、汪度(白也)、王嘉福(七夕生)、严骏生(小秋)、谈承基(念堂)、蔡世松(友石)、吴国俊(紫瑛)、崇一颖(云根)、金憩恩(雨香)、马士图(菊村)、欧阳炘(棣之)、侯云松(青甫)、方宫声(子固)、罗凤藻(抑山)、周介福(竹恬)、杨文苏(芸士)、万承纪(廉山)、钱杜(叔美)、改琦(七芗)、袁棠(湘眉)等。而汪世泰为袁枚女婿,车持谦继妻是袁青,崇一颖妻袁嘉、吴国俊妻袁绶都为袁枚的孙女。文人、闺秀、名妓常常集于随园唱和赋诗,是当时南京的一道风景。郑梦白是嘉道时期弹词女作家郑澹若的父亲,侯云松是侯芝的哥哥、梅曾亮的舅舅。秦耀曾妻毕还珠,是毕沅的女儿;凌志珪父为凌霄,是南京诗人,著有《快园诗话》,为毕沅的幕僚,与陈文述、陈裴之父子过从甚密。

深的烙印。如分别代表南京、苏州、扬州江南水乡特点的《秦淮画舫录》《吴门画舫录》及《续录》《雪鸿小记》等，这些笔记中都记录了对晚明韵事的怀旧情绪。为什么怀旧？为什么一边说着嘲风弄月无伤于君子大雅，一边又将自己的姓氏深深埋藏在匿称之后？其间折射出来的是嘉道文人的特殊心态。文人的画舫冶游，对他们文艺创作的影响也不可小觑。这批笔记不仅是珍贵的史学材料，其用笔遣词清倩婉丽，也可将之作为文学作品来解读。如邗上蒙人的《风月梦》，无疑是花场冶游的产物。又《续板桥杂记》载杨瑛昶为二汤作有《双珠记》传奇，《画舫余谈》载倪远孙为韵仙作有《河亭送别》院本等，都是名妓直接影响文人创作的见证。《秦淮画舫录》记载了大量文人对名妓的题赠，袁通、汪世泰、汪度等人的文集中也多有赠妓、咏妓之作。又如嘉道时期著名的仕女画家改琦和钱杜，都活跃在江南的风月场中，改琦《少年听雨图》正是反映了青年时期花场冶游的经历，同时文人对之多有题咏，他的《玉壶山房词选》收有大量题仕女画词。作为画家，改琦对仕女画有着独特的看法，这种特质在他的题画词中都有所反映。花场冶游的经历，对以他为代表的江南仕女画家的创作有何影响，都是值得深思的问题。

三

如上所言，部分研究者如侯忠义、陶慕宁等都认为记述狭邪的笔记是文人空虚无聊的表现，对之评价不高。但将狭邪笔记的批量涌现放置在明清文学的范畴内来考察，可以发现文人对女性持续关注和女性书写数量相应提升，是这一时期的重要现象。诚然，印刷技术在明清时期的发展，使得更多文字记录得以保存、传播，但不可忽视的是，晚明以来情教思潮的涌动，对文人以文字表述内心情感，进而将闺阁之中、画舫之内的女性作为书写对象起到了相当的推动作用，而文人通过这些语言文字为媒介展开的各种社会交往活动，则勾勒出了异常丰富的情感话语图谱。按照福柯的说法，话语是实践，按照一定规则构成、产生知识，知识是一个空间，"在这个空间里，主体可以占据一席之地，以便谈论它在自己的话语中所涉及的对象"。[1] 也有研究者将话语界定为"特定历史和文化关系中人们运用语言及其他手段和渠道所进行的具有某种目的和效果的社会交往活动"，简言之，话语是人们通过语言所进行的事件/活动。[2] 由此而言，明清文人关于情感的语言文字表述，以及通过情感语言文字所建构连接的社会交往活动，都可被纳入情感话语研究的范畴。

傅承洲认为冯梦龙的"情教"可以划分为三个层次：男女之情、普遍的情感、万物之源和联系纽带，[3] 尤其要注意最后一个层次，苏拉米思·波特在论及乡土中国的情绪文化建构时，曾认为中国人虽然拥有丰富的情感体验，但情感并不具备建构、维持或摧残社会关系的能力，人们更注重调节自我行为，使之与外在礼仪的规范保持一致，而不是从内心感觉出发，让行为受到情感的影响。[4] 李海燕对这种说法不以为然，她从冯梦龙的情教出发，梳理了晚明到民国的中国情感话

1. ［法］米歇尔·福柯：《知识考古学》，生活·读书·新知三联书店 2003 年版，第 203 页。
2. 施旭：《什么是话语研究》，上海教育出版社 2017 年版，第 4—5 页。
3. 傅承洲：《情教新解》，《明清小说研究》2003 年第 1 期。
4. 参见 Sulamith Potter: *China's Peasants*, Cambridge. New York. Port Chester. Melbourne. Sydney.: Cambridge University Press, pp.180—195。

语，指出古代中国存在"多元、异质、扩散性的情感话语"。[1] 她认为中西历史上都发生过符号的范式转移，借用亨里布的分析，她提到浪漫主义叙事在西方现代性建立的过程中发挥了一定作用，"早期现代是一个符号学范式转移的时代，个人身份的概念发生了从宇宙学向心理学建构的变化，或者换一个说法，原本将意义置于表达之上，本体设置于认识论之上、符号置于自我之上的客观性符号秩序，变成了一种主观性的符号秩序，将内部的心理空间构想为个人身份和自我表现的核心所在"，[2] 在这个过程中，浪漫主义以爱情为武器，对消解以往权威的客体秩序起到了添砖加瓦的作用。在中国，晚明时期也出现了范式转移的趋向，以感情连接群体、横向建构社会关系的情教，对纵向等级制度发起了挑战，情感话语"扰乱了传统符号秩序建立在相似性与相邻性基础之上的无限网络，同时引入由差异与身份认同构成的现代性知识形式"。[3] 这种挑战并未彻底颠覆理的秩序，却在儒家的体系中尽可能地提升了个人的内在价值，有情之人即可被交往、被铭记、被书写。

从情感话语的角度出发，或许才能更好地理解晚明以来文人的女性书写，无论闺阁伴侣还是画舫游伴，只要有情，皆可录入书写体系，这对中国传统的性别观念无疑形成了冲击。费孝通指出，在传统的中国乡土社会，家族以父子传承的纵轴为主，夫妇之间只是配轴，婚姻关系的建立以稳定为主，并不重视两性之间的情感交流。[4] 也就

---

1. ［美］李海燕：《心灵革命：现代中国爱情的谱系》，北京大学出版社 2018 年版，第 3 页。
2. ［美］李海燕：《心灵革命：现代中国爱情的谱系》，北京大学出版社 2018 年版，第 36—37 页。
3. ［美］李海燕：《心灵革命：现代中国爱情的谱系》，北京大学出版社 2018 年版，第 46 页。
4. 参见费孝通：《乡土中国　生育制度　乡土重建》，商务印书馆 2011 年版，第 40—50 页。

是说，在很长时间里，闺阁作为符号，指代了文人社会关系的安放之处，但他们的情感，却游弋在画舫连接的另外一方世界，闺阁与画舫，仿佛是文人情感世界的正反面，礼法和欲望在此仿佛楚河汉界、泾渭分明。晚明以来情教观念的松动，使得文人不仅在闺阁中寻求情感互动，也将画舫冶游的体验堂而皇之地书以笔墨，试图将这种被儒家规范排斥的个人体验纳入传统的伦理秩序中。

这种重新纳入的方式，就是持续地关注、书写女性，在这个过程中，情是媒介，也是武器，它连接了文人和女性，在某种程度上，也可以视为连接了自我和他者，文人通过书写女性的故事唤起文人群体的共鸣和共情，并浇灌内心的块垒。对于文人交往、书写女性的深层心理，学术界已有一定研究，如康正果在《边缘文人的才女情结及其所传达的诗意：〈西青散记〉初探》中指出，"一方面，文人站在'爱才'的优越位置上同情福薄的才女；另一方面，可以更从容地'借他人之穷愁，以供我之咏叹'。这就是他们倾向于大谈'才女福薄'或把文学轶事中的才女写成福薄的原因。"[1] 又康正果在《泛文与泛情：陈文述的诗文活动及其他》中从泛文与泛情两个方面，分析清代文人奖掖闺秀的心理，颇具力度；杜芳琴在《才子"凝视"下的才女写作：重新解读〈西青散记〉中的才子才女关系》中，运用女性主义的观念分析围聚在双卿周围的"才子"心态，也颇有新意。[2] 苏珊·曼则认为相比于清代的色情小说，清代的狭邪笔记"展现了一个理想化的世界，其中充满了怀旧和回忆，神话与梦想。它们描写了感性的

---

1. 见张宏生、张雁编：《古代女诗人研究》，湖北教育出版社 2002 年版。
2. 此两篇论文均见张宏生编：《明清文学与性别研究》，江苏古籍出版社 2002 年版。

男人面对年轻美丽女孩子时的种种感受，说出了对青春及其飞逝的感伤。这些美丽的女孩子，由于没有受人尊敬的妻室身份和缺乏男人的保护，是那么地脆弱和无助，对此它们表达了深深的痛楚。"[1] 陈玉兰的《清代嘉道时期江南寒士诗群与闺阁诗侣研究》对嘉道时期文人和闺阁诗侣的交往及影响作了相关论述，但该书主要关注点是分析嘉道时期文人和闺阁女性的诗学创作及成就。值得一提的是，台湾学者毛文芳在《物·性别·观看：明末清初的文化书写新探》中从"物"和"观看"的角度分析晚明文人女性书写的特点，并列出"青楼：游戏、品鉴、权力论述"一章，从游戏和权力话语方面来讨论晚明文人的青楼书写。虽然她讨论的大背景主要是在明末清初，但晚明的风气对后世的影响不可低估，毛文芳的研究思路，用来透视嘉道社会和文人，亦不无相通之处。总体而言，学术界对明清文人女性书写的研究，更多从男性凝视观看的角度切入，却少有将文人与女性等而论之，共同纳入到情感话语的范畴展开论述。

才女福薄，才能碍命的说法究竟起于何时？从概率上来讲，福薄的才女不见得会比福厚的才女多出多少，为何在文人的记述中只能听到一种声音？这种声音究竟诉说了文人内心深处的何种想法？从晚明的冯小青、叶小鸾到清代中期的贺双卿，文人以相同的笔调咏叹感伤才女的际遇，包括《红楼梦》问世之后的种种评论、续书等，也依然是在以一种感伤的笔调写情，写灵秀女子。如果说从小青到黛玉，文人笔下的薄命女子有一条历史发展的线索，[2] 那么从晚明万历（1573—

---

1. Susan Mann：*Precious Records*：*Women in China's Long Eithteenth Century*，Stanford.：Cambridge University Press，1990，pp.128—129.
2. 如撰于嘉庆年间的《后红楼梦》末尾以黛玉引小青摘句题"红楼梦"为收结，逍遥子：《后红楼梦》，陕西人民出版社1994年版，第240页。

1619）以降汤显祖、冯梦龙论情教，到明清之际才子佳人小说的流行，再至《红楼梦》的问世和袁枚的怜香惜玉作为，文学世界中的宝玉和现实中以袁、陈为代表的怜花士人，也有一条纵向发展的线索，这就是从晚明到清中期的自我主动或被迫放弃科考仕途，被外置于国家政治等宏大话语之外的才子兼情种。这条传承线索在嘉道时期仍然被接续，且有加强的趋势。"仆本恨人""絮果兰因"等话语表述，在江南文人笔下已经形成某种写作的窠臼，以至于对女性的书写（主要是具备才貌的女子）或明或暗地都在类似的模式下展开。事实上，女性的悲剧结构对应了文人自身的悲剧结构，尤其对于部分文人而言，他们远离仕途并不同于宝玉或者袁枚等人的自动离弃，这种痛苦因而更加隐讳和难以捉摸。"只要对比一下诸如'文章憎命达'、'诗穷而后工'等说法，我们不难看出文人从自己身躯投向才女脚下的阴影。说来说去，不过是要把双方的悲剧结构对应到文人最伤心的一点——'才'这个焦点——上罢了。"[1]对才女的书写模式，其实折射出了文人的自我感伤。而文人对画舫女子，尤其是"名妓"的书写，也存在同样的问题。因此，对晚明至清中期以来文人的情感话语和女性书写进行梳理，也是本书的研究视角之一。

四

综上所述，在清朝嘉道时期——王朝历史转捩时期的背景下来集

---

1. 康正果：《边缘文人的才女情结及其所传达的诗意》，见张宏生、张雁编：《古代女诗人研究》，湖北教育出版社 2002 年版。

中探讨江南文人的情感话语和女性书写将是本书研究的基本出发点。具体而言，研究的重心有三点：

首先，在前人研究的基础上，继续深入探讨嘉道时期江南文人与闺秀交游的状况。闺秀文学的大盛是有清一代的特殊现象，其影响一直持续到清末，但现在的研究还更多停留在随园与碧城及其女弟子的文学唱游活动方面。本书力图接续前人研究的轨迹，清理袁、陈二人同时及身后的其他文人与闺秀的交游，更清晰地勾勒出清代闺秀文学发展的线索。

其次，相比于清代闺秀，同时名妓与文人之关系这一话题一直少人问津。由于特殊的娼妓制度和不同的社会氛围，清代名妓的艺术修养的确不能和晚明相比，但也并非像某些研究者所认为的那样完全不值一提。最重要的还是当时文人的态度，从清代中期狭邪笔记所呈现的那个世界来看，众多知名文士活跃在江南的风月场中，由于文化的传承性，他们依然在认真地接续士与妓之关系这一文化传统，认真地扮演着名士的角色，以传统名士的心态去估量、评价当时的名妓。名士的参与对当时的名妓文化产生了何种影响，名妓对文人的创作又有何影响，名士对名妓的想象、书写与当时真实情况的差别以及这种差别折射出的文人心态，都是本书将要深入探讨的第二个论述点。

第三，嘉道时期是一个特殊时期，中国社会发展到嘉道时期已经临近近代，作为清代由盛而衰的转折时期，嘉道时期有其特殊的时代背景及意义。处于这样一个转折时期，对于人生和社会，嘉道文人的笔下流露出来更多"恨"意。从晚明到嘉道，文人社会流行着关于"薄命才女"和"风雅名妓"的书写，而文人对女性之"才"的惋惜和文人对自我之"才"的痛悼，往往有契合之处。梳理从晚明到清代中期文人社会流行的情感话语和女性书写，分析文人女性书写中流露的特殊心态，将是本书所要着力的第三个要点。

本书拟分为上下两编共六章来展开论述。

上编共为三章，总论嘉道时期江南文人的情感话语和女性书写。

第一章为"江南文人与闺阁伴侣"。如前文所述，闺秀文学大盛，文人奖掖女学是有清一代的风气，清代中期则为最盛。嘉道时期的文人，除陈文述外，郭麐也是奖掖女学不遗余力的另一人。又如钱塘袁洁与女弟子诗词唱和，时人许为"随园以后属先生"。[1]再如袁枚女孙五人等以随园为中心，与南京名士交游唱和，名士们对之多揄扬奖励之语。嘉道是闺秀诗集编纂的又一个高峰时期，江南文人编纂的闺秀诗集包括《国朝闺秀香咳集》《国朝闺阁诗钞》《国朝闺秀诗柳絮集》等，梳理编者之身份、编纂诗集的动因及编纂体例等，都足以发见其时文人对闺秀创作之态度。从另一个角度来讲，闺秀对文人的影响也体现在诸多方面。一是家庭生活中，母亲妻子的文学活动都对儿子、丈夫影响甚大。二是闺阁女"士"在嘉道时期与士人的交往唱和比清代前期有增无减。三是女性或者说"闺阁"女性，在嘉道文人重视文字的风气下，更多地成了文人书写、咏唱的对象和题目。

第二章为"江南文人与画舫冶游"。随着清代特殊娼妓制度的推行，曲中女郎的文化修养比之晚明有所下降，是一个不争的事实。问题是，当时的名士并不像今人所认为的那般，已经意识到自己所处具体环境和时代的变化，纵然有所察觉，也还没有将之上升到一种普遍的认识，他们依然在认真地接续名士和名妓文化的传统，所以从乾隆

---

1. 袁洁：《蠡庄诗话》卷四，清嘉庆二十二年桃源袁氏刊本。

晚期开始，江南地区出现了大批记载妓女轶事的狭邪笔记。钩稽考索嘉道狭邪笔记中的文人群体，将是本章要着力的一个重点。我经过初步考索，已经逐渐勾勒出江南冶游的两大文人群体：即以陈文述为中心的吴门文人，和以袁通、车持谦为中心的南京文人。狭邪笔记在当时的出现并非空穴来风，晚明名妓文化的流绪，是狭邪笔记产生的一个重要推动力，同时它又是清代中期烟花业复兴和江南地区城市经济发展的直接产物。清代中期，扬州、苏州和南京已经成为江南地区最繁华的代表城市，《画舫录》出现在这几个城市并不是偶然的现象。[1]文人的画舫冶游生涯对他们的文学创作有一定影响，这种影响首先表现在大量狭邪笔记的出现。比之于晚明的《板桥杂记》，嘉道狭邪笔记在题例上增加了"文人题赠"，表现出文人对自己文字的热切和关注。《风月梦》是以扬州城市为背景而写作的狭邪小说，书中展现了鲜明的扬州特色。作为嘉道时期著名的仕女画家，改琦的《少年听雨图》寄托了对少年欢乐时光的追忆，同时文人对之多有题咏。改琦亦是出色的词人，他的题画词显出了画家对文字独特的感受。

第三章为"江南文人的情感话语和女性书写"。缱绻于闺阁与画舫之间的文人，往往因其自身处境的抑郁困顿而具有独特的女性观念，并形成了相应的情感话语表述和女性书写模式。"仆本恨人"是嘉道文人文集中常常出现的自我表述，所谓"仆"并非单指，而是指嘉道时期具有相同际遇或者在内心深处有共同感受的文人群体，"恨人"所恨，主要包括对功名坎坷和年华易逝的感慨。"仆本恨人"出自江淹的《恨赋》，从江淹笔下的"仆本恨人"到嘉道文人的自我陈

---

1. 乾隆晚期李斗的《扬州画舫录》中也有部分扬州娼妓的记载。

述，"仆本恨人"的内涵已经发生了很大变化，这种互文书写折射了文人的复杂心曲。从晚明到嘉道，文人社会流行着"薄命才女"和"风雅名妓"的书写，书写本身并不等于真实，从概率上来讲，福薄才女不见得就会比福泽深厚的才女更多。考查福薄才女的生平，其早早谢世往往有自身生理心理方面的因素，而从晚明到嘉道二百年的时间，文人却基本对此避而不谈，反而津津乐道于其仙才仙遇，将其普通人生涂上种种幻美色彩，这种"修改"，或者说"伪造"中折射出文人内心深处的自我痛悼。同样的现象也存在于文人的青楼书写中，晚明到嘉道的文人，往往乐于书写"风雅名妓"，这也有一个书写和真实的矛盾，文人将"名妓"与交接市井中人的妓女区别开来，事实上在青楼中占到多数比例的应该是后者，也就是说，文人书写的青楼是他们理想的青楼，不符合他们标准的女子往往未能入选。"薄命才女"和"风雅名妓"实际上是文人社会制造的符号，符号反映的只是部分而非全部，符号能指和所指之间的差距，反映了文人内心的痛悼和寄寓。文人对女性有着深深的"惜花"意识，而文人的女性书写中，多少又有着对自我的怜惜。在文人的情感话语表述和女性书写中，文人始终以主体在场的方式，将女性置于被观看、被阐释的客体位置，女性的经验被挪用，女性的声音被消解，也就是说，情教思想的传播虽然导致了传统性别秩序的局部松动，它却依然难以撼动。

下编分为三章，选取江南文人群体中具有代表性的文人，探讨其情感话语及相应的女性书写。这种代表性指的是能够代表处于闺阁与名妓两类女性之间的江南文人的心态，且创作上具有一定的独特性。

第四章为"车持谦及其'画舫'系列"。车持谦的《画舫》系列在同时狭邪笔记中影响最大，探讨嘉道时期的狭邪笔记，《秦淮画舫录》无疑比其他作品更具说服力。本章将首先对车持谦的生平加以考证，勾勒出其人生轨迹。其次论述以《画舫》系列为代表的狭邪笔记与《板桥杂记》的互文，包括继承和新变，以及新变所反映的嘉道时期的特质。第三，将以车持谦对名妓的书写和现实之间的差距为出发点，探讨其"种情人"的观念和"传情笔"的书写方式。从晚明文人到清代中期的宝玉、袁枚等，怜香惜玉的情种和才子有一条纵向发展的线索，车持谦应该也属于这些"才子兼情种"群体中的一员。他对于"情"的观念，直接影响到其《画舫》系列中的女性书写。

第五章为"陈裴之的真情与幻情"。作为名父之子，名媛之夫的陈裴之，早年用世的心情格外强烈，但在现实面前屡屡碰壁，其晚期的诗词创作中"寒"意甚重。有着爱惜妇才，尊重女性家学传统的陈裴之，在与其妻妾的唱和中流露了内心的真情。如他对妻子汪端评选明诗的帮助，又如为爱妾紫湘所作的诸多词作都是一往情深。值得注意的是，由于身份的不同，汪端和紫湘对陈裴之文学创作的影响体现在不同方面。作为爱妾，紫湘是他笔下客观的书写对象，她的来归使得陈裴之的词作大增，且词风越来越低迷凄恻。这种重文过于重人的倾向发展到后来，在紫湘亡后陈裴之作《香畹楼忆语》，对文字本身的关注甚至超过了对紫湘本人的悼念，也使得内心真情经过发酵和夸张成了服从于行文目的的一段幻情。

第六章为"蒋坦和关锳"。蒋坦和关锳因为《秋灯琐忆》一直颇受关注，但有关研究更多围绕《秋灯琐忆》而展开。围绕蒋关生平以及《秋灯琐忆》有许多疑问，而蒋关二人的唱和以及《秋灯琐忆》的创作都可归入嘉道时期文人情感话语的研究范畴中。本章将首先考证《秋灯琐忆》的创作与成书，力图澄清关于《秋灯琐忆》及蒋关生平的种种误说。其次将考察蒋关二人的家世及交游，以期初步还原两人生活的时代及地域文化背景。在此基础上，考察《秋灯琐忆》空灵隽永的文字和两人真实生活之间的差距，以及这种差距折射出来的蒋关二人对待婚姻的不同态度，而这种书写背后的"态度"，和文字的描述相比较，则呈现出相反的状态和相异的色彩，反映了蒋坦的逃避和对抗心态。

上 编

第 一 章
江南文人与闺阁伴侣

　　嘉庆二年十一月十七日（1798），袁枚逝世，结束了其颇不合于世俗的一生。对于袁枚生前种种悖逆礼教之处，时人不乏微辞，而招收女弟子、招摇于江南一带的行为则更成了众喙置集之点。事实上，有清一代，招收女弟子者不绝如缕，如清初的毛奇龄，清末的俞樾等，但都不像袁枚这样，要承受如此沉重的舆论压力。力的作用从来都是相互的，从这点也可以看出袁枚其人在推动清代女性文学发展方面的影响，这种影响不仅表现在其生前在文坛上一呼百诺的地位，还反映在他本人言传身教对后辈江南文人的影响。现今研究清代中期女性文学的学者，往往将研究焦点集中于袁枚和陈文述，而陈文述其人，就是袁枚影响之下较明显的例子。丹纳曾说过："艺术家本身，连同他所产生的全部作品，也不是孤立的。有一个包括艺术家在内的总体，比艺术家更广大，就是他所隶属的同时同地的艺术宗派或艺术家家族。"[1] 换言之，艺术家和其艺术创作，往往是时代总体的典型表征，但个别的表征，却并不能完全等同于历史本身。

1.［法］丹纳：《艺术哲学》，人民文学出版社 1981 年版，第 5 页。

有清一代，闺秀文学大盛，在袁枚生活的乾隆时期（1736—1795），闺秀诗人和诗作的兴盛更是达到了相当程度。这种兴盛是江南经济和文化发展的结果，在时间和空间上都有一定的流衍性，不会因为个人的故去而突然中断。在本书研究的范围，即袁枚逝世后的嘉道时期，闺秀文学的风光一如往昔。如果将袁枚在清代中期女性文学史上的地位比作"雄鸡一唱天下白"，那么，这黎明后的天光当有更多的研究空白可以拓展，但却暂时还未引起海内外研究者的注意。[1]本章的论述点为"嘉道时期的江南文人和闺阁伴侣"，笔者将试图探讨袁枚同时及身后，江南文人和闺阁女性的互动关系及这种互动对闺秀文化、文人创作的影响。但这些现象，多少都和袁枚有着千丝万缕的联系，是以姑述弁言，以作开端。

第一节　文人对闺阁之奖掖

有清一代，闺秀文学大盛，文人奖掖闺学蔚为风气，至清代中期更是达到相当程度。乾隆时期，袁枚招收女弟子的盛举颇引时人侧目，一时有"随园女弟子"之称。袁枚之后，又有钱塘陈文述接踵而起，以"碧城仙馆"自号，麾下聚有"碧城女弟子"若干。乾嘉时期，招收女弟子虽然已为司空见惯，袁陈二人的招摇举动还是引来了时人不少非议，如女词人顾春就曾在其文集中痛诋陈文述。所谓"碧

---

[1] 目前学界对嘉道时期闺秀文学的研究，更多集中在陈文述身上。但事实上，当时文人与闺秀的交往唱和蔚为风气，陈文述只是较突出的一人而已。

城行列休添我，人海从来鄙此公"，[1] 固然主要由顾春对陈文述本人的不满引起，从中也可见当时人对招收女弟子的一般态度。

虽然颇为时议所訾，但风气既然已经形成，就不会以部分人的主观意志为转移，所以乾嘉时期，除了袁枚和陈文述之外，招收女弟子者仍大有其人。如乾隆时期的著名女诗人方芳佩曾拜翁照、杭世俊为师。方芳佩，字芷斋，浙江钱塘人，著有《在璞堂吟稿》。方德发在《在璞堂吟稿》跋中提到方芳佩从师翁杭二人的情况，"是时，翁霁堂徵君在中丞幕府，屡蒙枉顾，奖掖殷然，童年益觉鼓舞……癸亥夏，移家凤山之麓，冬间，杭堇浦太史挈眷同居，素托通门，辱收子女之列"。又如名列随园"闺中三大知己"之一的骆绮兰亦曾先后拜王文治和王昶为师，在骆绮兰和王文治、王昶的文集中都可以见到彼此唱和之作，骆氏在其《听秋轩诗集》后附有《听秋轩赠言》三卷，记录她与当时文人的唱和诗作，乾嘉时期的著名文人如赵翼、曾燠等都列名其中。又当时与随园女弟子相映成趣者有"吴中女弟子"诗群，由吴中名士任兆麟、张允滋夫妇为号召，一众闺秀结社联吟，有《吴中女士诗钞》存世。如此种种，都可见当时文人奖掖闺阁风气之盛。

历来研究清代女性文学的学者，在论及闺秀文学时，都注意到了地域和家族对闺秀文学发展起到的不可忽视的作用。正如冼玉清在《广东女子艺文考》后序中提到才女成名的三大条件：

> 其一名父之女，少禀庭训，有父兄为之提倡，则成就自易。
> 其二才士之妻，闺房唱和，有夫婿为之点缀，则声气易通。其三

---

1. 顾春：《天游阁诗集》卷5，邓实辑《风雨楼丛书》刊本。

令子之母，侪辈所尊，有后嗣为之表扬，则流誉自广。

冼玉清提到的是广东女子的文学创作情况，事实上，家族以及地域文化对闺秀文学活动的影响，在江南地区表现得更为突出。前文提到的随园、碧城以及吴中女士三大闺秀诗人群体中，闺秀彼此之间都被千丝万缕的家族纽带联系着。[1] 而从方德发《在璞堂吟稿跋》可以看到，闺秀从师基本上是通过家族中男性成员为中介，才可以和她心仪的老师有所交往。对于深处闺中的闺阁女性来说，离开了家族的男性成员，她与外界，尤其是男性文人的交往，是难以达成的事情。通过现在流传下来的清人作品可以发现，这些闺阁女性的作品之所以会被人注意，并被采纳收入，最后得以流传，在很大程度上取决于她周围男性文人的宣传和奖掖。如著名的袁氏三妹，倘若离开了袁枚的鼓励和褒扬，历史的车轮碾过之处，美玉终究也会同于尘土；再如随园女弟子汪玉轸，倘若没有表弟朱春生和其朋友袁棠、郭麐的宣扬，恐怕难以自见于时；又如乾隆时期轰动一时的女诗人贺双卿，关于历史上是否真有其人的争论一直不休，姑且不论贺双卿其人的真实性，她本人故事及作品的流传，却的确是史震林等一帮文人的杰作。

一、闺秀诗文集的编纂

在本书所论述的范围，嘉庆道光年间，即1796—1850年左右，探讨文人对闺阁的奖掖，本章选择的第一个切入点是闺秀文集的编

---

1. 参看王英志：《随园女弟子考评》、钟慧玲：《陈文述与碧城仙馆女弟子的文学活动》以及陈玉兰：《清代嘉道时期的江南寒士诗群与闺阁诗侣》，人民文学出版社2004年版，前两篇论文收入张宏生：《明清文学与性别研究》，江苏古籍出版社2002年版。

选。清代几部著名的闺秀作品集都编成于这段时间，包括蔡殿齐编《国朝闺阁诗钞》一百卷，黄秩模编《国朝闺秀诗柳絮集》五十卷，许夔臣编《国朝闺秀诗香咳集》以及恽珠和其孙女妙莲保的《国朝闺秀正始集》及《续集》等等。通过这几部总集的编纂，可以清晰地看出文人在妇女作品传世过程中所起到的重要作用。

这种作用，首先体现在男性文人对女性作品的关注。许夔臣《国朝闺秀诗香咳集》成帙于嘉庆九年（1804），在凡例中，他提到"是集之选积有岁时，冬炉夏扇，不惮披阅之劳至商酌弃取，校订鲁鱼，则戴子石坪、道子葆岩与有功焉"，可见编选的辛勤程度。蔡殿齐《国朝闺阁诗钞》现存较早刊本有道光甲辰（1844）本，卷首题"德化蔡殿齐梅盦编次，奉新甘晋仲望辑传，吴县潘曾莹星斋覆辑，南丰汤云林桂生校阅，彭泽张馥兰坡校阅，湖口梅士兰湘帆覆校，彭泽欧阳士玉六寄覆校，瑞昌雷寿南竹虚覆校"，众多文人参与到一部女性作品总集的编纂之中，可见文人奖掖闺阁的殷切之心。黄秩模的《国朝闺秀诗柳絮集》刊于咸丰癸丑年（1853），该集收有闺秀作品近两千人，可见工程之大。于《凡例》中，黄秩模提到，"予生长山邑，见闻未广，闺秀诗集鲜有藏本。迩年又值乡中时务纷烦，未克遍访。所赖永丰郭羽可中翰林丈仪霄苏完铭东屏刺史岳，丹徒家少铁司马之晋，歙县吴月霄典籍昂照，上饶郑容轩茂才志昀，金溪谢小峰茂才友兰，同邑余铁舟明经瑚，张铭轩明经步渠，家率夫孝廉传骧，鲁闲茂才传，诸君子暨舍弟子干秩林，子驭秩柄，远近网罗，共襄编校。桂阳周藕香女史琛亦附寄多家，幸成是集"，可见这部《国朝闺秀诗柳絮集》也是文人和闺阁女性共同用力的产物。

男性文人何以会如此热切于女性文集的编选？"爱才"可能是最

重要的原因。黄传骥为《国朝闺秀诗柳絮集》所作之序，很能代表部分文人的心声，他提到：

> 山川灵淑之气，无所不钟，厚者为孝子忠臣，秀者为文人才女。其郁而不宣者，结为奇珍异宝；余而不尽者，散为芳草奇花。夫忠臣孝子，史不绝书，争光日月，即文人亦得以尺简寸牍荣当时，传后世，心慰而气稍舒矣。惟闺阁之才，传者虽不少，而埋没如珍异，朽腐同草木者正不知其几许焉也，此曷故欤？盖女子不以才见，且所遇多殊，或不能专心图籍，镇日推敲，此闺秀专集之所以难成也。成帙矣，而刻之未遍，传之无人，日久飘零，置为废纸已耳。家人及子若孙且不知，遑论异地之能尽采哉！此闺秀合集所尤难成与难传也。

将文人与才女等而观之，因此能够体察对方处境，这也称得上是一种了解之同情。"以人传诗诗传人"、[1] "或其人仅有一诗，不计工拙，亦录之俾存姓名"[2]，文人正是从留名于世的心理出发，方能深刻体会到才女留名心态的迫切和现实造成的才女留名的艰难，才有了《国朝闺秀诗柳絮集》的问世。

一叶落而知天下秋，从《国朝闺秀诗柳絮集》的编纂，庶几可见文人编集闺秀文集之用心。从晚明开始，文人爱惜闺才，不以闺才为讳的风气，比之前代大有进步。明末江苏吴县的叶绍袁公然提出：

---

1. 黄秩浚：《国朝闺秀诗柳絮集》题词，见黄秩模：《国朝闺秀诗柳絮集》，清咸丰三年蕉阴小混刊本。
2. 黄秩模：《国朝闺秀诗柳絮集》凡例，清咸丰三年蕉阴小混刊本。

"丈夫有三不朽，立德立功立言，而妇人亦有三焉，德也，才与色也，几昭昭乎鼎千古矣。"[1] 所以他为自己的妻女修订文集，不遗余力地表彰她们的才华，表现出对闺阁能文的骄傲和重视。明清之际，在文化荟萃的江南地区，文人士大夫都有爱惜闺才的心理，文坛才子如钱谦益、王渔洋、吴梅村、毛奇龄等都喜与才女诗笺唱和，以不同的方式支持、称许妇才。在江南地区，"才"已经成为全面衡量女性个人价值的一项重要标准，商景兰和祁彪佳"金童玉女"的佳配为人所羡称，缙绅士族纷纷开始重视对女性"才"，尤其是诗才、文才的培养。风气所及，使得明清之际的妇女文学呈现出蓬勃发展的态势，且往往表现出家族性、群体性的特点。许多家族中甚至出现了一族妇女皆能文的局面，如晚明吴江叶氏、桐城方氏、绍兴商氏，清代中期钱塘袁氏、常州张氏、仪征阮氏等，皆是一门之中，闺秀唱和，文采风流，传于海内。迄至嘉道时期，这种家族性的特点在江南地区仍然得到很好的传承，文人编纂女性作品集的部分用意在于褒扬家族、地方的闺阁才女，表达家有才女的骄傲和喜悦。如黄秩模的《国朝闺秀诗柳絮集》收有不少家族中才女的作品，[2] 而"惭咏雪之兄，诗传柳絮_{集中蒙选亡妹诗}"，参与编选的郑志昀则表示了他对《柳絮集》收入自己妹妹作品的感激和作为"咏雪之兄"的欣慰。

恽珠的《国朝闺秀正始集》及《续集》虽然由女性编纂而成，但在整部作品编选过程中，起到关键作用的仍然是男性文人。恽珠，字珍浦，号星联，江苏阳湖人，知府完颜庭鏴之妻。《国朝闺秀正始集》

---

1. 叶绍袁：《午梦堂集》序，见《午梦堂集》，中华书局1998年版，第1页。
2. 余瑚《国朝闺秀诗柳絮集》题词提到"国中崇嘏竞争衡，摘艳薰香费品评君家诗媛颇多入选"，见黄秩模：《国朝闺秀诗柳絮集》，清咸丰三年蕉阴小滉刊本。

刊于道光十一年，而全书的编汇则经历了相当长时间，恽珠在《正始集》前的序中提到：

> 余年在龆龀，先大人以为当读书明理，遂命与二兄同学家塾，受《四子》《孝经》《毛诗》《尔雅》诸书。少长，先大人亲授古今体诗，谆谆以正始为教，余始稍学吟咏。因闺中传作较鲜，针黹之余，偶得名媛各集中，辄手录一二以志心仪。于归后，经理米盐，遂弃笔墨。年来更耽静养，案头所存惟性理数册，楞严一卷而已。丙戌冬，大儿麟庆防河偶暇，检余旧箧所存及闺秀诸同调投赠之作，并近日所得各集，钞录成帙，计得国朝闺秀诗三千余首，请付诸筑氏，以广流传。

这段序言清晰勾勒出嘉道时期著名闺秀的人生轨迹，从父兄到丈夫再到儿子，"三从"的经历可以看出传统闺阁女性生活中文人所占的重要位置。而在《国朝闺秀正始集》成书过程中，完颜麟庆所起的作用更是不容忽视。在清代中期，文人要搜集、编选同时代人的作品，无疑会有种种不便，这些不便对于女性编选者更是难上加难。"所恨木难火齐，海内不少遗珠，惟期蔡女班姬，邮致以成全璧"，[1]"余僻处乡曲，交游甚少，耳目闻见，囿于偏隅，搜罗未广，挂漏实繁。四方同心，倘肯邮寄，当刊续编"，[2]可见邮寄是当时搜集诗作的重要手段。完颜妙莲保在《国朝闺秀正始续集》小引中提到，《正始集》刊行

---

1. 蔡殿齐：《国朝闺阁诗柳絮集》自序，见黄秩模：《国朝闺秀诗柳絮集》，清咸丰三年蕉阴小榭刊本。
2. 许夔臣：《国朝闺秀诗香咳集》凡例，《国朝闺秀诗香咳集》，清光绪间上海申报馆刊本。

后，"四方女士闻风投赠"；恽珠亡故后，"知者寄诗吊挽，不知者仍录诗就正，俱汇而藏诸箧中"，说明投赠邮寄也是《正始集》及《续集》得以成书的重要渠道。《国朝闺秀正始集》及《续集》是完颜家族三代女性共同投入汗水心血的结晶，从恽珠到其儿媳程孟梅及孙女完颜妙莲保都付出了相当的努力，即使如此，程孟梅仍然提到，"丙戌冬，复检旧箧所存名媛诗，命夫子兄弟广为搜辑，亲加选定，凡三历寒暑，始得成书"，[1] 可见在编纂《正始集》的过程中完颜麟庆所做的工作。据恽珠的《红香馆诗草》和完颜麟庆编辑的《蓉湖草堂赠言录》来看，完颜麟庆在居官期间往往将母亲迎养于官署，他喜欢广延幕客，而帐下的这些幕客，得知恽珠在编选《正始集》，纷纷通过麟庆投赠自家女眷的作品。

作为满族贵官，麟庆交游遍天下，这从《蓉湖草堂赠言录》中的文人名单可以看出，他交游的这些文人也往往会出示家中闺秀的诗作，希冀被选入《正始集》。如《正始集》卷二十"鲍文芸"条云，"文芸为程生荧锷内戚，诗即生所代呈。荧锷字伯廉，大儿守徽郡时府试第一，寻来汴留幕中"，《正始续集》卷十九"华文若"条云，"文若，字春洲。……吴生金陛其甥也，索稿附选，春洲秘不肯示，强之后可。金陛……宿学能文，屡试未遇，现客大儿麟庆幕中"，《正始续集》卷二十"李清辉"条云清辉为贡生春林女弟，"辛卯夏，春林公车过汴，清辉以绣诗相寄""春林字醇甫，大儿麟庆守颍郡时所拔士也"，同卷"程启"条云程启为诸生程鼎女，而程鼎"曾客大儿

---

1. 程孟梅：《国朝闺秀正始集》跋，恽珠：《国朝闺秀正始集》，清道光十一至十六年红香馆刊本。

麟庆幕中",可见完颜麟庆的幕府对《正始集》和《续集》编纂的重要意义。又《正始集》卷二十"高仪凤"条云,仪凤为高鄂女,"鄂字兰墅,别号红楼外史,乾隆乙卯（1795）进士,与大儿麟庆同官中书,为忘年交。……嘉庆甲戌（1814）大儿为余刻《红香馆集》,兰墅曾制序焉",《正始续集》卷十九"黄友琴"条,云友琴为刘师陆继室,"师陆字子敬,与大儿麟庆同举乡试",如此种种,都可以看出完颜麟庆其人是恽珠与外界交往的连接纽带。完颜麟庆不仅在恽珠生前直接参与了《正始集》的编纂,恽珠亡故后,《正始续集》的编纂也是在他的监督下完成的。麟庆《先姚恽太夫人言行略》中提到恽珠"将逝之前数日,仅小疾,遽以续选诗数百首授女孙曰,'以是告汝父,他日汇刻以成予志'",[1] 而完颜妙莲保《正始续集》小引云,"越今三载,严慈服阕礼成,乃请于二亲,复加检定"。可见在《正始集》的女性编者们身后,完颜麟庆是起着中间力量的一人。不仅家庭中男性成员对《正始集》的编成功不可没,恽珠在编《正始集》的过程中还参考了同时文人的选本。《正始集》卷十九"许琼鹤"条,云许琼鹤为许夔臣的侄女,许夔臣"曾辑女史诗为《雕华集》,待梓。翁绣君女史借以相示,余因得津逮",这应该也算是文人对闺阁的另一种影响了。

　　以上,从《国朝闺秀正始集》及《续集》的编纂,可以略见文人奖掖闺阁的重要性。现今学术界研究清代女性文学的发展,对于彼时的文人支持已经形成共识,但学术研究有时候过于抽象和理念化,倘若还原当时的社会环境和生活氛围,则可以看到男性文人对女性文学的奖掖是具体细致和生活化的,而这种具体生活的影响,相对于研究

---

1. 完颜麟庆编:《蓉湖草堂赠言录》,清道光十六年刊本。

者仅仅立足于文本的构想无疑要丰富得多。下面兹以蔡殿齐的《国朝闺阁诗钞》为文本，抽样数据，列出表格，以期读者能对其时被文人关注的闺阁女性与文人之关系，形成较为直观的感受。蔡殿齐的《国朝闺阁诗钞》选入清初至道光年间百名闺秀的作品汇聚成帙，其中生活在嘉庆道光年间的闺秀约有 50 名，活动在江南地区的又约有 39 名，现将这些闺阁女性的作品及其与文人的关系罗列如下：

蔡殿齐《国朝闺阁诗钞》收录闺秀诗人概况

闺　秀	籍　贯	著　作	与文人之关系
鲍素英，字端叔	江西奉新	瑶草轩诗钞 浣香阁遗稿	南城兵马司指挥宋鸣珂室
潘素心，字虚白	浙江会稽	不栉吟	江西知州汝焴长女，少詹事钱塘汪润之室，庶吉士怀之母
鲍之兰，字畹芳	江苏丹徒	起云阁诗钞	诸生皋长女，户部郎中之钟妹，运判何澧室，与妹之蕙之芬齐名
朱宗淑，字德音	江苏长洲	修竹庐吟稿 德音近稿	召试生云骧女
金若兰，字者香	安徽歙县	花语轩诗钞	知县羽中女
顾慈，字昭德	江苏金匮	韵松楼诗集	甘凉兵备道光旭次女，举人张熙宇室，举人湘任之母
宋鸣琼，字婉仙	江西奉新	味雪楼诗稿	九江教授五仁第三女，南城指挥鸣珂妹，鄱阳教喻鸣璜、广西盐道鸣琦姊，涂建萱室
郭芬，字芝田	安徽全椒	望云阁诗集	内阁中书汪履基室
鲍之蕙，字仲姒	江苏丹徒	清娱阁吟稿	诸生皋次女，户部郎中之钟妹，同知张舩室

闺 秀	籍 贯	著 作	与文人之关系
杨舫，字小桥	江西湖口	白凤楼诗钞	济南典史运综女，诸生十联姊，彭泽监生汪陶镕室
席佩兰，字韵芬	江苏昭文	《长真阁诗稿》	翰林院庶吉士，常熟孙原湘室。
孙云凤，字碧梧	浙江仁和	玉箫楼诗集 湘筠馆诗	四川按察使嘉乐长女，诸生程某室
金逸，字纤纤	江苏长洲	瘦吟楼诗草	吴县诸生陈基室
帅翰阶，字兰娟	江西奉新	绿荫红雨轩诗钞	浔州知府家相孙女，州同知焕女，新建裘第元室
骆绮兰，字佩香	江苏句容	听秋轩诗稿	江宁诸生龚世治室
王倩，字雅三，一字梅卿	浙江山阴	寄梅馆诗钞	永定兵备道谋文次女，吴县诸生陈基继室
廖云锦，字蕊珠，又字纤云	江苏青浦	仙霞阁诗草 织云楼诗稿	合肥知县景文次女，华亭马姬木室
孙苏意，字秀芬，又字苕玉	浙江仁和	贻砚斋诗稿	震元女，训导萧山高第室，举人丙曦、湖南盐道枚之母
陈长生，字嫦笙，一字秋毅	浙江钱塘	绘声阁诗稿	太仆寺卿兆仑孙女，丽江知府某女，广西巡抚归安叶绍木奎室。
蒋徽，字琴香，一字锦秋	江西东乡	琴香阁诗笺	黔西知州吴嵩梁继室
沈缥，字蕙孙，一字散花	江苏长洲	翡翠楼诗集 浣纱词	祁门教喻起凤女，诸生林衍潮室。
归懋仪，字佩珊	江苏常熟	绣余小草	巡道朝煦女，上海诸生李学璜室
严蕊珠，字绿华，一字宝仙	江苏元和	露香阁诗草	诸生家绥女

闺　秀	籍　贯	著　作	与文人之关系
汪芦英，字雪娥	江西奉新	吟香馆诗草	诸生廖积性室
沈绮，字素君	江苏常熟	环碧轩诗集 唾花词	诸生殷塿室
何佩玉，字琬碧， 一字陔霞	安徽歙县	藕香馆诗钞	两淮盐知事秉棠三女，千总学礼妹，扬州祝麟室
张英，字孟缇	江苏阳湖	澹菊轩诗词稿	知县琦长女，刑部员外常熟吴赞室
夏伊兰，字佩仙	浙江钱塘	吟红阁诗钞	之盛女
高簹，字湘筠	江苏元和	绣箧诗词小集	经历敬长女，巡道翔麟妹，举人朱绶室
吴云华，字小茶	江西东乡	养花轩诗钞	黔西知州嵩梁次女，德化诸生陈世庆室
汪端，字允庄，一字小韫	浙江钱塘	自然好学斋诗集	湖北同知陈裴之室
谭德馨，字凤芝	江西德化	绣吟楼诗钞	处士萃清长女，蔡泽春室
陆韵梅，字琇卿	江苏吴县	小鸥波馆诗钞	光禄寺典簿澧女，翰林院庶吉士潘曾莹室
张襄，字云裳，一字蔚卿	安徽蒙城	支机石室诗 锦槎轩集织云仙馆遗稿	苏州参将殿华女，吏部主事南丰汤云林室
朱景素，字菊如	江苏上元	絮雪吟	南河县丞桂荣女，广东巡抚庄恪公桂桢侄女，江西巡检单洪诰继室
甘启华，字韵仙	江西崇仁	焚余小草	许州知州宝求第五女，同邑诸生谢兰香宾室
章孝贞，字静仪，又字味琴	江苏江宁	镜倚楼小稿	俊民第三女，上元周观模室
范涟，字清宜，一字佩湘	江西德化	佩湘诗稿	桃源知县明德孙女，陈荫园室

闺　秀	籍　贯	著　作	与文人之关系
蔡紫琼，字绣卿，一字玉婷	江西德化	花凤楼吟稿	贡生瀛女，编修殿齐姊，湖口诸生周文麟室
万梦丹，字篆卿	江西德化	韵香书室吟稿彤管新编	安徽知县兆霖第五女，翰林院编修蔡殿齐室

从上表可以看出，受到文人关注留下作品的闺阁女性，一般来讲，都有着家族中男性文人为之揄扬，甚至他们与外界的联系，也基本是通过家族中男性得以实现，而正是这种以家庭为背景的交往，使得闺阁女性的文学生涯有着更多日常化的色彩。《国朝闺阁诗钞》中收有潘素心《不栉吟》的部分诗篇，其中有两首值得注意，一首为《广昌县试童子代父阅诗》，云"岁在辛与壬，平西试童子。百卷复千卷，以次积盈几。吾父殚辛勤，披览分彼此。闺中偶解诗，甲乙亦漫拟。风檐寸晷余，何必皆杜李。用意取清新，缀词去浮靡。铜壶隔院催，夜深犹未已。岂有鉴衡才，聊代亲劳耳"。另一首《学使胡豫堂先生过广昌索余诗稿》云，"吾父接坐谈，家乡旧相识。索我诗稿看，父命不敢匿。其时当仲春，花开满城艳。重九却寄来，淋漓墨痕黑"，这两首诗拈出了少女诗人生活中的两个片断，代父阅文和以诗拜贽长辈，从中可以看出，所谓文人对闺阁女性的奖掖，对闺阁女性而言，是她们日常生活中不可分割的有机组成部分。

二、袁氏五女的交游唱和

文学交往的日常化在当时众多闺阁女性生活中处处可见。袁枚故后，以随园为中心的袁氏五女的文学活动为例，亦能觇见当时闺阁女性文学交游的常态。

所谓袁氏五女，主要指袁枚孙女辈中能诗善文的五位闺阁女性，分别是袁坤、袁淑（或袁管）、袁绥、袁嘉和袁青。关于这五位女性，胡文楷的《历代妇女著作考》记载，"《灵霄阁诗选》一卷，清袁坤撰。坤，字小芬，浙江钱塘人，知县史镇妻"《剪湘楼遗稿》《剪湘亭词》，清袁淑撰。淑，字疏筠，浙江钱塘人，袁枚孙女，字王豫斋。扶病于归，结缡之夕，终于礼筵"，[1] "《燕归来轩吟稿》二卷，清袁青撰。青，字黛华，浙江钱塘人，车持谦继妻。是书嘉庆二十二年丁丑（1817）刊本。与方曜之《红蚕阁遗稿》、王瑾之《味绪居近稿》合刻。前有车持谦序及记，杨芳灿序。凡诗一卷，词一卷"，[2] "《湘痕阁词稿》二卷，清袁嘉撰。嘉，字柔吉，浙江钱塘人，上元诸生崇颖妻。是书……前有袁祖志、李肇增序。王荣昌撰传。张绺英、王希蕴、朱慧贞等题词"，[3] "《瑶花阁诗草》一卷《词钞》一卷，《闽南杂咏》一卷，清袁绥撰。绥，字紫卿，浙江钱塘人，袁枚孙女，南平知县袁通女，上元吴国俊妻。……（《闽南杂咏》）前有弟袁祖惠胡元博序，又夏恺《簪云阁诗词集序》，附子吴师祁志……"。[4] 郭麐《灵芬馆诗四集》卷十二有《题袁黛华青燕归来轩诗稿》云，"三妹袁家有替人，五株琼树一时新。故应仍占仓山住，仗与梅花作好春"，又郭麐《灵芬馆诗话》续卷六提到袁青，"袁为吾友兰村之犹女，与兰村女寿字瑶华，坤字小芬及真来二女柔吉仙筠相倡和，杨蓉裳农部为作《袁氏联珠集》序。"郭麐提到的袁寿应该就是袁绥，而字"仙筠"者为何人则殊难定论。

---

1. 2. 胡文楷：《历代妇女著作考》，商务印书馆 1957 年版，第 376 页。
3. 胡文楷：《历代妇女著作考》，商务印书馆 1957 年版，第 377 页。
4. 胡文楷：《历代妇女著作考》，商务印书馆 1957 年版，第 378 页。

关于袁通、袁迟的后人，现在所见到的最全面、最具说服力的材料，即袁祖志《随园琐记》卷下中所记载，"先大父生子二人，先君子为长房，官河南河内县，著有《捧月楼词稿》，已刊入《小仓山房三十种》之内。生子三人，长兄祖惠，号少兰，官四川夔州府，善书法，著有《玉芙蓉阁诗词稿》；次兄祖惪，号又村，官江苏上海县……，三即余也。女三人，长适吴，著有《瑶华集诗词稿》，已刊。次适史，三适王。……先叔父真来公为二房，官南河州同，工绘事，生子三人。长兄禧，候选典史；次兄祜，候选县丞；三兄禔，候选典史，俱早逝。女三，长适崇，工诗词，癸丑殉难，有《湘痕阁稿本》待刻；次适方，三适韩……"，虽然对袁通和袁迟的所出交代得比较全面，对家族女性的记载还是不太详细。但据此看来，袁通第三女，即适王者，应该就是胡文楷提到的袁淑，但她和郭麐提到的袁迟女儿字仙筼者显然不是同一人。据袁嘉《湘痕阁诗稿》可以得知，袁迟另外二女为名袁管字淑筼者和名袁娴字淑仪者，袁淑则字仪吉，皆能诗善文。[1] 如此，则字仙筼者应该是袁管，而郭麐和胡文楷的记述都有误？在没有见到《袁氏联珠集》的刊本之前，对此殊难定论。

又袁嘉《湘痕阁诗稿》前有袁祖志序言，提到"余家昔有三祖姑，皆事吟咏，先大父曾取其诗刊入《小仓山房全集》中，题曰'袁氏三妹合稿'。嗣余姊辈亦有能诗者三，一为琛华，为余长姊；一曰柔吉，为余堂姊；一曰黛华，为余再从堂姊"，则袁青应该为袁通袁迟

---

1. 见袁嘉《湘痕阁诗稿》卷上《送淑仪三妹于归秦邮作此为别》、《挽仪吉淑四妹》、《偕淑筼淑仪娴两妹赴家大人署中赋此留别玉鱼弟妹》，《续修四库全书》本；《湘痕阁诗稿》卷下《送淑筼二妹于归方氏逾两月矣余时有石梁之行赋此以寄》、《挽淑筼妹》及所附袁管的《绝命诗》，《续修四库全书》本。

的堂侄女。由此可见，袁氏家族中才女代不乏人，而袁枚孙女辈中才华出众者尤多。袁枚的孙辈"同居随园中，联袂唱酬，无间寒暑"，[1]当时的随园，显然成为了袁氏后辈闺阁女性角逐竞胜、驰骋诗才的一方舞台。根据胡文楷的记录，袁坤、袁青、袁绶、袁嘉都有部分作品存世，但限于客观条件，笔者只看到了袁嘉的《湘痕阁诗稿》《湘痕阁词稿》，袁绶的《瑶华阁诗草》《瑶华阁词钞》《闽南杂咏》等。从这些材料来看，袁氏闺秀能够在嘉道时期声誉并起，首先在于幼时受到良好的家庭教育，时人曾不无感慨地谈到这种才女成长的得天独厚的条件：

> 盖安人为袁简斋先生之女孙，兰村先生之长女也。简斋先生高才博学，一代宗工，所著《小仓山房集》，海内珍如拱璧。兰村先生聪颖特达，世其家声，所著《捧月楼词》，予尝诵之，其绮丽绵邈，较之南宋诸家，有过之无不及。安人赋性颖异，髫稚时读祖父诗，辄怡然意开，即能寄托韵事，研究倚声之学，盖得于过庭之教深矣。予昔游京师，与安人仲弟小村大令晨夕过从，试馆联床，挑灯话旧，侧闻安人同怀弟妹多工吟咏，携囊扣钵，殆无虚日。而所居小仓山房，园亭清逸，花木畅盛，四时之乐，不同晓暮，恣其玩赏。维时简斋先生早归道山，兰村先生方启陈芳之国，主骚雅之坛，曹仓邺架，卷轴纷披，孔尊郿厨，裙屐咸集。然则安人居游有林泉之美，披览多匮石之画，而又萃四方名下，丽句清词，供其考镜用能。探源于风雅，博依乎载籍，写至情以真挚，寄逸兴于清华。闻小村之言，益知安人诗词之所造，亦遭

---

1. 袁祖志：《湘痕阁诗稿》序，见袁嘉：《湘痕阁诗稿》，《续修四库全书》本。

际有以成之也。[1]

从以上引文可以看出，袁枚家族中的闺阁女性，从小就耳濡目染，并且为父辈所钟爱，因而能够很好地涵咏才华，歌酬风骚，袁绶如此，其他姊妹的少年经历亦大抵如此。如袁嘉"幼端慧，父迟极钟爱，母沈本才媛，教以诗，神解独超，尤工倚声"。[2]袁枚亡故后，袁通在南京主持风雅，随园成为文人雅集聚会的绝好场所，居于随园的袁氏闺秀不仅和兄弟辈多相唱酬，也得以接触到当时江南文坛的诸多文人，随园成为她们突破女性闺阁小天地的一个理想国。

从袁嘉袁绶的作品中可以看到若干以随园为中心、以家族为单位的文学唱和活动，如袁嘉有《随园小集赏牡丹以今日良宴会为韵分赋拈得日字》[3]《东风齐著力·花朝仓山即事与黛华润如紫卿小芬仪吉诸姊妹同赋》《洞仙歌·竹畦二兄招同黛华润如两姊吉甫少兰诸弟宴集沁香山馆看牡丹即席分赋》《贺新凉·随园消夏与竹畦<small>起</small>二兄少兰祖惠小村<small>祖惠</small>两弟黛华润如紫卿姊分赋得鹤桥步月》《壶中天·少兰弟招同人宴集柳谷赏牡丹醉后坐双湖亭共话畴昔暖风欺面凉翠扑衣月色波光争耀如置身于冰壶中爰各谱一解以纪之》，[4]袁嘉有《仓山牡丹盛开家婶母招饮即席感赋》[5]《蝶恋花·少兰弟招饮牡丹花下即席偶成》[6]等诗词，都是随园家宴的即兴之作，可见闺阁女性文学活动的日常化。从

---

1. 夏恺：《瑶华阁诗草》序，见袁绶：《瑶华阁诗草》，《瑶华阁诗词集》，清同治六年刊本。
2. 王荣昌：《湘痕阁诗稿》序，见袁嘉：《湘痕阁诗稿》，《续修四库全书》本。
3. 袁嘉：《湘痕阁诗稿》卷上，《续修四库全书》本。
4. 见袁嘉：《湘痕阁词稿》，《续修四库全书》本。
5. 见袁绶：《瑶华阁诗草》，《瑶华阁诗词集》，清同治六年刊本。
6. 见袁绶：《瑶华阁词钞》，《瑶华阁诗词集》，清同治六年刊本。

这点来讲，《红楼梦》中的诗社、诗宴等描写，其实是当时闺阁女性日常生活的写实。

除了父兄的奖掖外，夫子的支持也是袁氏姊妹文学造诣得以日益精进的重要因素。袁绶的丈夫吴国俊也是一时才人，袁绶的表弟胡元博提到袁绶于归后，与吴国俊"瑶琴静好，绣阁娱娴，秦嘉徐淑，诗篇增伉俪之欢；清照明诚，吟管益倡随之乐"，[1] 而袁绶的诗词文集，也是在吴国俊叮嘱下，经过儿子吴师祁、吴师曾和女儿吴谨仪的合力校刊后，才得以付梓。[2] 袁嘉远嫁安徽天长，夫子崇一颍富才名，虽然早卒，但这种文学伉俪的婚姻还是对袁嘉带来了一定影响，"崇氏巨族，多巍科硕学，所适云根茂才名一颍，富才望，伉俪甚笃"，[3] 所谓"昔年双倚小蓬窗，眉翠青山斗书长"（《送外槿归葬天长作》），依稀可见当年镜台书阁的甜蜜。袁青为上元文人车持谦的继室，其文集前有车氏序言，足见车氏对妻子的才华报以欣赏和褒扬的态度。车持谦弟弟车持谨的妻子名王瑾，字润如，袁嘉的文集中提到多次随园聚会都有袁青和王瑾的参与，[4] 可见袁氏家族及姻亲之间相互唱和影响的风气。

除了家族的男性文人外，当时江南地区的一些著名文人也和袁氏姊妹有一定交往，如前文提到的郭麐和杨芳灿。又如袁绶文集中出现过两次"邺楼"师的记述，即《题邺楼业师摄山读书图》，[5]《买陂

---

1. 胡元博：《瑶华阁诗草》序，见袁绶：《瑶华阁诗草》，《瑶华阁诗词集》，清同治六年刊本。
2. 参看吴师祁：《瑶华阁诗草》序，见袁绶：《瑶华阁诗草》。
3. 王荣昌：《湘痕阁诗稿》序，见袁嘉：《湘痕阁词稿》，《续修四库全书》本。
4. 见袁嘉：《湘痕阁诗稿》卷上《月夜偕汪仙鸾缪震筠王润如黛华姊双湖泛舟作》、《题王润如姊〈天寒有鹤守梅花图〉》；卷下《寄和黛华润如四绝》、《接黛华大姊手书诗以慰之》、《七夕寄怀王润如姊》。又《湘痕阁诗稿》卷上有《挽汪仙鸾表嫂》，可见汪仙鸾也是姻亲，《续修四库全书》本。
5. 袁绶：《瑶华阁诗草》，《瑶华阁诗词集》，清同治六年刊本。

塘·题汪邺楼师仓山读书图》，[1]"邺楼"为南京文人汪度的字号，汪度工诗文，与袁通有很深的私交。袁绶在词中写道，"流光速，那信知音，还少传经。犹记娇小绛帐，十载春风暖秋蟾怀抱，临墨沼，感青眼殷勤，矜许巴巫调"，看来是少年时代即师从汪度。诗中云，"我昔游摄山，短发初拢鬈。幽寻侍舅氏，陟险同跻攀。挂轩萦清梦，游兴殊未阑。一惊软红牵，忽忽三十年。平居起遐想，梦绕群峰间。吾师好襟怀，山水弥拳拳。当时此读书，飘然疑登仙。春山艳如笑，玉女开朱颜。秋山媚如妆，翠泼修娥弯。琳宫灿金碧，仙籁发幽湍。山鸟乐相呼，山花娇欲言。放眼最高峰，俯仰天地宽。长江两派分，如带山腰环。万瓦蹙鱼鳞，千畴罗棋盘。青青树若荠，蔼蔼岚生烟。好景惬幽赏，不羡闲云闲。谁为作此图，示我索一篇。行将赴闽峤，远别心凄然。胜游或再续，斯图当并传。山灵默相契，十载看云还。"可见袁绶与汪度之间的师生深情，登山邻水，清风明月的诗书生涯似乎也是文人和闺阁共同的理想境界。值得注意的是，无论郭麐、杨芳灿，还是汪度，都是袁通朋友圈子中交情很深的朋友，郭麐和杨芳灿都曾以晚辈身份拜谒过袁枚，他们对袁氏闺秀的揄扬，固然是因为后辈袁氏闺秀的确在文学方面表现出了一定的天分和才华，更重要的恐怕还是出于与两辈袁氏文人的师友之义，从中益发可见家族背景对成就闺阁女性的重要性。

三、其他文人的奖掖活动

嘉道时期，其他文人也对推动闺阁文学发展出力甚多，如郭麐。

---

1. 袁绶：《瑶华阁词钞》，《瑶华阁诗词集》，清同治六年刊本。

郭麐，字祥伯，号频伽，因莹白一眉，时人称作“郭白眉”。嘉道时期的重要诗话，大都论及郭麐，如舒位《乾嘉诗坛点将录》推之为“浪子燕青”，张惟屏《听松庐诗话》则将其与黄景仁、乐均并列，对之奖誉甚高。但历来研究郭麐者，更注重他在清诗发展历史中的位置，于他对闺秀文学的推动则语焉不详。事实上，郭麐素来热心于奖掖闺秀，在他的《灵芬馆集》中，也多有这类记载。具体而言，他对闺秀文学的奖掖表现为以下几种方式：

1. 评点当时闺阁女性的诗词，择其尤者加以褒奖。如评价沈榛和蒋纫兰的词，以为“最为清绝”，[1] 又如对嘉道时期齐名的杨芸和李佩金两位才女，郭麐评价“（杨芸）《琴清阁词》风美流发在片玉冠柳之间……（李佩金）《生香》一集与《琴清》相伯仲，而幽抑缠绵，似复过之，漱玉未能专美于前也”。[2] 再如评价朋友姚椿妻子许庭珠的词，以为“婉约之情，一往而深”。[3] 又如他品藻浙西二孙（孙云凤、孙秀芬），极其推崇孙云凤，认为“碧梧《湘筠馆乐府》清丽芊眠而寄意杳微，含情幽眇，置之《花间集》中亦当在飞卿延巳之间”，[4] 郭麐本是词场名家，故品陟闺秀往往能于只言片语中揆其精髓。郭麐论词，有独出己见者，以为“世之论词者，多以秾丽隽永为工，灯红酒绿、脆管么弦，往往令人倾倒，然非词之极工也。吾友兰村，少善倚声，体多侧艳，及刻《捧月楼词》，则一归于雅。余前既言之矣，要其尤工者，则在于友朋离合，死生契阔之间，非近人所能仿佛”。[5] 他极为欣赏袁通《摸鱼儿·集绿伽楠精舍追感谢庵与邵兰风联句》一词，评

1. 郭麐：《灵芬馆词话》卷一，《灵芬馆全集》，清嘉庆光绪间刊本。
2. 3. 5. 郭麐：《灵芬馆词话》卷二，《灵芬馆全集》，清嘉庆光绪间刊本。
4. 郭麐：《灵芬馆诗话》卷四，《灵芬馆全集》，清嘉庆光绪间刊本。

价为"惊心动魄，一字千金"，可见他更欣赏气魄雄浑的词。所以他对顾氏闺秀的《楚黄署中闻警寄满江红》一词评价极高，以为"语带风云，气含骚雅，殊不似巾帼中人，作者亦奇女子也"。[1]

2. 在文集中刊入闺阁女性的作品，以推动其流传。郭麐曾得到陈其年《妇人集》抄本，"其中闺秀词句可喜者尤多，爱摘录以广其传"。[2]随园女弟子汪玉轸的作品最初由其表弟朱春生帮助刊行，朱春生是郭麐的好友，郭麐见到汪玉轸的作品后大加赞赏，后朱春生又发现部分汪玉轸的残稿，则由郭麐补入《灵芬馆词话》，始得流传。又如王倩为陈基继室，与郭麐素有文字交，王倩亡故前作有绝命诗四首。时王倩文集已在其生前刊印，故郭麐"恐此诗久或佚置"，将其绝命诗录入《灵芬馆诗话》中。《灵芬馆诗话》和《词话》中因此收录了许多当时闺阁女性的作品，保留了珍贵材料。

3. 为闺阁女性的诗文集及诗画作序、题词。为闺秀的诗文集题词作序是明清文人的笔墨常态，郭麐也曾应邀为不少闺秀作序。如《灵芬馆诗初集》卷一收有《题陈止君夫人〈合笥楼诗集〉应令子胡镐属》，显然是出于胡镐的情面而为其母诗集作序。又如闺秀胡缘不幸早逝，有《琴韵楼遗诗》存世，郭麐与其兄长胡金题为好友，故应邀为《琴韵楼遗诗》作序。为诗文题词是文人奖掖闺秀的又一种手段，爱惜闺才的郭麐也不例外。他曾为金逸的诗集题词，"冰雪聪明云海思，生来仙骨不须修。新诗成后人双笑，小字呼来月两头。锦瑟华年偏善病，春风庭院澹如秋。乌丝栏纸蚕眠字，销尽蓬窗一夜愁"。[3]

---

1. 郭麐：《灵芬馆词话》卷二，《灵芬馆全集》，清嘉庆光绪间刊本。
2. 郭麐：《灵芬馆词话》卷一，《灵芬馆全集》，清嘉庆光绪间刊本。
3. 郭麐：《灵芬馆诗初集》卷二，《灵芬馆全集》，清嘉庆光绪间刊本。

4. 作墓志和寿序。为闺阁女性作墓志和寿序是明清文人常见的一种文学交往手段，其中不乏阿谀奉承之词，郭麐身当其时，自是未能免俗，但作为性灵诗人，他在墓志和寿序中往往有发自内心的感慨。如闺秀陆鄂华逝世后他为之作墓志，并寄《菩萨蛮》二首给其丈夫，其中有云，"小楼昨夜春寒渐，绿筠帘子何曾卷，帘外又斜阳，一溪新水香"等，寄意杳渺，而悼惜之情已隐隐透出。[1] 又吴琼仙为郭麐好友徐达源之妻，郭麐为吴琼仙《写韵楼诗稿》作序，撰有（吴琼仙）《小传》。又如"月璘女士薛娟，余葬之葛岭之下，张孝女坟之侧，自为葬记，复绘《春山埋玉图》"，[2] 虽然此种行为颇带几分香艳气，但将闺阁女性比之为"玉"，表现出一派怜香惜玉的语气，却是当时文人惯有的观念和行为。

5. 与闺阁女性交游唱和，以为韵事。闺秀汪玉轸曾赠诗郭麐，郭麐倩奚冈为绘《万梅花拥一柴门》图，而郭麐周围的文人围绕这件韵事，纷纷提笔咏叹：

> 云台先生和诗云，"香梦夜飞梅万树，不知春水隔江村。劝君细逐梦行处，一路栽花直到门"，姚根重云"取酒梅花花下歌，雪残凉影见婆娑。柴门如此不归去，正恐罗浮幽梦多"，朱铁门云"年年人日草堂诗，随例携尊访故知。只恐花深寻不见，当门略剪两三枝"。女士席韵芬佩兰云，"美人翻作罗浮梦，撰出孤村处士家。一片水云浑不辨，是人家与是梅花。放鹤归来雪满村，微茫

1. 郭麐：《灵芬馆词话》卷二，《灵芬馆全集》，清嘉庆光绪间刊本。
2. 郭麐：《灵芬馆词话》卷一，《灵芬馆全集》，清嘉庆光绪间刊本。

认遍月黄昏。东风曲折随香去，先比诗人得到门"……[1]

又郭麐有《灵芬馆》三图，当时文人纷纷围绕着图中内容进行题咏。如：

> 第三图中红茶以前诗未尽，时同客邗上，因再题七古一章，词多不录。阮云台先生云，"才子江南郭白眉，图书满屋酒盈卮。仰天大笑传斋赘，极浦扬舲读楚词。堂下芳花尽香草，集中文字半丰碑。人间亭馆知多少，可有浮眉一卷诗"。……女士王梅卿云，"小榻堆书不掩关，江湖乞食未能还。十年才结三间屋，莫更逢人说买山。仙馆清寒半住云，天风时与扇灵芬。漂零却笑狂夫婿，恁庑思来一就君"。……[2]

这里的王梅卿即王倩，郭麐好友陈基的继室。通过郭麐和同时许多文人的文集来看，其时文人与闺阁女性的交往已经成为文人圈的常见现象，郭麐只是表现较为突出而已。而郭麐虽然曾经师事袁枚，却未能效仿乃师大肆招收女弟子，在招收女弟子方面能够继承袁枚衣钵的应属陈文述。

与陈文述差不多同时，钱塘袁洁也曾招收不少女弟子，并且在行为处事上颇有暗合于袁枚之处。袁洁著有《蠡庄诗话》十卷，多次提到他与女弟子及闺秀的交往。袁洁《蠡庄诗话》跋云，"余嫌《随园诗话》太冗，曾为去其芜杂，存其精华，另成一帙。将谋付梓，寄书

---

1. 2. 郭麐：《灵芬馆诗话》卷七，《灵芬馆全集》，清嘉庆光绪间刊本。

张伯良刺史，伯良以为不然，来书云'君不自为诗话，而欲刊《随园诗话》，岂非舍己之田芸人之田耶?'余深韪之，乃就行箧所藏，见闻所及，友朋之所传述，零笺碎幅，陆续搜罗，编成十卷。一切仍随园体例，不忘所自也"，可见《蠡庄诗话》是在《随园诗话》影响下而成。虽然渊源有自，但袁洁总在不经意中强调他与袁枚的差别，如"随园句云，'他生愿作司香尉，十万金铃护落花'，可谓情至之语，然嫌其太露。余仿其意题画蒲萄云'愿把霜丸化红豆，天涯随处种相思'"。[1] 正因为有这种用心，他认为他招收女弟子也有别于随园。他曾提到，"余有女弟子数十人，皆到处求诗索画而来者，并非袭随园故套也，故有'自是三生缘未了，许多闺阁总知名'之句"。[2] 虽然当时人认为他效仿了袁枚，如朱锦华赠句云，"管领江南春色好，随园以后属先生"，但他与女弟子的交往方式的确与袁枚有较大差别。

袁洁善于画墨葡萄，他的侧室朱素簪于归后专攻笔墨，初画葡萄，既而画兰，袁洁曾经为之题诗，有"写出莫嫌清瘦甚，夫君家计本来贫"之句。因为他名声在外，许多闺秀都为求画而来，在这点上他是有别于袁枚的。《蠡庄诗话》卷九曾记载女弟子谭拟玉的从师经过：

> 东昌传经田明经来言，有谭闺秀字拟玉，直隶南宫人，寄籍东昌，工诗善画，且专仿余墨笔葡萄，余甚异之，画葡萄一幅寄赠，题诗云，"宛约柔枝摹岂易，纷披老干肖逾难。画成一幅葫芦

---

1. 袁洁：《蠡庄诗话》卷九，清嘉庆二十年桃源袁氏刊本。
2. 袁洁：《蠡庄诗话》卷一，清嘉庆二十年桃源袁氏刊本。

样，寄与深闺着意看"。阅半载，闺秀忽以书来，执弟子之礼，并寄所画墨葡萄四帧，余答以诗云，"深闺传韵事，宛转写龙须。妙笔余将愧，清才古所无。寄书缄短幅，执贽到迂儒。作画如文学，须知法不殊。"……后余至东昌过访之，适闺秀丁·月前已嫁运粮千总曾君，竟未得见。……

可见这位闺秀与袁洁的交往仅仅停留在以诗画见赠的层面，二人甚至未见一面。又袁洁曾提到他的女弟子中有"小秋""凌云"，"其中工诗者如小秋题余'蒲桃'云，'依来也拜春风帐，携得珍珠满袖归'。凌云寄余云，'泰山云化春潮长，一日蠡庄一寄书'"，而"小秋""凌云"者，都名不见经传。可能袁洁的女弟子都是略通文墨的小家碧玉，不同于袁枚、陈文述的女弟子中有较多官宦人家的眷属。这或许和袁洁本人经历、社会地位有关，亦可略见彼时招收女弟子的风气之盛。

第二节　闺阁对文人之影响

陈玉兰在分析嘉道时期闺阁女性与文人之关系时提到，"嘉道之际的闺阁诗人，她们对寒士诗人及诗群的诗歌创作所产生的影响是不容怀疑的。这种影响既有题材方面的，也有风格方面的；既有显性的，也有隐性的；既有正面的，也有负面的。"[1] 不论她对这些影响的

---

1. 陈玉兰：《清代嘉道时期江南寒士诗群与闺阁诗侣研究》，人民文学出版社2004年版，第113页。

总结和概括是否全面，嘉道时期闺阁女性对文人的影响，的确不容忽视。

一、以家庭为单位的唱和

闺阁女性对文人的影响，首先表现为家庭中的言传身教和诗词酬唱。所谓言传身教，指的是作为母亲，闺阁女性往往自觉地担负了对儿女的熏陶和教育责任，由于她们具备相当的文化素养，因此会对儿女尤其是儿子起到较好的引导作用。才女型母亲对子女的培养教育，清人对之有较清晰的看法：

> 诚能于妇职余闲，流览坟素，讽习篇章，因以多识故典，大启性灵，则于治家相夫课子，皆非无助。以视村姑野媪惑溺于盲子弹词，乞儿说谎，为之啼笑者，譬如一龙一猪，岂可以同日语哉！又经解云：温柔敦厚，诗教也。由此思之，则女教莫诗为近，才也而德即寓焉矣。[1]

受才女型母亲影响的范例，在清代中期屡见不鲜。众所周知的如张藻之于毕沅，这位出身常州张氏的名门闺秀，在丈夫亡故后，担负起沉重的家庭压力，于含辛茹苦中教导毕沅，毕沅后成为一代名臣，张藻实有力于焉。又如恽珠，完颜麟庆曾在《先妣恽太夫人言行略》中提到，"太夫人命与两弟受业于洁士舅氏秉怡，每夕则坐灯下亲课其书，所习业复讲古史一则，婉曲喻导，以示方向，此不孝孤辈受教之始"。[2]

---

1. 陈兆仑：《紫竹山房文集》卷七，清嘉庆间刊本。
2. 完颜麟庆：《蓉湖草堂赠言录》，清道光十六年刊本。

又如孙星衍《含饴夜课》诗序云，"时家大人以四月入都，大母许太夫人故守节抚孤，及得孙，爱怜特甚。五岁入塾，归太夫人必篝灯课读，母金夫人纺棉其侧，比家大人归，已九龄矣"，[1] 可见有才学的母亲在文人受教之初所起到的启蒙作用。

像这样的才女型母亲，在嘉道时期的江南文人家庭中，占到不小的比例，翻检嘉道时期的几部闺秀总集和文人文集即可得知。以袁绶和袁嘉为例，袁绶婚后生活比较平静，所以将更多精力用在了课子相夫方面，使得姻党中人由衷称赞"夫周以前，妇职之克，传者多以德，秦汉以后，多以节与才。而最著者，莫如相夫子成令名以及其贤子孙"。[2] 与袁绶不同，袁嘉婚后的际遇无比坎坷，她远嫁天长后丈夫亡故，无何二子及姑亦亡，不得已，偕女儿棠仙返回随园定居，帮助父母及兄弟料理家庭事务。"会父母次弟三弟夫妇均殁，遗三孤抚如己子。每当风霄雪夜，一灯课读，俨若严师，……乃缕述当年祖德，痛陈目下艰虞，勉励三孤，声泪交迸。二孤旋入泮，一孤亦成立"，[3] 在家族中人渐次谢世的情况下，袁嘉担任起了对侄儿的管教之责。不仅对家族子弟严加管教，袁嘉作为袁迟一房当时实际的主事人，对来往的姻亲子弟也多有勉励。王荣昌提到"余姑母其冢弟妇也。道光丙午秋，余以省试金陵，入随园拜见之余，蒙异目视。凉秋九月，芙蓉盛开，召群弟侄暨余开尊联吟，纵谈古今，极一时文酒之乐，其奖掖后进类如此"。[4] 袁嘉的三弟妇为王文治的孙女，王荣昌或者是王文治的后人？又《湘痕阁诗稿》卷上还收有《将至白门留别楚材 楠 二侄》

1. 孙星衍：《芳茂山人诗录》卷七，《续修四库全书》本。
2. 汪和：《寿序》，见袁绶：《瑶华阁诗草》，《瑶华阁诗词集》，清同治六年刊本。
3. 4. 王荣昌：《湘痕阁诗稿》序，见袁嘉：《湘痕阁诗稿》，《续修四库全书》本。

和《别荫轩_{椒三任}》二诗，是袁嘉将要离开天长时赠别崇氏家族后辈所作。所谓"一代诗名追后步，千秋勋业过前贤。世无古调弦难拨，家似残棋著要先。静夜闻鸡休起舞，乘风快著祖生鞭"（《别荫轩_{椒三任}》），可见袁嘉对崇氏后人的期望，从中也可以看出闺阁女性的影响往往能通过各种姻亲关系，传播得更广。

才女不仅可以为"令子之母"，在家庭之中，兄弟姊妹之间的唱酬对文人的影响同样不容小觑。蔡殿齐在《国朝闺阁诗钞》自叙中回忆，"柳絮庭前，早得联吟之姊；椒花堂上，又添作颂之妻。镜槛邀题，灯窗助读；银烛芳兰之句，酬唱遂多；玉台香茗之编，收藏亦富"，提到了闺中姊妹和妻子对他编选闺秀文集日积月累的帮助。袁祖志作《随园琐记》回忆早年随园生活，"伯兄有《仓山忆旧图》，……仲兄有《松阴把卷图》，则髫龄读书时写意也。伯姊紫卿有《桐阴待月图》，嫡姊柔吉有《梨花白燕图》《月廊香梦图》。一时知名之士，题咏甚夥。诸兄妹亦互相歌咏，皆吾家风雅遗韵也"，[1] 可见当时随园的风流余韵。随园姊妹的文集中处处可见与兄弟唱和的欢乐，一方面说明家庭诗会对蕴育闺才的重要性，另一方面，随园姊妹对兄弟辈的鼓励和支持也是处处可见。袁祖志提到，"诸姊中惟柔吉极博雅，著作甚富，……予幼时尝驰束于族兄竹畦_起询问故事，兄书札尾见复曰，'家有不栉进士，何须问道于盲耶。'兄目短视，故云，亦可征姊见重于族党也"，[2] 可见袁嘉才华横溢，在兄弟辈中亦佼佼特出。

从袁嘉的诗文来看，她虽然经历了人生种种不堪际遇，却始终有

---

1. 袁祖志：《随园琐记》卷上，清光绪间刊本。
2. 袁祖志：《随园琐记》卷下，清光绪间刊本。

种不甘人下的桀然傲气。如《买陂塘·送少兰大弟入都》中云，"一样同根蒂，一样离怀凄绝。嗤我拙，纵饲鹤无粮，未肯从人乞。"[1] 从中看出，袁嘉寄居随园，家庭中似乎颇有烦言，[2] 但她本人秉性刚傲，不仅不以为然，还不肯有半点低头的意思。她一生经历极为坎坷，但自幼受到的良好教育和成长后登山临水、四处游历的经验还是壮大了她的心胸，使得她出言吐语不同于一般的小家碧玉，俨然有种大家气象。如《湘痕阁诗稿》卷上收有《少兰弟需次蜀中诗以寄怀》：

> 雪花如掌风漫漫，去年严冬祖饯阑。骊驹在门不忍发，欲别未别摧心肝。
>
> 今年试官向西蜀，冲寒犯雪蛾眉巅。白云凝望数千里，吁嗟行路方艰难。
>
> 不惜驱车远道走，行行一步一回首。相对振翮青云中，浇春莫忆故园酒。
>
> 故园春酒未开筵，思君那复辨旨否。男儿四海若比邻，毋为歧路泪沾巾。
>
> 名场不虑无知己，虚怀雅望能倾人。吾家海内声名著，文词循吏矜时誉。
>
> 大父穷探天下山，纪诗独少猿啼处。君宜四川补壮游，从兹诗得江山助。
>
> 新诗吟成早寄余，快读能使离怀抒。锦江冰结吴江冷，慎毋

---

1. 袁嘉：《湘痕阁词稿》，《续修四库全书》本。
2. 王荣昌《湘痕阁诗稿》序中提到袁迟逝后，袁迟一房渐渐中落，而袁通一房颇为富足，家族中不无难言之隐，可以参看。

浮沉双鲤鱼。

对兄弟的鼓励和期望，对振兴家声的自信和向往、以及矜矜然以壮游为快意的意气跃然纸上。

另外，时人评价袁绶"太宜人生长随园，家世工诗，尤嗜读史……屏去风云月露之章，而以诗代史。闲常观古今得失，发为歌咏，皆可被之管弦"，[1] 袁绶也作有《少兰弟书来以四川道远为虑赋此》，可以和袁嘉的同题诗对照来看：

> 蜀道难，蜀道难，川河与云栈萦纡，崭绝何间关。昔人已有语，今人胡不然。蜀道之难如登天，男儿壮游志万里，安能终岁寂寂守故园。况君捧檄为贫仕，顾储薄禄娱亲颜。莫惜折腰趋下风，但祈名誉动上公。俭可养廉肃僮约，治家为政将毋同。蜀中米谷三秋熟，不比江南贵如玉。诸葛遗谋例不荒，那识乐轮敲扑辱。君不见叱驭王，尊忠负弩相如显。只在人心安不安，不在山川远不远。

慷慨激昂，议论风生，可见袁氏闺秀沉雄博大的诗文气象得自家学为多。但袁绶的人生经历比之袁嘉更顺利，加之与袁祖惠、袁祖憙等兄弟有着嫡亲的血缘关系，所以才会在一番鼓励之后说出"十年有约慎无忘，锦衣莱服同光辉"[2] 这样的话。豪情中有亲情，又有柔情，女性

---

1. 汪和：《寿序》，见袁绶：《瑶华阁诗草》，《瑶华阁诗词集》，清同治六年刊本。
2.《送又村仲弟赴试北闱》，见袁绶：《瑶华阁诗草》，《瑶华阁诗词集》，清同治六年刊本。

对文人的奖掖到最后总会更日常化、亲切化一些。

　　家庭环境对个人的影响是如此重要，除母子、兄弟姊妹外，夫妻间的志趣相投的唱和对文人的影响也很重要。前文提到蔡殿齐编选《国朝闺阁诗钞》曾得到妻子的帮助，黄传骥序《国朝闺秀诗柳絮集》云，"吾叔母万宜人积年所作，……，夫然后万宜人乃以能诗著书选《柳絮集》。初未登载，诵其所作，皆温厚和平，无乖正始，亟促之，乃收入"，可见黄秩模编选该集时亦曾得到妻子的支持。夫妻之间的襄助在孙原湘和席佩兰这对文学伉俪身上展现得更突出，袁枚曾以略带玩笑的语气评价二人，以为席佩兰之诗才胜过孙原湘，[1] 或许是随园老人一贯的怜香惜玉作派让他得出了这样的结论，但孙原湘自己也承认，"十二三岁时，不知何为诗也。自丙申冬佩兰归予，始学为诗"，[2]可见席佩兰的来归直接促成了他在诗学方面的精进。又如嘉道时期著名的《红楼梦》评点家王希廉，他的许多评点和阅读工作，都是和妻子周绮共同完成的。

　　值得注意的是，嘉道时期闺阁女性的活动往往以家族和文人小团体为单位进行，女性之间的交谊会直接影响男性社交，不仅表现为一般的文人唱和、作诗填词，有时甚至扩大到文人的仕途交情方面。如恽珠和潘素心，两人都是嘉庆年间（1796—1820）著名的闺秀诗人，又都具备"名父之女""才士之妻"和"令子之母"的身份，共同的家族背景和生活经历使得两人结下了较深的情谊，这从潘素心序《国

---

1. 袁枚：《随园诗话补遗》卷八评价席佩兰云："细腻风光，方知徐淑之果胜秦嘉也"，王英志：《袁枚全集新编》第十册，浙江古籍出版社 2015 年版，第 831 页。
2. 孙原湘：《天真阁集》自序，《续修四库全书》本。

朝闺秀正始集》及《续集》可以看出。[1]但二人对这段情谊的叙述略有差异，《国朝闺秀正始集》卷十八"潘素心"条云，"（潘素心）……知州汝炯女，詹事汪润之室，著有《不栉吟》。按：润之字雨园，嘉庆辛酉进士，有文名，余耳虚白诗名久矣。嘉庆庚午，始得识面，嗣是随宦汊阳，踪迹遂疏"。该卷中收入潘素心《麟见亭世讲以母恽珍浦夫人所绘紫薇夜月便面嘱题因成二律即呈珍浦夫人》，诗中小注云，"甲子岁，澹音为余乞夫人画碧桃便面。乙丑澹音南归，丁卯余复有滇南之行。今春回抵都门，夫人见访，始得识面，言随宦家乡，寓居山阴一载，深悉风土。今澹音随任津门，余曾书订来京并邀夫人作闺中诗社，澹音以事不果，迟其约，故云"。这里的"澹音"即王韫徽，字澹音，江苏娄县（今昆山）人，知府王春煦女，盐大使杨绍文室，著有《环青阁诗稿》。恽珠在《国朝闺秀正始集》卷十八介绍王韫徽时只是简单提到，"澹音克承家学，工诗善书，嘉庆癸亥曾以扇嘱余画弁，亲书诗扇相赠。至今什袭藏之而实未谋面云"。对她们三人之间的交往，从恽珠和潘素心两人的叙述中，不难感受到潘素心的热切，而恽珠则更平静一些。

恽珠对潘素心的平静，或许并非完全源于恽珠作为编选者的某种平和。参看《国朝闺秀正始集》卷二十"钟素"条后收入钟素的《庚午春日送珍浦姊北行》，恽珠不无动情地提到选入这首诗的原因，"步瀛字康皆，工诗文，屡试不遇。尊甫恒园先生与先舅大人为莫逆交。比夫子宦浙中，以忧罢职，宦况清苦，往来山阴，均主其家，深

---

1. 潘素心序《国朝闺秀正始集》中云，"余与太夫人为闺中友垂二十年"，《续集》序云，"余自惟与太夫人闺中文字交年最深"，见恽珠：《国朝闺秀正始集》，清道光十一至十六年红香馆刊本、《国朝闺秀正始续集》，清道光十六年红香馆刊本。

感先生一家高谊。检旧篋得此，故亟登之"。钟素字澹心，浙江会稽人，训导李步瀛室。前文曾经提到，《国朝闺秀正始集》的编纂有浓重的麟庆幕府及完颜家交游的色彩，可见对私交甚笃的朋友诗作，恽珠不仅不吝采入，并且会在笔端饱含情意。她对于王韫徽的按语比较平淡，"实未谋面"一句已经将两人之间的交情交代得很清楚了，对比潘素心的热切，恽珠的平淡只能说明她与王韫徽及潘素心之间情谊的寡淡。既然如此，何以潘素心要渲染她与恽珠之间的交情呢？这或许可以从两人儿子之间的微妙关系上找到答案。潘序《国朝闺秀正始集》提到，"余老矣，汴水燕山，音尘遥隔，不获与太夫人扬榷文史，重联昔日之欢。而儿子承庆薄宦中州，日聆令嗣观察公训诲，且得常侍绛帐纱幔之旁，以窃闻绪论，则亦余之厚幸也夫"。《国朝闺秀正始集》卷十八还收入潘素心《己丑春日寄祝珍浦太夫人寿》一诗，中云"寄旅怜犹子，歌风笑末员<small>四儿承庆荷令嗣见亭观察保荐</small>。深恩滋雨露，小草荷陶甄"，即使潘素心和恽珠交情极笃，这样的用词也略嫌肉麻了一些，倘若不是为了在麟庆手下任职的儿子，想来潘素心的出语会更有分寸一些。名门闺秀出身的潘素心自是深谙官场三昧，因而能够很好地领会并利用这种闺阁女性交往对其家人的意义。在潘作《国朝闺秀正始续集》序言中，这种借此而言彼的语言艺术更被她运用得极为巧妙：

> 余自惟与太夫人闺中文字交年最深，感太夫人之维持闺训，宏奖名媛，没齿不衰，而女公孙之能似续祖慈姚也，曷敢以老拙辞，抑余重有感焉。昔范乔泣研于髫龄，元超接武于磐石，士林称颂，延为美谈。不过子孙继述事耳，徒以膏粱弗克负荷，忝厥居多，翩翩者遂得令名。非如伏女传经，班昭续史，身居巾帼能

所难能者也。今女公孙以蕙心纨质，习女红，娴中馈，更以余工涉猎书史，讲求绘事，奉重闺之懿训，绍芳躅于谢庭。握椠怀铅，裒兹大集，以视服章缝而号绳祖武者，难易何如邪？藉非诗礼之诒谋，深渐有自，曷能臻此，抑由此而推之，其诸孙罗立，所谓瑜珥瑶环之秀，犹龙比凤之姿，瑰奇颖异，称其佳儿者更当何如邪？太夫人洵堪无憾矣。

往者已矣，在这段序言中，潘素心巧妙地将对恽珠的褒奖转移到对完颜家族后辈的鼓励上，以长辈自居的语气中更是强调了双方家族之间的深厚感情，而最后一句"太夫人洵堪无憾矣"，诉说的对象更是直接指向"诸孙"的父辈——完颜麟庆兄弟等人。潘素心的这番苦心措辞，固然源于她与恽珠的交情，暗谀的直接对象恐怕还是完颜麟庆。

二、闺阁女性对文人的支持

如前文所述，闺阁女性对文人的影响具体细微，且渗透在日常生活的多方面。尤其对于恽珠和潘素心那样的"名士之妻"和"令子之母"而言，由于有家族男性文人的支持，她们对文人的影响力往往还溢出了家庭之外。如恽珠曾出资刊刻李颙全集，潘素心以为"（李二曲）先生盖敦孝行而明理学者。太夫人以闺阁之贤而表章之，则其崇本树德，相夫子为循吏，训令子为名臣者，有自来矣"，[1] 说明有才能和背景的大家之女可以在家庭和社会中发挥更多的影响力。

不仅如此，在文人和闺阁女性之间，更多时候，还有一份相互理

---

1. 潘素心：《国朝闺阁正始集》序，见恽珠：《国朝闺秀正始集》，清道光十一至十六年红香馆刊本。

解、相互支持的情感存在。在科考社会中，于文人而言，最伤心的莫过于科举失败、仕途不顺。而闺阁女"士"，由自己在男性社会的弱势位置，能够很好地体会到文人内心的困顿和挣扎，出语安慰往往颇能切中款曲，委婉动人。如前文提到席佩兰和孙原湘这对文学伉俪，席佩兰不仅能在诗文创作方面给丈夫鼓励，更难得的是她于夫子下第时也能够设身处地地为之着想，予以开导劝解。袁枚《随园女弟子诗选》卷一中收有她《夫子报罢归诗以慰之》：

> 君不见杜陵野老诗中豪，谪仙才子身价高。能为骚坛千古推巨手，不等制科一代名为标。夫子学诗杜与李，不雄即超无绮靡。高唱时时破碧云，深情渺渺如春水。有时放笔悲愤声，腕下疑有工部鬼；或逞挥毫逸兴飞，太白至今犹未死。丰兹吝彼理或然，不合天才有如此。今春束装上长安，自言如芥拾青紫。飘然几阵鲤鱼风，归来依旧青衫耳。囊中行卷锦绣堆，呼灯转读纱窗底。燕晋山河赴眼前，春秋风月藏诗里。人间试官不敢收，让与李杜为弟子。有唐重诗遗二公，况今不以诗取士。作君之诗守君学，有才如此足传矣。闺中虽无卓识存，颇知乞怜为可耻。功名最足累学业，当时则荣没则已。君不见古来圣贤贫贱起。

慷慨激昂中，充满了"同情之理解"。

像席佩兰这样的闺阁女性在当时并不少见，如徐达源之妻吴琼仙曾于丈夫入都时倾心赠言，而作为张问陶的妻子，林佩环更以"爱君笔底有烟霞，自拔金钗付酒家。修到人间才子妇，不辞清瘦似梅花"的落落赢得士林称赏。不仅如此，闺阁女性对文人的惺惺相惜，甚至越过了家庭的范围拓展到其他男性文人身上。如郭麐交往的闺阁女性颇多，他对这些才华横溢的女子多有鼓励之语，这些女性也对郭麐投报了相当的热情和期望。如金逸曾赠诗郭麐有云"天遣飘零郭十三"，郭麐为刻"天遣飘零"一印以志心仪。[1] 汪玉轸亦曾赠诗郭麐"江乡风景世应稀，奈尔饥驱未息机。输于缝人吴季子，关门自制水田衣。深闺未识诗人宅，昨夜分明梦水村。却与图中浑不似，万梅花拥一柴门"，诗中的情意殷切可见，故郭麐对之颇为嘉许，倩奚冈为作《万梅花拥一柴门》图。[2] 又如吴琼仙曾题彭兆荪诗集云，"远游少小出居庸，无数青山避笔锋。骏马一朝辞白传，霜风五夜警黄钟。熟精文选难名体，罗列星辰有此胸。归向伯通桥下泊，高歌愁煞读书佣"，"每因夫婿手钞时，读遍彭宣绝妙词。呕煞心肝愁血少，凄如风雨总情痴。深宵常与一灯共，落笔便求千古知。多少书鱼夸食字，不成仙去是凡姿"，读其诗而能知其人，论其世，无怪彭兆荪为之感念不已了。[3] 又如金逸题吴嵩梁《香苏山馆诗集》云，"乱散天花作雨飞，果然一字一珠玑。风骚力主年犹少，仙佛才兼古亦稀。六代青山摇醉笔，一春红雪溅征衣。如何倒遍群公廨，听到啼鹃尚未归"，"替传新句遍公卿，闺阁从今得重名。见说百篇邀手录，但更一字总心倾。禁寒选梦灯花瘦，扶病酬诗泪墨并。许我千秋传一序，买丝何日绣先生"，从金逸的题词可以看出，闺阁女性对文人的支持，不仅有发自内心的理解和倾慕，还有着希附骥尾，以传后世的心理期待。

嘉道时期江南闺阁女性对文人的影响，还有一种特殊的表现方

---

1. 郭麐：《灵芬馆诗话》卷四，《灵芬馆全集》，清嘉庆光绪间刊本。
2. 郭麐：《灵芬馆诗话》卷七，《灵芬馆全集》，清嘉庆光绪间刊本。
3. 彭兆荪：《小谟山馆诗文集》诗集卷七，文集卷四，《续修四库全书》本。

式，即修道。苏珊·曼曾在她的著作中论及此点：随着女性年龄的增长，生理心理的变化相应而来，她们往往更容易放弃对"文字"等现世的追求而转入修道生涯。[1] 完颜麟庆曾提到恽珠"晚年尤耽静养，薄世味，甘旨之供亦命进至淡泊者。尝诵田山姜先生母夫人句云，'老人自觉修斋好，不为儿曹讲佛经'，谓此语若为己道。"[2] 言下之意，修道的女性并不从己意出发要求家中人修行，但这种家庭中潜移默化的影响或许不容低估。所谓修道，不仅指闺阁女性对佛教等宗教的信仰，从某种程度上来讲，女性对尘世功名的淡漠，正好契合了文人内心深处出世的渴望。如孙原湘后来辞官，与席佩兰偕隐家园，士林传为美谈。吴嵩梁《香苏山馆诗集》卷十六有《题孙子潇太史席道华夫人隐湖偕隐图即次原韵二首》云，"隐湖春水绿年年，只许鸳鸯上钓船。凉月三更开槛坐，白云一榻枕书眠。同心曲按吹箫侣，并蒂花开种藕田。认取鸥波林榭美，始知赵管即神仙""朝衫一脱已多年，身世真成不系船。新句飞来如晤对，故人幸未损餐眠。鹿门此日真偕老，阳羡君家自有田。惆怅小轩曾写韵，彩鸾夫妇亦顽仙"。在吴嵩梁看来，闺阁女性淡泊功名，让文人能更好地挣脱尘世名利枷锁的羁绊，直接追寻人生的真悟。

这种修道的影响在陈文述和他的妻妾之间表现得颇有意趣。陈文述曾提到他与夫人龚玉晨有花间偕隐之约，所谓"何日竟归去，花海泛扁舟。闲泊古梅树，远招双白鸥。青山隐香雪，翠羽梦罗浮。便欲

---

1. Susan Mann：*Precious Records*：*Women in Long Eighteenth Century*，Stanford，Calif.：Stanford University Press，1997. pp.181—182.
2. 完颜麟庆：《蓉湖草堂赠言录》，清道光十六年刊本。

携家夫，长吟不可留"，[1] 字里行间，脱离尘世，偕隐化外的渴望非常明显。据陈文述记述，龚玉晨在中年后，渐渐放弃了对家庭的掌管，沉溺于辟谷修道中，他不无美化地描述龚玉晨的修道生涯[2]，"廿年辟谷惟耽饮，花隐何妨兼酒隐。珠帘一半卷东风，落花吹满游仙枕。宦海苍茫最苦辛，何如酒国有长春。一樽闲话罗浮梦，我是花间偕隐人"。[3] 从陈文述的自述来看，他于宦海飘浮中感到极端厌倦，使得他转而艳羡闺阁妇女狭小单一的生活环境和封闭简单的生活方式，并将之上升到文人向往的隐居生活的高度。高彦颐曾提到"当公众生活黑暗败坏时，'避世'自然变得非常具有吸引力""公众生活幻灭的男性撤回到了休憩天堂的家内生活"，[4] 可见"闺阁"这一相对封闭的女性天地，自公众领域受挫的文人眼中看来，却平添了几许美化和浪漫的色彩。

三、作为"书写"对象的闺阁女性

翻检嘉道时期江南文人的文集，有一种比较强烈的感觉，即他们为闺阁女性所作的文辞，在一定程度上已经形成种种模式和套路，往

---

1. 陈文述有《松壶为余作雪鸿小影册子各题一律》，其中有《花海扁舟》一首，下注云"慕偕隐也。内子玉晨与余有偕隐西溪之约，花海西溪也，梅花万树若香海焉"，见陈文述：《颐道堂诗选》卷十二，《续修四库全书》本。
2. 徐尚之：《陈小云司马传》中曾提到龚玉晨的溺酒是由于爱子夭亡，过于悲痛而引起，见陈文述：《颐道堂文钞》卷十三，《续修四库全书》本。但陈文述关于龚玉晨辟谷的诗文中，对此鲜有提及，反而以一种美化的笔调谈论龚玉晨的酒癖。
3. 陈文述有《花海仙人饮酒歌》，下注云"内子羽卿辟谷十余年矣。日以越中女儿酒东阿胶代饔飧，钱松壶为作花海扁舟画卷，因赋此诗"，见陈文述：《颐道堂诗选》卷二一，《续修四库全书》本。
4. [美] 高彦颐：《闺塾师》，江苏人民出版社 2005 年版，第 164 页。

往是集中于某个主题，毫无新意地抒发着无关痛痒的感情。以恽珠为例，她逝世之后，完颜麟庆特意编辑《蓉湖草堂赠言录》一书，收入了各类文人悼念恽珠的文辞。在《蓉湖草堂赠言录序目》中，完颜麟庆写道：

> （不孝麟庆）自奔丧汴中以至都下庐次，赠言撰斌者皆敬录之。安窆期迫，志铭外碑俱未备。既葬乃具言行略以遍告，贤人长者征乞不朽之文。海内知先太夫人者众矣，表潜发微，各有命意，敷芬尚质，理取并传。或言均而体殊，或体一而格变，将以次第上石，列诸丙舍。先为镂版，分卷成集，冠以草堂，著为太夫人作也。谨条其目为次：墓碑文第一，灵表第二，传第三（别传附），论第四（书后附），赞第五，诔第六（颂附），神诰第七，哀辞第八，祭文第九，吊赋第十（拟骚附），挽诗第十一，女史诗第十二。……凡为文三十四家，为诗四十七家而以吊挽楹贴附识焉。言行略与逸事随，忆录仍入于集末。后有作者依类而曾益之，是尤不孝等之所深愿也。

完颜麟庆将那些为母亲所作的悼祭文章分门别类，依次编好，不能说他在孝道上有何不足，作文诸人也纷纷提到，"道光十三年秋，总督江南河道完颜侍郎以太夫人言行略及逸事，随忆录邮，示鄱阳汪杰，命为志"，[1]"江南河帅完颜见亭先生以其先太夫人事状授都匀周泰曰，'吾姊弃吾，……，当代名公卿暨远近操觚之士，咸有赠言，子乌可

---

1. 汪杰：《墓表铭》，见完颜麟庆：《蓉湖草堂赠言录》，清道光十六年刊本。

不言耶'"，[1] 都能看出完颜麟庆对编纂《蓉湖草堂赠言录》的重视。只是在这煞有介事的目录说明以及类似招征广告的声明中，作为悼文所应具备的核心要素——情感的悲痛反而不那么突出了。事实上，为恽珠而作的诸多悼文，就文字的表述而言，从内容的表达到情感的抒发，都因为雷同而显得单调乏味，文学价值并不高。时隔两百余年，记载着恽珠生前美德懿行的《蓉湖草堂赠言录》，除了研究者偶一阅读外，已无人问津。因为重视文字的传世功能而注重它的书写形式，最终文字却因为这种繁琐雷同的书写而失去了真正的生命力。

类似情形也见于吴嵩梁的爱妾岳筠。吴嵩梁是著名的嘉道诗人，客游北京时曾纳有爱妾岳筠，他为之作有不少诗词，详细记载了两人相见始末及共同生活中的一些细节，笔调颇为旖旎。如其文集收入《绿春词》四组，序言提到，"筠姬姓岳氏，字曰绿春，山西文水人，随母侨寓京师。姿性慧丽，能左手书，授以诗，辄倚声诵之，妙合音节。余初诣姬居，值晓妆，贻碧桃一枝，姬受而簪于髻。俄有夺以重聘者，姬恚甚，谓其母曰，'儿已簪吴氏花矣'，遂于嘉庆十一年四月八日归余，年甫十五。余得蕙风阁书，因持示姬，姬曰'儿年小，不能持家，累君有内顾忧，愿宜人早来，妾亦有所恃也'。余嘉其意，遂宠以诗"。[2]

值得注意的是，吴嵩梁提到他对岳姬的宠爱方式是"宠以诗"，在他看来，将女性写入自己的诗文集，是对她莫大的恩赐和赏识。吴嵩梁还为她作有不少诗文，都收入《香苏山馆诗文集》中，如《题绿

---

1. 周焘：《传》，见完颜麟庆：《蓉湖草堂赠言录》，清道光十六年刊本。
2. 吴嵩梁：《香苏山馆诗集》卷五，《续修四库全书》本。

姬为内子画兰》《雨窗观绿姬作画》《秦小砚少司寇观芙初编修为绿姬作画兰赋有诗见贻次韵奉答兼示芙初》《屠琴坞大令汤雨生骑尉雨中偕过寓园为绿姬合作听香馆图》《题绿姬画水仙》《绿姬同漱霞夫人观剧陶然亭遇雨先归》《常州唐孝女名素卖画养亲矢志不字年已七十有二矣，余与绿姬偕游惠山，亲至其家，各赠一画而别，并纪以诗》、《绿姬侍太宜人游康山，江成叔观察属画兰为镌连章玉印以报，一曰岳氏绿春，一曰听香馆画，玉质既莹，刻手亦善，殊可玩也》[1] 等。从诗文名可以看出，以绿姬为书写对象的这些文字，呈现出生活化、世俗化的风格，一方面固然是由于书写对象自身的闺阁局限性所致，另一方面也能看到文人将笔触延伸至日常生活领域的倾向。这种红袖添香的生活并未持续太久，岳筠很快一病而亡，按照惯例，吴嵩梁的诗文集中也收入了若干悼亡文辞。如《听香馆悼亡诗为岳姬绿春作》十四首，《悼春杂诗》九首等，记述两人最初相见到最后死别的诸多情形，表述他的深切思念，并以作注的方式来阐释诗歌，展现了他们日常生活中的诸多细节。

吴氏的悼亡诗写得更细致、更生活化，或许受到时代风气影响，因为同时的其他文人，也将悼亡诗写得比较日常化。如吴嵩梁稍后的钱塘蒋坦，于其妻关锳亡故后作有《悼亡》诗八十余首，在长篇累牍的咏叹中，夫妇二人的日常生活细节被展现无遗。吴嵩梁对岳筠的逝世，还充斥着那个时代文人对女性惯有的感叹，《香苏山馆诗集》卷七记载他曾扶乩询问两人前因后果，乩仙回答道，"催云旧史本住犀宫，约雨仙郎原居月海，银河水浅，难容比目之鱼；玉管花飞，愿跨

---

1. 吴嵩梁：《香苏山馆诗集》卷六，《续修四库全书》本。

　　　　　　　　　　　　　　　　　　　　　　　　闺阁与画舫

连翘之凤。偶获熱兰之笤，同离降露之区，此前因也"。乩仙解释两人都是仙神下凡，如此一来，吴嵩梁对岳筠的去世，不仅有作为丈夫的悲痛，还有同是红尘过客的感慨，而嘉道文人的笔墨，一旦涉及仙才、前因后果等话题，便会带有几分香艳气息，吴嵩梁自不例外。如《悼春杂诗》云"啼妆病态画难成，才掩芳华已隔生。兰气一丝腰半束，风神未减雪聪明"，又《听香馆悼亡诗为岳姬绿春作》云，"买山只道成偕隐，临水何堪诵大招。心力无多愁易尽尽，聪明太过福难消。他生合作痴儿女，莫忆前身是翠翘。芳魂漂泊定何如，一榻还应恋旧居。香散药烟仍惨淡，梦闻兰喘更唏嘘。丹青小浣拈残笔，脂粉微沾读过书。今日回思扶病日，始知愁绪亦欢愉"。用笔细腻，婉转柔弱的闺中女性形象跃然纸上，但吴氏笔墨虽然涉及家庭生活的幽微处，过多典故、套话的采用，反而遮蔽了日常生活的真实性。

就上文所引的两首诗歌来看，套路、雷同的痕迹很明显，穿插在文字中的重复语言，如"前因后果"、"聪明""福"等这些嘉道文人所惯常熟用的典故，是导致其书写陷入模式化的重要原因。文人的女性书写形成模式，模式一旦固定，反过来又对后来者的书写形成诱导。相似的语言和固定的模式在文人笔下反复出现，套路化的女性书写成为文人士大夫遣兴抒怀的符号寄寓，甚至沦为文人逞才争奇的文字游戏。岳筠逝世后，吴嵩梁周围的文人写了不少悼念文字，甚至形成一种名为"绿春词"的词体，同时文人乐均作有《和绿春词》三十首，[1] 更将这种"命题作文"的书写推向极致。在这三十首词中，乐均

---

1. 乐均：《青芝山馆诗集》卷四，清嘉庆二年刊本。

第一章　江南文人与闺阁伴侣　　　　　　　　　　　　　45

所津津乐道的是自己文辞的美妙，[1] 对于悼亡诗词所应具备的共情抒发则置之不理，所以《和绿春词》堆砌着种种香艳的典故和文辞，情感的表达却很苍白，这样的诗词，显然只是一种以"女性"为对象的文字游戏，在这种文字游戏中，女性沦为被遮蔽、被忽视的客体，其形象千人一面、苍白寡淡。

又如嘉道诗人凌霄著有《快园诗话》，卷五记载了名门闺秀莲姑不幸的一生，所谓"天既赋女以貌与才，生于名门，幸矣。而一旦家破兄亡，身为寇虏，待毙道路，何其惨也……"等等，对这位红颜薄命的女子表达了深切同情。但在讲完莲姑故事后，卷五中剩下的篇章和卷六整卷，凌霄都用来记录同时文人对此事的题咏诗文，按体裁将各类诗文编纂成例，并择其尤者，予以评价。如"题《感旧图》七律佳者胡橘洲启荣……此外则邹漱石、蒋咏春、黄孟腾、王蓂庄、史叔惠、汪玉屏、汪筠溪、欧阳棣之、保印卿、洪介石、沈素芬闺秀张茹茶者佳"、"五排范蓂仙三十韵佳"、"五截佳者郑紫砚銮、胡淞亭治、道士王赤城餐霞"、"六截佳者保凤埠、金胪安南闭、阮共心恭"、"诗余佳者吴榖人祭酒锡麒"等等。从凌霄的记载和其他文人的题咏来看，他们更关注文辞的精彩漂亮，情感的抒发反而退居其次，作为书写对象的女性，其主体性被压制消解，成了空洞的符号。

通过以上对三类闺阁女性的书写分析，可以看到在嘉道文人的笔下，闺阁女性成为了一种书写的题目，文人逞着一枝争奇斗艳的笔，尽其所能地泼洒文墨。在这个书写的过程中，"闺阁女性"渐渐成了

---

1. 乐均《和绿春词》三十首序中提到，"所谓浮文弱植，缥缈附俗者钦。大雅睹之，翩其反矣。然燕巢珠网，辛勤所成。犀角麝脐，爱惜孔至。比之遗簪堕履，固未能割弃矣"，可见他对自己文字的重视，《青芝山馆诗集》，清嘉庆二年刊本。

文人单纯施展才华的固定题目，而失去了"她们"作为人所具有的主动性和主体性特质。简单来说，为某位闺阁女性所写的文字可以置换给同类型的另一名女性，文辞已经形成类型化、固定化的套路，而这种书写的模式化导致女性主体的萎缩，使得女性沦为被物化的客体。

第 二 章
江南文人与画舫冶游

　　鲁迅《中国小说史略》曾论及清代狭邪小说，"唐人登科之后，多作冶游，习俗相沿，以为佳话，故伎家故事，文人间亦著之篇章，今尚存者有崔令钦《教坊记》及孙棨《北里志》。自明及清，作者尤夥，明梅鼎祚之《青泥莲花记》，清余怀之《板桥杂记》尤有名。是后则扬州，吴门，珠江，上海诸艳迹，皆有录载；且伎人小传，亦渐侵入志异书类中，然大率杂事琐闻，并无条贯，不过偶弄笔墨，聊遣绮怀而已。"[1]对这类文人记载的"伎家故事"，他只是将之作为清代狭邪小说兴起的背景而论及，评价不高。

　　虽然如此，这类"故事"从唐代开始，历代即不乏记述，至清代则蔚为大观，[2]在文学史、文化史上，这种现象值得进一步探讨。对这类"伎家故事"，学界有"青楼轶事小说"[3]"'志人类'文言小

---

1. 鲁迅：《中国小说史略》，东方出版社 1996 年版，第 208 页。
2. 侯忠义、刘世林：《中国文言小说史稿》提到"专记妓女生活的轶事小说，唐始有：《教坊记》《北里志》，宋元有：《青楼集》，明代则有《青泥莲花记》。至清，除《板桥杂记》《续板桥杂记》《秦淮画舫录》外，在清初至中叶颇为流行的还有《水天余话》《石城咏花录》《秦淮画舫》《青溪笑》等二十余种，数量是空前的"，北京大学出版社 1993 年版，第 351 页。
3. 侯忠义、刘世林：《中国文言小说史稿》，北京大学出版社 1993 年版，第 351 页。

说"[1]之说，亦有"狭邪笔记"[2]的提法。在笔者看来，"小说"一语在建构中国文学的脉络结构方面居功甚伟。但文学材料本身的丰富万象，使得用"小说"很难准确界定诸多面目各异、体例难清的材料。本书重点意在剖析包含于此类"伎家故事"中的文人心态和文化内蕴，其文学体裁的源流衍变则不在本书的阐释范围内。为避免体例上的纠葛不清，本书采用"狭邪笔记"指称这类"伎家故事"，"笔记"以专集为主，零篇小传不包括在内。

有清一代，记载伎家掌故轶事的狭邪笔记数量远轶前代。就本书所研究的时间和地域而言，在这一时期问世的狭邪笔记有珠泉居士《续板桥杂记》《雪鸿小记》，西溪山人《吴门画舫录》，个中生《吴门画舫续录》，捧花生《秦淮画舫录》《画舫余谈》《三十六春小谱》，雪樵居士《青溪风雨录》《秦淮闻见录》，琅玕词客、惜花居士《秦淮廿四花品小传》，周生《扬州梦》，及佚名之《水天余话》《石城咏花录》《秦淮花略》《青溪笑》《青溪赘笔》等。在尚存可见的这些笔记中，《扬州梦》《雪鸿小记》记扬州，《吴门画舫录》及《续录》记苏州，余下七部笔记皆记载南京，占到二分之一的比重，可见当时江南一带烟花业之发达，文人冶游亦为寻常之事。

第一节　画舫冶游的文人群体钩稽

清代中期，江南经济富庶，形成南京、苏州和扬州三个中心城市

---

1. 宁稼雨：《中国文言小说总目提要》，齐鲁书社1996年版，第421—422页。
2. 陶慕宁：《青楼文学与中国文化》，东方出版社1993年版，第205页。

区域，刺激了当地画舫冶游的兴盛，故嘉道狭邪笔记大都记载这三个城市的平康风光。本节拟对出现在此时期狭邪笔记的文人群体略作钩稽考证，略见当时社会氛围及文人生活之样态。

一、南京

晚明南京的秦淮风月对有清一代的青楼文化形成深远影响。素有"升平之乐国，欲界之仙都"之称的南京，经过明清易代短暂的沉寂，到乾隆晚期又恢复了往昔繁华。从乾隆晚期到嘉道末期，我所见记载南京烟花风光的笔记共有七部，即珠泉居士《续板桥杂记》、捧花生《秦淮画舫录》系列三种、雪樵居士《青溪风雨集》《秦淮闻见录》和惜花居士《秦淮廿四花品小传》等。通过对这七部狭邪笔记的作者和其中出现的文人略作钩稽，以初步梳理清代中期秦淮河畔冶游结社的文人群体状态。

1. 珠泉居士《续板桥杂记》

目前能看到的《续板桥杂记》，最早是刊于乾隆晚期的西西山房刻本，题曰"苕南珠泉居士著"。"苕南"顾名思义指的是苕溪之南，"苕溪"指称浙江湖州，而《续板桥杂记》两次提到"吾湖东林陈兰谷先生""吾郡徐溥雨亭先生"，"徐溥雨亭先生"在袁枚《随园诗话》曾被提及，是浙江湖州人。[1] 据此，可以推断珠泉居士是浙江湖州人。而《续板桥杂记》提到吴伟业诗句"青山憔悴卿怜我，红粉飘零我忆卿"时，称呼吴伟业为"家梅村"，可以推断这位珠泉居士姓吴。检杨廷福等编《清人室名别称字号索引》，号"珠泉"者有三人，无一

---

1. 袁枚：《随园诗话》卷六，王英志：《袁枚全集新编》第八册，浙江古籍出版社 2015 年版，第 183 页。

姓吴，则这位号"珠泉居士"的吴姓浙江文人究竟是何人，还是一个没有解开的谜团。据研究者考证，吴珠泉可能是浙江省湖州府归安县菱湖镇人吴霖世，然并未形成定论，姑作参考。[1]

关于写作狭邪笔记的缘由，吴珠泉在作于乾隆甲辰年（1784）的《续板桥杂记缘起》中说得很清楚，"余曩时读曼翁《板桥杂记》，留连神往，惜不获睹前辈风流。迨闻丙申以来，繁华似昔，则梦想白门柳色，又历有年所矣。庚子夏五从阳观察招赴金陵，曾于公余遍览秦淮之胜，旋以居停罢官，束装归里，计为平安杜书记者，无多日也。辛丑春重来白下，闲居三月，时与二三知己，选胜征歌，兴复不浅。嗣余就聘崇川，三年羁迹，青溪一曲，渺若山河。今秋于役省垣，侨居王氏水阁者十日，赤栏桥畔，回首旧欢，无复存者，惟云阳校书，犹共晨夕。因思当日，不乏素心，曾几何时，风流云散，安知目前之依依聚首者，不一二年间，行又蓬飘梗泛乎？爰于回棹余闲，抚今追昔，续成是记。亦类分雅游丽品轶事三卷，非敢效颦曼翁，聊使师师简简之名，得偕江水以俱长尔。"可见《续板桥杂记》主要是他于乾隆庚子（1780）到辛丑（1781）年间，在南京冶游的产物。"予初交孙二南庄，即耳珠泉名。今年夏，始得握手。温文博雅，亹亹风生，与之上下其议论，才既过人，而识尤足千古，益信名下无虚士，宜南庄尝津津不置也"[2]"吾友珠泉挟不世才，喜遨游，袖中诗卷，襟上酒痕，随处有焉"[3]"文坛名宿，情场魁首，岂比那拘泥寒儒"，[4] 吴珠泉的

1. 宋世瑞：《续〈板桥杂记〉作者"珠泉居士"考》，《蒲松龄研究》2021年第2期。

2. 黎松门：《续板桥杂记序》，珠泉居士：《续板桥杂记》，清乾隆五十七年西西山房刊本。

3. 默堂主人：《续板桥杂记序》，珠泉居士：《续板桥杂记》，清乾隆五十七年西西山房刊本。

4. 照了居士：《续板桥杂记跋》，珠泉居士：《续板桥杂记》，清乾隆五十七年西西山房刊本。

朋友对其评价很高。从他自己的陈述来看，"庚子夏五从阳观察招赴金陵""嗣余就聘崇川""今秋于役省垣""丁未暮冬，颍川明府，摄篆维扬，相偕至止"，可见他是一介普通的应试士人，长期在南京扬州一带过着幕游生涯。丁柳溪在评《续板桥杂记》时屡屡提到"美人漂泊，名士坎坷"，又"吾友珠泉先生鹏未抟云，豹还隐雾，王仲宣才华第一，依人在红莲绿水之间；庾景行品概无双，寄兴于檀板金樽之侧"，[1] 以及"茗南珠泉先生怀才未试，寄迹江扬，尝于游览之余，谱花丛之胜"，[2] 可见他的科考之途坎坷不顺。

酉西山房本是丁柳溪的评点本。关于"丁柳溪"其人，根据题词可以得知他是作者同乡，其他则无从可考。《续板桥杂记》提到的文人有很多，包括作序者如"洪都黎松门""越州青阁居士""清溪研香""海陵默堂主人"等，题词者如"白沙胡棣园""沮溪潘秋水""同里丁柳溪""同里金愚泉""同里沈平子""同里孙荨南""清溪照了居士"等。检《中国古今地名大辞典》《中国历史地名大辞典》等工具书，"洪都"即江西南昌，"越州"为浙江绍兴，"海陵"为江苏泰州，[3]"清溪""白沙"和"沮溪"则因有多种指代而难以确定，但很有可能也是江南地方。如此，则《续板桥杂记》记载的是江浙一带文人的冶游生活，大致可以确定。《续板桥杂记》还提到了其他文人，如文中屡屡提及"桐城孙楚侬""余友周子稼轩""余友季子影生""余同乡邵子峨堂""皖桐家荨秋""同乡沈子洁夫"等，通过近年来的考证

---

1. 研香：《续板桥杂记序》，珠泉居士：《续板桥杂记》，清乾隆五十七年西西山房刊本。
2. 陈维浚：《续板桥杂记总跋》，珠泉居士：《续板桥杂记》，清乾隆五十七年西西山房刊本。
3. 见魏嵩山主编：《中国历史地名大辞典》，广东教育出版社1995年版，第844、1102、956页。

研究，已经陆续发现其中部分文人的相关资料，[1]进一步证实了《续板桥杂记》的真实性。

值得注意的是，《续板桥杂记》记载，"桐邑杨米人曾为二姬作《双珠记》传奇，情文并茂"，"皖桐光漱六孝廉闻而击节，以诗寄余，有'传来好句惟卿两，解识芳心共我三'之句，时孝廉在上洋载署也。"《桐城续修县志》卷十六载"光立声，字石君，号漱六，乾隆甲午举人。少与弟立坊环俱以力学砥行为乡里推重，著有《漱六集》、《厂青诗集》"，"杨瑛昶，字米人，幼擅文誉，诗具宿慧。年甫冠，以诗赋受知于督学朱学士筠。后屡应乡试不售，遂由考职吏拣发直隶大吏罗致幕府，主笺奏，历簿丞、邑令，擢同知，迁天津运同权大名河间知府，所莅之处，振兴文教，修理河防，调剂盐务，政绩皆卓然可纪。每以公事入都，都门贤士大夫闻其来，皆倒屣恐后。卒年五十六，著有《衍波亭诗词全集》、《中隐轩诗话》、《东野鄙谈》、《悔轩杂俎》等书行世"。[2]又杨芳灿《芙蓉山馆全集文钞》卷二有《答杨米人书》，吴嵩梁《香苏山馆诗集》卷五有《题杨米人瑛昶太守海南游草》。光立声和杨瑛昶都以节行文章为乡里所推重，而两人在狭邪笔记中却表现出了完全不同于官样文章的另一面，可见，狭邪笔记或许能为了解彼时社会生活和文人交际提供更多实际价值。

2. 捧花生《秦淮画舫录》《画舫余谈》及《三十六春小谱》

关于捧花生的生平，本书有专章论及，此处要整理的是"画舫"系列中与之唱和的文人群体。

---

1. 参见宋世瑞：《续〈板桥杂记〉作者"珠泉居士"考》，《蒲松龄研究》2021年第2期。
2. 廖大闻等修，金鼎素纂：《桐城续修县志》，清道光七年刊本。

作序者有海昌杨文荪、同里汪度、钱唐陈云楷等。

杨文荪，字秀实，号芸士，咏孙，继曾子。海宁人，道光丁亥岁贡，有《述郑斋集》。芸士为以斋侍郎裔孙，与存之陆卿两昆仲有三凤之目。性好聚书，所选《国朝古文汇钞》，世称精审。中年橐笔幕游，诗境幽峭。[1]

汪度，字邺楼，一字南庄，号白也，又号芳留。上元人，诸生，工书法、填词，守礼为乡里称道。有《玉山堂词》1卷，收入汪世泰编辑的《七家词钞》中。[2]

陈裴之，字孟楷，一字云楷，号小云，钱塘陈文述哲嗣。诸生，工诗词，有《澄怀堂集》《梦玉词》及《香畹楼忆语》等著作。其生平材料见汪端《梦玉生事略》、陈文述《裴之事略》及徐尚之《陈小云司马传》。

题词者有汪世泰（紫珊）、汪瑚（海树）、杨文荪（芸士）、方凝（子旒）、裴镶（竹）、石朗（松亭）、严骏生（小秋）、裴琦（受堂）、裴镛（迪君）、周铭鼎（梅生）、谈承基（念堂）、蔡世松（友石）、吴国俊（紫瑛）、江安（练塘）、崇一颖（云根）、邬鹤丹（雪舫）、宁墀（玉舟）、金惪恩（雨芗）、倪良耀（莲舫）、郑勉（墨泉）、马士图（菊村）、陶璋（少石）、欧阳炘（棣之）、侯云松（青甫）、陈文述（云伯）。

检各种清人传记资料，其中可考生平者如下：

汪世泰，字履清，一字紫珊，清六合人。袁枚婿，以河南候补同知候选知府。性好施，多义举。善文，尤工词。当时名流洪亮吉、孙

---

1. 丁丙：《国朝杭郡诗三辑》卷四十五，清同治十二年至光绪十九年钱塘丁氏刊本。

2. 南京师范大学编：《江苏艺文志》南京卷，江苏人民出版社 1995 年版，第 693 页。

星衍、张问陶及袁枚等常燕集其家，义酒之盛，称于一时。[1]

严骏生，字小秋，上元人，长明倅。肄业于钟山书院。乾隆五十八年举秀才，曾从袁枚游。工诗，尤长于词，为袁枚、王文治所赏。嘉庆二十三年，江南同知联璧招海内名士二十余人结诗会于盋山，骏生及管同等并在其中。著有《餐花吟馆词钞》。[2]

裴琦，字颐祖，号云鹄，句容县学生。嘉道时期著名画家冯金伯门下弟子，喜画梅兰，非至契不轻捉笔。善吟咏，尝赠冯金伯七律一首云，"风流道学两无妨，月旦评非泛滥觞。元晦经传白鹿洞，放翁诗赋碧鸡坊。爱才不肯拘资格，挟技何难代表彰。寄语绛帷诸弟子，彭宣今日也升堂。"[3] 可见也是风流旷荡的文人。

裴镛，字聚堂，号迪君，句容庠生。冯金伯提到他，"吾友祉亭令嗣也。祉亭好客，喜书画，工大小篆，一时韵士如廉山云谷一亭辈，时时在醉墨楼聚堂。性渊静无俗嗜，薰习之余辄能写折枝花卉，落笔即有南田气韵。"[4]

谈承基，字念堂。上元人，贡生，工填词，清空婉丽，入南宋人室。文为姚鼐所赏识，筑石禅精舍于园中，日与名流诗酒游宴。[5]

蔡世松，字听涛，一字友石，上元人。嘉庆六年举人，十六年进士，选庶吉士，散馆改吏部主事，升郎中，转御史，出为安徽庐凤道，擢按察使，入补顺天府尹。以科场失察事，降太仆少卿，乞养

1. 南京师范大学编：《江苏艺文志》南京卷，江苏人民出版社 1995 年版，第 1147 页。
2. 南京师范大学编：《江苏艺文志》南京卷，江苏人民出版社 1995 年版，第 806 页。
3. 冯金伯：《墨香居画室》，见周俊富辑：《清代传记丛刊》，明文书局 1985 年版，第 371 页。
4. 冯金伯：《墨香居画室》，见周俊富辑：《清代传记丛刊》，明文书局 1985 年版，第 464 页。
5. 南京师范大学编：《江苏艺文志》南京卷，明文书局 1985 年版，第 750 页。

归。迭主钟山、尊经两书院讲席。鸦片战争中，组织乡勇，日夜守御，乡里得安。宝山战败后，曾与和议。居鸡笼山后，筑园名晚香庄，擅泉石之胜。翰墨精妙，尝手摹古人墨迹。[1]

吴国俊，《历代妇女著作考》"袁绶"条云，"绶，字紫卿，浙江钱塘人，袁枚孙女，南平知县袁通女，上元吴国俊妻"。可见他是袁枚的孙女婿。[2]

崇一颖，《历代妇女著作考》"袁嘉"条云，"嘉，字柔吉，浙江钱塘人，上元诸生崇颖妻"。据《中国文学家大辞典》清代卷"袁嘉"条云，"天长崇一颖室。一颖负才名，伉俪甚笃，不幸早卒"，可见崇颖为崇一颖之误，崇一颖为袁嘉的丈夫，也是袁枚的孙女婿。[3]

邬鹤丹，道光年间闺秀劳蓉君的《绿云山房吟草》前有古越邬鹤徵的序言及题词，此人也是号雪舫，疑为同一人。邬鹤丹在《秦淮画舫录》题词中云，"银灯画舫板桥秋，我亦曾经汗漫游。可惜不逢狂杜牧，停樽闲话十年愁。"邬鹤徵在《绿云山房吟草》序言中则云，"余所见闺秀诗集不少，根柢博赡，才气纵横，则推自然好学斋；吐属风华，词旨爽朗，则有听秋轩。他若如皋熊澹仙，钱唐吴蘋香，归安沈湘佩，或结体简古，或选词幽艳，或取材宏富，尤为近日女史之卓卓者。"倘二者的确为同一人，则也是奖掖闺秀文学的文人。

金惪恩，字雨芗，江苏江宁人，官安徽知县。[4]

郑勉，字朂旃，号墨泉，济宁人。嘉庆九年举人，工书尤精隶古。[5]

1. 莫祥芝等修《上江两县志》卷24，清同治十三年刊本。
2. 胡文楷：《历代妇女著作考》，商务印书馆1957年版，第378页。
3. 胡文楷：《历代妇女著作考》，商务印书馆1957年版，第377页；钱仲联主编：《中国文学家大辞典》清代卷，第625页。
4. 叶恭绰：《全清词钞》，中华书局1982年版，第798页。
5. 李放：《皇清画史》，见周俊富辑：《清代传记丛刊》，明文书局1985年版，第440页。

马士图，字宗赟，号菊村，江宁人。诸生，善画山水仕女墨竹，工诗，雅好金陵掌故，晚称无想山人。[1]

侯云松，字贞友，号青甫，江宁人。嘉庆三年举人。为文操纸立就，得画名四十年，尤长写意花卉。道光十年曾为邓廷桢作《秋海棠图》，参与汤贻汾于琴隐园所结诗社，又与汤贻汾、沈琼、马士图、崔溥、朱福田等作青溪耆老会。[2]

作跋者则有上元马功仪、上元药谐居士欧阳长海。

马功仪，一作公仪，字仲威，号棣园，一作棣原。上元（今属南京）人，道光间诸生，性伉爽。幕游吴越间，得蒋士诠红雪楼旧址，乃修葺之，与弟功俨啸咏其中。[3]

欧阳长海，字药谐，上元人，有《小画舫斋词稿》。[4]

"画舫"系列中与捧花生唱和的诸人都是用字号留名，殊难考索。但便检当时文人文集及各种传记材料，仍然有所发现。现将可考诸人罗列如下：

万承纪，字廉三，一作廉山，江西南昌人，乾隆壬子举人，官江南河务海防同知，以文学与吏治并称。[5]

陈基，字竹士，长州人。诸生，性耽吟咏，游袁枚之门，得其称赏。有《味清堂诗钞》。[6]

袁棠，字甘林，又字尚林，一字钧调，号湘湄。吴江人，师事顾汝敬，与同邑郭麐等游，结竹溪诗社。能诗古文，尤长言情之作，郭

1. 3. 4. 蒋启勋等修：《续纂江宁府志》卷九，清光绪六年刊本。
2. 莫祥芝等修：《上江县志》卷12，清同治十三年刊本。
5. 陶湘：《昭代名人尺牍续集小传》（一），见周俊富辑：《清代传记丛刊》，明文书局1985年版，第292页。
6 南京师范大学编：《江苏艺文志》苏州卷，江苏人民出版社1995年版，第1173页。

摩极称其词。嘉庆元年举孝廉方正，晚岁家落，为两江总督铁保记室。有《秋水池堂诗》《洮琼馆词》等。[1]

袁通，字达夫，号兰村，钱塘籍，江宁人。枚从子，于乾隆四十四年（1779）过于枚为嗣子。官河南汝阳、河内知县。著有《捧月楼词》八卷，有《柳雪词》、《伴云词》各二卷，《春影》、《泥忆云室词》、《无定云庵词》、《通璐泛舟词》各一卷。[2]

改琦，字伯蕴，号香伯，一号七芗，又号玉壶外史，江苏华亭（今属上海）人。先世为西域人，祖改光宗，官寿春镇总兵，因家江南。琦通敏多能，尤擅画。嘉道后画人物，以琦为最工。又工词，著有《玉壶山房词选》二卷。[3]

钱杜，字种庭，又字叔美，号松壶，浙江仁和（今属杭州）人。性闲旷，潇洒拔俗。屈沉下僚，曾任云南经历、工部主事，游踪逾万里。晚年归隐西泠。深研书画，著有《松壶画赘》及《松壶画忆》。[4]钱杜与改琦为嘉道时期江南著名的画家，一时有"二壶"之称，两人都擅长于仕女画。

方山，字锡之，号龙眠，桐城籍，居上元冶城山下。六岁时戏作人物，有生气，盖其先世邵邨、海门两先生皆工书画。锡之得自性灵，又加淬厉，故山水人物禽虫，无不潇洒有逸趣，纵横多殊致。予于癸亥秋见其笔墨，窃意其老成人，及相见则固翩翩年少耳，其进殆未可量也。诗文俱佳，弟中亦善画。[5]

---

1. 南京师范大学编：《江苏艺文志》苏州卷，江苏人民出版社 1995 年版，第 2563 页。
2. 南京师范大学编：《江苏艺文志》南京卷，江苏人民出版社 1995 年版，第 807 页。
3. 钱仲联主编：《中国文学家大辞典》清代卷，中华书局 1996 年版，第 429 页。
4. 钱仲联主编：《中国文学家大辞典》清代卷，中华书局 1996 年版，第 649 页。
5. 冯金伯：《墨香居画室》，周俊富辑：《清代传记丛刊》，明文书局 1985 年版，第 171—172 页。

周介福，字礼五，号竹田，一作竹恬。上元人，诸生。父魁精儿科，介福少承家学，遂工医。善画兰竹花卉。[1]

罗凤藻，字抑山，号双佩老人。上元人，诸生，工诗善书。嘉庆四年外游，十五年自广州返里，复于道光二年（1822）、十一年、二十三年三游上海，旅食异乡垂五十年。[2]

方宫声，字子固，号东溪。初名梦松，字象三。江宁人，县学生，幼嗜学，工诗文词赋，善小楷，见重于罔延珍诸人。嘉庆十八年拔贡，寻以病卒，学者惜之。著有《读书随见录》《东溪诗钞》《海棠楼诗集》等。[3]

根据以上材料可以看出，南京冶游的这些文人，在血缘、师承和地缘方面，都与袁枚有着千丝万缕的联系。袁枚不仅向来有爱惜闺才的美名，对青楼女子往往也爱护有加，在其诗文集中有不少相关记载。作为他的后辈、弟子以及同乡，从袁通、汪世泰以及陈文述等人的画舫冶游经历，也可略见袁枚对江南文人的影响。

3. 雪樵居士《青溪风雨录》《秦淮闻见录》

嘉道时期南京狭邪笔记的另一位重要作者是著有《青溪风雨录》和《秦淮闻见录》的雪樵居士。

《画舫余谈》论《青溪风雨录》云，"继余《画舫录》而作者，有《青溪风雨录》二卷，雪樵居士所著。盖述其近年狭邪之游，间缀小诗，斐然有致，第未详为何如人。或曰居士姓江，江右产也，所悉多钓鱼巷中人，而与胡七家双喜，尤为密契。纪述甚多，唯各掩其

---

1. 蒋启勋等修：《续纂江宁府志》卷9，清光绪六年刊本。
2. 莫祥芝等修：《上江两县志》卷12，清同治十三年刊本。
3. 陈作霖：《金陵通传补遗》卷4，清光绪三年江宁瑞华馆刊本。

真名，易以雅号，阅之殊费摸索。"钓鱼巷中所居并非当红名姬，从侧面说明了这位雪樵居士绝非囊中充实之辈，买笑追欢也只能出入于南京文人不乐道的钓鱼巷。现所看到的《青溪风雨录》最早有嘉庆己卯年（1819）一枝山房刊本，文中频频出现壬申年（1812）、丙子年（1816）等时间记录，如此看来，《青溪风雨录》可能是作者于1810—1819年左右在南京冶游的记载。《青溪风雨录》前有一篇"自题"，对了解这位寂寂无名的作者是珍贵的第一手资料。全文不长，照录如下：

梦中昨夜谁诃责，高冠鹤氅双瞳碧。道我前身住紫虚，鞭挞风骚遭忌刻。

罡风浩劫堕尘寰，落魄飘零谁爱惜。不豪不富不公卿，非贾非儒亦非墨。

骥子鸿妻并远离，派作江南老孤客。江南旧地本繁华，双桨青溪寻旧迹。

人间天上一般狂，逃入温柔众香国。长歌慢舞恍云璈，风鬟雾鬓同蝉翼。

中有飞琼与绛绡，原是当时旧相识。三生不复记前因，一枕惟知永今夕。

竹枝自谱教红儿，新词斋尽秦淮壁。欢笑年年欲白头，佳境翻同尔自择。

迩来游戏更猖狂，扶筇惯著东山屐。西湖看遍两堤花，虎丘坐冷千人石。

翻令阆苑散仙官，不爱瑶池想迁谪。谁知本性久沉迷，闺阃天高万重隔。

白玉楼成聘别人，到底清虚容不得。我闻仙语醒如痴，历历狂迹忆旧时。

从此绿杨休系马，而今绮语戒吟诗。检出香奁千百首，急付秦灰作乌有。

渐披渐读声渐高，恍若璠玙难释手。古意心声百衲琴，巴人千里千金帚。

钟期欲遇古来难，藏之名山或不朽。北里烟花记者谁，我生幸落古人后。

黄垆野店浣花翁，十年一梦樊川叟。叮咛翠黛不须留，想见青山恩亦厚。

谓予沉湎彼陶情，不百步耳同一走。岂有泥犁械诗人，直向层城击吟缶。

惊人佳句在囊中，试问青天能听否。灾梨祸枣更伊谁，嗜痴恰遇金兰友。

怜怜惜惜喜同传，将来脍炙何人口。九转丹成不计年，几人成佛几生天。

庭前青鸟烦传语，愿做鸳鸯不羡仙。

其中有两点值得注意。首先是这位雪樵居士的身世，"不豪不富不公卿，非贾非儒亦非墨。骥子鸿妻并远离，派作江南老孤客"，看来是位落魄江南、漂流在外的寒士。《青溪风雨录》记述，"初余倚棹石头城，舍馆未定，即换轻舠，问桃叶旧渡""丙子午日，滞迹胥江""予寓姑苏""余与李子雨亭，久栖白下，每于春秋佳日，把臂同游。绿杨系马，遑问谁家，红影当门，同看人面。迫于役金阊，三更裘葛，旧雨多疏，新声罕御，遂不胜天涯沦落之感。兹又滞迹广陵，夜月簾栊，晓风檐铎，追思往事，不堪回首"，可以看出他在江南漂泊多年，其《牡蛎园》传奇中那位年过五旬，孤身羁迟白下的霞城散客，或许是他本人的写照。这篇《自题》以梦的形式将自己作"绮语""香奁"的矛盾思想作了隐喻的陈述，所谓的"梦"不过是伪装的外壳，这种狡狯的手法在中国文学中可谓屡见不鲜。经过一番矛盾斗争，他决定不能放弃自己毕生的心血之作，"庭前青鸟烦传语，愿做鸳鸯不羡仙"，可见他对自己所作"绮语""香奁"的重视程度。

除了自题外，一枝山房《青溪风雨录》前还有窦持庵的书信和雪樵居士的自识。《青溪风雨录》提到的文人则有秦立轩、刘芝亭、李雨亭、张书绅、潘穆如、黄固斋等，惜乎人微记湮，俱都无从考证。值得注意的是稍后杭州丁丙编辑的《国朝杭郡诗三辑》，卷三十七收有罗文鉴的一首《题〈青溪风雨录〉后》，"打桨客寻桃叶渡，蹋青人拜小姑祠。秦淮河水犹呜咽，风雨青溪又一时"，说明《青溪风雨录》可能已经是彼时江南文人圈中被传看的文本了。

《秦淮闻见录》较早的版本有道光戊戌年（1838）一枝山房刻本。该本前有道光十七年（1837）忏绮轩词客的序言，雪樵居士自题《沁园春》词一首，以及水月庵志清题《读秦淮闻见录漫题》四首。与《青溪风雨录》有所不同，《秦淮闻见录》收录了更多彼时文人秦淮冶游的作品（包括一部分记述秦淮的作品），因而具有更高的资料价值。《秦淮闻见录》记载的文人有新安给谏王封亭友亮，郭频伽麐，铜陵明经王保厚心单，云南段皆山所，华亭金栋，秦润泉，董近溪正治，马菊村士图，凌芝泉，泰州团椒墩维墉，姜兆兰，沈吉坪，周月溪宝瑛，彭湘南廷梅，李载溪吕璜，江梦亭晓，豫章杨亦山峦，望江鲁雁门，沈云椒，吴松亭勤墉，商宝意，江成斋志和，长沙王梧青凤，汪蔗田丰，金陆庄元燮，赖补庵维勤，青阳陈梅缘蔚，方子云正澍，王竹轩，熊蔗泉学骥，周南轩，赖吉人球，马星园大魁，刘金堂澄，胡凤巢蔚，谈念堂承基，如皋黄艮男理，杭州何春巢，山右王童山，滇南王青池又莲，秋浦姚铁舟翔，袁香亭，松江胡寿楣，王学耕莘野，南滁冯筠少震东，羽士朱岳云福田，旌阳汪润斋佩喧，扬州鲍柳桥恩斯，砀山汪元琛，王功甫敏，长沙严仲简，溧阳彭贲园光斗，汪来峰，湘潭王瑞轩，钟沁香，武进黄仲则景仁，江宁秦耀曾，滇南严廷中等。其中，如王友亮、秦大士涧泉、郭麐、马士图、凌霄竹泉、周宝瑛、马大魁、谈承基、袁树香亭、秦耀曾、严廷中等，或是南京本地人，或是在南京活动过的文人。《秦淮闻见录》对这些文人生平的记载，为还原彼时江南文人的生活状态提供了资料。如《画舫余谈》曾记载秋槎公子恋恋于秦淮妓韵仙，作有《河亭送别》剧本一出等情事，惜乎无从查考秋槎生平，《秦淮闻见录》则对之有详细说明，"滇南严廷中，字秋槎，匡山方伯哲嗣，官莱阳少尹，七摄县事，山左称循吏焉，著《红蕉吟馆诗集》，逼真晚唐"。可见，随着越来越多资料的发现，清代中期南京的狭邪笔记或许能为还原当时文人生活样态提供更多参照。

4. 琅玕词客、惜花居士《秦淮廿四花品小传》

题有"乙未（1835）秋日驻春轩新镌"的《秦淮廿四花品小传》是道光年间记叙南京烟花轶事的又一部笔记，作者署名为琅玕词客和惜花居士。例言中提到"唐司空表圣有《诗品》，国朝黄左田宗伯有《画品》，六安杨召林有《书品》，吴门郭频伽有《词品》，兹则仿其制为《廿四花品》。后复系以小传，诸姬姓氏，庶可一览而知。"又云

"是编继捧花生《秦淮画舫录》暨《三十六春小谱》而作。凡前集所载之人，兹不重赘"，可见它是捧花生"画舫"系列影响下的产物。

光绪年间张曦照所著《秦淮艳品》曾提及《秦淮廿四花品小传》的作者，"余生嘉道之朝，距明季远，而秦淮风景，则际一时之盛。家居时，常见秦远亭驾部、凌竹泉明经所编《廿四花品》，人以书传，书亦以人传"。此书前又有凌伯炎（耀生）的题词，提到"原序列先君所撰《花品》"，则凌伯炎应该是凌竹泉的儿子。关于秦远亭，雪樵居士曾在《青溪风雨录》中提到"江宁秦耀曾，字远亭，号雪舫，涧泉殿撰之孙，芝轩尚书哲嗣，以孝廉官武部员外。工诗，少学明七子，近师山谷放翁，著有《凤梨书屋诗钞》"。涧泉为乾隆时期著名南京文人秦大士的字号，如此看来，秦耀曾也出身于南京的名门世家。《历代妇女著作考》中记载毕沅女儿"毕还珠"条云，"还珠，江苏镇洋人，尚书毕沅女，上元举人秦耀曾妻"。南京师范大学编纂的《江苏艺文志》南京卷中亦提到秦耀曾为毕沅的女婿。《江苏艺文志》中还提到凌竹泉名凌志珪，是南京诗人凌霄之子。[1] 凌霄著有《快园诗话》，和乾嘉时期许多著名诗人如陈文述、舒位等都有往来。袁嘉《湘痕阁诗稿》前有凌志珪的题词，其中云"仓山风雅女孙枝，快读新编百首诗。扫尽寻常涂抹习，吟成恰好浅深时。荒庐断雁声流耳，落叶哀蝉感沁脾。寄语红闺诸伴侣，买丝只合绣袁丝。自从镜破复钗分，楚雨酸风不忍闻。雁断更番悲弟妹，鸾孤半世痛夫君。伤心眷属同朝露，回首乡园隔暮云。凄绝掌珠偏早碎，棠梨一树小孤坟"，可

---

1. 凌志珪，字桐叔，号竹泉，道光间江宁人，霄次子，诸生。传其家学，工书能诗，官候选训导。著有《忏绮轩外集》6卷，《惜分阴馆诗》20卷，《题画诗》2卷。见《江苏艺文志》南京卷，江苏人民出版社1995年版，第872页。

见对袁嘉身世颇为了解。从凌霄到凌志珪再到凌耀生，凌家三代都居于南京，也可略见江南地方文化家族传承的特点。

《秦淮廿四花品小传》前有觉梦外史的序，云"则有琅玕词客，惜花居士者，白下俊品，黄初古调，缔张陆忘年之交，效尹班达旦之会"，据此看来秦耀曾和凌志珪二人年龄相差甚大，但同居南京，缔交了忘年之交，共同编写了这部《秦淮廿四花品小传》。为《花品》题词者有程南（野樵）、方珏（云帆）、梁锡瑚（秋坪）、丁金鼎（勺香）、周宝瑛（月溪）、施越赓（紫峰）、贵勋（云台）、方四知（云初）、马大魁（星园）等。值得注意的是马大魁的题词《金缕曲》，"昔年我亦情难已，把群芳，枝枝叶叶，寻根问柢。一样名心抛未得，廿载光阴弹指，又跳出多情种子。他日曲江传盛会，跨芳骢游遍长安市。同作个，司花吏"，自注云"予亦有《廿四诗品》、《摘艳试律》百篇及《群芳列传》梓行于世"。其《群芳列传》以名花比附美人，是记载历代美人轶事的一部作品。由此看来，在当时的文人圈子之中，存在着互相影响、效仿的创作风气，而这是考察其时文人交游及其对文学创作影响的一个重要方面。

另外，《秦淮廿四花品小传》的记述，在时间上与雪樵居士的《秦淮闻见录》大致相同，作序及文中提到的文人也有不少重复之处。又凌志珪著有《忏绮轩集》，而《秦淮闻见录》一枝山房刻本有忏绮轩词客的序言，根据传统文人字号及为文集命名的习惯，则忏绮轩词客很可能就是凌志珪其人。如此，从余怀《板桥杂记》、珠泉居士《续板桥杂记》、捧花生"画舫"系列，雪樵居士《青溪风雨录》《秦淮闻见录》，再到《秦淮廿四花品小传》，南京狭邪笔记甚至形成了自己的传承和脉络，其地缘色彩也日益突出，可以在研究南京地方文化、南京文人方面，发挥更多作用。

二、苏州

嘉道时期，还有西溪山人《吴门画舫录》和个中生《吴门画舫续录》两部笔记，记载苏州烟花轶事。关于西溪山人和个中生，陈裴之在《澄怀堂诗集》卷十二中有《上元车上舍秋舲持谦》一诗提到：

> 秦淮佳丽地，画舫青溪曲。笛步谱新声，秋花有余馥。
> 澹翁《板桥》记，劳君更相续。君作《秦淮画舫录》
> 吴门前后编，多少人如玉。《吴门画舫录》，董竺云撰；《续画舫录》，程韵篁撰

如此，可以基本确定西溪山人名董竺云，个中生名程韵篁。《吴门画舫录》现存较早的版本有嘉庆十一年红树山房刊本，《吴门画舫续录》现存较早的版本有道光年间的来青阁刊本。此两种笔记被辑入《香艳丛书》，近年来颇受瞩目，而《香艳丛书》在收入这两部笔记时，删去了其中三卷文人投赠。上海申报馆同治甲戌年的聚珍排印本收入了这两部笔记，包括四卷文人投赠，是较全的版本。

1. 董鳞《吴门画舫录》及同时题作文人

检《清人室名别称字号索引》，号竺云者只有董鳞，而同治甲戌本的《吴门画舫续录》有董鳞的题词，云"我亦曾经记教坊，施朱着粉费平章"，据此看来，《吴门画舫录》的作者可确定为董鳞。关于董鳞的生平，遍检《清代传记资料丛刊》和《明清江苏文人年表》等

都无所得，唯有根据红树山房刊《吴门画舫录》中诸人的题词略作考索。陈文述题《吴门画舫录》云：

鉴湖才子西溪客，骚坛旗鼓推诗伯。十年流浪老江湖，倚醉狂歌拓金戟。

年来恁庬伯通桥，门外垂杨系画桡。懊恼中年还听雨，吴娘水阁暮潇潇。

潇潇暮雨愁人意，水烟漠漠红窗闭。三五佳期二八年，画楼多少销魂地。

芳草城南路狭邪，霄娘堤近泰娘家。惯停短簿祠前棹，遍看长洲苑里花。

长洲苑里花如许，娥媌都似吴宫女。春风处处长莺花，夜月家家照歌舞。

新从花国谱群芳，翦尽秋灯壁月凉。众里婵娟谁第一，琵琶一曲杜韦娘。

乌丝幅幅鸳鸯字，亲与红闺传轶事。卅首江淹艳体诗，一编张泌妆楼记。

烟柳丝丝绿未齐，相逢最忆板桥西。尊前各领缠绵意，一卷书成属我题。

嗟我囊琴意可哀，频年落拓住燕台。青衫憔悴无人问，只有娥眉肯爱才。

十丈缁尘浣素衣，今年才自凤城归。斜阳水郭孤舟泊，正及卢家燕子飞。

绿杨门巷春如画，卢家燕子留人话。多少花明玉艳人，青绫欲下红妆拜。

　　潭水桃花碧浪迟，兰香窈窕谪仙姿。雪中鸿爪风前絮，惆怅新添本事诗宛兰。

　　绝代娉婷怜史凤，碧城曾赋游仙梦。重来只有闭门羹，不容阑入迷香洞文香。

　　就中心识董双成，低按云和最有情。亲解玉环留一顾，愿从鸳牒订三生双婷。

　　四百桥边波似镜，十三楼上明妆靓。别有双鬟姿首佳，花前都与芳名赠鬓卿轻云璧月小怜。

　　晓风残月柳屯田，别酒旗亭意惘然。回首素春高阁上，江南花月总如烟。

　　展君小录心怅触，梦华轶事从头读。紫钗尚恐有遗珠，后编留与他年续。

　　豪竹哀丝唤奈何，就中词赋问谁多。青楼不作樊川梦，怅惘年华此度过。

　　烟花千古山塘路，美人黄土真娘墓。黄鹄重来事有无，离心愁煞苏台树。

　　吴宫花草最相思，南部繁华又一时。但学魏收作佳传，休教宋玉有微词。

陈文述的题词至少提供了两个信息，一是董鳞的籍贯，鉴湖为浙江绍兴的别称，照陈的说法董鳞是漂泊在江苏的浙江文人。其次，陈文述在江南风月场中活动很频繁，也留有不少题赠之作。《吴门画舫录》收有碧城生《半臂赋为董双婷女史作》和《眉赋为余香雪女史作》，题赠一卷中碧城生所作也占相当篇幅，而碧城生正是陈文述的别号。[1]《吴门画舫录》有董鳞自题诗，《吴门画舫续录》也有董鳞的奉题之作，是了解其人的第一手材料，照录如下：

《自题〈吴门画舫录〉》云：

> 白纻新声锦瑟弦，偶拈湘管写涛笺。一套眉影都成史，半壁秋灯又破禅。
>
> 绮语几时除结习，玉颜自古误婵娟。愁他四照花光里，谁作金铃护晓烟。
>
> 倡条冶叶满芳堤，响屧廊空乌怨啼。画鹢几停花市北，玉箫长傍板桥西。
>
> 谁家帘影清如许，一道裙腰绿乍齐。犹忆春风深巷路，碧桃红英锦帐泥。
>
> 泥爪因缘记血鸿，郁金堂畔曲栏东。闲将团扇书唐韵，惯把哀丝感谢公。
>
> 廿四桥头新月色，十三楼上又春风。无端桭触天涯恨，谱入新词怅洗红。
>
> 秋镜无心止水盈，辨人形影自分明。从前恩怨何关我，此后欢嗔定累卿。
>
> 晴倚绿窗描黛色，夜添银叶爇香盟，痴情自笑同张泌，一一妆楼记得清。

---

1. 可以参看陈文述：《颐道堂诗选》卷八、卷九，《续修四库全书》本，中多有对其在南京、苏州冶游生活的记载。

乐府新歌夜度娘，眼波眉语暗相当。不辞小槛倾鹦鹉，曾解轻裘典骕骦。

十索最难酬妙句，六萌虚拟赋催妆。惺忪一枕巫山梦，谁遣微辞悟楚王。

怜才心事是情痴，喜诵花笺本事诗。亦有同心结连爱，却教春恨属分司。

尊前宛转歌金缕，画里分明写玉姿。惆怅难逢容易别，累他红泪裹相思。

青溪一曲旧儿家，芳草频嘶白鼻骒。去日河梁曾折柳，重来风景正飞花。

真娘古墓连裙幄，白传新祠走钿车。惨绿再寻小红嫁，另人无梦不天涯。

小录然脂仔细看，倩谁妙格写冰纨。刻来楮叶真何用，修到梅花大是难。

絮果灵缘春寂寂，霓裳旧队佩珊珊。寻常红紫宁须论，但惜飘零有彩鸾。

兰草何从问凤因，鸾漂凤泊总伤神。未知怨偶还嘉偶，绝少才人更美人。

良月好惟三五夜，名花怕到十分春。几能纸醉金迷地，参得楞严妙谛真。

一池春皱底干卿，细叠红笺书小名。宝剑未能酬素志，锦鞋聊复寄闲情。

天花仙女王摩诘，桦烛红妆宋子京。今日虀丝禅榻畔，也教艳福抵三生。

《癸酉新秋由白下过金阊题〈吴门画舫续录〉》云：

旧游曾住画楼西，鸿爪因缘感雪泥。忽诵新编如昨梦，偶思影事总凄迷。

分番红紫随春信，取次纤秾入品题。不是粲花传妙笔，人间谁识武陵溪。

酒冷香销唱恼公，铜台砚北笔床东。帘垂尽约钗光聚，镜启疑逢眉语通。

劳我按图思索骥，多君镇日赋惊鸿。流传知有乌丝写，除是簪花小楷工。

我亦曾经记教坊，施朱着粉费平章。玉楼非故重难问，锦瑟如人今已长。

差喜无名赢薄幸，只愁有客感郎当。团云曳雪群仙队，谪堕风尘又十霜。

太平歌管自年年，胜日红妆照水鲜。出谷新簧更清脆，堞人秋柳尚缠绵。

重逢未许风情减，一别谁知月影怜。欲裹相思寄云叶，蓬山遥隔海霞边。

俊游伴侣冶游诗，旖旎风光绰约姿。雪霁旗亭争画壁，春回池馆斗深卮。

留髡送客当残夜，菊秀兰芳又一时。半作句留良不恶，底教容易驾斑骓。

浪迹真同汗漫游，兰江鼓吹记停舟。宵深灯火迷前浦，雨后烟光画远洲。

卅六彩鸳花外艇，一双紫凤柳边楼。劳他缥碧殷勤劝，未写新词付棹讴。

今年白下系归桡，何处青溪长板桥。定有芳姿继轻粉，可无明月伴吹箫。

秋风红豆生南国，玉树琼花艳六朝。谁识多情江上客，一尊冷对可怜宵。

相逢正在阊阖城，秋至银河分外明。七夕同酤花市酒，一生愿作玉人筝。

筵前猎杂香弦语，槛外纷飞彩鹢轻。我是江东旧罗隐，眼边何处问云英。

往事思量似眼前，枇杷门巷又惊蝉。花知薄命先辞树，月为多愁欲化烟。

九曲屏风围旧恨，十重楼阁说新迁。仙哥仙去秋娘老，任是无情亦惘然。

嘱我题诗序玉台，娥娥红粉意徘徊。几牵杜牧来时约，半属刘郎去后栽。

色受形轮皆点染，卢先王后漫嫌猜。而今此事推君健，莫使遗珠怨水隈。

根据以上三段材料来看，"十年流浪老江湖"，"懊恼中年还听雨"，看来也是郁郁不得志的一介文人。

《吴门画舫录》诸人的序言作于嘉庆乙丑年（1805）、丙寅年（1806），《吴门画舫录》则有嘉庆庚申年（1800）和甲子年（1804）

的记载，《吴门画舫续录》中云，"《吴门画舫录》成于癸亥甲子间"，看来《吴门画舫录》主要是记载苏州文人和名妓在1800—1805年前后的交往活动。《吴门画舫续录》诸人的序作于嘉庆壬申年（1812）、癸酉年（1813），而董鳞的题词也作于癸酉年。其时距离他的《吴门画舫录》成书又已十年，"忽诵新编如昨梦，偶思影事总凄迷""团云曳雪群仙队，谪坠风尘又十霜""谁识多情江上客，一尊冷对可怜宵"，看来他在这十年里依然继续着风雨飘摇的生活。回思往事，只觉着岁月匆匆，昔日的吴苑莺花已经风消云散，十年过去，自己却还是青衫依旧，"我是江东旧罗隐，眼边何处问云英""仙哥仙去秋娘老，任是无情亦惘然"，惆怅之情溢于言表。"而今此事推君健，莫使遗珠怨水隈"，关于《吴门画舫录》，还有一段轶事：改琦《玉壶山房词选》中有《蝶恋花》一词，改琦自序云，"马畹香学书有红妆季布之风，《吴门画舫录》中所未载。适董君竺云自杭来松，畹香亦至，蹑屣相访于黑桥寓楼，听歌暮雨潇潇之曲。曲终，竺云叹曰'此遗珠也！'余因述此，即以录别"，想来"莫使遗珠怨水隈"可能暗指此事。

《吴门画舫录》题作文人颇多，但多用字号或者别名，难以考索。现将考证出来的诸人罗列如下：

作序者：

沈廷焻、郭麐、吴锡麒、汪廷楷、彭兆荪

沈廷焻，号芷桥，语烟词客。长洲人，一作吴县人。诸生，工词，缠绵悱恻。工度曲，乐中人善与之交，客游江淮间卒。有《蘅梦楼词》。[1]

---

1. 南京师范大学编：《江苏艺文志》苏州卷，江苏人民出版社1995年版，第1260页。

吴锡麒，字圣征，号谷人，别署东皋生，浙江钱塘人。乾隆四十年进士，改庶吉士，授翰林院编修。后乞归，侨寓扬州，历主东仪、梅花、安定、乐仪等书院讲席。工骈体，又善词曲，著有《有正味斋诗集》及《文集》。《清史稿》《清史列传》均有传。[1]

彭兆荪，字甘亭，一字湘涵，江苏镇洋人。诸生，举孝廉方正。少从父彭礼官在山西，年十五，应顺天乡试，声满名场，然竟十余年无所遇。家贫，兆荪尽偿所负，只身客游以为养。诸名士多赏其才，倾身纳交。尝入江苏布政使胡克家幕，后依两淮盐运使曾燠。兆荪为文鸿博沉丽，尤长于诗。著有《小谟觞馆诗集》及《文集》，《清史稿》《清史列传》均有传。[2]

题词者：

杨抡（莲跌）、赵晋函（艮甫）、徐云路（懒云）、徐达源（山民）、戴延介（竹友）、陈文述（云伯）、高日浚（惺泉）、顾文燦（薇桥）、顾元熙（耕石）、陈鸿寿（曼生）、陈纪（鉴湖）、稽文炜（天眉）、沈清泰（紫渊）、熊方受（介兹）、万启昀（小廉）、江沅（铁君）、顾翰（简塘）、陆凤藻（梧庭）。

可考诸人如下：

杨抡，字方叔，号莲跌，江苏金匮人。乾隆四十三年进士，官浙江天台县知县，有《春草轩词》。[3]

徐云路，字起万，一作企万，号懒云。昆山人，诸生，工诗文，尤工词。画梅师法王冕。嘉庆八年曾应王昶请，为参证《湖海

1. 钱仲联主编：《中国文学家大辞典》清代卷，中华书局 1996 年版，第 319 页。
2. 钱仲联主编：《中国文学家大辞典》清代卷，中华书局 1996 年版，第 766 页。
3. 叶恭绰：《全清词钞》，中华书局 1982 年版，第 606 页。

诗传》。[1]

徐达源，字山民，又字无际。吴江黎里人，璇子。博雅工诗文。诗宗杨万里，晚年学黄庭坚，所交皆海内名士。以翰林院待诏需次京师。性豪迈，喜宾客，特善洪亮吉、吴锡麒、法式善等，袁枚为其家长客。晚年家落。居于镇南，名曰"南溪草堂"。善画墨梅，简老疏古得杨无咎法。间作山水小幅，亦脱略畦径。有《紫藤花馆文稿》等。[2]

戴延介，字竹友，安徽休宁籍，寄居吴门，官户部郎中，写兰竹神韵超逸，书学山谷，深于词学，有《银藤花馆词》。[3]

顾元熙，字丽丙，号耕石，长州人。嘉庆十三年乡试第一，十四年进士，改庶吉士，授翰林院编修，官至侍读，督学广东时年四十一卒。诗古文词俱俊雅，尤工书。[4]

熊方受，广西永康人，乾隆五十五年进士。[5]袁洁《蠡庄诗话》卷一中提到，"熊介兹先生，名方受，广西永康州人，由部曹外用。余宰金乡时，先生任沂观察，常以属吏之礼晋谒。温雅之度，如坐春风"。又陈裴之撰《香畹楼忆语》前有熊方受的题词，可见熊方受虽为广西人氏，但与江南文人交往甚多，在当时江南文化圈中较为活跃。

江沅，字铁君，号子兰。吴县人，声孙。嘉庆十二年岁贡生。为

1. 南京师范大学编：《江苏艺文志》苏州卷，江苏人民出版社 1995 年版，第 2133 页。
2. 南京师范大学编：《江苏艺文志》苏州卷，江苏人民出版社 1995 年版，第 2578 页。
3. 李濬之：《清画家诗史》（三），见周俊富辑：《清代传记丛刊》，明文书局 1985 年版，第 276 页。
4. 南京师范大学编：《江苏艺文志》苏州卷，江苏人民出版社 1995 年版，第 1203 页。
5. 朱保炯、谢沛霖编：《明清进士题名碑录索引》，上海古籍出版社 1980 年版，第 2751 页。

文好窈渺之思。最精说文，师从段玉裁数十年，段氏作《说文解字注》，与其多商榷。尝从彭绍升游，得古文之法。又工填词，篆法自成一家，年72卒。有《染香庵集》。[1]

顾翰，字兼塘，一字简塘，江苏无锡人。嘉庆十五年举人，官安徽泾县知县，有《拜石山房词》四卷，《绿秋草堂词》一卷。[2] 顾翰与汪世泰、袁通、汪度等人都交情颇笃，其《绿秋草堂词》收入汪世泰所辑《七家词钞》，可见也是随园后人。

陆凤藻，字丹宸，号琴山，吴县人，德恺子。嘉庆十二年举人，室名群玉山房。嗜古勤学于三仓二酉九流百氏之书法，工诗古文词。[3] 著有《小知录》。[4]

投赠一卷云"夫吴姬有甲乙之谱，名士联香奁之社。缘情绮丽，对酒当歌，前辈风流，瓣香未坠。余自己未游吴，犹及见随园西庄梦楼诸先生投赠之什。惜一再过焉，俱经散失。今就所记忆，徵诸同好，随得随书，无拘次序，得杂体诗文辞一卷。"因卷中诸人都用字号署名，颇费思量，现将可考诸人列于下：

陈鸿寿，字子恭，号曼生，别号翼庵、恭寿、曼龚、夹谷亭长、种榆仙客、种榆道长等，浙江钱塘人。嘉庆六年拔贡，官江南海防河务同知。陈鸿寿博学通解，诗文书画，皆以资胜。与陈文述、陈甫有"武林三陈"之目，性爱交游，宰溧阳时，名流麇集，聚会于"桑连理馆"，与钱杜、改绮、毕简等，图画题咏以为常。又喜为茗器撰铭

---

1. 南京师范大学编：《江苏艺文志》苏州卷，江苏人民出版社 1995 年版，第 1138 页。
2. 叶恭绰：《全清词钞》，中华书局 1982 年版，第 848 页。
3. 南京师范大学编：《江苏艺文志》苏州卷，江苏人民出版社 1995 年版，第 1195 页。
4. 顾震涛：《吴门表隐》卷十九，江苏广陵古籍刻印社 1986 年版。

词，手镌之，一时有"曼生壶"之称。著有《种榆仙馆诗钞》二卷，《桑连理馆诗集》等，《清史列传》有传。[1]

尤维熊，字祖望，号二娱。长州人，乾隆五十四年拔贡生。官云南蒙自知县。工诗，尤长于词。有《游燕子洞记》和《二娱小庐诗钞》等。[2]

王倩，字雅三，号梅卿，山阴人。永定兵备谋文次女，吴县诸生陈基继室。能诗善画，有《寄梅馆诗钞》等。[3]

陈善，字瓜庭，号七夕生。捧花生《画舫余谈》中提到，"瓜庭，号七夕生，二波亦号七夕生。余识二波，不识瓜庭。《画舫录》所载各诗词，皆二波作。"可见《秦淮画舫录》中的七夕生和《吴门画舫录》中的七夕生并非同一人。《吴门画舫录》曾记载七夕生与吴中名妓杜宛兰相恋，陈文述和陈善在《西泠闺咏》的序言中都曾提到过陈善纳杜宛兰一事，可见此处的七夕生指的是陈善。

乐钧，原名宫谱，字元淑，号莲裳，江西临川人。嘉庆六年举人，有《断水词》三卷。[4]

马燦，字云题，江苏无锡人，贡生，官常熟县训导。[5]

2. 程开泰《吴门画舫续录》及同时题作文人

清宋翔凤在《忆山堂诗录》中有《题〈吴门画舫录〉即赠程韵篁大令开泰二首》云，"十年草草滞青袍，延仁胥门绿半蒿。每把清樽愁

---

1. 钱仲联主编：《中国文学家大辞典》清代卷，中华书局 1996 年版，第 465 页。
2. 南京师范大学编：《江苏艺文志》苏州卷，江苏人民出版社 1995 年版，第 1101 页。
3. 南京师范大学编：《江苏艺文志》苏州卷，江苏人民出版社 1995 年版，第 1173 页。
4. 叶恭绰：《全清词钞》，中华书局 1982 年版，第 723 页。
5. 叶恭绰：《全清词钞》，中华书局 1982 年版，第 620 页。

入破，欲搴芳杜注离骚。欢惊牢落肠空热，胜事飘零首独搔。一卷闲情成漫与，预期吮尽此吟毫。""姓名历历记斯人，绮思芳踪各有因。小立难忘虎斤阴，清歌无那鹿城春。渐迷香梦云非杳，遍数花期雨太频。我亦鳝鲆门里住，凭君寄语客愁新。"《忆山堂诗录》中还收有《续〈吴门画舫录〉序》一文，明确指出《吴门画舫录》为程君韵篁所作，而《吴门画舫录》的各种刊本作者都署名为"个中生"，可见嘉道文人作狭邪笔记的隐微心态。关于程开泰的生平，尚未见到更多材料，所幸郭麐《灵芬馆诗话》卷四曾提到他与程开泰的交往，为勾勒这位作者的生平提供了珍贵的第一手材料：

> 予于吴中识锡山程君韵篁，时方赴试金陵，泊舟山塘。韵篁与竹士携偶僦居于虎邱之东塔院，因留小住三日，月地花天间闲有酬答。后韵篁调选入都，为县令江西，不相闻者数载。丁卯岁，余为庐阜之游，韵篁方摄篆分宜，又不克相见。壬申三月，邂逅于阊门酒所，须已郁然，鬓苍然矣，而意气尚不减曩时。尊前酒边，飞扬跋扈如故调。韵篁多缘情绮靡之作，当场落笔，跌宕自喜，时出秀句。五言如《暮登北高峰》云"野气天疑厌，钟声山欲浮"，《春游惠山》云"云容宜借月，灯影欲然花"，又"禽声仍唤起，花事又将离"。七言如《吴山即席》云"绕郭炊烟蒸落日，渡江残雨带腥风"，题人近作云"瀑下有山皆露骨，月中无由不含情"，境在晚唐诸公间。

从郭麐的记述来看，二人相见及往来在嘉庆丁卯（1807）、壬申（1812）年间。《续录》作于1813年，数年之间，这位程君开泰作县令、好饮酒、记逸事，件件不耽误，且爱好作缘情绮靡之诗，俨然一位袁宏道笔下的"才令"。晚明与嘉道，在此又上演了一次相似。

为《吴门画舫续录》作序的文人有宋翔凤和赵函。

宋翔凤，字于庭，一作虞廷，长洲人，庄述祖外甥。嘉庆五年举人，二十一年任泰州学正，二十五年卸任，交龚自珍于扬州。后游邓廷桢幕。道光七年为旌德训导，后摄令湖南新宁县。大吏赏其才干，以州牧致仕，卒年八十七。少不乐举子业，从庄述祖学，比长淹贯群籍，尤长于今文经学及小学，为常州学派中坚，述祖有"刘甥可师，宋甥可友"之语赞之。诗词雅俊可诵。《清史稿》《清史列传》均有传。[1]

赵函，字元止，号艮甫。吴江人，负才气，屡出游。尝从护琉球贡使入都，在邗上佐盐运使郑祖琛选乾嘉两朝诗140卷。所见专集独多，故尤能别白其流派。诗作浑厚，有《乐潜堂集》。[2]

《吴门画舫续录》中题词唱和的文人有：

阳耀祖（云樵）、宋翔凤（于庭）、孙潜（杯湖）、陆麟书（子愉）、刘家济（雪畹）、稽文炜（天眉）、王渥（亚伶）、赵功焕（小孟）、陈善（瓜庭）、董鳞（竺云）等。除去上文已提到的部分文人，可考者有：

陆麟书，字黻庭，号子愉。镇洋人，道光十二年顺天举人。祖元迈以诗名。麟书取所藏遗稿朗朗成诵，稍长能诗，歌行、杂体卓然成家。文出入汉魏，宏深苍健，雄视一时。客游江西卒。[3]

---

1. 南京师范大学编：《江苏艺文志》苏州卷，江苏人民出版社 1995 年版，第 1176 页。
2. 南京师范大学编：《江苏艺文志》苏州卷，江苏人民出版社 1995 年版，第 2603 页。
3. 南京师范大学编：《江苏艺文志》苏州卷，江苏人民出版社 1995 年版，第 1771 页。

投赠三卷中，在《吴门画舫录》中已经出现的文人包括杯湖、梦白、竹士、天眉、个中生、韵兰生、亚伶、子愉、西溪、小孟、七夕生等。可考者有：

周笠，字云岩，吴县人，自号韵兰外史。[1]

从《吴门画舫录》和《续录》可以看出，陈文述及其朋友家人构成了苏州冶游文人的主体。陈文述、陈鸿寿在嘉道年间齐名，人称"二陈"，陈善曾为《西泠闺咏》作序，也是其族人，而陈善和苏州名妓杜宛兰的情感纠葛在当时是江南文人圈熟知的韵事。从以上所考诸人看来，《吴门画舫录》和《续录》记述的许多文人都和陈文述有着千丝万缕的联系，而且陈文述本人的足迹也频频出现在苏州的风月场中。考察当时文人在苏州的冶游及交往，陈文述应该是一个重要的关注对象。

三、扬州

《雪鸿小记》是珠泉居士记载其扬州冶游的笔记，《雪鸿小记》中云，"余自辰秋，金陵返棹，游兴渐阑，两载高平，足不履尘市，每吟微之'曾经沧海难为水，除却巫山不是云'之句，真觉取次花丛懒回顾矣！丁未暮冬，颍川明府，摄篆维扬，相偕至止。扬固旧游，城北校书，又金陵旧识，暇时过访，颇慰离怀。然当棋罢酒阑，闲谈往事，误人红粉，老我青衫，不禁相对唏嘘，共悼天涯沦落也。校书居亢家花园，自园北至水关，两岸河房鳞次，同人微色选声，尝拔其尤者五人，以佐文字之饮。迨次年夏五，花天变态，情海生波，出其囊

---

1. 蒋宝龄：《墨林今话》，上海古籍出版社 2015 年版，第 203 页。

亶，风流云散，此五人者，亦偕城北校书，飘然遐举焉。客窗枯坐，聊为记叙。譬彼飞鸿踏雪，隐约爪痕而已。若谓三生杜牧，赢得名存，则我岂敢。"如此看来，《雪鸿小记》作于乾隆丁未年（1787）之后，基本可以断定。

乾隆酉酉山房本是《续板桥杂记》和《雪鸿小记》二记合刊本。《雪鸿小记》前有海陵霜桥苞和洪都黎松门的序，题词者则有"白沙胡棣园""沮溪潘秋水""苕溪潘柳塘""同里金愚泉""同里沈平子""同里丁柳溪"等。结尾有越州青阁居士的跋，后题词者则有"津门赵梦倩""海陵宫霜桥""吴越钱竹泉""武林王鲁石""武林范读山""同里丁柳溪""云间廖茶畦""同里孙惠谷"等，末则有蒲涛陈维浚的总跋和鸥亭的跋。可见，《雪鸿小记》的评点和题词者基本和《续板桥杂记》所记文人相同。

《扬州梦》是道光时人周生记载扬州烟花轶事的又一部笔记。关于这部笔记的作者和其中提到众人，可参看《明清小说研究》2004年第一期吴春彦和陆林所作《"焦东周生"即丹徒周伯义》。该文考证甚为翔实，此处不再赘述。

第二节　嘉道时期的画舫冶游

为何在嘉道时期的江南地区，会出现如此之多的狭邪笔记？从纵向时间和横向空间交错来看，当时江南风月场上的旖旎风光，或许是晚明青楼文化传统和清代中期江南特殊历史环境共同作用的产物。

一、晚明青楼文化传统的接续

嘉道狭邪笔记中，超过半数都是在记述南京的伎家故事，其他城市的狭邪笔记，也或多或少地表达了对《板桥杂记》的追步。如此，要解释嘉道狭邪笔记的大量涌现，或许要将之放到南京，尤其是晚明南京的青楼文化背景之下来考察了。

"江南佳丽地，金陵帝王州"，谢朓的这句诗在某种程度上道出了南京独有的文化特质。在中国的几大古都中，似乎没有哪个城市能够像南京那样，包蕴那么多的风流与沧桑，"南朝金粉"与"金陵王气"历经千年的吟唱咏歌，已经成为南京文化积淀中不可或缺的部分。可以说，要透视南京文化，"江南佳丽"是一个不能绕开的话题。结合本书具体的研究范围，"江南佳丽"在此更多的是与南京青楼文化联系在一起的一个意蕴符号。陶慕宁曾经提出，使用"青楼文学"的命名，可以把"家妓——这一应另设专题研究的特殊社会阶层排除在外"。[1] 因为"一个女人，也许她曾经是艳帜高张的青楼名妓，也许她的思维方式、行为方式还保持着青楼的特点，但只要她一朝成了家妓，就会身不由主地被纳入另一种道德伦理规范之中，居于妾媵奴婢之间，接受家庭秩序的洗礼。所以我们也就不能按照通常对风尘女子的理解去研究家妓。"[2] 具有浓重商业色彩的青楼究竟起于何时，学术界众说纷纭，作为六朝古都的南京，虽是吴歌艳曲的发源地，但六朝本是家妓、家乐兴盛一时的时代，所以六朝的妓乐文学最多只能视为南京青楼文化的背景，青楼文学的正式形成，以《教坊记》《北里志》

---

1. 2. 陶慕宁：《青楼文学与中国文化》，东方出版社 1993 年版，第 1 页。

为标志，则青楼文化的发源，自应始于唐代。而南京青楼文化的孕育和发展，则应归于明代。

明洪武定都南京，朝廷在京城内外设立官妓，委派专人管理。刘辰《国初事迹》记载明太祖设富乐院，禁文武官吏及舍人等入院。王琦《寓圃杂记》则云，"唐宋间，皆有官妓祗候，仕宦者被其牵制，往往害政，虽正人君子亦多惑焉。至胜国时，愈无耻矣。我太祖尽革去之。官吏宿娼，罪亚杀人一等，虽遇赦，终身弗叙。其风遂绝"。如此看来，似乎明初官妓的服务对象仅限于市井商贾之流，士大夫则严禁涉足青楼，其实不然。周晖《金陵琐事》卷一云，"太祖造十六楼，待四方之商贾。士大夫用官妓无禁"。又周晖《续金陵琐事》卷二载，"国初，知县揭公轨有《宴南市楼诗》云'帝城歌舞乐繁华，四海清乎正一家。龙虎关河环锦绣，凤凰楼阁丽烟花。金钱赐宴恩荣毕，玉殿传宣礼数加。冠盖登临皆善赋，歌词只许仲宣夸。'观此诗，当时之盛可知矣"。如此看来，明初士大夫佐觞召妓可能也会遭到微辞，但总的来说，士妓交往还是为时议所允许的。永乐靖难，将建文忠臣眷属发入教坊，出身官宦的妇女沦落风尘，比之纯粹操皮肉生涯的娼妓，她们无疑具有更高的文化修养，[1] 这也许是明代南京歌妓多能诗善文之流的一个原因。

永乐初年，明王朝将都城迁往北京，作为留都，南京保留了部分政治上的旧制，但失去了全国政治中心的地位。加之士大夫日益流连章台而荒芜政事引起朝廷不悦，明宣宗宣德三年始有禁娼之令。政治地位的下降和政治管理上的压制，使南京的十六楼日渐零替，渐至沦

---

1. 见王书奴：《中国娼妓史》，岳麓书社出版社1998年版，第134页。

为下等娼寮而失去了原有的风雅色彩。到神宗万历年间，除南市尚存外，其余都"化为废井荒池"，[1] 仅存的南市，时人亦有"今此楼虽存，不过屠沽市儿之游乐而已"的感慨。[2] 与十六楼的衰败相形的是旧院的兴盛，曹大章《秦淮士女表》云，"国初女妓尚列乐官，缙绅大夫不废歌宴。革除以后，屏禁最严，当时胭脂粉黛翡翠鸳鸯二十四楼，分列秦淮之市，憾无有记其胜者。其后遂毁，所存六院而已，所艳称者独旧院而已"。可见，明代中期在秦淮独占鳌头的已是旧院，而非十六楼了。

朝廷虽有禁娼之令，但到明代中后期，城市经济的发展，礼教的禁锢已难以约束人欲的恣肆放纵，所谓"禁娼"已渐次成为一纸空文。随着彼时江南地区经济的飞速发展，作为王朝南都的南京，居于江南经济文化的中心位置，成为东南首屈一指的大都市。时"天下财赋，出于东南，而金陵为其会"，[3] 当时的南京"北跨中原，瓜连数省，五方辐辏，万国灌输。三服之官，内给尚方，衣履天下，南北商贾争赴。"[4] 现藏中国历史博物馆的《南都繁会景物图卷》，完整再现了晚明南京的繁华景象。青楼交易也是商品交易的一种，随着南京城市商业的繁荣，四方商贾士子往来不绝，娼妓业也大行其道。明人笔记中，对隆万之际的南京名妓多有记载，[5] 由此可见此时南京妓业之发达，士妓往来之频繁密切。

1. 顾起元：《客座赘语》卷七，中华书局1991年版。
2. 周晖：《续金陵琐事》卷二，明刻本。
3. 顾起元：《客座赘语》卷二，中华书局1991年版。
4. 张瀚：《松窗梦语》卷四，上海古籍出版社1986年版。
5. 参看钱谦益：《列朝诗集小传·闰集》中"草衣道人王微""景翩翩""马湘兰""朱无暇""郑如英"等条，古典文学出版社1957年版。

在此背景下，晚明出现了几部专门记载南京妓女轶事的笔记，即曹大章《莲台仙会品》《秦淮士女表》和潘之恒《曲中志》《金陵妓品》等。《莲台仙会品》序云，"金坛曹公家居多逸豫，恣情美艳。隆嘉间尝结客秦淮，有莲台之会。同游者昆陵吴伯高玉峰梁伯龙诸先辈俱擅才调，品藻诸姬，一时之盛，嗣后绝响。诗云，'维士与女，伊其相谑'。非惟佳人不再，得名士风流亦仅见之。盖相际为尤难耳。"通过佳人故事，展现的却是名士风流，这是晚明狭邪笔记的特点。无独有偶，潘之恒在《金陵妓品》序中也提到，"诗称士女，女之有士行者。士行虽列清贵而士风尤属高华，以此求之平康，惟慧眼乃能识察，必其人尚儒素而具灵心，系余所思，昔为蒋翘与褚茜英，今则杨素生寇珠若，褚犹婉弱，寇颇飞扬。或思前辈流风，庶当品外高韵。所谓存而不论者，尚亦有人。"曹大章称许宋人"论妓定以情兴为上，才伎次之，丰姿为下"的观点，潘之恒以"品""韵""才""色"四种标准来衡量青楼女子，将品位风韵置于姿色之上，应该说是晚明文人品评意趣在女性身上的延展。曹大章和潘之恒的记述，都将妓女冠之以科举社会中的种种称号和官衔，如女状元、女榜眼、女探花、女学士、女太史等，《莲台仙会品》中，署名为"冰华主人"的文人详细讲解了以妓女作为主角而展开的狭邪游戏：

莲台令规

遵旧录用十四章雕镂人物花卉，以媚观者。著为令从大会上方可行必满十四人，乃如法，少一人则去一魁叶其法特难。于考试考遍席各散一叶覆之令执学士太史二叶者先发覆。学士指某曰，举解元当即应，非即罚一觞。次太史举一人亦如之。倘及储材，即为夺标，而解元隐勿露。凡再问而储材不得应，五举而得状元乃止。三元张宴以次行觞，随意作乐而榜探不与焉，缺一元则以次补。凡五举而储材无偶，幸为下第散材矣。听三元任意施为即学士太史，十举而无鼎甲及一元者亦罚出席不预燕而听施为得三元而勿举，则抡魁者奉慰一觞而同袍之情尽矣。曾见行试官令者抑举子过当，故以此报之。夫士不遇，主司耳，岂尽才之罪哉。储材而举者，命也，非典试之功。故虽举犹无当也。

值得注意的是，这种游戏本身有浓重的物化女性的色彩，它们虽然充满文人情趣，但文人对青楼女子蔑如的心态则是一览无遗。文人借游戏、女性抒发对试场不公的愤懑，一方面受青楼文化传统影响，另一方面则折射了明显的晚明文字书写的特点，即文字写作的游戏化、艺术化、精巧化，而这些在明末清初和清中期的狭邪笔记中都得到一定继承。试看潘之恒在《曲中志》里对名妓的描写：

（杨玉香）金陵杨玉香，色艺绝群，性喜读书，不与俗人偶。独居一室，贵游慕之，即千金不肯破颜。姊曰邵三，亦一时之秀，孝廉林景清访邵三，因穴壁窥玉香。方倚床伫立，若有所思，顷之命侍儿取琵琶作数曲歌曰，"销尽炉香独掩门，琵琶声断月黄昏。愁心政恐花相笑，不敢花前拭泪痕。"

（陈文殊）文殊名素芳，行五，为今院中之出色第一人也。姬赋性聪慧，幼即颖异，不与凡女同调。沉厚晦默，澹然如无所事者。虽宾客闲骈而随物应酬，未尝错乱，而士人敬之。

（陈玉英）玉英名士兰，行八，少时得与名流燕婉，濡染岁久，颇解文义。风度爽朗，每有未同而馈者并却之。陈元植云姬素质娇波，修躯高髻，声色俱美，时拟之古停云落雁者云。

用笔明炼简洁，读来感觉人文俱美。而这种行文的美化倾向，在稍晚余怀的《板桥杂记》中也得到进一步的发扬。

迄至明末，南京青楼风气又有变化。天启崇祯时期，朝廷党争激烈，诸多朝臣阁老在政治斗争中失利，均选择南京为暂时的林下憩居之地。固然由于南京山温水软，风景宜人，是休养身心的理想场所，更重要的原因则在于作为陪都的南京有重要的政治意义。南京的政治网络直连北京，北京的政局变动、官员任免都会很快传到南京，退职者虽远离魏阙却能心忧庙堂。同时，诸多政治人物留居南京，能汲引同道，暗通声气，以伺东山再起。如权奸阮大铖被崇祯黜落后，隐居南京城十余年，终于勾结权相马士英，在弘光朝被重新起用。当时的南京，往来人群络绎不绝，外地士宦亦纷纷迁入。吴应箕《留都见闻录》云，"京师为五方所聚，要皆贸易迁徙之民及在监游学之士而已，而移家者固未数数也。自辽东破而北人始来，自奢酋难作而滇黔之宦于南方者始不反，此天启元年后事。崇祯庚午以来而南直有民变，于是宜兴溧阳通州三属之荐绅有奔走徙者。甲戌桐城民变，乙亥流寇猖獗，江以北之巨富十来其九，而山东河南湖广之人几于望衡对宇矣。"[1] 可见当时南京居民之杂，人口流动之繁。

甲申之变，北方士绅纷纷南下，弘光随即于南京建立南明政权，南京成为南中国的政治焦点。政局虽然错综复杂，却并没有妨碍城内

---

1. 吴应箕：《留都闻见录》"时事"，清雍正刻本。

名士的雅兴，他们依然选色征歌，寻花问柳，南京的旧院，成为晚明文人和秦淮名妓爱情悲喜剧的演出场所。对于曲中名姝而言，她们与前代马湘兰、景翩翩等最大的不同之处，是与东林名士日亲日近，于耳濡目染中受时局政事感染，具有高度的政治敏感性和敏锐的政治判断力。而对众多名士来讲，秦淮风月往往给他们带来了心理上的慰藉，晚明迄至清初的秦淮文学都有一种很奇怪的浪漫化倾向，如余怀《板桥杂记》、冒襄《影梅庵忆语》、龚鼎孳《白门柳》等，读来无不诗情画意、娓娓动人。固然名士与倾城的相知相恋本身就充满了浪漫动人的传奇色彩，但其中也许包含着更深的心理和文化微妙。卜正民分析这种浪漫化倾向时提到：

> 但是从另一个角度来说，是那些珍视这种浪漫爱情的男子将这些女子光彩化了，他们想在这里找到寄托，摆脱官场失意的失落感和明末党派倾轧给他们带来的无力回天的感伤。浪漫爱情的理想境界将他们政治上的隐退引向了与艺妓的交往世界中，在这里他们感受到了在失意官场和卑微政治地位中丢失了的道德优越感。结交艺妓成为一种隐喻意味颇浓的行为。文化造诣高的男子将他们自己的这种两难处境典型化为作品中的具有悲剧色彩的男主人公。他们花钱收纳某一方面文化修养极高的艺妓为伴，部分地吸纳了命运悲惨的艺妓的人格特征，藉此来发泄性地表现他们自身的道德殉道感。明亡后两种浪漫行为——忠于情人的浪漫和忠于覆灭的明朝的浪漫——间的密切结合进一步证实了这种隐喻，且进一步突出了浪漫爱情的崇拜作为文学创作的题材乃是男子将士绅阶层中最上层的一小部分分离出来作为国家民族（不同于政

权）人格化身的结果。[1]

"忠于情人的浪漫和忠于覆灭的明朝的浪漫"，这种政治和男女关系的类比联想，甚至在嘉道文人处也还有明显的印记。晚明南京的青楼文化，对有清一代的狭邪笔记产生了相当的影响，具体而言包括士人与妓女的类比、妓女与花卉的类比、行文的美化、浪漫化倾向以及对女性的物化倾向等等。晚明与嘉道，中间虽然已经相隔二百年的时间，在文化传承上，仍然有着千丝万缕的联系。因此，研究嘉道文人，还要将视线投向历史深处的晚明。

二、江南城市生活与文人结社

明社既屋，秦淮风流也随之烟消云散。余怀《板桥杂记》云"鼎革以来，时移物换。十年旧梦，依约扬州；一片欢场，鞠为茂草。红牙碧串，妙舞轻歌，不可得而闻也；洞房绮疏，湘帘绣幕，不可得而见也；名花瑶草，锦瑟犀毗，不可得而赏也。间亦过之，蒿藜满眼，楼馆劫灰，美人尘土。"当时的秦淮，已是一派萧索景象。究其原因，无非战乱初过，人心未定，且遭遇干戈，自保尚且不暇，又有何心于买笑征歌。另一方面，清初律法明文禁止官妓，[2] 官妓的废除，自会对娼妓业形成直接的打击。虽然官妓革除往往导致私营娼妓的兴盛，但二者之间，应该存在着一定的时间差。这个时间差（即从雍正初期

---

1. ［加］卜正民：《纵乐的困惑：明代的商业与文化》，生活·读书·新知三联书店 2004 年版，第 267—268 页。
2. 王书奴：《中国娼妓史》第六章"私人经营娼妓时代"对之论述甚详，可以参看，岳麓书社出版社 1998 年版。

到乾隆中后期）里，未出现相关狭邪笔记（相比此前余怀的《板桥杂记》、赵执信的《海鸥小谱》和此后狭邪笔记的蔚为大观），或许即是明证。所以《秦淮广纪》云"板桥拆于明季，旧院毁于国初，落落晨星，附之明末。康熙间，大申禁令。《海天馀话》所录已至乾隆四十馀年。《石城咏花录》成于乾隆四十八年癸卯，《板桥续记》成于乾隆四十九年甲辰"。[1]

乾隆中后期，海内升平，经济富庶，娼妓业也得到发展。珠泉居士《续板桥杂记》云，"闻之金陵父老云，秦淮河房，向虽妓者所居，屈指不过几家。开宴延宾，亦不恒有。自十余年来，户户皆花，家家是玉，冶游遂无虚日。丙申丁酉，夏间尤甚，由南门桥迄东水关，灯火游船，衔尾蟠旋，不睹寸澜。河亭上下，照耀如昼，诸名姬家广筵长席，日午至丙夜，座客常满，樽酒不空，大约一日之间，千金糜费。真风流之薮泽，烟月之作坊也"。又捧花生作《秦淮画舫录》叙及嘉庆年间秦淮风光，云"游秦淮者，必资画舫。在六朝时已然。今更益其华靡，颇黎之灯，水晶之盏，往来如织，照耀逾于白昼。两岸珠帘印水，画栋飞云，衣香水香，鼓棹而过者，罔不目迷心醉"。如此看来，从乾隆晚期到嘉道，秦淮河边的风月之盛，几乎浸浸然有远超前明之势。限于文献，现今难以断言这种烟花业的兴盛在嘉道时期是否仅限于江南一带，但何以嘉道时期会出现众多记载江南烟花轶事的狭邪笔记，除了江南地方的书写传统外，或许还和清代中期江南城市的繁荣有一定关系。

1. 江南消费城市的兴起

嘉道时期，《画舫录》先后出现在扬州、苏州和南京等地并非偶

---

1. 缪荃孙：《秦淮广纪》序，见《秦淮广纪》，南京出版社 2017 年版，第 1 页。

然的巧合，而是这三个城市经济和文化繁荣在文人笔下的反映。

在近代上海崛起以前，扬州一直是东南首屈一指的大都会。虽然经历过明清易代的萧条，经过百余年的休养生息，到乾嘉时期，扬州已经成为东南重要的经济文化中心。

李斗《扬州画舫录》卷九收录胡善麐所作《小秦淮赋》云：

> 当夫春风初暖，冬冰未彻，暑雨乍收，秋云正洁。相与呼俦命侣，络绎纷纶，乘画舫，出重闉；随轻飔，泛清沧。丝管竞奏，肴核杂陈。或赏静于蒙密，或乐旷于空明，或观奇而暂止，或趋胜而径行，或孤游而自得，或骈进而纷争，或鱼贯而委蛇，或蝟集而纵横。游鲦匿影，啼鸟藏声。齐姜宋子，厌深闺之寂寞；越女吴姬，爱风物而流连。亦复画轮远出，锦缆徐牵；粉光帘外，鬓影栏前。留衣香之阵阵，露花笑之娟娟。既而晚烟渐起，明霞已没，华灯张，兰膏发，火树炫煌，银花蓬勃。倒海之觞频催，遏云之曲靡歇。散万点之疏星，冷中天之皓月。一岁之中，非夫重阴沍寒，未有寂历湖光；空濛林樾，信为费日之场，而销时之窟也。盖俗尚轻扬，邑居繁庶，日为之因自然而培护。于以怡心神，鸣悦豫；而风流才士，文章宿老，更与扬其光华，传其丽藻。以故未臻此者，望虹桥如在银河，思法海若游蓬岛；方将与明湖而相埒，何为较秦淮而称小哉。

邗上繁华，于此可见一斑。而"何为较秦淮而小哉"，则隐隐点出了扬州风月较之秦淮风光，亦是毫不逊色，《扬州画舫录》中亦有和扬州妓女相关的记述。除了以扬州为背景的狭邪笔记外，还有邗上蒙人著有白话小说《风月梦》，详细记录了扬州文人和妓女交往的种种过程及内幕，无疑是当时扬州青楼文化影响下的产物。

与扬州稍有不同，苏州历来以风气轻薄、城市浮华闻名于江南，嘉道时亦如此。"吴门为东南一大都会，俗尚豪华，宾游络绎，宴客者多买棹虎丘，画舫笙歌，四时不绝。垂杨曲巷，绮阁深藏，银烛留髡，金觞劝客，遂得经过赵李。省识春风，或赏其色艺，或记彼新闻，或伤翠黛之漂沦，或作浪游之冰鉴，得小传一卷"。西溪山人在《吴门画舫录》的开头，已经清楚地点明烟花业的兴盛和苏州城市经济发展之间的关联。苏州人向来有郊游的喜好，陆肇域、任兆麟编《虎阜志》卷十云，"虎丘山塘，吴中游赏之地。春秋为盛，冬夏次之。每花晨月夕，仙侣同舟，佳人拾翠，暨四方宦游之辈，靡不毕集。读白居易宴游诸诗，唐时已然。其间花市则红紫缤纷，古玩则金玉灿烂，孩童弄具，竹器用物，鱼龙杂戏，罗布星列，令人目不暇接。至于红阑水阁，点缀画桥疏柳，斗茶赌酒，看馔倍于常价，而人不惜者，乐其便也。"虎丘山塘等地，一直是游玩的佳地。在嘉道时期，为方便来往游客，出现了专门棹船的吴娘，其中不乏从事烟花业者。任兆麟《心斋笔记》云，"虎阜山塘，吴人游玩最胜之地。寒食踏青，端阳竞渡，中秋看月三节。袁宏道诗：苏州三件大奇事，六月荷花二十四，中秋无月虎丘山，重阳有雨治平寺。常时游虎阜者，每于山塘泊舟宴乐，多不上山。冶春避暑，吴娘棹船者，多集野芳浜口也。""野芳浜"三字，分明暗示了吴娘从事的另一种职业。袁洁《蠡庄诗话》卷五曾记载时人为冶芳浜所作诗歌：

> 诗僧燮莲曾戏作《冶芳浜灯舫行》，中云"兰桡桂楫通金闾，火星万点三里长。谁家女儿珠翠妆，人前纤手擎杯觞。……"真

休艳入骨语，非冬郎耆卿不能道。

　　冯晏海亦曾有《冶坊浜灯舫行》，中有云"须臾日落万灯然，
照澈琉璃世界悬。舟中月夺舟前月，水底天明水上天。舟中水底
浑难定，眩转波光粉黛妍"。余于辛未夏赴苏领咨，曾偕友人为泛
舟之戏，夜阑返棹，灯火如花，方知晏海之诗摹写尽致。

诗固然写得不错，但也可见吴门"冶芳浜"，在嘉道文人的笔下，往
往呈现出另一种暧昧的色彩。个中生曾对"冶芳浜"有详细说明，
"冶坊浜名起于江氏冶坊，因东岸为染坊漂布场，又讹为染坊浜。近
缘其名不雅，且为粉黛迷津之所，率呼为野芳。余戏酌于新旧雅俗之
间，更易野作冶，虽杜撰可笑，而怅切情，因忆旧句云，'蔷薇新露
贮清羹，桂楫兰茉莉棚，觅得百花深处泊，销魂只在冶芳浜'。十年
前山塘竹枝词也，为若冶芳注证。"[1]可见冶芳浜事实上就是苏州文人
的游仙窟，而《吴门画舫录》和《续录》记述的许多苏州名妓，也都
活动在虎丘山塘一带，如：

　　　　杜凝馥，字宛兰，行三，居下塘。
　　　　崔秀英，一名漱英，行二，居山塘彩云衖。
　　　　史文香，行二，居上塘。[2]
　　　　孔琴香行大，初居下塘之水潭头。
　　　　汪素月，行大，居上塘丁家巷。[3]

---

1. 3. 个中生：《吴门画舫续录》，清道光来青阁刊本。
2. 西溪山人：《吴门画舫录》，清嘉庆十一年红树山房刊本。

可见娼妓业兴盛和城市繁荣之间的直接关联。

又如南京。清代中期，随着经济的发展和政治地位的下降，南京作为东南转运贸易中心的意义日渐凸显，其消费城市的色彩也日益加重。此时的秦淮河两岸，茶楼林立，酒肆招张，还有各种各样的小吃、杂货店。"酒楼废而茶围兴，岂肥肠脑满者，餍饫既深，亦思乞灵于七椀耶？鸿福园、春和园，皆在文星阁东首，各据一河之胜。日色亭午，座客常满，或凭栏而观水，或促膝以品泉。皋兰之水烟，霞漳之旱烟，以次而至。茶叶则自云雾龙井，下逮珠兰梅片毛尖，随客所欲，亦间佐以酱乾生瓜子小果碟，酥烧饼，春卷，水晶糕，花猪肉烧卖，饺儿，糖油馒首，叟叟浮浮，咄嗟立办。但得囊中能有，直亦莫漫愁酤。"[1]可见当时秦淮河边的繁荣热闹。由于秦淮河水的涨落，夏季往往成为画舫游玩的最佳季节，"当春夏之交，潮汐盛至，十里盈盈，足恣游赏。迨秋季水落，舟楫不通，故泛舟者始于初夏，迄于仲秋。当夫序届天中，日逢竹醉。（五月十三日倾城出游较端午尤盛）游船数百，震荡波心，清曲南词，十番锣鼓，腾腾如沸。各奏尔能，薄暮须臾珠龙炫耀，簾幕毕钩，倩装倚栏，声光乱乱，虽无昔日灯船之盛，而良辰美景，乐事赏心，洵升平气象也。"[2]画舫游玩的乐趣，使得驾船出游不仅是南京本地人消闲娱乐的传统节目，外埠人进京办事，主人也往往会选择在秦淮画舫作东：

> 凡有特客，或他省之来吾郡者，必召游画舫以将敬。先数日，即擘小红笺，贮以小红封套，笺上书某日买舟候叙，某人拜订。

1. 捧花生：《画舫余谈》，有正书局民国三年刊本。
2. 珠泉居士：《续板桥杂记》，清乾隆五十七年酉西山房刊本。

命仆送至客所，客如不到，随即以小红笺上书辞谢，下书某人拜手字样，仍贮送去之封套内，并原请之笺还之。是否不扰，否则主人预计客之多寡，或藤绷，或走舱，赁泊水次，临时速客共登。大半午后方集，早则彼美朝酣梳掠未竟，无可省览。另以小舟载仆辈于后以备装烟问话。盘餐或从家庖治成，用朱红油盒子担至码头，伺船过送上。或择名馆，如便意新顺之类，代办以取其便。又或佣雇外间庖人，载以七板儿两只，谓之火食船，一切盘盂，刀砧、醋瓢、酱瓴、乌银、琼屑，以及僵禽毙兽，果瓜椒豉葱韮之属，堆满两腊，烧割烹调，惟命是听。献酬既毕，人倦酒阑，回顾莨筍灯笼。早经陈列岸上，主客欢撰而散，亦已斗转参横已。[1]

可见，清代中期秦淮作为南京城市消费中心的意义日渐突出，也催生了秦淮娼妓行业的畸形繁荣。

2. 人口流动与文人结社

清代中期江南娼妓业的畸形繁荣，据现存文献来看，已是基本可以成立的事实。但文人为何记录冶游生涯？为何书写烟花女子？要回答这些问题，考察点还要转向彼时江南文人的日常生活。

考察嘉道时期江南文人的冶游生涯，有一点不同于前代的特殊因素要考虑在内，即人口的飞速增长。经过一百多年的休养生息，至清代中期，全国人口已超过三亿，为前代所未有。关于清代人口剧增的原因，学界自有论述，此处要提到的是人口增长对文人产生的影响。人口的增长，使谋生变得更加艰难，文人也不例外。清代中期，人口的流动是一

---

1. 捧花生：《画舫余谈》，有正书局民国三年刊本。

个较为突出的社会现象，社会底层的男性为生计要四处流动，走家串巷。读书人，曾经作为四民之首有深深的优越感，但由于人口的增长，此时的科举之路走得更艰难。[1]这使得文人不得不寻求更多的谋生方式，包括经商、教书、作幕等。嘉道时期的许多著名文人都有在书院任教的经历，如沈复在《浮生六记》中谈到了他外出做幕和经商的艰辛，他的感慨或许可以看作失意科考的江南文人的心声。无论采取何种方式，外出行路的不便和经济的拮据使他们中的大多数人被迫与家人分离，反映在文学创作中，清代闺秀文学中有大量怀念远行良人的作品可为一证，而与家人的分别则在客观上鼓励了男性的冶游行为。[2]上文考索的几部狭邪笔记的作者和与之交游的文人，大多数是漂流在繁华都市的异乡人，客居异地的落寞，往往使得他们将寻求慰藉的视线投向青楼：

（余）庚子夏五从杨观察招赴金陵，曾于公余遍览秦淮之胜。……辛子春，重来白下，闲居三月，时与二三知己，选胜徵歌，兴复不浅。[3]

庚申秋，余与七夕生有武林之行，琴仙饯别舟中。修秋禊故事，以丝竹侑觞，得识姬。[4]

杨玉娟，小字自馥，居虎啸桥……。甲子秋，琴仙、娱谷、

---

1. 参看王德昭：《清代科举制度研究》，中华书局 1984 年版，第 61—63 页；张仲礼：《中国绅士》，上海社会科学院出版社 1991 年版，第 99—100 页；艾尔曼：《从理学到朴学》，江苏人民出版社 1995 年版，第 92—93 页。

2. Susan Mann：*Precious Records*：*Women in China's Long Eighteenth Century*，Stanford，Calif.：Stanford University Press，1997. pp.36—38.

3. 珠泉居士：《续板桥杂记》缘起，清乾隆五十七年西西山房刊本。

4. 西溪山人：《吴门画舫录》，清嘉庆十一年红树山房刊本。

镜卿偕试白门，遇姬于秦淮水榭。[1]

张芳林，名绣琴，行二……庚午，梅农自武林来，值姬于白云水榭……甲戌之冬，七夕生于役邘沟，复于一枝草堂，与姬邂逅。[2]

客况的寂寞无聊，性的需求，或许还有传统文人风流自喜的心理，往往会使一些文人流连于秦楼楚馆，写下了大量记载平康风月的诗篇文章。倘若不考虑人口增长和流动的影响，恐怕很难解释狭邪笔记写作在清代中期的兴盛。

与人口流动相应而来的是江南文人的结社行为。在江南一带，自晚明以来，文人结社有着愈演愈烈的趋势，清兵入关暂时遏制了这一历史现象，而清代中期，随着江南城市的繁华和人口流动性的增强，文人结社又出现了兴盛的局面。比之晚明，带有强烈政治性倾向的大规模的文人结社在清代中期已经比较少见，但小规模的诗会、文会，在文人的记载中，则比比皆是。而清代大僚喜好开幕府以延揽文士的风气，在一定程度上也促进了文人结社活动的增多。关于当时扬州的富庶、文人的骈集以及扬州在江南学术文化圈中的领先地位，清人有很多材料记载，学界也有较多论述。[3] 迄至嘉道时期，由于盐务制度的改革，扬州渐渐衰败。[4] 虽然已不能与全盛时期同日而语，但扬

1. 西溪山人：《吴门画舫录》，清嘉庆十一年红树山房刊本。
2. 捧花生：《秦淮画舫录》，有正书局民国三年刊本。
3. 可以参看尚小明：《学人游幕与清代学术》第二章之"卢见曾幕府"，社会科学文献出版社 1999 年版。
4. 阮元在《扬州画舫录》跋中提到，"嘉庆八年，过扬与旧友为平山之会。此后渐衰，楼台倾毁，花木凋零。嘉庆廿四年过扬州，与张芝塘孝廉过渡春桥，有诗感旧。近十余年，闻荒芜更盛。且扬州以盐为业，而造园旧商家多歇业贫散，书馆寒士亦多清苦，吏仆佣贩皆不能糊其口"，可见扬州在嘉道时候的迅速衰败。见李斗《扬州画舫录》，清嘉庆间自然盦刊本。

州的文化风气并不会因为经济的衰微而倏然中断。郭麐曾在《灵芬馆诗话》卷六提到，"扬州自雅雨以后数十年来，金银气多，风雅道废，曾宾谷都转起而振之，筼颋襟馆于署中。四方宾客，其从如云。"乾隆五十八年（1793）和道光二年（1822），曾燠两次出任两淮盐运使，并征集文士入幕府中，"与一时贤士大夫相唱和"，[1] 并编有《邗上题襟集》。值得注意的是，尚小明曾比较卢见曾幕府和曾燠幕府，以为前者活动以推动、弘扬汉学发展为主，后者的幕中活动则主要是诗人间的酬唱。[2] 卢府中的诸人以汉学家为主，曾燠幕府中却聚集了一批杰出的江南诗人，包括吴锡麒、彭兆荪、郭麐、吴嵩梁、刘嗣绾及乐均等。汉学家少谈风月，而曾燠幕府中诸人的身影，却屡屡出现在嘉道时期的狭邪笔记中。[3] 由此一端，亦可觇见从乾隆到嘉道时期士风及文风之转变。

苏州亦是如此。上文已经提到苏州"冶芳浜"的繁华，正因为山塘有如此风光，往往引得文人在此饮酒宴会。任兆麟、陆肇域编《虎丘志》记载，任兆麟《虎丘宴集同潘农部榕皋作》云"那堪更听吴娘曲，暮雨潇潇人不归"，又陆肇域有《同曾勉耘诸同好游虎丘余宴之四美楼适幼伎来游即俾侑觞各有题赠》，可见当时文人宴集，席中有名妓侑觞是常事。反映在当时狭邪笔记中，也是屡见不鲜：

　　　　余凤箫，字香雪。……余初之识姬也，时清明，与琴仙赴友

1. 钱泳：《履园丛话》卷八，清道光十八年刊本。

2. 尚小明：《学人游幕与清代学术》，社会科学文献出版社 1999 年版，第 124 页。

3.《吴门画舫录》记载 1802、1803 年及稍前时候的苏州，《吴门画舫续录》记载 1813、1814 年及稍前时候的苏州，此一阶段正是曾燠第一次担任两淮盐运使的时间（1793—1807）。曾燠府中的幕客，频频出现在苏州的风月场中，二者之间似乎应该有一定联系。

人约。至虎丘，游船鳞集，雾积烟腾，已不辨谁何，……爰过姬居。

徐素琴，居下塘，……同人课集诗舫，邂逅姬，迎之来，将使磨隃麋爇都梁，如紫云捧砚，效水绘园故事……

陈桐香，字璧月，……主人为姬乞名，碧城生字以璧月，以小怜字唐姬。酒半，愿登场为诸君寿，而诸君亦为姬乐尽一觞。灯树百枝，氍毹六尺，双花掩映，纸醉金迷。迨众宾散，漏下已四鼓矣。是日同人饯春武舟中，会者十有二人。翼庵、碧城生、谦谷、惺泉、艮甫、竹士、云岩、伯冶、七夕生、镜湖、渔子暨余也。极天涯诗酒之乐，故并记之。[1]

庚申长夏，余与陈竹士、袁兰村寓虎丘东塔，时嵇荻浦寓朱氏山庄，徐惕庵寓罗浮别墅。洪稚存、方云亭同木石山人住吕祖祠，张子白、刘芙初、郭频伽、吴次升、陆甫元辈常载酒同游，一时诗酒之集，花月之缘，极纸醉金迷之盛。[2]

从以上记述可以看出，当时饮酒冶游的文人中不乏一时名流，如陈文述、陈鸿寿兄弟，袁通、洪亮吉、刘嗣绾、郭麐、张若采等都是知名文士，可见挟妓饮酒，赋诗作文等都不过是当时文人生活的常态。

虽然扬州和苏州的青楼文化在嘉道时期吸引了许多文人流连忘返，但在江南文化圈子中，最具有典型意义且为江南文人所共同认可的青楼文化则首推南京的秦淮风月。秦淮向来是南京的风景名胜，原

---

1. 西溪山人：《吴门画舫录》，清嘉庆十一年红树山房刊本。
2. 个中生：《吴门画舫续录》，清道光来青阁刊本。

本就以其秀色风光引得诗人纵酒高歌，驰情骋怀。明代官府又在秦淮河边设置了府学、贡院、教坊司，到了明代中后期，随着秦淮妓业的日渐发达，文人往往乐于秦淮结社，红粉青山，陶然于诗酒风流之中。钱谦益《金陵社夕诗序》提到晚明南京诗社的兴盛，"秦淮一曲，烟水竞其风华；桃叶诸姬，梅柳滋其妍翠。此金陵之始盛也"，[1] 明代后期金陵诗社的兴盛，实以秦淮为发源地。而文人于此聚会结社，汲引同道，宣扬自己的政治、文学主张，其中不乏名妓参与，这些在余怀《板桥杂记》中都有详细的记载。清代中期，秦淮作为南京消费中心区域的地位日渐加强，文人也更多地选择了秦淮画舫作为饮酒雅集的场合，而在这种时候，又往往少不了秦淮妓女的陪同，因此《国朝金陵词钞》《续国朝金陵诗徵》《金陵名胜秦淮诗钞》中的诸多诗词，都如实地记录了秦淮风月在当时的兴盛。[2] 而文人与秦淮妓女的交往，在嘉道时期南京的狭邪笔记中记载得更为详细，试以《青溪风雨录》卷上的一个片断为透视点：

> 胡莲漪赵蓉香马绮龄梅巧龄辈作消寒雅集，折柬招邀。予因雪满檐楹，适作袁安闭户，闻兹胜举，魂与驰。入席含笑，握袖围炉，只觉满坐春生，不知千山万径，绝无鸟迹人踪也。归来酒气诗情，拂拂从十指间出，因赋纪事四律。

---

1. 见缪荃孙：《秦淮广纪》，南京出版社 2017 年版，第 12 页。
2. 如李鳌：《金陵名胜秦淮诗钞》卷上收入冯震东：《白门寓居喜晤张达夫前辈兼蒙招饮秦淮酒楼》、马士图：《陪王缄斋孝廉卢书船丈暨同人集秦淮水榭》、《酹江月·秋日陪传柳桥明府冯少渠明经秦淮泛雨》，清道光八年刊本。

这则故事为了解当时文人与秦淮妓女交游的情况提供了更为具体的细节，由妓女组织消寒雅会，邀请文人加入，至少说明以妓女为主角、占主动地位的现象已经渐渐出现在南京风月场中。而所谓"归来酒气诗情，拂拂从十指间出"，则很好地说明了这种聚会对文人创作的直接影响。

与扬州和苏州不同，南京的青楼文化不仅在于高扬的秦淮艳帜，还有袁枚和随园文人对之张扬。袁枚生前不仅招收女弟子，对青楼女子亦多有爱护，及其身后，流风余韵依然对南京后辈文人有很深的影响。如《画舫余谈》曾明确地提到，"秦淮佳丽，代兴有人，而鲁殿灵光，巍然独峙者，惟秋影校书。校书向见赏于随园太史，乙亥三月二日，为太史百岁冥辰。邺楼设筵小桃源之鹤归来轩，邀同梦白老人、泊小秋、亦山、玉珊、云根、绂笙、景仙、松亭，并招校书来，悬像轩中，焚香扳拜，各纪一诗，尽欢而散。校书亦成七律一章，白发青裙，红灯绿酒，固太史之流风未沫，亦校书之逸致不凡也。"又袁枚故后，在袁通袁迟兄弟的经营下，随园一直是南京文人游玩和聚会的一个重要场所，袁祖志的《随园琐记》卷下记载：

> （随园）典试提学以及将军都统督抚司道或初莅任所，或道出白门，必来游玩，地方官即假园中设筵款待。林泉极僻而冠带常临，虽为山灵所笑，然亦无如之何。

又《随园琐记》卷上有云：

> 游园之人，以春秋日为最多，若逢乡试之年，则秋日来游之

人更不可胜计。缘应试士子总有一二万人，而送考者贸易者又有数万人，合而计之，数在十万人左右。既来白下，必到随园。故每年园门之槛必更易一二次，盖践履太繁，限为之穿故也。

可见随园名气之旺，依然不减于袁枚身前。袁通为人极渊雅，在领袖南京文坛和怜香惜玉方面俨然有乃父之风，所以嘉道时期的随园，成了文人雅集聚会的重要场所，许多南京文人都曾有过为随园座上客，分韵作诗的经历。[1]同样，随园雅集亦不少名姬陪坐，所以有记载"随园依小仓山麓，台榭之胜，名闻中外。主人兰村以名父之子，哀然著作，英年骏誉，意兴不群，凡值花月之辰，必折简招吾辈。联吟载酒，禊集园中，一时典掌诸姬，如秋影、小卿、艳雪、绮琴、小燕、月上，均缘得伺舣船，遂光门户。论者信为彭泽之闲情，非等樊川之薄幸。"[2]可见袁枚及以其为核心的随园文化对南京后辈文人的影响之深。

第三节　画舫冶游与文人书写

嘉道文人的画舫冶游影响于创作，首先就表现为数量众多的狭邪

---

1. 如陈作霖：《国朝金陵词钞》卷二"严骏声"有《卖花声·李漱六芳招同袁真来迟复生一士方慎之先甲和圖长春程亦年潘木君铎王尔安佐才汪鄹楼车子尊随园看梅，月下听素兰蔻香女士弹琵琶怅触堕欢感倚此调》，"马功仪"有《春从天上来·花朝日同汪紫珊瑚周竹恬介福汪白也度袁兰村通集小仓山房以六一先生把酒酹东风分韵》，卷三"秦耀曾"有《扫花游·随园雅集》，清光绪二十八年刊本。
2. 捧花生：《画舫余谈》，有正书局民国三年刊本。

笔记。如本章开头所提到，对这些狭邪笔记，学术界历来评价颇低，以为在思想境界上已然格调不高，于艺术形式方面亦乏善足陈。文学史的建构过程同时也是一个接受过程，作品的不被认同虽然有偶然的因素在其中，但本身质量的高低仍然起着相当的决定作用。虽然也有学者撰文分析清代中期的狭邪笔记为"艺术化的美文"，似乎意在重新发掘这批笔记的文学价值，[1] 但总的来说，嘉道时期，乃至整个清代出现的众多狭邪笔记，在艺术表现方面基本没有超过《板桥杂记》，因而它们在文学研究中处于一种"失语"的地位也是情理之中的了。但我以为，在文学研究中，固然因为文学典范的确立和形成，使得大量同类二三流的作品，在相形之下，失去了更多作品本身文学价值发掘的可能性，但众多同类型作品的出现，其现象本身却也是文学研究和文化研究所不应忽视的。比之于《板桥杂记》，嘉道狭邪笔记在写作上虽然亦步亦趋，但从形式到内容，却也有诸多新变化，亦足以发现嘉道时期的特质及其时文人心态及生活中之种种变异。从这点上来讲，这批狭邪笔记亦可为透视嘉道时期江南文人的生活状态及文学生涯，提供更多珍贵的第一手材料。

一、文人题赠

比之《板桥杂记》，首先要注意的是嘉道狭邪笔记在体例上的变化。余怀《板桥杂记》例分"雅游""丽品""轶事"三卷，嘉道时期的文人虽然一致表示他们在体例和格式上基本追步《板桥杂记》，但却有不少变化。如"名士题赠"的增加，是嘉道时期狭邪笔记在体例

---

1. 谢桃坊：《论清代文言青楼小说》，《天府新论》1997 年第 4 期。

上的一个重要变化，《吴门画舫录》《续录》及《秦淮画舫录》都附有相当篇幅的文人题赠，足见作者对其时文人题赠之作的重视。《吴门画舫录》上卷云"以《诗品》品吴下诸姬者，不知何人昉，上列吴中名下士，下列教坊翘楚，以品目冠之，殆为名士倾城而作"，将名士与倾城并置，固然是晚明以来的风流余绪，但对名士文字的流传表现出更多的热切，则应该是嘉道狭邪笔记的另一特点。

嘉庆刊本《吴门画舫录》下卷开篇云，"夫吴姬有甲乙之谱，名士联香奁之社，缘情绮丽，对酒当歌，前辈风流，瓣香未堕。余自己未游吴，犹及见随园、西庄、梦楼诸先生投赠之什，惜一再过焉，俱经散失，今就所记忆征诸同好，随得随书，无拘次序，得杂体诗文辞一卷"，故而于名妓写传之外，另立一部分为文人题赠。申报馆丛书本《吴门画舫续录》收有《投赠》三卷，上卷云"《板桥杂记》偶录投赠诗辞，皆散见于轶事一卷。西溪山人《画舫录》，则另录名士投赠诗辞为一卷。余既仿余澹心记轶事，凡诗辞因事题咏者，皆附记而投赠诸作亦仿西溪，另录为此卷，诚以一人之枯管，不足为群芳写生，而假手于巧匠也。顾投赠诗辞，最难搜罗，或秋风起而团扇弃捐，或旧雨疏而纱笼失护。只成过目，因缘难复，沿门募化，然丰城龙剑，终不久埋。偶有遗亡，异日终当传世，作者谅之"。可见另创题赠一体，是出自嘉道文人的匠心。

其后，捧花生作《画舫》系列，《秦淮画舫录》亦有"徵题"一卷专录文人题咏，应该是受到《吴门画舫录》及《续录》的影响而立。而雪樵居士的《秦淮闻见录》和《青溪风雨集》虽然未曾另列文人题赠的名录，于行文中亦掺入大量诗作，足见重视文人诗作的流传，是嘉道文人写作狭邪笔记的关注所在。具体来讲，嘉道文人的题赠之作包括对名妓的题赠、咏图题赠以及徵题题赠等几个方面，必须说明的是，文人的题赠方式比较多样，在记录宴会及与名妓交游活动的文字中，通常几种形式的题赠都会存在。为论述方便，笔者将文人题赠大致分为此三类，但类型之间往往存在交错的情况。

1. 针对名妓的题赠

在嘉道文人的题赠之作中，有相当一部分是围绕名妓进行的咏叹和赞美，这也从侧面说明了嘉道文人的青楼书写，其实只是一种带有美化成分的"名妓"书写，而占据更大比例的普通妓女则较少被他们纳入书写体系。如上文所引"夫吴姬有甲乙之谱，名士联香奁之社"，文人正是以手运笔，将青楼等级化，从而为他们心中眼中的名妓写照。

检《吴门画舫录》投赠一卷，开卷便是署名"更生"的文人所作《辛酉长至前一日消寒第一会，廉山大令座上听凝馥校书弹琵琶，篇赋长句并示同席诸君》，这里的"凝馥"，便是《吴门画舫录》中列为第一，为嘉道文人许为"吴中第一琵琶手"的杜宛兰，《吴门画舫录》投赠中有诸多诗文都是为她而作。如廉山《为凝馥女史画牡丹》，瑶冈《听宛兰女史琵琶》，频伽《柳梢青·赠吴门校书杜宛兰》，碧城生《花朝过吴门访凝馥女史不值留赠，是日欲访文香不果故次首末句及之》《江南第一琵琶歌赠宛兰》等，[1] 廉山更以之比为白居易笔下的琵琶女，作有《琵琶行》和《后琵琶行》长歌两首。值得注意的是，万承纪的《琵琶行》和《后琵琶行》，在题材上虽然和白居易《琵琶行》非常接近，但万著《琵琶行》提到宛兰"自言家近馆娃宫，十三学技

---

1. 本章第一节已经考证廉山为万承纪，频伽为郭麐，碧城生为陈文述。

老伶工。杨志脂鞋原慧异，廉郊心性本玲珑。……碧海难填精卫恨，雪衣空负放归恩。偏随浪子红尘里，辛苦积金倾若水"，《后琵琶行》云"自从送客浔阳后，千古琵琶薄命休"，这里的"慧异""薄命"等词语，却是嘉道文人女性书写的特别话语表述。

又如蒋茝香，《吴门画舫录》投赠中亦有不少诗词为她而作，如碧城生《寄题蒋茝香校书秋兰小影》，竹士《与梅卿联句赠茝香馆主人和吴蔼人韵》，杯湖《茝香馆纪事》，蔼人《留别茝香馆》，伯冶《与浣华联句赠茝香馆主人次吴蔼人韵》，竹素《题蒋茝香画兰卷》等，而竹士即陈基之诗，在众多题赠之作中尤为醒目，因为该诗是他和妻子，著名的闺阁诗人王倩联吟而得。本书绪论已经提过，有研究者认为闺阁女性和名妓的交往是晚明时期的特点，至清代，由于闺阁才女在文坛异军突起，名妓遂为闺阁女性和文人所忽视，其交往亦几乎不复存在。然而，《吴门画舫续录》中，署名"女士梅卿"即王倩的诗作共有七首，除上文与陈基联句所得之诗外，尚有《绿云楼主人招同沈罗云夫人山塘观竞渡赋诗赠之》《听吴中第一琵琶》《两同心·七夕生属写同心兰画册因题此解》《题苎萝春影画卷》《闻宛兰将落籍诗以赠之》等。《吴门画舫录》卷末收有陈文述所作杜宛兰小传一篇，其中提到杜宛兰和七夕生即陈善结缡时，"山阴王梅卿女士为写同心兰图"，可见王倩与当时吴门名妓交往甚密。从王倩的题赠可以发现，闺阁女性与画舫女子的界限，其实并非壁垒分明。如《绿云楼主人招同沈罗云夫人山塘观竞渡赋诗赠之》赞美这位绿云楼主人，"绿云光压绮罗丛，得见双文意便通。眉柳扫烟春浅淡，心花着酒艳玲珑。新妆共讶天人样，大雅居然邢尹风。莫怪群英都溅尽，三生福慧有谁同"。"双文""邢尹"等被用来形容妓女，"福慧"这种明清文人用来形容闺阁女性的话语被王倩用来赞赏画舫女子，文学及文化现象的复杂性实在不是简单的论断可以概括。

2. 咏图题赠

为名妓写照，并对小照进行题咏，是嘉道文人题赠的另一种常见形式。从嘉道狭邪笔记可以发现，当时著名的画家如方山、钱杜、改琦、周笠等，都曾浪迹于江南的风月场中，而一二曲中名妓，亦有拜师学画之举。如《秦淮画舫录》"陆绮琴"条云，"龙眠山人，授以画兰心诀，甫逾宿，即能规其大意，亦慧心人也"，这里的龙眠山人即方山。清代以来，文人好招收女弟子已是学界共识，从嘉道狭邪笔记的记载来看，至少部分花场冶游的文人在招收女弟子方面，亦是不拘一格取人才。如《吴门画舫续录》"高玉英"记载高玉英的妹妹高玉霞"学琴于木石山人，学书于双树生，学诗于碧城外史，其立志可知矣。碧城字之曰蕙君"。"木石山人"和"双树生"为何人仍然待考，而碧城外史为陈文述之字号则是人所熟知，陈文述作有《青溪水阁有怀女弟子玉霞》中有"青溪明月白门花，来访秦淮旧酒家"[1]之句，适可与此互证。这说明对部分不为礼法所羁的文人而言，其桃李门墙中收入画舫女子并无不可。

据毛文芳的研究，人物肖像画在晚明得到复兴，[2]肖像画在晚明的兴盛使得个人写照成为风气，女子亦开始重视"自我"的流传，《牡丹亭》中杜丽娘临终写照的情节，在一定程度上正反映了文人对女性通过写照，向世人昭告自我存在这一方式的认同。晚明大众文化

---

1. 陈文述：《颐道堂诗选》卷一六，《续修四库全书》本。
2. 参看毛文芳：《物·性别·观看：明末清初的文化书写新探》中之"人物画沈寂与复兴"，台湾学生书局 2001 年版，第 283—286 页。

发达，关于女性的书籍、图画大量出版，[1] 就图画而言，仕女画、百媚图、春宫画等以女性为表现对象的图画被大量创作，使得"女性"更多成为大众关注的对象而具有物化的色彩。

晚明的风气，至清初仍然可以见其余绪。清初，苏州名妓张忆娘，色艺双绝，时人为作《簪花图》，遍徵题咏，一时传为美谈。嘉道时期的江南文人，亦仿此例，周笠为杜宛兰作《后簪花图》，士林以为韵事，题赠者亦复不少。《吴门画舫录投赠》中，以《题簪花图》为名而题赠者有籍庵、碧城生、翼庵、七夕生、西溪、船山、瑶冈等，可考证者如陈文述、陈鸿寿、陈善、董鳞、张问陶等，可见《后簪花图》及杜宛兰的名气。

从诸人的题赠来看，文人所感兴趣者，主要在于三点：

第一，对前后《簪花图》的比较。如"小乙丰姿画里传，倾城名士渺寒烟。百年又见簪花女，倘是韦家再世缘"，[2] 又如"一样蛾眉一样妆，画图珍重付王昌。春深绣谷花如绣，曾向苏州赋忆娘"，[3] 又如"绣谷初开画苑春，张家风格妙无伦。花香鬓影归何处，此日江南有替人"。[4] 这种比较，或者说模拟之中，既有对张忆娘那个时代风情的向往和追忆，亦有对于此时江南文化繁荣的骄傲。

第二，对于青衫红粉的感慨。如"踏遍长安道上尘，金台芳草感闲身。十年落魄青衫旧，羞见簪花第一人"，[5] 又如"怜卿痴绝笑余狂，

1. 毛文芳：《物·性别·观看：明末清初的文化书写新探》，台湾学生书局 2001 年版，第 18 页。
2. 籍安：《题后簪花图》，见《吴门画舫录》题赠，西溪山人：《吴门画舫录》，清嘉庆十一年红树山房刊本。
3. 5. 碧城生：《题后簪花图》，见《吴门画舫录》题赠，西溪山人：《吴门画舫录》，清嘉庆十一年红树山房刊本。
4. 七夕生：《题后簪花图》，见《吴门画舫录》题赠，西溪山人：《吴门画舫录》，清嘉庆十一年红树山房刊本。

胜有灵犀一寸芳。憔悴青衫红粉暗，忍将愁绪对明妆"。[1] 值得注意的是，此种青衫憔悴的感慨发自陈文述，陈文述作为嘉道时期的名诗人，亦曾得到阮元等达官贵人的赏识而位列县令，按理来说其人生之路亦算是平坦，但其笔下却会出现这种感慨，除了文人在写作这类题材时容易受到已有模式的影响外，他对人生坎坷的感受或许在嘉道江南文人中亦有一定代表性。

第三，借题咏留存自己的香艳文字。如"佳话虹桥迹已陈，当时绣谷自生春。于今重注《闲情赋》，要为芳兰作主人"，[2] 陈鸿寿在这里提到"重注《闲情赋》"，从字面上来理解，可以解释为周笠重作《后簪花图》，亦可看作是他自己对这一题咏的发挥。咏《后簪花图》的诗作，从文字上来看，大多写得比较绮丽华靡，却很难说有什么真正的思想和内容，不过是徒然作文字的铺张渲染而已。文人对题咏对象的漫不经心可以从陈文述的一首题诗看出，"垂鬟十八妙鬘梳，天上云璈事有无。我识双成最娇小，何人为写揽环图"，旁注云"谓双婷校书"。[3] 在以杜宛兰为写作对象的诗作中，却出现了对同时其他名妓的赞美，这种不合常理的行为表示，文人真正在意的并非那个题赠的对象，而是自己的一腔幽情和一笔文字。

咏图题赠不仅表现为对小照图的题赠，还有对名妓所作图画的题赠。如竹素《题蒋莅香画兰图》、曼叔《题绿云楼木石山人画芙蓉》、

---

1. 瑶冈：《中秋后二日宛兰邀同泛舟石湖席间留别次题〈后簪花图〉韵》，见《吴门画舫录》题赠，西溪山人：《吴门画舫录》，清嘉庆十一年红树山房刊本。
2. 翼庵：《题后簪画图》，见《吴门画舫录》题赠，西溪山人：《吴门画舫录》，清嘉庆十一年红树山房刊本。
3. 碧城生：《题后簪花图》，见《吴门画舫录》题赠，西溪山人：《吴门画舫录》，清嘉庆十一年红树山房刊本。

琴山《题得月楼西溪山人画秋葵牵牛花络纬》、甘亭《题同心兰册》[1]
等，又如漪亭《题白桃花画册为织云作》、竹士《国香·选梦楼为静
兰写兰作照率题其册》、蝶栩《题楼素娟校书影梅图》、锦城生《纫秋
之新安舟次桐江为素月作"绕屋梅花三十树，月明林下故人来"图笔
却寄嘱题以赠》[2]等，从中可以看出文人或者名妓所作书画，往往以花
卉比喻名妓，甚至名妓也往往以花自比。前文提到晚明狭邪笔记中，
以名妓和花卉相比已经蔚为风气，嘉道文人如此比喻也是晚明影响的
体现，但嘉道文人笔下经常流露出来的"惜花"意识，应该说折射了
嘉道文人更复杂的女性观念。

3. 徵题题赠

徵题题赠的形式在嘉道文人处也表现得比较普遍。

在中国文学史中，对于女性身姿以及日常用物的咏叹是一个久远
的主题。迄至晚明时期，以女性为书写对象的书籍大量出现，"明末
清初文人特别喜爱谈论女性的典故，尤重女子之才华与命运，或用物
与身姿，为历来所少见"。[3]清末虫天子辑《香艳丛书》，收入历代专
门以女性为书写对象的作品数量甚多，出自晚明文人手笔者，则占到
相当比例。前文论及晚明南京的青楼文化传统时，提到晚明文人的青
楼游戏有着将女性物化的倾向，既是晚明风气的流露，也因青楼女子
的特殊身份而表现得更明显。嘉道狭邪笔记和晚明一脉相承，文人对
画舫女子的题咏中，亦带有游戏和物化的色彩。

徵题题赠，往往会变成围绕某件事物而展开的文字游戏。如芷桥

---

1. 以上俱见《吴门画舫录》题赠，西溪山人：《吴门画舫录》，清嘉庆十一年红树山房刊本。
2. 以上俱见《吴门画舫续录》投赠，西溪山人：《吴门画舫录》，清嘉庆十一年红树山房刊本。
3. 毛文芳：《物·性别·观看：明末清初文化书写新探》，台湾学生书局 2001 年版，第 38 页。

x

作词四首，下注云"得月楼分赋得眉刷、粉扑、挑簪、药铫"。[1] 在此四样女性闺房用品纯粹的文字咏叹中，文人表现出戏谑的心态和游戏的态度。徵题题赠还出现在文人的青楼宴会中，借咏叹以遣文思，如春瑶《素春阁分韵得"风"字》、谦谷《素春阁分韵得"处"字》、七夕生《素春阁分韵得"柳"字》、鉴湖《素春阁分韵得"宵"字》等、翼庵《素春阁分韵得"酒"字》等，[2] 无疑是同一次青楼宴会的产物。这种题咏大多不具备深切的情感，只是文人锻炼文字而采用的题目，在香艳的文字和雕缛的典故之下，表现出来的是文人对文字的用心和关注。

徵题题咏还包括对某件事情长篇累牍的题咏，而其中文人作文之用心也依然表现得非常明显。如《秦淮画舫录》记载秦淮妓女翘云与汪世泰交好，舌血染素巾以志钟情，汪世泰记述事情缘起，"戊午秋晚，薄游秦淮，偶与翘云校书相值，流连匝月，式好同心。濒行时，校书嚙舌上血染素巾见赠，余察其情之痴而感其意之挚也，爰填《青玉案》一阕于幅。异日蓝田种罢，金屋贮成，当以此词为息壤云尔"。[3] 所谓"一片情天容易缺，几时双桨迎来桃叶，炼取娲皇石"，汪世泰的笔下，这件韵事显得无比浪漫，他甚至将之上升到了"情天"这样的高度。围绕这件事情而题咏的秦淮文人有小云、竹士、锦初、海树、湘眉、兰村、叔美、鄞楼等，都以华美的文字对此进行包装。如"一握生香，愁绒怨裹，寻梦有端。念深却依月，胸酥分润，潜移广袖。臂玉知寒，酒座偷盟，灯窗暗记。绾个同心结，与看三生

1. 2. 见《吴门画舫录》题赠，西溪山人：《吴门画舫录》，清嘉庆十一年红树山房刊本。
3. 汪世泰：《青玉盎》序，见《秦淮画舫录》"徵题"，捧花生：《秦淮画舫录》，有正书局民国三年刊本。

事，叹眉痕未展，泪点先干"，[1] "最怜不尽相思，又看燕子单栖。二十年前春色，万千劫后情丝"，[2] "秦淮秋涨初匀，好待问恩深水深。吐出莲花，溅成鹃血，娇可怜生"，[3] 在文人的题咏下，汪世泰和王翘云的恋情似乎永世不渝。但据《秦淮画舫录》记载，在捧花生编辑《画舫录》时，"卷中人已不可作"，王翘云早已不知漂泊何方，她与汪世泰的恋情，基本没有结果。而且《秦淮画舫录》"陈桂林"条记载：

> 陈桂林，字月上，吴人，住姚家巷前。柔情绰态，媚于语言，三尺香云，黑光可鉴。碧梧主人，偶来江介，邂逅倾心，缠头之赏，多至无算。后复延之含晖楼，流连匝月，其家故作梗，终阻良约。顷检怀月上诸诗词，属为入录，尚惓惓也。

《秦淮画舫录》"徵题"中收有不少汪世泰为月上，即陈桂林所作的诗词，其中部分被汪世泰收入自己的《碧梧山馆词钞》，足见他对陈桂林之用心。相比之下，王翘云虽因韵事为秦淮文人咏叹不已，但除此事之外，汪世泰对其人鲜有提及，其对二姬之态度已非常分明。

如此，则汪世泰身边的文人对汪、王二人韵事的咏叹，赞美的声调越高，越给事情本身涂上了一种讽刺的色彩。同为秦淮欢场中的文人，众人对汪世泰的情之所钟自然应该有所了解，而他们如此赞美王翘云，

---

1. 湘眉：《沁园春》，见《秦淮画舫录》"徵题"，捧花生：《秦淮画舫录》，有正书局民国三年刊本。

2. 鄡楼：《清平乐》，见《秦淮画舫录》"徵题"，捧花生：《秦淮画舫录》，有正书局民国三年刊本。

3. 竹士：《柳梢青》，见《秦淮画舫录》"徵题"，捧花生：《秦淮画舫录》，有正书局民国三年刊本。

一方面固然有逢场作戏之意，另一方面恐怕更在于借此韵事写出自己的一段香艳文字。如袁通为此事作《沁园春》，开头提到"是胭脂痕，是唾绒线，何其艳耶。怪斑斑染出，似灵云泪，轻轻点就。异守宫砂，眉乍烟含，齿刚犀露，忽见莲开舌上花。明灯下，累檀郎惊认，一口红霞"。[1]对"舌血"作如此铺垫和渲染，于行文中几乎不见袁通对这件韵事的真心赞许，却可以看到他对自己文字的关注和经营。对嘉道文人而言，风月场的韵事，不过是为他们提供了书写的素材，事情、包括女性本身，都是他们渲染诗情、锤炼文字的对象，在这样的写作中，青楼女性本身，沦为被物化的书写对象，而失去了作为个体的面目和色彩。

二、《风月梦》：以"城市"为中心的狭邪小说

除了大量的狭邪笔记外，嘉道时期出现的白话狭邪小说也历来为学界所关注，但《品花宝鉴》写同性恋爱，且故事发生地点为北京，《花月痕》写文人与妓女的情感纠葛，故事场景却在山西，以该时期江南文人和妓女为描写对象的，则《风月梦》较为典型。

关于《风月梦》一书，由于发现时间较晚，故而在鲁迅《中国小说史略》中不曾占得一席之地。据韩南考证，现存《风月梦》较早的版本是上海申报馆 1883 年出版，北京大学 1990 年出版《红楼梦资料丛书》时收入该书，此版本根据北京大学图书馆所藏光绪丙戌年（1886）聚盛堂刊本排印，校以上海申报馆活字本，是目前较常见的版本。《风月梦》未署作者，仅在书前录有"邗上蒙人"的自序一篇，时间为道光戊申年（1848）。《风月梦》第五回中写众人乘船出游，一路上风景萧瑟，令人

---

1. 兰村：《沁园春》，见《秦淮画舫录》"微题"，捧花生：《秦淮画舫录》，有正书局民国三年刊本。

唏嘘不已，可见《风月梦》描写的是嘉道时期已经衰落的扬州。

韩南在他的研究中，称《风月梦》是"第一部城市小说"，他认为"身为小说家，与地理学家的区别在于，他更倾向于通过人物的言谈举止为我们呈现另外一座城市，即一座眼中的和脚下的城市。此外，他使我们感知到这座城市，它的文化、习俗，一句话，即城市的风貌。上述两方面，《风月梦》在中国小说中都堪称是一个新的发展"。[1]《风月梦》是不是第一部城市小说？这是一个需要考辨的问题。以城市为场景而展开的小说，如韩南所说，在中国文学史中屡见不鲜。如《金瓶梅》以山东临清县城为背景，《红楼梦》虽然含糊于北京和南京之间，但关于两座城市的风情还是时时会于笔端流露。又如《儒林外史》，有相当篇幅的内容都发生在南京城中，吴敬梓笔下精湛的描摹，隔着数百年的时间，也依然能让人感受到当时南京城的种种风貌。再如另一部以南京为背景的小说《姑妄言》，以晚明史事为整部小说的构建框架，全书的相当篇幅都涉及南京城的生活细节，称之为城市小说，应该也不为过。故而，将《风月梦》定位于第一部以"城市"为中心的狭邪小说，或许更为妥当。

《风月梦》全书三十回，除去第一回过来仁的现身说法，第二回则以"话说江南扬州府江都县中有一人姓袁名猷"开场，至最后一回则以双林的牌位入祠，扬州人上街观看，过来仁再次出现，"那人走过太平桥，到了东首四岔路口，人烟辏集之处，忽然一阵清风，那作歌之人杳无踪迹"，"太平桥"的出现，点醒读者，这部小说最后仍然

---

1. 见韩南：《〈风月梦〉与青楼小说》，《上海师范大学学报》2004 年第 1 期。以下所引韩南的论述都出自该文，不再重复注明。另外，韩南《中国近代小说的兴起》中亦有"《风月梦》与烟粉小说"一节，可以参看，上海教育出版社 2004 年版。

在扬州的范围内打转。从开始到结束，整部小说记载扬州的烟花轶事和风土人情，体现了鲜明的地方特色。值得注意的是，在第五回众人乘船游玩中，扬州名胜已经呈现出一副衰败的景象，陆书提到"小弟因看《扬州画舫录》，时刻想到贵地瞻仰胜景。那知今日到此，如此荒凉，足见耳闻不如目睹"。[1] 又第三回中写到众人抽烟，吴珍拿出新款的烟盒，"据说这烟盒出在上海地方，扬州银匠总不会打"。[2] 而第二十五回中，凤林提道，"前日有人向我说是上海地方，有人在扬州弄伙计，情愿出四十块洋钱代当"，[3] "伙计"即指妓女。这两处隐隐昭示了上海的洋气正在渐渐取代过去扬州的"扬气"，据此看来，《风月梦》反映的大约应该是上海开埠前后的扬州。

如同大多数古典小说的作者，"邗上蒙人"的生平基本无从考证，但从其自序及对扬州风土人情的熟悉程度来看，应该是位久住扬州的文人。其自序作于道光戊申年（1848），自序中提到"三十余年所遇之丽色者、丑态者、多情者、薄幸者，指难屈计……回思风月如梦，因而戏撰成书，名曰《风月梦》"，如此则邗上蒙人的生年应该在1800年左右。1848年前后的扬州，由于盐务制度的改革已渐渐衰败，却仍然是江南重要的城市之一，故《风月梦》的描写，仍然能够反映当时扬州的繁华风貌以及文人与妓女交往的情况。

1．对扬州城市风貌的展现

《风月梦》中充满了扬州城市的气息。如前文所述，全书第二回以袁猷出场揭开序幕，在扬州的教场方来茶馆——这个地点在全

1．邗上蒙人：《风月梦》，北京大学出版社1990年版，第30页。

2．同上书，第17页。

3．同上书，第178页。

书中反复出现，作为汇聚人物的重要场所，它展现了鲜明的扬州风貌，书中的主人公先后出场，他们分别是：盐运司衙门里清书贾铭、扬关差役吴珍、由常熟来扬州的陆书和两淮盐务候补的公子魏璧。除陆书外，其余几人都在扬州生活，其身份职业亦和这个城市息息相关。陆书外地人的身份，看来也是作者有意的安排，因为这个身份为他在扬州荡尽金钱后仓皇退场，即离开扬州作了最好的铺垫。而在接下来的第三回里，他从亲戚家出门到袁猷的家中去作客，一路行来，作者笔下出现了全书唯一一次对扬州的全景描绘。作者分三个移动视点来书写陆书——一个初到扬州的外地人，眼中的扬州：

> 出了姑爹家大门，由南河下到了常镇道街。署前那照壁紧对着钞关门城门，那里是水码头，来往行人拥挤不开，陆书带着小喜子，慢慢的随着众人行走。但见那……（接下来是对水码头的一段韵文描写，本书作者注）[1]

在对水码头作了一番绘声绘色地描述后，作者以"十省通衢人辏集，两江名地俗繁华"这样的话语对扬州的繁华表达了发自内心的赞赏。接下来：

> 陆书行过常镇道衙门，转弯到了埂子大街，见有许多戴春林香货店。也有的柜台前许多人买香货的，买油粉的，纷纷拥挤；

---

1. 邗上蒙人：《风月梦》，北京大学出版社1990年版，第14页。

也有的柜外冷冷清清。[1]

对此感到疑惑的陆书继续往前走：

> 遂过了太平码头，到了小东门外四岔路口，问了店面上人路
> 径，一直向北进了大儒坊，过了南柳巷，到了北柳巷，问到袁猷
> 家门首。[2]

透过陆书行走的路径，一个对扬州毫无了解的读者都会对扬州的城
市风貌形成基本印象。北京大学版的《风月梦》将该书列为《〈红楼
梦〉资料丛书·仿作》，应该说是有一定道理的，《风月梦》在写作上
和《红楼梦》有很多相似之处。这不仅包括全书以过来仁色而后悟的
口吻展开，书中在描写妓院氛围时也屡屡提到，当时娼妓演唱的流行
小曲有相当部分是在演唱红楼故事，在更多细节上，《风月梦》也表
现出对《红楼梦》的模仿。如此处陆书的行程，和林黛玉进贾府的描
写不无几分相似之处，但差别亦是明显的：林黛玉进贾府，眼中看到
更多的是对贾府——一个封闭的私人空间的感受，对于城市风貌，书
中仅以"其街市之繁华，人烟之阜盛，自与别处不同"一笔带过。而
陆书一路走来，作者展现的却是扬州城市空间的印象。毛文芳以为，
比之前代，对城市公共场所的关注，在晚明得到了更多的表现。[3] 应该

---

1. 邗上蒙人：《风月梦》，北京大学出版社 1990 年版，第 15 页。
2. 邗上蒙人：《风月梦》，北京大学出版社 1990 年版，第 16 页。
3. 毛文芳：《物·性别·观看：明末清初文化书写新探》，台湾学生书局 2001 年版，第
   8—9 页。

说晚明文学，尤其是白话小说中，包括《三言》《二拍》以及《金瓶梅》等，对城市空间的描写往往比较细致，一方面固然由于白话小说在成书过程中受民间文艺的影响，另一方面，作者对城市生活的关注和描写也导致了晚明小说有较浓重的市井气息。沿至清代，《红楼梦》、《儒林外史》等小说中也多有对城市空间的描写，但将描写的笔墨聚焦于某个城市并具体地展现城市生活的细节，《风月梦》则表现得更突出。

《风月梦》对《红楼梦》的模仿虽然比较明显，但也能于模仿中另出手笔，从而使得仿写能够更好地服务于全书氛围的营造。如显然是模仿刘姥姥进大观园的情节，《风月梦》设置了袁猷的表弟穆竺，又号穆偶仁进扬州买货，从"乡下人"的眼中，透视扬州的风月场。以穆竺的天真无知，对照袁猷等人的习以为常，在一片热闹中，突然现出冷场，而袁猷等人对穆竺的嘲笑讽刺，实际上却为他们的浮华无行设置了一个反讽的对立面。最后一回大结局，袁猷等人以死亡分散而收场，却安排"在家务农，娶了妻子，如今又生了儿子，正欲上城到新胜街首饰店兑换银锁、银镯与儿子带"[1]的穆竺来观看双林的入祠仪式，而他对这种热闹拥挤的场面依然感到不知所措。玩笑场中的热闹最终以冰冷收场，朴实无华的庄稼人却在茫然无知中享受人生的幸福，在这种冷热相形、浮沉异势的对照下，作者对人生的领悟已经在不动声色中传达了出来，而同时扬州的城市风貌，以及风月场中的种种色相，也通过穆竺"单纯"的视角得到很好的展现。

《风月梦》对扬州城市风貌的描写，还表现在作者对扬州风土人情的熟悉方面。如第五回陆书见到大脚妇人而心生垂涎，魏璧便以吃

---

1. 邗上蒙人：《风月梦》，北京大学出版社1990年版，第227页。

鲥鱼带蒜瓣子的隐喻打趣他，"路大哥，你不晓得我们扬州的俗语，但凡大脚妇人总称之曰'鲥鱼'，像这样妖娆俊俏的，又称之曰'钓鲜'。你方才见他垂涎，岂不是带了多少蒜瓣子来，想吃鲥鱼的"。[1]这种方言土语的运用和接下来袁猷念出的《扬州烟花竹枝词》等，使小说呈现出强烈的地方特色，而第十七回以"月香吃醋闹鲥鱼"这样的俗语为章回题目，则更突出了这种地方色彩。

2. 三次画舫冶游的意义

《风月梦》中，"画舫"作为文人和妓女出行的工具以及活动的场所，也得到生动的再现。乘船出行在《风月梦》中总共出现了三次，分别是第五回、第十三回和第十六回。

在第五回里，出行的原因是众人意在撮合月香和陆书，故而"请月相公湖舫一聚"，这是典型的文人和画舫女子聚会的形式。从进玉楼到德兴居酒馆，一路行来，首先是月香唱曲，"那船已行至下买卖街。许多茶坊，那里面吃茶的人众多，听见丝弦音响，总对着河边探头探脑，向着船舱里看望"，江南水乡的市井风貌通过这一个小细节得到展现。然后船经过北门吊桥、慧因寺，到北冈一带，众人目睹萧条，为昔日扬州的繁华唏嘘不已，同时船经过虹桥，众人上小金山游玩，烧香祷拜，最后上岸到达德兴居酒馆。通过"画舫"的移动，在空间的位移中，扬州的城市景点一一展现，而众人对昔日扬州的追念，又使此时与彼时沟通，将单纯的游玩活动纳入扬州的历史文化系统中，在时空的交织中，"扬州"的氛围感已经跃然纸上。

第十三回中，陆书为讨月香欢心而买舟出行，其时恰逢端阳，斗

<hr />

1. 邗上蒙人：《风月梦》，北京大学出版社 1990 年版，第 26 页。

龙船、玩杂耍、变魔术、演口技等种种节目一一上演，扬州消费城市的特质得到很好的展现。月香所在的游船成为众人送标的焦点，"那九条龙船总敲起抢标锣鼓，在他们大船前划来划去。那些游船听见这里撩标，总纷纷赶来，团团围绕"，[1] 在这种热闹之下，却有吴珍和袁猷串通起来巧取陆书钱财情节的插入，导致这种情况的缘由又离不开陆书对月香的迷恋，而袁猷之所以同意和吴珍合作，也基于他考虑到了陆书迟早会遭到妓家冷落。城市热闹繁华的色相之下，已经渐渐现出"冷"之将来的趋势。浦安迪曾论到明代的文人小说受到传奇的影响，往往喜好采取首尾照应，中间关索的手法。[2] 从全书的结构来看，《风月梦》似乎也采取了这种手法。全书三十回，除去第一回楔子的功能，进行到第十三回基本已经到达全书的中间部分，作为全书最重要线索之一的陆书与月香之间的情感纠葛，在这一回里，于极热中现出了"冷"相，甚至该回艺人口技讲述的少妇偷情的故事似乎也在隐示着月香的不忠。接下来的回合里，莫爱斗气、月香吃醋、陆书赌气离开亲戚家，然后受到月香的冷遇，两人关系急转直下，主要的原因在于陆书已经床头金尽，而他在经济上将陷入困境却在第十三回中已经得到证实，从这一点上来讲，第十三回的画舫冶游是陆书故事，也是全书故事的分水岭。

第十六回里，众人去观音山烧香还愿，一路上吹吹打打，使得岸上人为之侧目，围绕这种行为的合理性出现了两种声音，"有些年长老成人说是：'这些浪子如此耗费，今日这一顽，非几十两银子不

---

1. 邗上蒙人：《风月梦》，北京大学出版社 1990 年版，第 91 页。
2. 〔美〕浦安迪：《明代小说四大奇书》，中国和平出版社 1993 年版，第 23 页。

可！'有那些浮躁少年人说道：'人生在世，像今日这个日期，必须如此顽法才算款式！'"[1]这听起来更像是作者内心两种声音的交战，很难说在叙写城市的繁华和享受时，他不带有一丝回忆的快乐，尤其是联系到他的自序"盖缘余幼年失怙，长违严训，懒读诗书，性耽游荡；及至成立之时，常恋烟花场中，几陷迷魂阵里"，这种悔悟之中，应该说依然包含着对少年欢乐时光的追恋。但他还是为那伙浮躁少年人安排了因游玩浪费钱财，使得自己陷入困境的结局，这个小插曲在这里已经清晰地映射出袁猷等人的未来，而这应该是出于作者的刻意。

通过这三处重要的画舫游玩的描写，作者一方面以充满激情的笔调描绘了扬州的风土人情，表现出他对繁华的赞赏和向往，另一方面又于行文中暗下"冷"笔，因为他的意图到头来是要揭示出热闹的短暂和不可靠。这种矛盾遍布在整部《风月梦》中，它提示了读者，在作者的内心深处，悔悟和追忆总是交织在一起。甚至到最后，围绕双林对袁猷的情意以及袁猷为此付出的代价，作者设置了两种意见，折射出了他内心深处对于"情"和"理"的困惑，所谓"说荒唐又不荒唐"，作者最终也无法对这种经历繁华，想超脱又留恋的心理作出一个合理的解释，在直面内心的困惑上，作者表现出了真实的人生态度，从而使得这部小说具有更强的写实性。

3.《风月梦》与扬州的文化系统

韩南在他的文章中提到"《风月梦》的扬州根源"，他认为《风月梦》的形成和扬州评话之间不无关联，他将《风月梦》与脱胎于扬州

---

1. 邗上蒙人：《风月梦》，北京大学出版社 1990 年版，第 112 页。

评话的另一部同类题材的小说——《雅观楼》相比较，对两者之间的相似性作了深入的论述。我注意到韩南对《风月梦》和《扬州画舫录》以及《扬州竹枝词》之间关联的论述，《风月梦》也曾提到过这两部作品。在第五回、第十五回以及第十八回中，作者提到了《扬州画舫录》和《扬州竹枝词》，这一方面给全书增添了强烈的扬州地方文化的色彩，另一方面也显示了他本人在写作《风月梦》时对扬州地方文化的熟悉和继承。

笔者还注意到《风月梦》的成书和嘉道狭邪笔记之间，可能存在的关联。《风月梦》多次写到众人进入妓女的房间时，墙上所挂的对联，如第五回提到月香房中的对联是"月宫不许凡夫履，香味偏沾名士衣"，上款是"月香校书雅玩"，下款是"惜花主人书赠"。第六回中桂林的房间是"桂树临风香愈远，林花映日色偏娇"，落款是"护花仙史书"。类似的对联和落款几乎在每个妓女的房间中都存在，[1]尤其是第七回中为凤林写作对联的文人落款为"爱花生"，其笔名和"捧花生"的相似，使得嘉道狭邪笔记和狭邪小说之间的关联变得更突出。而第二十八回中，贾铭为凤林所作的对句和绝句，在书写的方式、语气上，和嘉道狭邪笔记几乎无甚差别。其中写道：

　　丁酉仲春，友人邀聚竹香楼。乍睹凤林女史，见其丰姿绰约，体态温柔，淡脂轻粉，布衫银饰。俨似良家妆束，绝无烟花俗态。及闻筵前清歌妙舞，真令人心悦神怡。与余清谈半晌，承蒙青眼，

---

1. 第七回、第十回、第十二回中都有类似的描写，可以参看。

诉以肺腑，遂与订交。屈指二载，朝夕盘桓，殆无虚日。[1]

其下的六首绝句，第一首云"年来生怕惹相思，邂逅逢卿不自持。应是夙缘前注定，岂关一见便情痴"，在语气和渲染手法上和狭邪笔记收录的诸多诗作如出一辙。贾铭如此深情地赞美他和凤林的感情，事实又如何呢？"绝无烟花俗态"的凤林唯钱是认，利字当头毫不犹豫地抛弃了贾铭。而诗作中对凤林一往情深的贾铭在两人交往的过程中，始终维护自己的利益而不肯为对方作出更多让步。这种以笔记手法写出的溢美之辞，在小说铺叙的事实中，呈现出强烈的讽刺色彩。

笔记的溢美和小说的近真，其间的差别不仅由于文体本身写作方式的差异，还在于两种文体的写作传统。嘉道狭邪笔记中，充满了种种不符合生活事实的美化笔墨，这种美化的手法在晚明狭邪笔记中便是如此运用。狭邪小说，据鲁迅的分类，亦分为"溢美""近真"和"溢恶"，《风月梦》的风格，应该归为"近真"一类。在它之后的《海上花列传》，以平淡笔墨写上海妓院的真实生活，在"近真"方面，尤为突出。而清代的狭邪笔记，及至于清末，以美化笔调写妓女的风格依然未改，这从《海陬冶游录》等写上海妓女的笔记可以看出。当一种文体距离生活的真实越来越远时，或者也昭示了它即将退出大众文化圈子。清末民初，狭邪小说的写作蔚为风气，而狭邪笔记的创作虽然没有中断，却已经渐渐淡出文人乃至民国学者关注的视野，这种对比或许能更好地说明文学自身的变化和走向。

---

1. 邗上蒙人：《风月梦》，北京大学出版社 1990 年版，第 198 页。

三、仕女画与题画词

从嘉道狭邪笔记中，可以发现，文人与画家，二者往往兼之。自宋代以来，书画渐渐成为对文人才艺的要求，故文人往往能够兼通诗画。嘉道江南风月场的诸多文人，亦能间作小图，而妓女迎其所好，擅长丹青者也不乏其人。所以为妓女写作小照、画图赠妓或者妓女为文人画图，成为文人与妓女交往的重要方式。如：

> 杜凝馥，……，七夕生写同心兰册以寄意。
>
> 崔秀英，……，初姬为补非老人所赏，貌图以寄。
>
> 李倚玉，……，临别倩余作梨花满地不开门图。明年图成，并媵词一阕以贻之。[1]
>
> 尤双喜，字浣芳，行二，……，通文翰，善画兰，师事韵兰外史。
>
> 杜又兰，……，素芬自绘怜影图，一时吴下知名士，各系以诗。[2]
>
> 宫雨香，……，吾友子固早有盟订，……，先为姬作折梅小照。
>
> 王月痕，……，渔隐常请八九山人，绘满身花景图为赠。[3]

从以上文字可以看出，嘉道时期的文人和闺秀，包括部分妓女都能略

---

1. 西溪山人：《吴门画舫录》，清嘉庆十一年红树山房刊本。
2. 个中生：《吴门画舫续录》，清道光来青阁刊本。
3. 捧花生：《秦淮画舫录》，有正书局民国三年刊本。

事丹青，画与诗文，都是江南文人和妓女交往的重要媒介。

的确，当时江南的风月场中，活跃着一批著名画家，包括方山、周笠、改琦、钱杜等。如上文所述，自宋代以来，书画渐渐成为文人的专门技能，文人画遂成为画派之正宗。肖像画虽然在中国画史上发源较早，却由于其写实的传统而让位于写意的山水画。晚明以来，肖像画渐渐重兴，晚明文人好作小照，意在以丹青画笔昭告自我存在。[1]此种风气至清代依然不衰，清人文集中，多有绘制自我小照，以求个人形象与文字一起流传后世者。作为肖像画的分支，仕女画在嘉道时期也得到更多表现，现今学术界普遍认为嘉道仕女画的兴起是绘画史上的独特现象。[2]嘉道时期的著名仕女画家多称钱改，即钱杜、改琦齐名，也有称费改者，即费晓楼和改琦。费晓楼主要活动在杭州地区，钱杜和改琦的踪迹，则屡屡出现在嘉道狭邪笔记中，但现存钱杜的著作，包括《松壶画忆》和《松壶画赘》，都是绘画论著，其文学著作已难得一见，而和钱杜并称为"二壶"的改琦，则有《玉壶山房词选》和《红楼梦图咏》等作品传世。本节意在探讨画舫冶游对仕女画家的影响，将主要立足于对改琦的分析。

蒋宝龄《墨林今话》卷十一记载，"玉壶外史……，尝取蒋竹山句，绘《少年听雨图》，题者甚众"。[3]关于《少年听雨图》，与改琦同时的许多文人都对之有所题咏。如郭麐《摸鱼儿·题改七芗少年听雨

---

1. 参看毛文芳：《物·性别·观看：明末清初文化书写新探》，台湾学生书局 2001 年版，第 284 页。

2. 参看薛永年、杜娟：《清代绘画史》，人民美术出版社 2000 年版，张安治：《中国画发展史纲要》，外文出版社 1992 年版及何延喆：《改琦评传：清代仕女画家》，天津人民美术出版社 1998 年版。

3. 蒋宝龄：《墨林今话》，上海古籍出版社 2015 年版，第 223 页。

图》，[1] 孙原湘《潇潇雨·题改七芗少年听雨图》，[2] 陈文述《题改七芗少年听雨图》，[3] 吴锡麒《忆旧游·题改七芗少年听雨图》，[4] 王芑孙《题改七芗琦少年听雨图》，[5] 陈裴之《玉壶山人索题少年听雨图》，[6] 顾夔《题改七芗少年听雨图》[7] 等。此外，改琦也有《忆旧游·縠人先生寄题少年听雨图依韵奉酬》，[8] 可见改琦及时人对《少年听雨图》的认可。蒋竹山，名捷，字胜欲，南宋词人，著有《竹山词》。改琦的《少年听雨图》系根据蒋捷《虞美人·听雨》一词首句"少年听雨歌楼上。红烛昏罗帐"而作，该词全文为"少年听雨歌楼上。红烛昏罗帐。壮年听雨客舟中。江阔云低、断雁叫西风。　而今听雨僧庐下。鬓已星星也。悲欢离合总无情。一任阶前、点滴到天明"。[9] 蒋捷为南宋遗民，该词将今昔对比，表达了对少年欢乐时光的无限留恋。

改琦取蒋词首句为意而作图，其用意亦主要表述对少年时光的向往和追忆，但从众人题咏来看，又有许多暗示之处，意指改琦的少年听雨经历即花场冶游经历。如陈裴之题诗云，"花月多情杜牧之，江湖双鬓渐成丝。画屏银烛春如梦，难忘青楼听雨时""家在西泠湖上亭，落花飞絮雨冥冥。少年未解愁滋味，要向吴娘曲里听"，分明道出了改琦此画和青楼冶游之间的关系。又如王芑孙题诗"我逢仙史十

1. 郭麐：《灵芬馆词·爨余词》卷一，《灵芬馆全集》，清嘉庆光绪间刊本。
2. 孙原湘：《天真阁集》卷三十二，《续修四库全书》本。
3. 陈文述：《颐道堂诗外集》卷五，《续修四库全书》本。
4. 吴锡麒：《有正味斋词续集》卷一，清嘉庆刊本。
5. 王芑孙：《渊雅堂全集·渊雅堂编年诗稿》卷二十，清嘉庆刊本。
6. 陈裴之：《澄怀堂诗集》卷七，清道光汉上题襟馆刊本。
7. 顾夔：《城北草堂诗余》卷二，清咸丰刻本。
8. 改琦：《玉壶山房词选》卷下，清道光八年华亭沈氏刊本。
9. 蒋捷：《蒋捷词校注》，中华书局 2010 年版，第 224—225 页。

年前，仙史翩翩正少年。银筝撅曲西郊辔，金鸭焚香北郭船。春阴卧雨重帘下，巫山梦醒闻飘瓦。惆怅应添鸳衩寒，森沈不觉鱼灯灺。此际云情接雨情，此时听雨转分明"，孙原湘题词云"算罗帷心事，摇曳护花铃。想天涯，多少孤影，被愁声，作弄到天明。争知道，是欢娱处，不觉凄清"，陈文述题诗云"绣被香温最可怜，玉台春色写婵娟。海红潇碧游仙梦，回首人生几少年""泥金双带写温存，我已中年感梦痕。题到江南肠断句，小楼听雨更销魂"，吴锡麒题词云"问疏声泻竹，冷晕摇灯，何处红楼？送过潇潇曲，悔那时青鬓，惯惹闲愁。几多酒连残梦，荡漾在帘钩。渐催了花飞，趱将叶落，春又成秋。悠悠记难忘，是点屐胡佛，添火香篝。一样窗纱外，怕换些酸楚，渗入心头。莫信竹山词苦，且唱少年游。好挈榼晴嬉，流莺满树啼未休"，郭麐题词云"欢场好，只倚少年豪横。花前醉倒休醒。星星一点来头上，便与歌楼无分"。

从众人题词可以看出，欢场如梦、最难忘是少年时，是改琦这幅画表达的主要意图。改琦自题词亦云"我亦仙仙舞，怕一灯冷晕，暗赴春愁。酒醉不知何处，枨触看吴钩。更杳霭钟沉，荒寒雁断，诗鬓先秋"，亦表达了对逝去时光的惆怅。围绕改琦《少年听雨图》，嘉道文人表述了共同的感受和情绪，而以上题咏诸人，如郭麐、吴锡麒、陈文述、陈裴之等，都曾出现在嘉道狭邪笔记中，他们对《少年听雨图》的感受无疑更真实、更直接。前文提到陈文述题《吴门画舫录》，以"懊恼中年还听雨"表示对作者人到中年依然潦倒的同情，可见《少年听雨图》已经成为江南文人圈中具有指代性的图画符号，激发了文人共同的人生体验。

改琦不仅以《少年听雨图》表达对青年欢乐的难忘，在其《玉壶山房词选》中，亦有不少词直接为青楼女子而作。如前文提到董鳞见到马畹香而感慨《吴门画舫录》有遗珠，改琦对此赋《蝶恋花》一阕云，"非雾非花留不住，习听窗椀，昔昔迷藏处，纱碧如烟笼翠羽，玉梅花底银筝语。潭水深深深几许，且唱箫箫，牵引云萍聚。料尔匆匆摇橹去，也应倦听歌楼雨"，末句深深的惆怅和疲倦中，表达了对马畹香青楼生涯的同情，未尝不是词人内心厌倦江湖流浪的流露。

又如《卖花声·红楼听畹香弹琵琶同竹士作》云，"花落小红楼，烟荡波柔，蔚蓝天影看云流。万绿铺成三面海，忽下双鸥。　依已不胜愁，密意难酬，泪痕散作四弦秋。惆怅子弦声最细，语更绸缪"。上阕写词人听琴时引起的联想，"红楼""蔚蓝""万绿"等颜色的分布，分明显出词人作为画家对颜色的敏感。而上阕柔和的意象，和下阕惆怅的描写形成对照，反映了歌妓高妙的技艺带给听者的忘我感觉，也流露出词人对歌妓坎坷人生的同情和关怀。

又如《明月引·题畹兰簪花图》云：

晓妆楼上结华鬘，䩞香肩，试轻衫，纤手簪花，影更媚于兰。除却周郎谁点笔，修得到，对朝云，描远山。　远山远山恣意看，镜儿圆，眉子弯，烧檀金屑，无心理、梦雨阑珊。一笑拈来，都是散花禅。不见忆娘新画本，空想像，拨琵琶，冯小怜。

这里的《畹兰簪花图》，被图画者为妓女，也是仕女画的一种。《畹兰簪花图》是嘉道时另一仕女画家周笠的画作。周笠，字云岩，吴县人，自号韵兰外史，以书画扬名江南，其仕女画尤为出色。《畹兰簪花图》是为曲中名妓杜宛兰（"宛"通"畹"）而作，杜宛兰的生平在《吴门画舫录》中有较详细的记载，她以色艺驰名曲中，陈文述、张问陶等都迷恋于她的色艺风情，为她题作颇多。周笠为杜宛兰作《簪花图》，亦有趋拜示好之意。

这幅《簪花图》还和清初的一件韵事有关，清初，苏州名妓张忆娘色艺双绝，时人为作《簪花图》，遍征题咏，传为美谈。张忆娘的故事到清代中期还为文人所追念，袁枚就曾作《题张忆娘簪花图》云，"对此方知富贵轻，寻春应住阊阊城。国初诸老钟情甚，袖角裙边半姓名"，[1] 遥思美人风采，感慨"余生也晚"。周笠《畹兰簪花图》出，士林以为韵事，称之为《后簪花图》，题赠者亦复不少，改琦之作，是此类题赠中的佼佼者，不仅词句清新流转，还传达出画家对绘画艺术的独特感受。今《畹兰簪花图》已难再现世人之前，通过改词，尚可想象该画原貌。

起笔"晓妆楼上结华鬟"，词人写词亦如作画，作画要在画面的固定范围内构思布局，泼洒丹青，他一开始就将对仕女的描绘，封闭在"晓妆楼"中。"结华鬟，弹香肩，试轻衫"，词人以画家的职业敏感，想象仕女在簪花之前，会有一系列的梳洗准备工作，他精心挑选出了三个片断：仕女慢慢地梳理那乌黑润泽的秀发，随着手臂的移动，一侧肩膀微微下垂，新穿的轻衫略略拂动，展现出女性美好的身体曲线。"香肩"一语，词人巧妙地借用了《西厢记》的典故，张生初见莺莺，"挦着香肩，只将花笑拈"，顿时惊为天人。词人用此典故，不仅写出了仕女梳妆时细微真实的情态，还暗示了仕女的出色丰

---

1. 见王英志：《袁枚手稿集外诗（二）》，《古典文学知识》2013 年第 4 期。

姿。从头发、肩膀，再到衣衫，随着词人视点的不断移动，女性身体的轮廓也渐渐清晰。

　　词人的视点继续下移，停留在仕女的纤纤玉手上，和"华鬘""香肩""轻衫"等意象相比，"纤手"这个意象显得更清晰。所谓"画人难画手"，手在人物画中尤其重要，传统仕女画的手一般都画得比较小巧，尤其是手指要尖细，以突出女性的柔荑之美。明清以来，仕女画更重视女性的柔弱美，仕女的手越画越小，"纤手"，正是当时仕女画的真实写照。引人注目的是，"纤手"之中，还拿着花枝一朵，仕女正尝试将它插戴在云鬓上。此处的"簪"是动词，意思是插戴在头发上，类似的用法在古诗词中比较普遍，如苏轼《吉祥寺赏牡丹》云"人老簪花不自羞，花应羞上老人头"，又辛弃疾《祝英台近》云"试把花卜归期，才簪又重数"等。"簪花"这个动作，定格在仕女纤手轻抬，云鬓微偏，似动非动之际，和前面的"结""羁""试"等动作结合起来，显得灵动妩媚，突破了文字描述的凝滞感，仕女生动飘逸的姿态跃然纸上。

　　从"影更媚于兰"句开始，词人的思绪跳过现实，展开了联想。素绢上的仕女正如深谷幽兰，不知是何等丹青圣手，可以赋予她这般妍形丽质？"除却周郎谁点笔"，此句巧妙地将历史与现实融合在一起："周郎"，可以理解为周笠，而中国历史上最著名的仕女画家周昉，亦有周郎之称，词人语带双关，肯定了周笠的艺术成就。"修得到，对朝云，描远山"，"修得到"紧承上句之意，可以解释为仕女有幸，能得到周笠这位丹青名手的写真，"对朝云，描远山"，亦可以理解为周笠有幸，能够临美人而写丹青。"朝云"指苏轼的爱妾王朝云，她是钱塘歌妓出身，容貌出众。"远山"是古代女子的一种眉妆，眉形细长而淡，若远山隐隐，晋葛洪《西京杂记》云"文君姣好，眉色如望远山，脸际常若芙蓉"，[1] 大名鼎鼎的卓文君采用的就是这种眉妆。借用"朝云"和"远山"的典故，词人生动地写出了画家对仕女描绘纤眉的情态，也点出了仕女的美貌丰姿。

"远山远山恣意看，镜儿圆，眉子弯"词人在此设置了两个被观看的对象：仕女和画家。一方面，自画家眼中看来，圆溜溜的铜镜清澈如水，映出了仕女弯弯的双眉，而这远山眉的主人—仕女，也正在揽镜自照，欣赏自己的容颜；另一方面，在词人的想象中，画家也成为了他的观看对象，铜镜圆圆，细眉弯弯，仕女在自我欣赏，那幸运的画家，也正在恣意地欣赏她的美丽，准备将之化作笔底烟霞。此处词人几乎纯用口语，轻松自然地写出了仕女的美丽和画家的从容，这种不事雕琢的描写手法，和绘画的白描，亦有异曲同工之妙。

"烧檀金屑，无心理"，仕女专注于对镜理妆，香雾袅袅，檀香屑渐渐堆积，她都无心理会。明周嘉胄《香乘》记载"汉武帝有透骨金。大如弹丸，凡物近之，即成金色。帝试以檀香屑，共裹一处，置李夫人枕旁。诘旦视之，香皆化为金屑"，[2] 词人在此借用檀香金屑的典故，为仕女所处的环境，涂上了几分神秘和奇幻的色彩。"梦雨阑珊"化用李煜《浪淘沙令》"帘外雨潺潺，春意阑珊"句而出，烘托出几分萧瑟的意味，从起笔到此处，全词的意境为之稍转，此句并非写实，词人借此道出了他在观画时的感受，而这种感受，和画面传

1. 葛洪：《西京杂记全译》，贵州人民出版社1993年版，第57页。
2. 周嘉胄：《香乘》卷二，明刊本。

达出来的意蕴，以及当时仕女画的风格应该说是比较一致的。和前人相比，嘉道时期的仕女画家，更倾心于描画清瘦、婉约的女性形象，在审美风格上亦推重平和典雅，"要求在中和、平淡、矜逸的氛围中隐藏着对女性美的欣赏和赞颂，使观者不易产生强烈的感官刺激，以保持审美观照所需要的心理距离"。[1]《畹兰簪花图》原画虽不可见，但观改琦此句，画中仕女应该也是端正素雅，略带惆怅幽怨的形象。

"一笑拈来，都是散花禅"，此句借用了"拈花微笑"和"天女散花"两个佛教典故，来表达词人对仕女意态风情的欣赏、对画家高超画艺的赞许。《大梵天王问佛决疑经》记载了释伽拈花、迦叶微笑的故事，[2]后以此典故形容交流双方的心意相通。如前文提到《西厢记》中张生见莺莺"只将花笑拈"，言下之意是莺莺与他一见钟情。词人在此，亦以表明理解画中仕女惆怅，幽怨的心绪，以知音自许之意。《维摩诘经·观众生品》云，"时，维摩诘室，有一天女，见诸天人闻所说法，便现其身，即以天华，散诸菩萨、大弟子上。华至诸菩萨，即皆堕落，至大弟子，便著不堕"。[3]意思是说天女散花，花落于菩萨之身皆落下，落于众弟子之身则附着不去，皆因众弟子结习未除，修行不够。后多用散花禅比喻领会了精髓和真谛。如元柳贯《松雪老人临王晋卿秋江叠嶂图歌》云"拈来关董散花禅，别出曹刘斲轮巧"，意即赞许赵孟𫖯深得五代画家关全、董元的精髓。词人在此，亦有赞许周笠高超画艺的意思。

---

1. 何延喆：《改琦评传：清代仕女画家》，天津人民美术出版社 1998 年版，第 63 页。
2. 见黄开国等主编：《诸子百家大辞典》，四川人民出版社 1999 年版，第 277 页。
3. 见赖永海主编：《维摩诘经》，中华书局 2010 年版，第 115 页。

天女散花的典故历来是仕女画的重要素材，改琦也曾以散花为题作过仕女画，如他的《善天女像》图，画中仙女面目清秀，手拈鲜花，意致宛然。[1]改琦的仕女画，喜好将写意风景画法用到画中，以营造幽深静谧的氛围，故而为陪衬仕女用的补景往往出于随意想象，如梧桐、柳树、小楼、明月、油塘等，这一特点在题画词中也有体现。"梦雨阑珊""散花禅"等，也可以视作词人为陪衬仕女画意而选择的补景，这些含蓄的意象出现在词中，为词添加了更深厚的意蕴。

"不见忆娘新画本，空想象，拨琵琶，冯小怜"，冯小怜为北齐后主高纬的宠妃，能歌善舞，擅弹琵琶，在词人看来，描摹张忆娘风情的《簪花图》他无缘得见，而周笠此画描绘仕女情态样貌栩栩如生，在词人的想象中，唯有历史上著名的美人冯小怜能够与画中仕女比肩，对于此幅《簪花图》，词人给予了高度的赞誉。

观改琦全词，其视点从发、肩、衣、手、花、眉等，渐次移动，如画家运笔泼墨，描绘仕女形象，布局、设景、工笔描绘，一一到位，展现了独特的仕女画家视角，词人运驰想象，熟用典放，研辞拈字，锤炼精工，又能以近似口语的语言道之，全词清新自然，意致宛然，表现了词人深厚的词学造诣。和其他文人对《后簪花图》的题咏相比，可以看出他人对画图的题咏以虚写为主，更多是表达看图后的情绪，而改琦的题画词，则鲜明地反映了仕女画家的艺术敏锐。

仕女画家对女性美的独特感受，在改琦另一首词《喝火令·芦

---

1. 何延喆:《改琦评传：清代仕女画家》，天津人民美术出版社 1998 年版，图 42。

士、心青偕访绿春戏赠此解》中也表现得非常明显。"绿春"不知为何许人，但从题解来看，身份应该也类同于欢场女子。词云"草色萦青镜，岚光漾碧莲，乌篷移过画帘前。遮黑夕阳亭角，几曲小红栏。　柳搦纤腰软，珠承秀牖圆，买丝容易绣即难。一样横波，一样軃香肩，一样翠罗衫子，鬓影薄如烟"，颜色的鲜明、意象的细密和罗列分布的位置布局，使得整首词呈现出画面的感觉，词中有画，画中有词，大致能说明改琦仕女画和题画词的特点。

从以上两章的分析可以看出，对于闺阁和画舫这两类完全不同的女性，嘉道文人在书写方式上，却有着相同的特点。首先是嘉道文人对女性的书写，有着较明显的物化倾向。何为"物化"？从字面意思来讲，就是将笔下的书写对象作为单纯的客观对象来描述，不论"它"是完全的自然物体，抑或有思想情感的人，基本无视其主体性。在这种"物化"书写的过程中，更多表现出来的是文人对自己文字和文情的关注，而非对书写对象有着发自内心的情感对话。

对女性的物化书写，在中国文学史上可谓源远流长，较早如六朝的宫体诗，《咏内人昼眠》《美人晨妆》等，将女性作为观察和透视的对象，于女性情态的细致刻画中展现文人对女性身体的凝视。又如五代至两宋的"艳词"，艳词原本与音乐有关，在后来的文学评述中却渐渐有了狭邪的意味，[1] 所谓"自南朝之宫体，扇北里之倡风"，欧阳炯《花间集》叙对宫体诗的关注，已经间接地点明了艳词和宫体诗之间微妙的传承关系。《花间集》的作品，写作的情景则大多是"绮筵公子，绣幌佳人，递叶叶之花笺，文抽丽锦；举纤纤之玉手，拍按香檀。

---

1. 参看岳珍撰《"艳词"考》，《文学遗产》2002 年第 5 期。

不无清绝之辞，用助娇娆之态"。[1]《花间集》的词，刻画女性之美的细腻已经非常成熟，但在文人用"清绝之辞"点染"娇娆之态"的同时，于审美的观照中，女性却在不知不觉中成为了审美体验的纯粹对象。

女性作为物化书写对象，在晚明被进一步强化了，其时文人对女性的物化书写，与文人对自己生存空间的审美观看和对自身生存状态的关怀密不可分。[2] 随着晚明江南城市经济的发达，文人阶层渐渐分化，如何更好地体验和享受人生，成了更多性灵文人孜孜关心的问题。毛文芳认为晚明以文震亨的《长物志》和高濂的《遵生八笺》为代表等书的出世，昭示了晚明文人以"尊生"和"审美"为精致文人生活的经纬，[3] 应该说在一定程度上抓住了那个时代文人生活的部分脉络。以"长物"言之，文人生活中的琐细，包括书画、篆刻、器用、园林、圃艺虫属、饮馔、游艺等，都被他们视为精心享受闲适人生不可忽视的细节，而女性，尤其是青楼女子也包括在其中。关于种种生活细节的文字在晚明大量出现和相关书籍的大量刊行，都反映了当时文人的关注和需要。从这点来讲，对晚明南京秦淮风光的追忆一直延续到清初，而在书写方式上，冒襄的《影梅庵忆语》和余怀的《板桥杂记》等，都充满了对文人生活的细致描述，如实地再现了种种精致的生活细节，其实都是晚明城市及文人生活片断的再现。晚明文化灿烂，对后世形成强烈影响，本书第二章论到嘉道文人作狭邪笔记时，纷纷奉《板桥杂记》为圭臬，即可看出。诚然，嘉道文人的女性书写

---

1. 欧阳炯：《花间集》叙，见赵崇祚：《花间集》，世界书局1935年版。
2. 参看毛文芳：《花、美女、癖人与游舫——晚明文人之美感境界与美感经营》，见《晚明闲赏美学》，台湾学生书局2000年版，第351页和《物·性别·观看：明末清初文化书写新探》，台湾学生书局2001年版，第25—31页。
3. 见毛文芳：《尊生与审美：晚明美学之两大课题》，见《晚明闲赏美学》，台湾学生书局2000年版，第177页。

反映了更多清中期社会的特点，带有清中期的书写痕迹，但追踪嘉道文人的女性书写以及在文人社会流行的书写模式，却都要追溯到晚明。

此外，在嘉道文人的情感话语中，屡屡出现雷同的语词表述。如前两章提到，这种雷同不仅表现为情感抒发的单调、典故运用的相似，还表现为行文中反复出现相同的语词。翻检嘉道文人的文集，可以发现在嘉道文人的女性书写中，屡屡出现"仆本恨人""絮果兰因""福慧双修"等词语以及"才"与"福"的反复辩论等。[1] 以相

---

1. "仆本恨人"：如郭麐《灵芬馆诗初集》卷一《红桥曲》中云，"仆本恨人惊不已，君言恨事泪先流。男儿意气空孤愤，一事无成到红粉"，《灵芬馆集》，清嘉庆光绪间刊本。研香《续板桥杂记》序中云，"仆本恨人，榴帐薇裙之前梦"，珠泉居士：《续板桥杂记》，清乾隆五十七年酉西山房刊本。郭麐《吴门画舫续录》序中云"仆本恨人，臣原好色"，个中生：《吴门画舫续录》，清道光来青阁刊本。陈裴之《梦玉词》之《虞美人》自序云，"仆本恨人，不待言愁始愁矣"，《澄怀堂诗集》，清道光汉上题襟馆刊本。蒋坦《红心草》卷五《红豆吟》云，"仆本恨人"，清道光二十七年刊本。又如雪樵居士《秦淮闻见录》前有忏绮轩词客序云，"仆三生多恨，一笑钟情"，亦同于"仆本恨人"之意，清道光十八年一枝山房刊本。稍早于嘉道时期，邹漪编《红蕉集》序云，"仆本恨人，癖耽衾制"，见胡文楷《历代妇女著作考》，商务印书馆1957年版，第899页。

"絮果兰因"：如捧花生：《秦淮画舫录》"宫雨香"条云，"先为姬作折梅小照，自题四律以志兰絮因缘"。《秦淮画舫录》题赠中，子山《题宫雨香校书折梅小照》云，"我感兰因已怆神，又闻酸语出丹青"，子尊《洞仙歌》"诉与兰因，已不是那时怀抱"，白也《题马湘兰小像赠又兰女士》"忽忽絮果与兰因，百五年又美人"，有正书局民国三年刊本。陈文述《颐道堂诗选》卷二十一《小停云馆本事诗为湘霞作》云，"兰因絮果三生感，玉怨珠啼一种愁"，卷二十二《哭女弟子辛瑟婵》云，"落叶声凄怜蕙叹，飘花命短忏兰因"，《续修四库全书》本《颐道堂诗外集》卷五《吊屈宛仙》云，"盛鬋丰容第一人，又从花梦感兰因。玉女谪来星证果，素娥归去月为轮"，《续修四库全书》本汪淑娟《沁园春·题〈石头记〉》云，"秋窗风雨凄清，问絮果兰因是怎生算"，见汪淑娟《昙花词》，徐乃昌辑：《小檀栾室汇刻闺秀词》第七集，清光绪二十一至二十二年刊本。

"福慧双修"：如个中生：《吴门画舫续录》"楼素娟"条云，"倘能早得所归，则慧福兼之矣"，清道光来青阁刊本王倩《吴门画舫录题赠》中《绿云楼主人招同沈罗云夫人山塘观竞渡赋诗赠之》云，"莫怪群英都澉尽，三生福慧有谁同"，西溪山人：《吴门画舫录》，清嘉庆十一年红树山房刊本。陈文述《颐道堂诗外集》卷五《韵香画兰》云："双修福慧悟前因，一种幽芳只自春"，《题从姊秋毅长生〈绘声阁诗集〉》云，"争似令娴才更好，金闺福慧竟双修"，《续修四库全书》本。

同的词语来形容闺阁女性和画舫女子，尤其是对比同时恽珠、章学诚等对娼妓的不屑，部分江南文人，包括部分闺秀对名妓的"宽容"，显得更为特殊。对词语的解读，应放置在具体语境下，方能了解词语背后所包括的丰富意指，这也是从词语进入话语的理解之途。[1] 从词语被书写、被使用的角度来看，说话的主体很重要，因为话语本身就构成权力，它反映了书写者内心的声音。换言之，文字记载本身并不完全等于历史，它只是无数种事实中的一种，但话语主体通过文字媒介将某种声音传达下来，随着时间的流逝和当时社会实践的消失，文字记载的观念和声音因为文字符号的留存流传而得以凸显。

不可否认，文字流传的过程有一定偶然性，文字只是符号，符号是过往历史的承载，可并不等于全部历史，它体现的只是部分被选择的历史。[2] 探讨嘉道文人表达情感的文字，这些文字在文人社群中传播的意义和影响，它们传达了怎样的情感观念，尤其是考察文人的情感书写如何向传统的女性书写符号靠拢，符号能指与所指之间存在何种差距，以及这种差距折射出来的书写者—文人的心态，将是本章分析嘉道文人情感话语和女性书写的切入点。

对于闺阁与画舫两类女性的书写，无论是物化观念的折射，还是雷同的书写模式，都对应着一种悠久的文学传统，即互文。互文有两层含义，一是文字表述中携带了前人的言语及其所指含义，二是一些表述被不断重复，包括引用、影射、迂回等方式，[3] 这两层含义分别对

---

1. 参见本书绪论部分对"话语"概念的阐释。
2. 可参看［法］罗兰·巴特：《符号学美学》中对于"符号"的解释和演绎，辽宁人民出版社 1987 年版。
3. ［法］蒂费纳·萨莫瓦约：《互文性研究》，天津人民出版社 2002 年版，第 1 页。

应着广义的互文和狭义的互文。而嘉道文人的互文书写,一方面表现为文人作为话语主体,在书写过程中持续回归、重复某些文学符号典范,另一方面则表现为作为优势性别的一方,通过重复、模仿等方式,巩固了某些女性书写的话语模式,并将晚明以来情教发展带来的新的性别意识和话语,继续挪用、收编于传统的性别秩序中。

第一节 "仆本恨人":情感话语主体的建构

嘉道文人的文集中,尤其是与女性有关的文字,往往会出现"仆本恨人"之类的表述。"仆"指代男性文人,"仆本恨人"以陈述句的形式,有意无意地强调女性只是被表述的对象,而在场的、言说的主体,始终是男性。男性控制了话题、设定了内容,将交流始终限定在男性群体内部,即使有零星的女性加入,她们的声音也是凌乱的、分散的,无法形成体系,话语实践建构、强化了男性的主体身份。

一、"恨"的话语分析

"仆本恨人"出自江淹《恨赋》,"试望平原,蔓草萦骨,拱木敛魂。人生到此,天道宁论?于是仆本恨人,心惊不已。直念古者,伏恨而死"。从原文能看到,"仆"是单指,"恨"则指代作者在某种具体语境下所感受到的惆怅、伤感等情绪。在嘉道文人笔下,所谓"仆"并非单指,而是指嘉道时期具有相同际遇或者在内心深处有共同感受的文人群体。如果说"仆本恨人"反复出现,反映了当时文人内心深处的哀叹和惆怅,那么"恨"之话语究竟所指为何呢?

费尔克拉夫认为，话语分析不仅要描绘社会实践，还要揭示"话语如何由权力与意识形态的关系所构成""话语对于社会身份、社会关系以及知识和信仰体系的建构性作用"。[1]也就是说，要从话语的使用、话语与社会交往、话语与社会关系的建构等角度来展开对话语的分析。由此观之，对"恨"的话语分析需要从嘉道文人所处的社会语境下展开。郭麐曾在写给吴琼仙的《小传》中提到，"呜呼，天之阨吾党甚矣！沈污掘穴者无论矣，或早夭，或客游无憀，即有达且显者，或不得行其意。"[2]郭麐提出"吾党"，显然对其周围有着共同人生感受的文人群体形成了一定认识，而"恨人"所恨，应该包含他提出的多种层次的人生之恨，主要包括功名之恨和生命之恨，前者反映了嘉道时期文人群体内心的集体情绪，后者则是人类作为整体所共有的普遍感受。

1. 功名之恨

从本书第一章和第二章的梳理可以看出，无论是奖掖闺阁还是画舫冶游的文人群体中，有相当一部分文人都功名不显。陈玉兰曾撰文分析嘉道时期的江南文人，认为比之前代，此时的寒士诗人群体大大增加。[3]她对于"寒士"的定义及数字统计是否准确姑且不论，嘉道时期的文人，萧瑟寒冷之气的确屡屡见诸笔下。兹以郭麐为例，他作于乾隆五十八年（1793）的《岁暮杂诗十九首》之四云，"风物江村最可怜，只今略不似从前。书船久矣不归洛，县吏时还横索钱。儿道近来寒具小，人思已去长官贤。如吾只见十年事，何况邻翁六十

1.［英］诺曼·费尔克拉夫：《话语与社会变迁》，华夏出版社2003年版，第12页。
2. 转引自陈玉兰：《清代嘉庆道光年间的江南寒士诗群与闺阁诗侣》，人民文学出版社2004年版，第109—110页。
3. 陈玉兰：《清代嘉庆道光年间的江南寒士诗群与闺阁诗侣》，人民文学出版社2004年版，第21、67页。

年"。[1] 郭麐这首诗，感慨今不如昔，文化吏治方面比之前数十年都显得逊色。抚昔忆今，以往日之盛况浇今日之块垒，是中国文学叙事的常用手法，因此郭麐发表的牢骚并不能完全看作今不如昔的证据，但这首诗下有原注云，"湖州书贾岁暮必至，今遂无一人"，的确从一个小视点揭示了从乾隆盛世到嘉道时期的变化，即随着乾隆朝大修图书的风气渐渐退潮，江南一带的图书市场也随之陷入了萧条。而梁启超曾在《清代学术概论》中谈到考据学兴盛时期学人的自养：

> 时方以科举笼罩天下，学者自宜十九从兹途出。大抵后辈志学之士未得第者，或新得第而俸入薄者，恒有先辈延主其家为课其子弟。……得第早而享年永者，则驯跻卿相；否则以词馆郎署老。……其有外任学差或疆吏者，辄妙选名流以充幕选，所至则网罗遗逸，汲引后进，而从之游者，既得以稍裕生计，亦自增其学。其学成名著而厌仕宦者，亦到处有逢迎，或书院山长，或各省府州县修志，或大姓修谱，或有力者刻书请鉴，皆其职业也。凡此皆有相当之报酬，又有益学业，故学者常乐就之。[2]

可见其时社会对学者的优待，对外于功名政权之外的文人来讲，其人生还具有一定斡旋的余地。迄至乾隆晚期，考据学渐渐退潮，而人口的飞速增长使得文人的科考之路比前代走得更艰难。如此，科考之路已经日见逼仄和拥挤，而社会为科举之外的文人留下的空间也渐渐缩

---

1. 转引自陈玉兰：《清代嘉庆道光年间的江南寒士诗群与闺阁诗侣》，人民文学出版社2004年版，第75—76页。
2. 梁启超：《清代学术概论》，《梁启超论清学史二种》，复旦大学出版社1985年版，第85页。

小，处于两重压力之下的嘉道文人，其吐辞出语更多地带有了寒冷和幽怨之意。仍以郭麐为例，其《灵芬馆诗初集》卷一的《逼除献岁百端茫茫愁忧无方率成四律》作于乾隆晚期，[1] 其中二首云：

> 愁里残年逼，贫家百事哀。埋文三尺冢，逃债九成台。天意犹怜我，春风欲放梅。西山三百树，相约一齐开。
>
> 屈指年逾壮，伤心事最多。溺人真欲笑，劳者自成歌。一世论知己，千金得太阿。平生飞动意，强半就蹉跎。

又作于嘉庆丙辰至丁巳年（1796—1797）年间的《寄蕴山方伯五首》有云，"人材今渺然，爱才亦希有。士贫日益贱，自待良莫厚。遂令诸贵人，驱使同马走"，[2] 这里的蕴山方伯即谢启昆，其幕府曾在乾隆年间网罗大量学人。从中可以大概看出，到嘉庆初期，幕府文人的地位比于乾隆时期已经下降不少。又其诗集中收有他于嘉庆乙丑年（1805）底至丙寅年（1806）间重游扬州时所作的诗歌，包括与乐钧、刘嗣绾、彭兆荪、吴锡麒等人结销寒诗会时所作的应景诗歌，在这样的销寒会中，郭麐的笔下频频出现"寒"的意象，[3] 显得无比萧瑟。

类似的哀叹并不仅仅出现在郭麐的文集中，嘉道时期功名蹭蹬的文人，在他们的笔下都曾倾吐过对沉重现实所感受到的无奈。如陈文

---

1. 郭麐的《灵芬馆诗初集》基本按年月编成，此诗未标出写作年份，但此诗前有作于乾隆己酉年（1789）的《元日和江庵韵》，后有作于乾隆庚戌年（1790）的《探梅绝句》，故初步推定此诗写成于 1789—1790 年左右，《灵芬馆全集》，清嘉庆光绪间刊本。
2. 郭麐：《灵芬馆诗二集》卷一，《灵芬馆全集》，清嘉庆光绪间刊本。
3. 郭麐：《灵芬馆诗三集》卷二，《灵芬馆全集》，清嘉庆光绪间刊本。

述和陈鸿寿曾以"二陈"驰名江南，终其一生却始终沉抑下僚，旁人已经以为不堪，他们自己内心咀嚼世味种种，也难免生出惨淡人生的感慨。如阮元曾感叹，"余昔视浙学，以《海塘赋》、《团扇诗》识陈子云伯于稠人中，期以上第，谓此才庶几无愧。乃因禄养之故，仅以乙科出宰，由皖之吴，浮沉宦海垂二十年。其宰江都三年而已，既丁外艰，归以母老不复再仕。又以爱子早夭，一弟又故，食指盈千，家徒四壁，终年奔走，衣食未能息肩。论者以君境困而才屈，未竟其用为可惜，然议海运而海运行，襄河渠而河渠治，其他盐荚漕务若良医之治疾而名庖之调羹也"。[1] 又如铁保云，"余于淮安工次得二陈焉，曰云伯，曰曼生，俱出余及门门下。云伯专工西昆，博雅壮丽，极似吴梅村而气骨清俊，青出于蓝。曼生诗笔挺健，卓然成家，兼通篆隶，尤留心吏治，为有体有用之学。二生皆一时杰出而余于无意中得之，其庆幸何如也。惟是造物位置人材，与人之际遇往往不可思议。使二生擢高第，入词垣文学侍从，未必不与邹枚并肩文章华国。乃屈为下吏，涸迹风尘，用违所长，以簿书销磨其抑塞奇瑰之气，一行作吏，此事便废，不能竟其所学，克臻极诣，惜矣"。[2] 本是玉堂金马之材，却以潦倒下僚而收场，正所谓造化弄人，不可思议了。

陈文述曾作有《哭仲弟寿苏》一诗云，"少日文章已出群，可怜薄福是聪明。大招碧落魂难觅，小集金荃著未成。惨淡世缘艰一第，支离病骨耐三更。伤心尚有名心在，两字红牙署再生"，[3] 名为哭弟，又未尝没有他对自己人生的感叹。又如嘉庆时期的著名诗人王昙，与

---

1. 阮元：《颐道堂诗选》序，陈文述：《颐道堂诗选》，《续修四库全书》本。
2. 铁保：《颐道堂诗选》序，见陈文述《颐道堂诗选》，《续修四库全书》本。
3. 陈文述：《颐道堂诗选》卷三，《续修四库全书》本。

舒位、孙原湘齐名，法式善曾为之作《三君咏》，陈文述以为其人"奇才也。奇于文，亦奇于诗，言论风采出以游戏，雄辩博奥所至，倾其座人"，如此才人，却"屡试南宫，摈于有司，卒潦倒不得志以死"。[1] 王昙自己亦作有《霍太山感李靖骑龙行雨事》云，"毕竟功名不可迟，骑龙须趁少年时"，[2] 借古人之发达咏自我之郁闷。从中可以看出，对于追求功名的坎坷，嘉道文人是有着深刻体会的。

2. 人生之恨

于嘉道文人而言，对功名坎坷的感慨，往往在接近中年的时候会更强烈一些。由于人生已经经历泰半，早年的理想和志向已经被现实磨灭得所剩无多，未来遂变得更加清晰和无奈。嘉道时期的著名学者洪亮吉曾撰文说明文人由于年龄和经历，而导致的心态变化：

> 鸡初鸣人初醒之时，孩提之时也，发念皆善，生机满前，觉吾所欲为之善，若不及待，披衣而起者。
>
> 日既出人既起之时，犹弱冠之时也，沈忧者至此时而稍释，结念不解者至此时而稍纾。……
>
> 日之方中，饥者毕食。出门入门，事皆振作，盖壮盛之时也。……又人一生之事业定于壮盛之时，一日之作为定于日午之候，过此虽有人起于衰草，事成于日昃者，然不过百中之一，不可以为例也。
>
> 至未申以后则一日之绪余，犹人五十六十以后则一生之绪余。

---

1. 陈文述：《烟霞万古楼诗选》序，见王昙《烟霞万古楼诗选》，《续修四库全书》本。
2. 王昙：《烟霞万古楼诗选》卷一，《续修四库全书》本。

力强者至此而衰，心勤者至此而懈。房帷之中晏晏寝息，是衰莫之时也。于是勇往直前者至此而计成败，径直不顾者至此而虑前后，沉忧者至此而益结，病危者至此而较增，视日出之时判然如出两人矣。

非一人之能判然为两，则一日之阴阳昏旦有以使然也。此一日之境也，即百年之境也。苟能静体一日之境，则百年之境亦不过如是矣。[1]

洪亮吉以"一日"为比拟，形象地说明了文人的一生，壮志凌云的少年，面对人生和社会的种种艰难，如何失去了最初的憧憬和期待。与洪亮吉差不多同时的郭麐也曾在《初夏斋居杂诗八首》中写出了人到中年的心理感受：

> 束发受诗书，自谓不底滞。何期学未成，驱之使入世。
> 遭迍道路歧，鲁莽功名会。年长惜往日，途穷悲谬计。
> 念惟旧业理，是亦生平寄。岂知耳目间，较昔乃大异。
> 往时一灯孤，朱墨牛毛细。迩来手一编，眼昏辄思睡。
> 姓名反复观，先后颠倒记。偶得自诧奇，昔贤已论次。
> 下笔更艰难，心手每相庪。了了识途辙，欲赴不得至。
> 人生一世间，岂得便无谓。蹉跎在俄顷，进退皆失坠。
> 犹思杖策追，庶几秉烛继。太息奔走中，乃尔损神智。[2]

---

1. 洪亮吉：《意言二十篇》之《百年篇》，见《卷施阁集》文甲集卷一，《续修四库全书》本。
2. 郭麐：《灵芬馆诗二集》卷八，《灵芬馆全集》，清嘉庆光绪间刊本。

郭麐的这首诗，充满了强烈的丝竹中年的感受。该诗作于嘉庆壬戌年（1802），其时郭麐三十五岁，他曾经提到过"人生过三十，岂不曰中年。更历忧患余，壮志日以迁"，[1] 在写作该诗时，他以个体的感觉道出了衰老渐渐来临，而在心理上引起衰微这一普遍的人生感受。

在嘉道文人所作的狭邪笔记中，同样充满了一种强烈的伤时恨逝的气息。随手拈出数处，如：

> 金粉南朝，笙歌北里，解鞍几处勾留。倚翠偎红，也曾拍遍清讴。江山无恙人非旧，好花枝逐渐漂流。怕重游，仿佛当年小杜扬州。[2]

> 寻香莫怪蝶魂痴，难得芳林第一枝。冷雨凄风摇落后，可能红似去年时。绣佛持斋万念空，慈云座上篆烟笼。何来宝筏能超渡，断送青春孽海中。[3]

> 每当秋夜，感慨殊深，虽气候使然，亦由胸多磊块。为赋《秋夜杂感》云"不管风寒倚画廊，半轮秋月照芳塘。惊翻荷叶倾珠露，惊醒鸳鸯梦不长。秋声满院不堪听，搅乱闲愁欲二更。酹酒阶前酬蟋蟀，凄风冷月别家鸣。树犹如此妾心伤，冷露无声欲化霜。曾是梧桐曾是柳，如何不似乳鹅黄。"[4]

> 杭州宋笠田树毅《山塘闲步》云"疏狂犹记少年时，几处歌

1. 郭麐：《送龚素山凝祚》，《灵芬馆诗二集》卷九，《灵芬馆全集》，清嘉庆光绪间刊本。
2.《高阳台》，见琅玕词客、惜花居士《秦淮廿四花品小传》，清道光十五年驻春轩刊本。
3. 4. 雪樵居士：《青溪风雨录》，清嘉庆二十四年一枝山房刊本。

场斗雪诗。此日旧游零落尽，酒痕只有故衫知。似此风光绝可怜，相携朋好踏春烟。怪他杨柳舒春眼，上向长街看少年。"近人刘璧田珏《再游秦淮》云"衰柳斜阳客再游，旧人无复唱凉州。刘郎老去风情淡，自然吟髭赋感秋。秦淮画舫剧玲珑，短槛疏帘四面通。忽听邻舟歌子夜，借人弦管醉西风。"二公诗伤时感逝，中年以外人，殊难多读。[1]

伤时恨逝，原为中国文学中一个传统的书写主题。昔《诗经》有云"昔我往矣，杨柳依依。今我来思，雨雪霏霏。行路迟迟，载渴载饥。我心伤悲，莫知我哀。"羁旅之愁中夹杂着伤时之悲，是中国文学中较早的伤时记述了。宋玉《九辩》曰"悲哉秋之为气也。萧瑟兮草木摇落而变衰，憭栗兮若在远行，登山临水兮送将归。"陆机《文赋》云"遵四时以叹逝，瞻万物而思纷。悲落叶于劲秋，喜柔条于芳春"，点出了季节变化在人心理上引起的相应的失落感。而《世说新语》中桓温所谓"树犹如此，人何以堪"，则烛明了人生在岁月无情流逝这一残酷事实前的脆弱和无力。或许也正源于同样的感受，张若虚才会在《春江花月夜》中一边热情讴歌春江月夜的美好，一边感慨人生岁月的无情。"人生代代无穷已，江月年年望相似"，归结到底，江山千古而人寿几何，正是在绵远和短暂的强烈对比中，显出了人类生存个体的渺小和可悲，反而更加彰显出人生的难能和可贵，这或许是伤时文学的创作一直不绝如缕，而又能屡屡扣动读者心弦的原因所在。

时光易逝，岁月恨短，青春更是昙花一现，转瞬即逝。相比较文

---

1. 雪樵居士：《秦淮闻见录》，清道光十八年一枝山房刊本。

人而言，女性的青春，从社会学的意义上讲，往往更短暂。所以在中国文学中，不管是以文人的身份代为女性摹写心声，还是女性以笔自诉衷肠，感慨似水流年是一个经久不变的主题。前者如李白的"感此伤妾心，坐愁红颜老"，后者如徐灿的"江上莼丝秋未采，莫怨朱颜改"，口吻不尽相同，体裁不尽相似，对岁月流逝的恐慌和红颜渐老的悲哀则如出一辙。如果说红颜不再、青春渐老是女性所必须承担的宿命，那么对于娼妓而言，青春的逝去则更加残酷。无论在文人墨客的笔下，青楼显得如何风雅，它的本质终究是钱色交易。"色艺兼优"，虽然色艺往往并提，色却绝对是艺得以展现的基础。"以色事人者，色衰则爱弛"无疑可以移作青楼的真实写照。白居易曾在《杨柳枝二十韵》中盛赞赏小妓的美好，"小妓携桃叶，新声蹋柳枝"，而"十三学得琵琶成，名属教坊第一部"，出现在中国文学中的娼妓形象，全盛时似乎都在二十岁以前。征之嘉道时期的狭邪笔记，往往也是如此：

> 仙云为梅丰所出，湘云养女也。予初见时，年皆十三，婉若孪生姊妹，临风顾盼，琼树交柯。[1]
>
> 畹兰十岁时，即为云林山人所赏。代选轻舫，遨游河上。[2]
>
> 范月英，年十四，唐秋水女孙也。……年才十二，……洵足压倒北地之胭脂，不愧南朝之金粉。[3]

1. 雪樵居士：《青溪风雨录》，清嘉庆二十四年一枝山房刊本。
2. 雪樵居士：《秦淮闻见录》，清嘉庆十八年一枝山房刊本。
3. 琅玕词客、惜花居士：《秦淮廿四花品小传》，清道光十五年驻春轩刊本。

文人都喜爱讴歌年轻貌美的女性，这不仅仅有生理的原因，还有更深层次的社会心理文化方面的动因。但无论如何，这种现象最直接的后果，就是造成了娼妓作为个体而言，全盛时期的短暂。"暮去朝来颜色故，门前冷落车马稀"是娼妓最终都要面临的冷落局面，像马湘兰那般，享誉青楼三四十年的终究是少数，大多数人要直接面对年长色衰被淘汰这一残酷事实。如：

> 秦淮名姝，首推二汤……二姬穷愁日甚，虽年才二纪，而消瘦容光，较初破瓜时，已十减六七矣。[1]
>
> 秦淮佳丽，代兴有人，而鲁殿灵光，巍然独峙者，惟秋影校书。校书向见赏于随园太史，……白发青裙，红灯绿酒，固太史之流风未沫，亦校书之逸致不凡也。[2]
>
> 陆氏素号花丛，为白门春色之冠。捧花生所辑《画舫录》，素月元宝皆列芳名。而《三十六春》又载莲宝，自诸姬老而陆氏声誉少衰。[3]

虽然年长色衰、门前冷落是娼妓所需承担的残酷事实，但历来反复歌咏、叹息这一事实并将之形于文章的，却大多数是文人。固然由于长期以来，女子所受教育程度不高，能够用笔墨记录自己心声的女性只是少数，但作为史记录者的文人反复吟唱、书写这一主题，却是中国文学史上一个独特的现象。

---

1. 珠泉居士：《续板桥杂记》，清乾隆五十七年西酉山房刊本。
2. 捧花生：《画舫余谈》，有正书局民国三年刊本。
3. 琅玕词客、惜花居士：《秦淮廿四花品小传》，清道光十五年驻春轩刊本。

前文已经说过，作为人类个体而言，青春总是如昙花一现，转瞬即逝，不拘文人抑或女性，都要面对这一无奈。青春的短暂和脆弱本来就容易引起人的惜生、惜时之感，所以莺莺在看见"落花水流红"时，会自然引起"闲愁万种，无语望东风"，杜丽娘本是高高兴兴去游园，无边春色却让她联想到"如花美眷，似水流年"，而黛玉葬花，更是由花及人，因想到"侬今葬花人笑痴，他年葬侬知是谁"而悲楚莫名。这里提到的三处女性伤春经典书写的作者都是男性文人，虽然他们只是为女性代言，写出他们心目中女性的春愁，但如在心理上没有一种"了解之同情"，他们对这种闺怨春愁的摹写是难以如此细微深入的。也只有这种共同的惜生惜时之情，才能够合理地解释嘉道狭邪笔记中流露出来的感旧和怅惘。

"八载重逢各自惊，伤离惜别夜三更。事如春梦寻还记，愁似秋云散又生。残月晓风名士曲，桃花流水美人筝。而今都作樽前话，红袖青衫两泪盈"，[1] "蒲柳霜催人共老" "长洲满院花如绣，不解中年以后忧"。[2] 不管美人还是名士，"断送青春孽海中"都是共同的，衰老在个人心理上引起的惜春惜时的感觉都是相通的。钱钟书先生在《围城》里曾颇有感慨地提到"年龄是个自然历程里不能超越的事实，就像饮食男女，像死亡。有时，这种年辈意识比阶级意识更鲜明。随你政见、学说或趣味如何相同，年辈的老少总替你隐隐分了界限，仿佛磁器上的裂纹，平时一点没有什么，一旦受着震动，这条裂纹先扩大成裂缝。也许自己更老了十几年，会要跟年轻人混在一起，借他们的

---

1. 2. 雪樵居士：《青溪风雨录》，清嘉庆二十四年一枝山房刊本。

生气来温暖自己的衰朽，……"。[1]"借他们的生气来温暖自己的衰朽"，或许可以更好地解释文人爱恋雏妓的心理。娼妓本是门户人家，世代以妓业为生，女子年老后或从良或退为房老，由女儿或侄女辈接替门户，也就是说，对于曲中常客来讲，最初与之狎游的本是母亲或姑母辈，十年八载，或者三年五载（考虑到娼妓行业的特殊性）后与之共载的则完全是下一辈的雏妓。在这些青春逼人的少女面前，文人是什么样的心态呢？试看如下几段材料：

> 王岫云行大，朝霞女也。居贡院前，王氏声誉，久冠秦淮。自朝云远嫁，素云暂随王凤姿移寓黄公祠畔。今夏曾偕咏梅居士打桨青溪，见姬携小婢驾灯舫东来。烛光人面，掩映生姿，几疑星娥游戏银潢，俗子庸奴不敢逼视。咏梅居士遥指相告曰"此王家后起秀也。"[2]

> 偏值冷雨如丝，敲篷沾袂，云湿黄昏早泊处，吴姬家不远，窃听玉箫声袅。莫惜黄金，须防白发，折趁花枝好。侬将拼醉，温柔乡里嫌老。[3]

> 辜负春光十二楼，少年低首未曾游。耳中桃叶空相忆，梦里巫山莫解愁。有限月明劳宦海，无端风浪守丹邱。而今纵有还童诀，无那红颜对白头。[4]

---

1. 钱钟书：《围城》，人民文学出版社1980年版，第267页。

2. 琅玕词客、惜花居士：《秦淮廿四花品小传》，清道光十五年驻春轩刊本。

3. 马士图：《酹江月·秋日陪传柳明府冯少渠明经秦淮泛雨》，见李鳌：《金陵名胜秦淮诗钞》，清道光八年刊本。

4. 李宗孔：《寓桃叶渡步同年笪江上原韵》，见李鳌：《金陵名胜秦淮诗钞》，清道光八年刊本。

今日里，颜争花笑，眉对山青。堪惊我，登临几度，便绿鬓朱颜，渐渐凋零。问六朝佳丽，水逝云停。槛外芙蕖千朵，也怕到秋风梦醒。真堪美，屏间双艳（指同游杨香轮、张畹兰二妓，笔者注），恰是芳龄。[1]

一句"此王家后起秀也"，写出多少钦羡和无奈，而"温柔乡里嫌老""无那红颜对白头"，或许更多地只是作者心理上的失落感，因为门户人家爱的是钱钞，纵然心里千般不愿，估计还得看看孔方兄的薄面。而心理上这种自觉的意识，或许有助于更好地理解嘉道狭邪笔记中生命之恨的情绪。赵执信曾在《海鸥小谱》中提到，"余以康熙甲子有事太原，遂车下太行，中间宴会，多见妙丽。予时年二十有三，眼色所接，交相飞动，徒以简书可畏，强自检束。其后友人有知之者，赞讪相半，余亦时时自笑也。今适已二十年，余垂垂老矣。此间诸妓，往往迁自山右，问其年，大都二十年中之所生长者也，而余乃荒迷潦倒其间，有似补当时之所不足，信乎有夙分哉。"可见，年华老去，旧交零落，在曲中雏妓身上看到更多的是旧人的影子，由此引出对自己逝去青春的无限追忆和感伤，这应该说是嘉道文人所"恨"之中，包含的另一层意蕴了。

二、情感话语的互文

如上所述，嘉道文人在其文章中常常提到的"仆本恨人"之类的夫子自道，在一定程度上折射了他们在其时特殊的生存状态。但"仆

---

1. 雪樵居士：《凤凰台上忆吹箫》，见《牡蛎园》传奇，《青溪风雨录》，清嘉庆二十四年一枝山房刊本。

本恨人"原出于江淹《恨赋》，后频频出现在嘉道文人笔下，它的反复引用，其实已经涉及人类社会文化符号体系中"语言"和"言语"互相影响的问题。[1] 人类社会的文化，有相当一部分要通过语言符号来实现流传后世的可能，在这个流传的过程中，一方面语言符号会作为典范对后来的创作起到一定影响，而另一方面，后人在创作的过程中，多少会因为典范的暗示，而对之有相应的投射。就"仆本恨人"而言，江淹的"仆本恨人"最初是由于见到了萧瑟衰败的自然景象而引起心理上惆怅迷惘的感觉。而本书所提及的几处嘉道文人笔下的"仆本恨人"，从上下文来理解，不仅包含这种最初的含义，还有着更深的内蕴，但作者都选择了"仆本恨人"这个符号来表达更多的意义。作为已经形成的话语典范，"仆本恨人"对嘉道文人形成了一种召唤功能，嘉道文人则以自己深刻的体验丰富了"仆本恨人"的内涵。

"仆本恨人"在嘉道文人的笔下屡屡被征引这一事实，折射出来的是中国古代文学中普遍存在的互文现象。即以嘉道文人言之，无论闺阁女性抑或画舫女子，对她们的书写都存在物化的倾向，这种倾向通过描述的雷同被展现。这种雷同一方面可以视为已经成熟的书写典范对后世文人的影响，同样也可以看作是文人对女性书写典范的自觉认同和靠拢。又如"絮果兰因"原本出自晚明冯小青的传说，在嘉道文人笔下，"絮果兰因"被频频用来形容闺阁女性和画舫女子，文人在有意套用冯小青的典故，而他们笔下女子的人生和冯小青有无相似

---

1. ［瑞士］费尔迪南·德·索绪尔：《普通语言学教程》中提到"在任何时候，言语活动既包含一个已定的系统，又包含一种演变；在任何时候，它都是现行的制度和过去的产物"，商务印书馆 1980 年版，第 29 页。

之处，典故用在书写中是否符合语境，则不是他们考虑的问题。换言之，冯小青的故事，于嘉道文人而言，已经是一个成熟的书写典范，通过引用"絮果兰因"，文人将自己和笔下的女性，都纳入了晚明以来文人对薄命女子的书写体系中，从而使自己的文字和笔下的女性，能够在文人圈子中引起更普遍的共鸣。嘉道狭邪笔记对《板桥杂记》的向往和模仿，从某种程度上来讲，也呈现出互文书写的状态。

1. "文"的俗化和泛化 [1]

为何要向已有的书写模式靠拢？为何要向典范回归？首先要看到的是文人乃至整个社会对"文"的重视。这里的"文"，笔者更倾向于将它看作是"文字、文学和文化"等建立起来的一整套符号系统。[2] 如同曹丕在《典论·论文》中提到的那样，"盖文章，经国之大业，不朽之盛事"，此处的"文章"，不仅仅指诗词歌赋等纯粹的文学作品，还包括文字所负载的一整套文化体系，所以曹丕才会将之上升到如此高度。中国社会历来重文，龚鹏程曾在其《文化符号学》以整整一章的篇幅详细谈到唐代尊敬文人、重视文章的社会风气。有宋一代，国家对文人的优待以及举国上下经心于文章经营的风气更是有目共睹，学界对此也颇多关注。元代九十余年的时间，贱视儒生的政策对文人的伤害虽然不容忽视，但在整个历史的长河中相应却显得短暂。迄至明清时期，朝廷恢复科考取士，国家重视文教的风气又得以恢复。

对于明代中晚期以来中国社会出现的诸多新变化及其对文学的影

<hr>

1. 康正果曾提到明清时期"泛文与泛情"的现象，关于"泛文与泛情"的定义及论述，可以参看康正果：《泛文与泛情》，见张宏生编：《明清文学与性别研究》，江苏古籍出版社2002年版。

2. 参看龚鹏程：《文化符号学》，台湾学生书局1992年版。

响，学术界也颇为关注。晚明社会的一个重要变化就是印刷业的发展，张秀民的《中国印刷史》提到"嘉靖时凡榜上有名者，必刻稿，万历时凡做过官的无不照例刻集子。这由于明代'书写皆可私刻'，无元代逐级审批手续，只要有钱，就可以刻，而刻字工资极低廉，又纸墨易得，故纷纷出版"。[1]对此，明人不无讽刺地提到"数十年读书人能中一榜，必有一部刻稿，屠沽小儿没时，必有一篇墓志。此等板籍幸不久即灭，假使尽存，则虽以大地为架子，亦贮不下矣"。[2]书籍刊刻的廉价和方便，使得俗众接触文化的机会得以增多，文学渐渐失去了为少数精英独占的优势，新的大众读者群体亦得以渐渐形成。[3]毛文芳认为，"自明代中叶以后，江南一带为我国文化熟极而烂的时代，城市文明为社会带来了无比的活力，过去小众拥有的精致文化，因日渐获得庶众青睐也日渐浅俗，市民社会的世俗化倾向，势所不免"。[4]无论是新的大众读者群体的形成，还是市民社会世俗化倾向的增强，反映在"文"上，则是晚明社会文学和文化世俗性的增强。大量通俗文学读物的风靡，关于市民生活指导书籍的刊印，多少都反映了晚明文人对俗世生活的关注和向往。毛文芳的《晚明闲赏美学》以

---

1. 张秀民：《中国印刷史》，上海人民出版社 1989 年版，第 338 页。另高彦颐《闺塾师》第一章"都市文化：坊刻与性别松动"中也提到晚明印刷业发展给社会及文化发展带来的影响，可以参看，江苏人民出版社 2005 年版。

2. 蔡澄：《鸡窗丛话》，清道光二十四年刊本。

3. ［美］高彦颐：《闺塾师》中提到，"作为这一出版繁荣的结果，以前不能接触到印刷纸页的人们，或以前不得不花费时间和精力去借阅和抄写书籍的人们，都能毫不费力地从公开市场中买到书籍，并建立一个私人收藏。这些人，包括学生生员、在乡间中举的、农村小地主、小业主和士绅家庭女性，都加入了传统的精英行列，而构成了一个新的读者大众群"，江苏人民出版社 2005 年版，第 37 页。

4. 毛文芳：《物·性别·观看：明末清初文化书写新探》，台湾学生书局 2001 年版，第 7 页。

"尊生和审美"为经纬论述晚明文人的生活状态，晚明文人对生活细节和生活情趣的心醉，在文学作品中表现得非常突出。咏物诗的传统在中国文学中起源甚早，晚明文人作有大量咏物的诗词赋文，题材广泛，包罗了文人生活的方方面面，反映了晚明文人对日常生活的投入。[1]

随着书写对象范围的扩大和内容的通俗，文学的俗化渐渐不可避免，它在更多的时候，成了文人生活中的游戏。当晚明文人将天地间万物都驱之于笔下，以之为游戏笔墨的时候，晚明文人社会文学泛化的现象也变得更为突出。在文学俗化和泛化的大背景之下，女性，尤其是带有狭玩意味的青楼女子成为物化书写的对象，自是不足为奇。"明末清初文人特别喜爱谈论女性的典故，尤重女子之才华与命运、或用物与身姿，为历来所少见"，[2]对女性才华与命运的探讨，在明清之际也渐渐成为文人圈的热门话题，对薄命才女的吟咏和题跋等也都成为文人津津乐道的韵事。晚明文人的女性书写远超前代，恐怕只有将之置于晚明文学泛化这一背景之下，才能有更合理的分析和解释了。

清兵入关，极大地破坏了晚明以来江南繁荣的城市经济和昌盛文化，但到清代中期，随着政治稳定、经济恢复，晚明社会的文化余绪，在江南的文人社会中被重新接续是有迹可征的，嘉道文人对文学的醉心，对文字使用范围的扩展，看上去并不输于晚明文人。必须指出的是，文学的泛化和俗化，不仅没有使文人轻视文学事业，恰恰相反，嘉道文人对文学作品的重视和企盼文名流传后世的心态，在他们的文集中表现得非常明显。[3]康正果曾经提到，迄至明清时期，古典文

---

1. 参看毛文芳：《晚明文人纤细感知的名物世界》，该文收入《晚明闲赏美学》，台湾学生书局 2000 年版。
2. 毛文芳：《物·性别·观看：明末清初文化书写新探》，台湾学生书局 2001 年版，第 38 页。
3. 如陈文述的爱妾管筠曾劝他精简文字写作，但陈文述对他的文学作品大部分不能割爱。见陈文述：《西泠闺咏》"龚序"，清光绪十三至十四年西泠丁氏翠螺仙馆刊本。

学尤其是诗词歌赋等传统题材的典范已经基本确定，明清文人无论如何努力都难以逾越。但所谓典范的确立，只是今天的研究者站在古典时代的终结点上作出的结论，身处其中的明清文人并不会那样看待问题。"他们仍处于那一传统的延续之中，对他们来说，诗词写作依然有推陈出新的前景，因为他们对前人的典范作品并非只在作徒然的研究或鉴赏，他们同时还致力于写作，并以传统的继承者和发扬者自居，当然他们更关心晚近的和同时代诗人的成就，包括他们自己的诗名"。[1] 既然汲汲于诗名的流传，嘉道文人向典范回归自然也是题中应有之意了。

向典范回归，将自己及同时的诗人确立为整个历史文化系统中接续的一部分，以"仆本恨人"来沟通历史和现实，自觉地将自己视为古往今来不得志文人群体中的一员，这种苍茫的历史感一方面有助于文人从种种琐细的生活困境中超脱，另一方面也多少会影响文人对现实的关切和投入。作为被继承的话语，文字符号作为间接经验，会影响文人对现实生活的直觉感受，在书写上不可避免地陷入重复的窠臼，"仆本恨人"最初的指向和嘉道文人所处的现实之间已经存在着巨大的差距，在向典范回归的同时，在将自我主动衔接于历史的同时，书写的内容、题材却于不知不觉中被话语符号局限了。

2. "情"的泛化和符号化

同样的问题也存在于文人对"情"的抒发和表达上。这里提到的"情"，在内涵上和晚明文人论"情教"时提到的"情"是一脉相承的，以情感为纽带，往往可以建构某种有别于儒家等级秩序的"根茎

---

1. 康正果：《泛文与泛情》，见张宏生主编：《明清文学与性别研究》，江苏古籍出版社 2002 年版。

式"社会，在这方天地里，"几乎不涉及诸如身份、家庭背景和性别等纵向的社会区分"，[1] 情感重新连接了人与人之间的关系。对情感力量的认可，意味着文人可以暂时摆脱现实生活的诸多烦扰，以文字为媒介来表述情感，向内探索自我和他人的内心世界。对情感的表述、对女性的书写，在正统的儒家礼教体系中向来被推斥到边缘地位，但晚明以来对情的推崇，使得"平凡个体的经验，特别是（'或情或痴，或小才微善'的）女性的生活经验，……在此却以其质朴性、自发性和经验上的真实性而被赋予了美学价值与道德权威"，[2] 文人的情感体验和对女性的观照，通过文字得到了更多的展现，背后离不开"情教"的支撑。从"情"出发，去观照、体察事物并展开表达，比起从礼教限定的名分出发进行有节制的表述，无疑更能复述人们的丰富感受，并拓展内心世界的边界。也就是说，文人的女性书写，如果从情感的角度来表述对女性的所思所想，比起仅仅从礼教的角度来勾勒评价她们的生活，无疑会更显真诚、也更具感染力。

但"情"不仅仅指情教，它还包含另外一层含义，借用康正果的表述，"明清文人所谓的'情'，就是能使一个人富有文学气质，且带文学腔调的那种东西了。它指的是受到诗文感染的情绪，也是吟诗弄文必备的情调。不能不加限定地把它简单等同于现实生活中的情感，它首先是一种诗文的表述，是诗文对诗文的模仿，归根到底，它只是诗文活动的产物"。[3] 简单来讲，这里的"情"，是指文人由于书籍的

---

1. ［美］李海燕：《心灵革命：现代中国爱情的谱系》，北京大学出版社 2018 年版，第 33 页。
2. 同上书，第 48 页。
3. 康正果：《泛文与泛情》，见张宏生主编：《明清文学与性别研究》，江苏古籍出版社 2002 年版。

浸染，在面对写作对象时调动起来的种种情绪和情感。这种"情"，在一定程度上并非发自内心深处不可遏制的感觉，而是来自前人于此时此际曾经有过的情感体验。如果一定要给这种"情"设置一个理解的对立面，或许钟嵘《诗品》中提到的"直寻"差可说明。钟嵘《诗品》云，"观古今胜语，多非补假，皆由直寻"，所谓"直寻"，应该就是作者在面对写作对象时候自然而然产生的情感，没有掺杂着其他的"前经验""前体验"等在其中。但在明清时期，"情"的表述是如此普遍，以至于文人很难通过"直寻"的方式得到新体验，并形成新表达，他们只能通过情感符号去传达情感，即通过"诗文模仿诗文"的方式，间接抵达所要表述的对象。

其实这也是一个互文传承的问题。举例言之，即以长江而言，孩童和成人，目不识丁的文盲和饱读诗书的文人在面对此一对象时，在体验上会有很大的差别。在孩童或文盲看来，这仅仅只是一派浩浩荡荡的汪洋，他们的注意力会更多地集中在具象的水的所指上。而对于成人，尤其是经纶满腹的文人来讲，面对着眼前的对象物，他会很自然地联想起关于长江的种种典故和文学描写，尤其是当他正准备着要再次将"长江"形之于笔墨的时候，符号所凝缩经验的传递感会更强烈。换言之，自文人眼中看来，此时的"长江"，已经是积累了太多经验的一个文化符号，而并非简单的自然物——水的集合。[1] 在文人笔下，典故和征引会以或明或暗的方式表现出来，而自读者眼中看来，相似和雷同的感觉也会挥之不去。这种"泛情"影响于文学创作，一方面文学作品"陌生化"感觉的消失，对作品的创新会带来更

---

1. 参看南帆主编：《文学理论新读本》，浙江文艺出版社 2002 年版。

多挑战，但另一方面，作者和读者都会在共同的文化符号体系中对书写的对象有更深刻的认识。如克里斯蒂娃所说"'文学词语'不是一个'点'（一种固定的意义），而是多重文本的'平面交叉'，是多重写作的对话。书写者包括作者、读者（或角色）以及当下或过去的文化背景"，[1] 作者通过重写、模拟文本将自己嵌入历史之中，读者则通过文本之下其他文本的呼应，感受到文本的多重意涵。

回到本章论述的要点，即嘉道文人的女性书写上来，仍然以"絮果兰因"言之，它出自晚明著名的冯小青传说，在写给杨夫人的信中，冯小青谈到"去则弱絮风中，往则幽兰霜里。兰因絮果，现业谁深"，[2] 借"絮果兰因"之说，她选择了以不抵抗来抗议无常命运。关于小青故事的真伪，从它开始流传，争辩声便一直不断。在此不拟讨论小青其人其事的真假，更值得关注的反倒是小青故事流行这一事实本身。小青故事在晚明轰动一时，文人题咏不绝如缕，以此为本事创作的戏剧也有若干，在这些题咏和创作中，文人表达了对才女的哀悯和对妒妇的愤恨。小青故事到清代，借更多的文学形象，呈现出借尸还魂的现象。著名的如史震林笔下的贺双卿，在邻妇嘲笑她甘受命运的捉弄时，她决绝地认为"是则所谓莲性虽胎，荷丝难杀；藻思绮语，触绪纷来，妾亦欲天下薄命佳人，以双卿自宽，明诗习礼，自全白璧，为父母、夫婿及子孙存面目也"。[3] 这里的"莲性虽

---

1. ［法］朱莉娅·克里斯蒂娃：《符号学：符义分析探索集》，复旦大学出版社 2015 年版，第 85 页。
2. 支如增：《小青传》，陈文述编：《兰因集》，见丁丙编《武林掌故丛编》第八集，江苏广陵古籍刻印社 1985 年版。
3. 史震林：《重订西青散记》卷三，清刊本。

胎，伺丝难杀"显然是化自小青的传说。又如小青故事借"絮果兰因"，通过一个个新的女性文学形象，在后来的女性书写中得到了延续，然而，值得玩味的是这些书写者的心态：如果将小青的故事看作一个已经形成的文学典范，后来的文人在自己的女性书写中不断地向之靠拢。这种靠拢，或者说回归可以从两个维度说明文学典范巨大的影响力：一方面，它对后来者的书写形成了召唤结构，吸引后来者调动自己的经验继续填补典范；另一方面，后来者为了使得自己的文字能够更好地进入文化符号体系并得到认同，会有意识地向典范回归。

第二节 "才女"与"名妓"：晚明至嘉道文人社会的流行书写

文学典范，或者说符号话语究竟会对文人形成何种影响，这是一个非常复杂的问题。晚明以来，文人借助文字，构建了一个有别于现实生活的符号体系。文字符号是实践的反映，但却并非实践本身，社会实践本身脆弱易逝，而文字符号却可以传播得更久远。明清易代的战争摧毁了晚明的繁荣，晚明的风流余绪却借助文字，在清代中期的文人处得到了复兴，这种余绪不仅包括本书论述范围内的文人的女性观念及书写方式等，往深层透视，还包括生活理念。曾燠曾于嘉庆二年为袁枚写过祝寿诗，云"碌碌若庸人，百岁有何益。营营若劳者，千春亦虚掷。乃若言诗家，工者例穷迫。又云钩物情，未老发先白。清福与盛名，两美不兼得。天命巧酌剂，此丰而彼啬。异哉随园叟，今世生使特。享名六十年，为乐三万日。日日系以诗，不减长庆集。……"。[1]在"清福"和"盛名"之间徘徊，在入世与出世，或者说玩世之间找到更好的结合点，嘉道文人的生活理想中有着晚明理念的流绪，而袁枚，无疑是这种理念的成功实践者。

文字，及它所承载的观念，构建了符号体系，这个符号体系，虽然来源于实践，它却只是过往实践的一部分。这种虚构的符号世界，对于后人而言，也是一种有别于社会实践的"物"。应该如何来看待"物"，是玩物、用物，还是最终为物所吞噬而不自知，清代文人的选择各有不同。以女性书写而言，可以看到，从晚明到嘉道，文人社会流行着关于薄命才女的种种传说。事实上，现实生活中的薄命才女，不见得会像在文人笔下，有如此之高的比例。薄命才女的种种，更多是文人社会制造出来的流行书写，而这种流行书写的制造及文人对这种流行书写的投射，更多折射了嘉道文人内心深处的微妙情绪。文人对青楼女性的书写亦是如此，通过种种巧妙的手段，文人通过文学符号构建了美妙的名妓故事，于其中寄托了自己的理想。

一、薄命才女

"宜秋汪玉轸女士穷老瘦吟金逸女士亡，神仙劫到修难避。闺阁才多命亦妨，似此人间夸福慧"。[2]在这首诗中，郭麐对清代中期的两位著名才女，汪玉轸和金逸表达了深切的惋惜之情。作为随园女弟子的汪玉轸和金逸，都聪慧多才，却又身世坎坷。汪玉轸家境贫寒，青年丧夫，以穷愁终其一生；金逸虽然得嫁才人，却又不幸早夭。而郭麐此

---

1. 曾燠：《赏雨茅屋诗集》卷二，清嘉庆刊本。
2. 郭麐：《吴珊珊夫人琼仙见和题赠之作自愧前诗率尔辄别作二首奉答并呈山民》，《灵芬馆诗二集》卷2，《灵芬馆全集》，清嘉庆光绪间刊本。

诗原是以汪金二人作为反例，说明吴琼仙的幸运，孰料吴琼仙不久后亦亡故，借用明清文人在诗文中感叹命运无常的套语，郭麐的这首诗也是所谓"诗谶"了，文字对人生，似乎有着奇特的昭示作用。

从晚明到嘉道，从冯小青、叶小鸾、贺双卿甚至到黛玉，薄命才女在文学作品中屡屡出现，这种薄命才女似乎是现实的真实反映，虽然冯小青、贺双卿的真实性一直有待证实，叶小鸾其人其事却的确存在。然而，真相是否就是如此呢？前文已经提到，书写并不完全等同于社会实践，而是反映了文人对某种题材的喜好和偏嗜，也有着后人对已经形成的话语符号的接续认同。清人有云：

> 世之论者每云，女子不可以才名，凡有才名者，往往福薄。余独谓不然，福本不易得，亦不易全。古来薄福之女，奚啻千万亿，而知名者，代不过数人，则正以其才之不可没故也。又况才福亦常不相妨。娴文事，而享富贵以没世者，亦复不少，何谓不可以才名也。[1]

又如：

> 诗教男女并学而于女子为近。风诗所载，后妃夫人之作无论已，汉唐以来，代不乏人，类皆才德炳著，形为歌咏，著为诫令，于以享大名获厚福不知凡几。间有早年殂谢，穷愁落莫者，后人获其零章断句，珍若球璧，亦往往讽不去口，则名之传不传，正

---

1. 陈兆仑：《紫竹山房文集》卷七，清嘉庆间刊本。

不系乎辞之富不富也。[1]

可见，在一片才女福薄的唏嘘声中，亦有人对之有清醒的认识。又如潘世恩曾为恽珠作传，以为"女士以才艺得高名而膺繁祉，获大年者，不数觏焉。世遂以有才为非女子福，夫岂然哉！观于恽太夫人，可以知处才之道矣"，[2] 又陈文述曾题其堂姊陈长生《绘声阁集》，以长生为"福慧双修"，足见在现实生活中，有福之才女，数目亦为不少。文人何以偏好写作福薄之才女，这种"薄命才女"的话语符号是通过何种书写方式得以形成？对后来的文人和才女形成了何种影响？将是本节要着力探讨的问题。

透视诸多闺阁才女的人生，福才双全者如恽珠、潘素心等，无非是对"三从"的诠释践行，在礼教设定的限制内圆满度过一生。这样的生活，固然简单美满，却因其平淡无奇而不足以成为文人书写的首选。所谓才女，自然要有惊心动魄的人生经历，才值得文人将之纳入书写体系，从而实现垂世目的，"薄命"是才女引起文人注意的重要因素。如何将薄命才女与普通女子区别开来，通过书写的方式，将现实中薄命才女这种边缘性群体，转化为女性书写体系的重点，从而在文字体系中形成薄命才女的流行书写，是晚明至嘉道文人一直乐此不疲的文字游戏。

1. 制造疏离现实的氛围

姑且不论晚明以来文人笔下才女故事的传奇性是否真实，在现实

---

1. 高学沅：《翠螺阁诗词稿》序，见凌祉媛《翠螺阁诗词稿》，清咸丰四年刊本。
2. 潘世恩：《传》，见完颜麟庆《蓉湖草堂赠言录》，清道光十六年刊本。

164　　　　　　　　　　　　　　　　　　　　　　　　闺阁与画舫

生活中，才女的存在，应该和寻常女子没有太大的差别，整个社会环境的局限，使得大多数女性必然要在礼教限定的范围走完一生。然而，在文人的笔下，薄命才女的人生从一开始就涂上了种种幻美的色彩。

才女的与众不同首先在于出身。如冯小青、贺双卿之类的女子，按照文献记载，一为闺塾师的女儿，一为普通农户之女，在芸芸众生中原本没有任何特别之处，但在文人笔下，她们普通的身世背后似乎都有几分神秘的意味。如小青，"小青者，武林冯生姬也。家广陵，名元元，字小青，其姓不传。十龄时遇一老尼，口授《心经》，一过辄成诵。尼曰：'是儿早慧福薄，毋令识字，可三十岁活'，母难之"，[1] 又如"小青姓冯氏，名元元，广陵人也。二分明月，解认前身；一树琼花，自怜小影。淑妃芳姓，熏炉粉镜之妆；蒋妹同乡，盘石金钗之曲。生来识字，已种愁根，幼解诵经，聊参慧业。济尼之言，其智仙之宝筏欤？"。[2] 作为一名普通少女，纵然冯小青在少年时代已经表现得聪明出众，但在其生活的扬州乃至江南地区，像这样的早慧少女并非罕见，况且关于她的身世，历来含糊不清，但沦为富人妾室，已经间接说明了其出身社会下层。如此则小青不过是当时大户人家的普通侍妾，纵然才貌双全，其身份之低下却是不容忽视的事实。但在晚明及嘉道文人的笔下，他们对小青普通的出身一笔带过，却着力渲染其种种不凡的"宿命"，从而为普通少女的人生添加了灿丽的光彩。

再如贺双卿，从史震林及同时文人含糊的描述中，可以得知倘若

---

1. 支如增：《小青传》，陈文述编：《兰因集》，见丁丙编：《武林掌故丛编》第八集，江苏广陵古籍刻印社 1985 年版。
2. 陈文述：《小青墓志》，陈文述编：《兰因集》，见丁丙编：《武林掌故丛编》第八集，江苏广陵古籍刻印社 1985 年版。

确有其人，作为《西青散记》女主角原型的"她"本为金坛地方农户的女儿，但在文人的生花妙笔下，她的人生被添加了许多神秘的色彩，从而淡化了其普通的出身。史震林这样介绍双卿的身世，"双卿者，绡山女子也。世农家，双卿生有宿慧，闻书声，即喜笑。十余岁习女红，异巧，其舅为塾师，邻其室。听之悉暗记，以女红易诗词诵习之。学小楷，点画端妍，能于桂一叶写心经"，[1] 通过"宿慧"，文人将普通女性从世俗生活中抽离出来，将之与璀璨的文字世界联系起来，从而开始了制造"才女"的第一步。

再如叶小鸾，她和小青以及双卿的不同之处，在于其人真实性的毋庸置疑，而且她出身吴江名宦之家，在身世上不需要文人煞费苦心地加以经营点染。但对于这样普通的闺阁少女，文人同样通过文字，将之从芸芸众生中拔出并置于一种顶礼膜拜的"高位"之上，在现存关于其生平的记载中，无不充满了种种神化的笔调，沈宜修曾以骄傲又痛苦的心情回忆叶小鸾在童稚时期表现出来的不同寻常，"余归宁，值儿周岁，颇颖秀。姆母即余表妹张氏，端丽明智人也，数向余言：是儿灵慧，后日当齐班、蔡，姿容亦非寻常比者。四岁，能诵《离骚》，不数遍即能了了。又令识字，他日故以谬戏之，儿云：'非也，母误耶？'舅与姆甚怜爱之。十岁归家，时初寒，清灯夜坐，槛外风竹潇潇，帘前月明如昼，余因语云：'桂寒清露湿'，儿即应云：'枫冷乱红凋'。尔时喜其敏捷，有'柳絮因风'之思，悲夫，岂竟为不寿之徵乎？"[2] 诗为谶语，在此又为叶小鸾的生平涂上了一层神秘

---

1. 史震林：《重订西青散记》卷三，清刊本。
2. 沈宜修：《季女琼章传》，见叶绍袁编：《午梦堂集》，中华书局1998年版，第201页。

的色彩，而面对叶小鸾的突然夭亡，无法理解的父母及亲人往往只有将她想象成为仙女下凡才能稍稍缓解悲痛。晚明以来，江南地区巫术发达，扶乩术盛行，在此氛围中，或许叶小鸾周围的文人的确对她的前世深信不疑，但这种描述还是给才女的人生增添了几许宿命的意味。

才女的神化不仅表现为生命出世的不同凡响，在更多的生活细节中，她们也显现出不同于凡俗中人的种种另类之处。如小青"时时好与影语，斜阳花际，烟空水清，辄临池自照，絮絮如问答。女奴窥之即止，但见眉痕惨然。尝有'对影自临春水照，卿须怜我我怜卿'之句"，[1] 在晚明文人笔下，冯小青显得细腻敏感，其体态、情感和思想等，都充满了和尘世格格不入的氛围。沈宜修形容叶小鸾，"性高旷，厌繁华，爱烟霞，通禅理"，[2] 不仅如此，难得的是这样的才女却同时拥有不凡的姿容，"儿鬒发素额，修眉玉颊，丹唇皓齿，端鼻媚靥，明眸善睐，秀色可餐，无妖艳之态，无脂粉之气。比梅花，觉梅花太瘦；比海棠，觉海棠少清，故名为丰丽，实是逸韵风生，若谓有韵致人，不免轻佻，则又端严庄靓。总之王夫人林下之风，顾家妇闺房之秀，兼有之耳"。[3] 不可否认，如同其父叶绍袁所认定的那样，叶小鸾的确是才、色、德兼具的闺阁少女，但通过文字的抽象和疏离，在文本中呈现出来的是不食人间烟火的"神女"形象，它与生活中那个普通少女的原型已经相去太远。

又如贺双卿，在史震林的审美观照中，双卿的一举一动都充满了

---

1. 支如增：《小青传》，陈文述编：《兰因集》，见丁丙编：《武林掌故丛编》第八集，江苏广陵古籍刻印社 1985 年版。

2. 3. 沈宜修：《季女琼章传》，见叶绍袁编：《午梦堂集》，中华书局 1998 年版，第 202 页。

难以言喻的美感，他形容种瓜时的双卿"眉目清扬，意兼凉楚"，[1] 洗衣时的双卿"浣衣汲水，娟然坐石"，[2] "双卿出浣衣，元绫裹鬓，弱不胜衣"，[3] 割稻时的双卿"俯仰疾徐，皆有风韵，纤眉若画，耳环的烁，映日如星。反襟拭汗，颜愈韶丽"。[4] 通过这些华丽文字的点缀，双卿已经远离了日常生活的农妇身份，成为史震林一帮文人顶礼膜拜的"神女"。史震林的朋友赵闇叔曾寄书双卿云，"日者拜仙容，诵清咏，人间天上，绝世无双，所以欣喜过望，疏狂之态，有不可自思者矣。杨花之讽，敢不谨钦！鄙人素有怜才之癖，访之累年，终无可意，后遇弄月仙郎，自谓意满，不敢复有他望，岂知忽遇卿哉。鄙人之遇卿，幸中之幸也；卿之遇弄月仙郎，不幸中之幸也"，[5] 将这种"绝世无双"的表述施之于在农田劳作的普通妇女，正像史震林这样的边缘文人以"弄月仙郎"自居一样，在行文的典雅和优美中，却有一种奇妙的反讽效果。

2. 委婉曲折的身世因缘

文人缔造"薄命才女"神话的第二个步骤是委婉曲折地讲述才女的"薄"命。中国社会向来流行"艰难困苦，玉汝于成"之类的人生教条，于文人而言，则更倾向于将世间的种种艰难曲折，视作使人脱颖而出必须经历的磨砺过程，孟子云"天将降大任于斯人"等，在某种程度上，正是文人磨砥自我时所持有的坚定信条。或许在晚明以及嘉道文人看来，才女的"薄命"，在一定程度上而言，正是上天要玉成她的考验。鉴于此，才女所遭受的命运磨折越多，就越能现出她火中清莲的本相。

---

1. 2. 史震林：《重订西青散记》卷三，清刊本。
3. 4. 5. 史震林：《重订西青散记》卷四，清刊本。

即以冯小青为例，从她的故事形成之日起，便多有令人费解之处，如小青身处窘境，却拒绝杨夫人提出的改嫁建议，自我断绝生路，显得不近人情。晚明文人根据小青本事改编的作品中，有不少都为小青安排了另嫁良人的美满结局，正从侧面说明了本事中小青行为的奇僻。小青坚决拒绝改嫁，理由是"去则弱絮风中，住则幽兰霜里，兰因絮果，现业谁深？若便祝发空门，洗妆浣虑，而艳思绮语，触绪纷来，正恐莲性虽胎，荷丝难杀，又未易言此也"，[1] 词藻的华丽虽然读来凄婉动人，却并没有说清楚她的想法。意识到自己处境岌岌可危，却不采取有效的措施自我拯救，这种以自虐为抵抗的人生态度，却得到了文人的大力吹捧，实在是值得深思的问题。[2] 虽然以华丽的文字包装、演绎冯小青的人生，从晚明到嘉道的文人却似乎很少以理性的态度来看待小青的悲剧，最常见的思路是将一切归之于嫉妒的大妇和无用的冯生。[3] 对于大妇的暗中加害，小青曾感慨"吾即不愿人世，亦当以净体皈依，作刘安鸡犬，宁以一杯鸩断送耶"，[4] 已经隐隐透露了无意于人世的心曲，而署名小青所作的《天仙子》词云"文姬远嫁昭君塞，小青又续风流债，也亏一阵黑罡风，火轮下，抽身快。单单另另清凉界，原不是鸳鸯一派，休猜做相思一概"，[5] 对所

1.4. 支如增：《小青传》，陈文述编：《兰因集》，见丁丙编：《武林掌故丛编》第八集，江苏广陵古籍刻印社 1985 年版。

2. 陈文述《小青墓志》中认为小青"生前金石，尚留报杨之书；劫后檀旃，胜有焚余之草。询闺阁中之羁人志士，妾媵中之孽子孤臣矣"，陈文述编：《兰因集》，见丁丙编：《武林掌故丛编》第八集，江苏广陵古籍刻印社 1985 年版。

3. 陈文述编有《兰因集》两卷，收录从晚明到嘉道时期文人关于小青的作品，基本都以妒妇迫害侍妾的框架来演绎该故事。

5. 陈文述：《兰因集》，见丁丙编：《武林掌故丛编》第 8 集，江苏广陵古籍刻印社 1985 年版。

谓良人，她在情感上表现得非常淡漠。在这个晚明常见的妒妇迫害侍妾的故事里，包含着更复杂的意蕴，即小青并非为了争宠而使得自己抑郁不堪，虽然身为下贱，对处处提防自己的大妇和懦弱无能的丈夫，她表现出了同样的不屑。潘光旦曾撰文分析小青心理，认为她因为影恋和对性的厌恶而致轻生，[1]虽然借鉴西方的理论来分析传统中国的故事，不无削足适履之感，潘文的分析却点出了小青性格中关键的一点，即自恋。正因为自恋，她临水自照，顾影自怜，所以有临终写照一节。

值得注意的是，署名小青的诗词中有读《牡丹亭》一首，所谓"冷雨幽窗不可听，挑灯闲看《牡丹亭》。人间亦有痴于我，不独伤心是小青"，[2]亦有学者点出小青的临终写照是受到了《牡丹亭》杜丽娘丹青写照的影响。[3]又因为自恋，她临终前"水粒俱绝，惟日饮梨汁少许，然明妆靓服，………，未尝蓬垢偃卧也"，而最后"取（小照，笔者注）供榻前爇名香，设梨汁奠之曰'小青小青，此中岂有汝缘分耶'，抚几而泣，泪与血俱，一恸而绝"，[4]宗教狂热般的祭祀更是折射了她对自我的迷恋。盖以才貌双全的少女，虽然出身社会底层，幼小的年龄和阅历的缺乏，使得她对自我的人生高自期许，却很难意识到人生真实的残酷性。故而一旦落入生活的罗网，只会在理想和现实的巨大差距中但求速死，这种对生命的决绝情绪，反而表现出对人生强

1. 见潘光旦：《冯小青性心理变态揭秘》，文化艺术出版社 1990 年版。
2. 见陈文述编：《兰因集》，见丁丙编：《武林掌故丛编》第八集，江苏广陵古籍刻印社 1985 年版。
3. 见毛文芳：《物・性别・观看：明末清初文化书写新探》台湾学生书局 2001 年版和高彦颐：《闺塾师》，江苏人民出版社 2005 年版。
4. 支如增：《小青传》，陈文述编：《兰因集》，见丁丙编：《武林掌故丛编》第八集，江苏广陵古籍刻印社 1985 年版。

烈的热情和热情得不到满足的幻灭，也可以说是一种未能面对真实人生而作出的逃避。将小青传记中提到的种种反常行为稍作理性分析，心高气傲的青春少女（小青被记载的年龄为十六岁到十八岁）在婚姻生活中的不适是这个故事给人最直接的感受，而通过文字的掩盖，种种年龄、社会或者说阶级差距[1]造成的人生悲剧被淡化，事实上这些因素或许更能说明小青故事所包裹的真相。通过对诸多神秘生活细节的渲染和突出，文人将心高气傲的少女，包装成自天上降落于人间的精灵，以不能适应尘世的风霜遽尔逝去，在这种尘世历难的过程中，她经历的苦难和其人对苦难超乎寻常的坚忍态度，恰恰是文人的兴趣着眼之点。以"絮果兰因"，将才女的薄命和苦难归之于天意而加以审美观照，却不考虑在这个故事中女主角自身心理的种种乖僻之处，在忽视理性，以异常为美的奇特嗜好中，文人已经通过书写，完成了话语腾挪和改编。

又如叶小鸾，她在新婚前五日离世的悲剧故事，一直为文人所咏叹、唏嘘不已。对她的离世，其家人坚定不移地相信她是仙女下凡，故而不能久留人间。沈宜修曾痛苦地回忆，"后徐思之，儿岂凡骨，若非瑶岛玉女，必灵鹫之侍者，应是再来人，岂能久居尘世耶？"[2]小鸾生前酷爱"石径春风长绿苔"一句，其上句为"仙人来往行无迹"，在她逝世后，沈宜修猛然想到这就是诗谶，它早早就暗示了叶小鸾的归去。[3]后来叶绍袁又通过当时苏州著名的女灵媒和小鸾对话，扶乩

---

1. 小青为扬州人，晚明扬州流行买"瘦马"为妾，小青的出身庶几等于"瘦马"。冯生买她为妾，她与冯家人之间的买卖关系其实就是一种经济和阶级的关系，而在文人的笔下，这种真相却鲜有人提及。

2. 沈宜修：《季女琼章传》，叶绍袁编：《午梦堂集》，中华书局1998年版，第203页。

3. 同上书，第204页。

第三章 江南文人的情感话语和女性书写　　　　　　171

结果显示小鸾的确是成仙归去。对小鸾在婚前五日逝世这一事实，当时人就有"福薄"说法，[1] 之后叶家及同时文人的种种祭祀及扶乩活动，昭示了小鸾是仙女下凡，这一传说又通过文人书写得以流传巩固，这个夭亡于十七岁的少女渐渐演化为乘风归去的才女典型。

以现代科学的分析来透视叶小鸾传说，可以看到，作为中表通婚产物的叶氏子女，先天就体质孱弱，叶绍袁和沈宜修共育有子女七人，而多数夭亡。家族的女性，尤其是小鸾，由于父母的爱惜和家庭良好文学氛围的熏染，在精神和身体上都呈现出更纤弱的一面，观其诗词，遣词造句轻倩冷俊，都显出早慧才女的细致和柔弱。她如此聪慧，其长姊不幸的婚姻很可能会使她对出阁后的未来生活充满焦虑，事实上，她的二姊曾作有杂剧《鸳鸯梦》，以她们姊妹三人为剧中主角，流露出了强烈的逃离婚姻和尘世的想法。高彦颐曾提出叶小鸾、叶纨纨及她们的一个兄弟先后逝世，很可能和当时流行的某种疾病有关，[2] 而对婚姻的恐惧和修道的向往，使得她于不自觉中放弃了对疾病的抵抗。囿于时代局限，当时文人对小鸾夭折见解有限，如小鸾舅舅认为"汝元从蕊珠碧落而来，示现一十七年，将嫁不嫁，完汝莲花不染之身，不惜以身说法，蝉蜕而逝，度兹有情眷属，则汝之来，岂偶然者邪！"[3] 不可否认，叶小鸾身边的文人都真诚地相信她是仙人转世，但在这种以文字为媒介的悼念活动中，通过文字的包装和渲染，种种客观分析的缺席，使得生活中朴素的常态被遮掩，奇异突兀的表象被提炼突出，关于薄命才女的书写符号遂得以形成。

---

1. 叶绍袁：《祭亡女小鸾文》，叶绍袁编：《午梦堂集》，中华书局 1998 年版，第 371 页。
2. ［美］高彦颐：《闺塾师》，江苏人民出版社 2005 年版，第 222 页。
3. 沈自徵：《祭甥女琼章文》，见叶绍袁编：《午梦堂集》，中华书局 1998 年版，第 366 页。

冯小青和叶小鸾的故事，从晚明到嘉道，一直影响甚大。从嘉道文人对"薄命才女"的书写来看，他们采取的包装手法，基本和晚明一脉相乘。如随园女弟子金逸，时人记载她曾与陈基"尝同梦至一处，烟水无际，楼台出没云气中，仿佛有人告之曰'此秋水渡也'，因共联句，醒而忆'秋水楼台碧近天'七字。其后纤纤小病母家，一夕扶病归，谓竹士曰'侬殆将不起矣，昨夜梦数女伴邀登一舟云将往秋水渡，梦兆如此，欲生得乎？'果阅十日而卒"。[1] 又如嘉道时期杭州才女夏伊兰，聪慧多才，年仅十五岁即夭亡。《正始续集》记载她"道光六年六月朔，沐浴更衣，拜母前曰，'儿欲去'，母问何往，女曰，'儿谪限已满，仍归雷庙天上差乐，毋以为念也'。母泣下，反劝慰百端。遂于初四日殁，年仅十有五岁"。[2] 苏州郭佩芳在嫁前数日而卒，时人悼念云，"前身供奉玉皇家，小谪红尘也足夸。淑女声名自贤孝，汾阳家世况清华。千秋劫火悲遗草，一夜春风冷笔花。为忆仙山急归去，碧云留送紫鸾车"等，[3] 都是运用华丽的词藻，将普通少女的人生描绘得神彩四射。又如常州才女庄盘珠，也是出生时就有异兆。[4]

值得注意的是，晚明冯小青、叶小鸾等人的传说，到了嘉道时期，已经成为文人和才女竞相模仿、比照的对象。不仅冯小青"絮果兰因"的典故屡屡被文人闺秀征引于笔下，连冯小青的行为也成了一种模拟的对象。如陈基的继妻王倩，在临终前就日饮梨汁，绝命诗更

---

1. 陈文述：《碧城仙馆诗钞》，民国六年国学扶轮社刊本。
2. 恽珠、完颜妙莲保：《国朝闺秀正始续集》卷九，清道光十六年红香馆刊本。
3. 蒋坦：《题郭慧瑛女士佩芳遗照》，见《花天月地吟》卷五，清道光二十四年刊本。
4. 施淑仪：《清代闺阁诗人征略》卷六，文海出版社1991年版。

云，"半杯梨汁半瓯浆，精气销磨那得长"，[1] 仿佛她在临终前已经领悟到自己和冯小青之间宿命的联系。又如陈文述的继室管筠，曾作诗提到自己是小青后身，时人亦以之和小青相比，以为一为薄命，一为有福。[2] 又如山阴孙道乾为悼念爱女孙芳祖早逝作《小螺庵病榻忆语》，遍征文人题咏，时人皆以孙芳祖比之于叶小鸾。[3] 通过这些比拟可以看到，话语符号，即文字和它所承载的观念、形象等，对后来的文人和文化起着奇特的召唤作用。在这种召唤作用下，虚构与真实的界限被打破，文字中的亡魂以"借尸还魂"的方式重新活跃在人间，虽然其中已经隔着深深的鸿沟。

二、风雅名妓

青楼的本质是交易，换言之，无论文人在狭邪笔记及相关文学中如何渲染青楼的风雅和名妓的风采，却终究难以掩饰青楼钱色交易的龌龊本质。嘉道狭邪笔记中，遍布着温情脉脉的文士和风雅多情的名妓，然而征之于同时代白话小说如《风月梦》等，却呈现出截然不同的另一番景象。又如稍早于嘉道文人，生活在南京的吴敬梓，在《儒林外史》中曾生动记述了南京城中所谓"名士"与"名妓"交往的

---

1. 郭麐：《灵芬馆诗话》卷八，《灵芬馆全集》，清嘉庆光绪间刊本。
2. 管筠《颐道主人为菊香小青云友修墓于孤山葛岭间，营兰因馆合祀之赋诗纪事，余既为〈重修三女士墓记〉并和四律》和辛丝《颐道夫子重修菊香小青云友三女士墓，诗用鸥波夫人韵》，均见陈文述：《兰因集》，见丁丙编：《武林掌故丛编》第八集，江苏广陵古籍刻印社1985年版。
3. 如郑明志（澹园）云，"手把芙蓉返帝乡，小鸾仙去月华凉。伤心白发梅花叟，挥泪重编《午梦堂》"，又如钱稼秋（穗生）云，"鸾闺娇小忆平阳，金鹿词成枉断肠。不道侍书归月府，人间难觅《返生香》"，均见《小螺庵病榻忆语》题词，见虫天子：《香艳丛书》卷三，人民文学出版社1992年版。

场景，可作对比。首先，可以看看嘉道文人笔下视为游仙窟的妓院场景：

> 当下带着两个婊子，回到家里，一进门来，上面三间草房，都用芦席隔着，后面就是厨房。厨房里一个人在那里洗手，看见这两个婊子进来，欢喜的要不的。[1]

其次，可以看看文人与妓女的具体交往细节：

> 大爷、二爷进来，上面坐下。两个婊子双双磕了头。六老爷站在旁边。大爷道："六哥，现成板凳，你坐着不是。"六老爷道："正是。要禀过大爷、二爷：两个姑娘要赏他一个坐？"二爷道："怎么不坐？叫他坐了！"两个婊子，轻轻试试，扭头折脖颈，坐在一条板凳上，拿汗巾子掩着嘴笑。大爷问："两个姑娘今年尊庚？"六老爷代答道："一位十七岁，一位十九岁。"王义安捧上茶来，两个婊子亲手接了两杯茶，拿汗巾揩干了杯子上一转的水渍，走上去，奉与大爷、二爷。大爷、二爷接茶在手，吃着。……六老爷和大爷说着话，二爷趁空把细姑娘拉在一条板凳上坐着，同他捏手捏脚，亲热了一回。[2]

这里的大爷和二爷并非普通的市井中人，而是贵州都督府的两位公

---

1. 吴敬梓：《儒林外史》，人民文学出版社 1958 年版，第 434 页。
2. 同上书，第 437—438 页。

子，应试南京，偶作花场游戏。类似的场景在《秦淮画舫录》中却是另外一番景象：

> 秋槎公子由楚赴吴，迂道白门，偶与韵仙相值，两情眷眷，有若夙缘。携之游仓山，主人为治具，余与邺楼，复招素月、佩兰来，公子皆淡漠视之。盖心目中，只一韵仙也。逮公子解缆，韵仙又买舟送至三十里外。倾城名士，相得故相悦耶。

相比较而言，《儒林外史》的描述显得通俗平实，而《秦淮画舫录》的记录则更雅致。其中固然有文体，以及虚构和真实记录的差别，但吴敬梓《儒林外史》带有一定本人自传的成分，且于世事讽刺中往往能够"秉持公心"，[1] 故《儒林外史》的叙述应该更能反映当时青楼交游的真实状况。从《儒林外史》到《秦淮画舫录》的写作，相距数十年时间，虽然也有时间变迁导致的社会实践变化，但《秦淮画舫录》的文字存在着较强的美化倾向，则是显而易见的。

如第二章所述，晚明以来的狭邪笔记，文字存在着强烈的美化倾向，而文字的美化，是文人将"名妓"从一般青楼女子序列中抽离出来采取的常用手法。这种文字的美化，首先表现在对"名妓"居住环境的修饰，如：

> 日初过午，卖花声便盈街市，茉莉珠兰，提篮挈杯，不异曼翁前记所云。近更缀以铜丝，幻成鱼篮飞鸟，可以悬诸帐中。比

---

1. 鲁迅：《中国小说史略》，东方出版社 1996 年版，第 175 页。

及昏黄，则雪花齐放矣。酒醒梦迴，芳馨横溢，和以气肌芟泽，如游众香国中。[1]

张佩仙，……所居雕栏曲槛，绣幕绮窗，瓶菊盆梅。四时擅胜，以红氍毹贴地，四面张云母屏风。一室篝灯，照耀如白日。风吹檐角，玉马丁东，与蚪箭铜壶相应，虽司空见惯，亦不能不目眩心迷也。院中如庭榭之绮丽，服饰之华奢，以及旨酒佳肴之美，器皿什物之精，人间艳福，为若辈享尽矣。[2]

簪髻尚鲜花，厌珠翠，山塘列肆，半开花窖，烘诸花，能令先时开放，谓之唐花。比京师唐花较美，惟牡丹最易烘而叶难发越。新年取花叶全美者，种以磁盆，售善价，有花无叶者，编以铜丝，杂缀碧桃兰蕙诸花，供髻边插戴。鸳瓦雪深，鸦鬟春暖，过客遇之，几疑身入蓬山阆苑中也。[3]

中国文人历来有游仙的情结，美妙娇好的仙女，居住在洞天深处，轻易不与凡俗中人觌面，要见到她们往往是由于偶然阑入仙境，于恍惚迷离中才能见到真容，类似的叙述，在中国文学中比比皆是。嘉道文人将青楼描述得如同仙境，无疑是游仙情结在此又得到了搬演。事实上，如前文所引，《儒林外史》中庸俗凌乱的情状在青楼中也应存在，但嘉道文人却并不会将之采入书写范围。

进入游仙世界之后，文人往往会见到面容姣好，谈吐文雅的神女——即名妓，这是文人在第二个层面对名妓进行的"包装"。名妓

---

1. 珠泉居士：《续板桥杂记》，清乾隆五十七年西西山房刊本。
2. 西溪山人：《吴门画舫录》，清嘉庆十一年红树山房刊本。
3. 个中生：《吴门画舫续录》，清道光来青阁刊本。

之所以楚楚动人，首先在于美丽的容貌和得体的修饰，如：

朱大，苏州人。身体弱小，人戏以朱骨称之。盖细骨轻躯，践尘无迹。倘舞迥风，当挽留仙之裙也。鬓发如云，明眸似水，骤与之遇，神光陆离。[1] 史文香，行二，居上塘，颀身玉立，如灵和杨柳，袅娜临风，丰度为诸姬所罕媲。[2]

汪疏云，行大，居丁家巷，修体纤腰，举止庄雅，艺亦臻妙境。[3]

宫雨香，名福龄，桃花颊浅，柳叶眉浓，离合神光，不可迫视。[4]

在嘉道文人的笔下，名妓娟然美好，一如传说中可闻不可见的仙女，而在一定程度上，嘉道文人有意无意地对名妓进行了神女化、文人化的包装。如：

王秀瑛，小名爱儿……，闺阁幽深，翛然绝俗。有伧父某以白金四十啖其母，谋一夕欢不可得。惟二三知己，相对永夕，杯茗清谈，鲜及于乱。遇缓急倾赀相助，不望报也。其性情矜尚如此，……是盖青楼中最有品者……有妹曰二姑，沉静寡言笑，高自位置，亦大有姊风。[5]

---

1. 5. 珠泉居士：《续板桥杂记》，清乾隆五十七年西西山房刊本。
2. 西溪山人：《吴门画舫录》，清嘉庆十一年红树山房刊本。
3. 个中生：《吴门画舫续录》，清道光来青阁刊本。
4. 捧花生：《秦淮画舫录》，有正书局民国三年刊本。

杜凝馥，字宛兰，行三，居下塘，柔情绰态，一时有牡丹之目。性爱兰，碧箔银床，香气盈室。既对美人，复把骚客，过者往往流连忘返。……但其厌弃繁华，自伤漂泊，研花楼上，默坐垂帘，或刺绣临窗，客来谢去。殆所期良远，不作雨后荷珠耶。[1]

张宝龄，字蘅香，金陵人，姿媚天成，可于丽人行中得之。沉默寡言语，往往偕客对坐，寒暄外，寂不发声，客亦不病其冷也。[2]

青楼以赢利为本质，青楼女子往往各出手段，只为掏干客人钱囊，何以嘉道文人笔下，却屡屡出现矜持沉默的名妓形象，其中颇有费人捉摸处。不可否认，有部分名妓会出于沽名钓誉的考虑，故意自高身价，制造一种难以接近的假相，其目的却不过是为寻求更好的金主。但从文字记载来看，文人非常欣赏名妓这种矜持自守的风格，以至于嘉道狭邪笔记的记述中，充满了沉默寡言、轻利益重情意的名妓，而以迷魂色阵摆弄客人的拜金女郎反而难得一见，也可以说是咄咄怪事了。名妓不仅具有文士的清高，还具有文人好学的品质，如：

沈素琴，居城内丽娃乡，淡妆素服，不事铅华，粗识字。喜诵唐人诗句，对客无寒温语。惟借扇头书约略读之，可以想其风趣矣。[3]

---

1. 3. 西溪山人：《吴门画舫录》，清嘉庆十一年红树山房刊本。
2. 捧花生：《秦淮画舫录》，有正书局民国三年刊本。

钱素越，行四，本锡山人。长养吴门，住城中渔郎桥，脂肤蒐手，雅淡宜人。性耽文墨，恒自叹髫年未学，然诗书之气，时流霭于眉宇间。随园所谓"书到今生读已迟"，其夙根固不凡欤。好与文士杯酒言欢，酒阑即肃容送客，不及乱。[1]

顾月舟、云洲，杨树弄双姊妹也。月舟行四，云洲行五，好读书，不喜装饰，案头无脂粉，亦无笙笛琵琶诸具，惟六朝三唐诸名家诗数十卷。余初晤时，问姊妹喜读何人诗，答以无从去取，但指王翼云所注《古唐诗合解》云，"似乎选路太窄，当购何人选本?"余几无以应，时余饮于他处，乘醉过访，闻其言，觉肃然起敬，不敢久留。[2]

名妓不仅姿容美艳，雅好诗文（姑且不论这种雅好是出自内心的好学还是迎合文人的一种表演，也不论其诗文修养已经达到何种水平），还表现得风度雅致，落落大方，颇具闺阁女性风范，这是嘉道文人醉心于名妓的另一种缘由：

许寿子本郡人，年逾二纪，举止风韵，俨如闺阁中人。[3]

崔秀英，一名漱英，行二，居山塘彩云巷。丰肌弱骨，雅度翩跹，洗净铅华，见者不疑其平康中人也。慕寂静，寡酬应，常买舟西子湖，登鹭岭，步苏堤，抚西泠松柏，吊小青墓，飘飘有出尘之想。[4]

---

1. 2. 个中生：《吴门画舫续录》，清道光来青阁刊本。
3. 珠泉居士：《续板桥杂记》，清乾隆五十七年西西山房刊本。
4. 西溪山人：《吴门画舫录》，清嘉庆十一年红树山房刊本。

> 朱静兰，行大，居上塘由常巷，态度闲适。慧心沉默，妆束雅素，绝不类平康中人。[1]
>
> 袁玉苓，行四，郡中人，端妍如良家妇。[2]

于青楼泥潭之中，拔出青莲几许，在花天酒地之间，却将赞许的眼光投向有良家风范的妓女，文人这种矛盾的心态颇值得玩味。姑且不论文人为何会有这种矛盾的心理需求，在嘉道狭邪笔记中，文人通过对青楼女子容貌情态、文人习气和良家风范三个方面的强调，建构了一个理想的青楼世界。

与之相对照的，是文人对不符合他们标准的妓女的贬斥，首先遭到贬斥的是部分贪财好利的妓女。如：

> 童某官，行大，居濠上，蛾眉蠙首，飘逸轻盈……。有甲乙争购之，姬绐甲曰，持若干来，如言脱付，以掘挡家计。约时日，至期往，则归乙已数日矣。……甲固不足惜，若姬者，亦太狡矣哉。[3]

文人看不上的还有无情的妓女，于青楼中寻求知音，要求妓女守节，文人的要求虽然匪夷所思，却并不妨碍对青楼文学中这种书写传统的接续和强化。

嘉道文人笔下，对不通文墨的妓女也颇有微辞，如：

---

1. 个中生：《吴门画舫续录》，清道光来青阁刊本。
2. 捧花生：《秦淮画舫录》，有正书局民国三年刊本。
3. 西溪山人：《吴门画舫录》，清嘉庆十一年红树山房刊本。

徐素琴，居下塘，假母姓许氏，貌丰而口给，一室诙谐，当者辟易。善居积，擅货财，富甲教坊中。姬有母风，目灼灼照四筵。居常作娇慵态，喜倚人而坐。白堤风暖，花市春柔，同人课集诗舫，邂逅姬，迎之来，将使磨隃糜、爇都梁，如紫云捧砚，效水绘园故事。而姬不知许事，且食蛤蜊。未几，将脱稿，递为欣赏，举坐吟哦，姬睥睨良久，不复可耐。夺片纸接碎之，投诸流，姬固玉溪生所谓杀风景者，而书生腐气，敝帚千金，向不识之无人，刺刺诵诗文不已，鉴于姬，其亦知戒也夫。[1]

虽然对腐气腾腾的书生不无讽刺，但文人的落笔处，却更多是嘲讽那些不通文墨破坏韵事的妓女。

在建构了两种截然不同的青楼女性形象的同时，文人往往以文化权威的口吻，赞扬他所缔造的"名妓"神话。如：

河亭设宴，向止小童歌唱，佐以弦索笙箫。年来教习女优，凡十岁以上，十五以下，声容并美者，派以生旦，各擅所长，桩束登场，神移四座。缠头之费，十倍梨园。至于名妓仙娃，亦各娴法曲，非知音密席，不肯轻啭歌喉。若《寄生草》、《剪靛花》淫靡之音，乃倚门献笑者歌之，名姬不屑也。[2]

郑墨琴，字韵梧，少字良家，……遂入籍，居恒怏怏，不屑作倚门伎俩。欲择人事，而物色风尘，蹉跎未偶者数年矣。闻余

1. 西溪山人：《吴门画舫录》，清嘉庆十一年红树山房刊本。
2. 珠泉居士：《续板桥杂记》，清乾隆五十七年酉西山房刊本。

辑《画舫录》，介客述梗概，属书之，且曰："儿心事不得白久矣。
如过此三年不嫁，儿诚非人，则载诸简者，请削以惩其谬。"余
笑谓客曰，"羊叔子何如铜雀台妓，此戆言也。姬何重视是录乎"，
然志足嘉也，故记之。[1]

可见，通过评价臧否的方式，文人的青楼书写有意无意地树立了一种
"名妓"模式，即他们认为值得记载的美好妓女的标准，那也是嘉道
文人作狭邪笔记，为名妓写传时所暗持的尺度。值得注意的是，文人
对无识妓女的讽刺，究竟是一种平实的态度还是出自苛刻心态，换言
之，上文举例中提到的妓女，在嘉道时期的青楼中是绝大多数，还是
少数另类，这是分析文人态度的关键。在《吴门画舫续录》中，作者
提到：

> 程月娥，行二，……因父死无以偿逋负，堕入青楼，故酬对
> 羞涩，而女工独娴。兼善刷印碑版坊刻，命作校书，实不负名矣。
> 惜狭斜中重歌舞而轻文墨者十八九也。

"惜狭斜中重歌舞而轻文墨者十八九也"，可以看出，尽管文人以书写
的方式缔造了青楼的名妓神话，他自己对之却有清醒的认识，即文人
笔下建构的青楼世界，与现实世界相差甚远。

从嘉道文人的表述可以发现，他们在写作狭邪笔记时，往往
以《板桥杂记》为圭臬。嘉道文人的青楼书写，其文字所指向的对

---

1. 西溪山人：《吴门画舫录》，清嘉庆十一年红树山房刊本。

象——青楼世界，已经和《板桥杂记》记载的晚明秦淮有了很大的差别，这主要由晚明至嘉道社会的变化导致。[1]当社会实践已经发生了根本的改变，嘉道文人的青楼书写却依然呈现出一种向典范，即《板桥杂记》回归的态势，这不仅表现在嘉道文人写作上对《板桥杂记》的模仿，还表现为嘉道文人对晚明风流余绪的自觉认同和接续。这种向典范回归的互文书写在文学史，或者说文化史上屡见不鲜的，最典型者如文学典故的反复征引。与单纯文学典故征引不同的是，晚明以来，文人缔造的才女和名妓的流行书写，在清代得到广泛的流传和认同，文人不仅在写作时会征引前人的典故，在现实生活中，也会以自己的人生接续、再建话语符号所建构的"神话"。他们与话语符号的关系并非油之于水的单纯混合，而是盐溶于水，于其中有着更深的投射和寄寓。

第三节　女性的投射和文人的挪用

嘉道文人对晚明以来才女和名妓"神话"的投射，在文学史上并不是偶然的现象，至少上溯到晚明，这种虚构和真实的混淆就曾出现过，最明显的例子即晚明汤显祖《牡丹亭》的轰动及时人对之的迷恋。如本章第二节提到冯小青挑灯夜读《牡丹亭》和临终写照，显然就是《牡丹亭》影响之下的产物，包括小青的顾影自怜，和杜丽娘描

---

1. 往深处推究，在余怀及晚明文人关于秦淮妓女的书写中，也存在着将少数名妓纳入自己的书写范围，从而制造"名妓"神话这样的问题。

影写照时"一旦无常，谁知西蜀杜丽娘有如此美貌"的感叹则如出一辙。自《牡丹亭》问世之日起，关于女性读者为之断肠的传说一直没有中止过，如杨复吉《三妇评〈牡丹亭〉杂记》跋提到：

> 临川《牡丹亭》数得闺阁知音，同时内江女子因慕才而至沉渊。兹吴山三妇，复先后为之评点校刊，岂第玉箫象管，出佳人口已哉！近见吾乡某氏闺秀，又有手评本，玉缀珠编，不一而足，身后佳话洵堪骄视千古矣。[1]

闺秀在阅读《牡丹亭》的过程中，往往以自己的人生投射在作品之中，甚至过于投入、情难自已，如内江女子沉渊自尽，俞娘的早逝[2]以及吴人的三任妻子等。而钱宜曾祭祀杜丽娘，又和丈夫一起共同梦到杜丽娘，种种怪诞的传说，都在一定程度上丰富了《牡丹亭》的延伸阅读。而这些女性如此热切地将虚构的杜丽娘看作实有其人、实有其事，并以自己的人生与之比拟、对照，使得《牡丹亭》的女性阅读呈现出更多值得思考的问题。[3]

在嘉道文人笔下，出现更多的女性亡魂是冯小青，从嘉道文人以及部分闺秀的描述来看，这位早逝的薄命才女，在一定程度上即是人生宿命和无奈的象征。但必须看到的是，在闺阁女性和文人的笔下，

---

1. 吴人：《三妇评〈牡丹亭〉杂记》，见虫天子：《香艳丛书》，人民文学出版社 1992 年版。
2. 见张大复：《梅花草堂笔谈》，上海杂志公司民国二十四年版。
3. 关于《牡丹亭》的延伸阅读，可以参看毛文芳的《物·性别·观看：明末清初文化书写新探》中"杜丽娘的女性阅读"一节，台湾学生书局 2001 年版，和高彦颐《闺塾师》中的第二章"情教的阴阳面：从小青到《牡丹亭》"，江苏人民出版社 2005 年版。

同样是叙述小青故事，切入的角度和视点却有着很大的差别。在女性笔下，小青作为已经存在的"薄命才女"的典范，显示出某种召唤功能，她们将自己的人生投射于小青的故事中，映照出来的是女性对于自我命运的思考。而在男性笔下，女性始终是被凝视的对象，女性的经验被挪用于男性故事的编织和讲述，男性作为情感话语主体的位置始终岿然不动。

一、小青如镜：女性的投射与思考

1. 夏伊兰

嘉道时期著名的钱塘才女夏伊兰曾作有《小青曲》一首，表达她对薄命才女的怜惜之意：

> 春波泛碧春草绿，一抔香土埋香玉。蕙性兰心绝世无，可怜冷落阳春曲。
>
> 忆昔闺中待聘时，明珠无价玉无疵。蓬门不惮牵萝瘁，漆室畴闻倚柱悲。
>
> 轻狂偏有钱塘婿，费却黄金买佳丽。岂料南樛竟少恩，小星三五难援例。
>
> 牡丹一曲韵缠绵，午夜挑灯诵悄然。吟到返魂声惨切，梅癯柳瘦更谁怜。
>
> 怜卿才貌俱双绝，妒花风恶多磨折。啮臂犹留前日盟，同心已断来生结。
>
> 多少伤心泣暗吞，红罗三尺报深恩。如花丽质今何在，空胜蛟绡旧泪痕。

琼叶仙眉经淡扫，桃花人面依然好。湖滨风日似当年，可惜玉容人已老。

更有荒凉苏小坟，残碑终日倚河漘。侬家无限怜香意，一样西泠吊美人。[1]

所谓"怜卿才貌俱双绝，妒花风恶多磨折。啮臂犹留前日盟，同心已断来生结"，夏伊兰的感慨，仍然是从小青被丈夫辜负的角度而发。夏伊兰写这首诗时不过是十余岁的少女，诗中充满了怜惜之意和少女天真的愤慨。解读文学作品需要阅历，夏伊兰的生活圈子和人生阅历，使得她将小青的悲剧视作大妇残酷、良人不良的个例，而忽略了这一悲剧的普遍性和必然性。夏伊兰短暂的一生亦充满了种种神奇色彩，她为钱塘夏之盛女，年甫及笄，已经吟咏成集，十五岁卒，卒时她对家人言自己谪限已满，将归天上雷庙差乐。如此不同凡俗的才女早逝，自然引得文人为之纷纷题咏，其《吟红阁诗钞》后有诸多文人闺秀题咏，表达了对早慧却早逝才女的惋惜。前文已经提到，晚明到嘉道的文人喜爱作诗咏叹薄命才女，将之视作非人间久留之人，往往拈取其生活中种种奇特之事加以点染突出，刻意在文字符号系统中塑造不同寻常的才女形象，但事实上，这些才女除了有诗才之外，在生活中亦不过为普通的闺阁少女。而且她们的"诗才"，以其年龄和阅历而言固属难得，倘若将之放在整个文学系统中加以审视，却很难说有多高深的造诣。

即以夏伊兰为例，从她的《小青曲》可以看出，其诗作固然文采

---

1. 见夏伊兰：《吟红阁诗钞》，载蔡殿齐：《国朝闺阁诗钞》，清道光二十四年刊本。

灿然、文笔流畅，出于十余岁的少女之手确属不易，但她对小青悲剧的理解依然停留在较为肤浅的表面，她不过是用诗歌将这一传说故事再作了一次强调，其表述没有脱出晚明以来的陈词滥调。对于少女诗人来讲，早慧的灵气固然已经灼灼闪烁，但受制于年龄和阅历，其诗才的局限性却也显而易见。这种情况应该说具有相当的普遍性。现今学术界普遍认为明清以来妇女文学的飞速发展，是中国学术史上可以成立的事实，一个重要原因是明清时期出现了大量妇女诗文作品，但必须看到的是，明清妇女作品集的流传，在一定程度上得益于印刷术的发达，而其作品产生的年代距今不远，故更容易纳入研究者的视野。另一方面，汗牛充栋的妇女诗文集流传至今，在数量上固然倚多为胜，但透视其内容，真正能够突破窠臼，成一家之言，并在中国文学史上占有一席之地者则不多。就夏伊兰的诗作而言，亦是如此，观其《吟红阁诗钞》中的诸多诗作，如《暮雨》《即景》《月饼》《秋兴》等，在情感和笔调上都显出少女诗人的敏感和细腻，但若论到艺术成就和思想高度，却也只能说平平。但夏伊兰对自己的评价却相当高，她作有《圣因寺揽胜楼》云，"览胜还将胜境登，几回小憩倚枯藤。竹声多似清吟客，梅格高如戒行僧。游爱早春人寂静，饮当薄醉兴眷腾。散花我本天仙女，胜果能参最上乘"。"散花我本天仙女，胜果能参最上乘"，夏伊兰对自己的评价已不言自明。再看她的《偶成》云"人生德与才，兼备方为善。独至评闺材，持论恒相反。有德才可贱，有才德反损。无非亦无仪，动援古训典。我意颇不然，此论殊褊浅。……勿谓好名心，名媛亦不免"，可见她对自己的期许之高。

从《吟红阁诗钞》的题咏来看，夏伊兰在她短暂的人生中一直享有"才女"的声誉，旁人的夸赞在相当程度上促进了少女诗人自我认知的形成，也促进了她为加固这种认知而作的种种自我暗示。夏伊兰的早逝，在一定程度上亦成了她不同凡俗的另一重证据，所谓"吟红才奇数亦奇，黄绢新裁绝妙辞"，[1] "才"与"数"即命运的相反相成，在夏伊兰的身上得到再次印证。"碧海清天第一人，琼楼翠馆无双地。二月西湖春柳长，西湖西去水浪浪。此间知是埋愁地，小小青青总断肠"，[2] 夏伊兰生时作《小青曲》，表达她对古代薄命才女的哀悼，古代才女如镜，折射出的是闺阁少女的高傲和天真，亦折射出了"才女"符号形成背后的时代文化氛围。在她逝后，她亦被纳入了"西湖薄命才女"的体系中，以供后世瞻仰、题咏。文学作品的虚构，在现实生活中却得到了再现和搬演。

2. 金逸和王倩

金逸与王倩曾先后成为陈基的妻子，由于二人俱擅诗才，使得时人有"纤纤与梅卿先后为基室，向使一时共相倡和，定成合璧"的感慨，不幸的是，二人虽然才高，却俱"薄福"，都早早离开了人世，使得嘉道文人为之唏嘘不已。

陈文述《颐道堂诗外集》卷六收有若干诗作，皆为金逸和王倩两人而作，充满了惋惜之意。如《读吴门女史金纤纤逸〈瘦吟楼遗诗〉》云"花下帘栊月下楼，玉台簪笔亦风流。自怜瘦骨偏空病，天遣多情只合愁。鹦鹉绿沉纱幔影，海棠红冷玉阶秋。前身应住瑶清上，偶向人间亦遑游""镂雪团香笔一枝，关心只有落花知。人因似月留难久，才果如仙谪亦空。兰气化烟春命短，桐阴题梦雨声迟。论诗也合称倾国，想见惊鸿绝代姿"。又作《秋水楼台篇》，诗序中提到

1. 2. 蒋坦：《题夏琼仙女士伊兰〈吟红阁遗诗〉后》，见蒋坦：《花天月地吟》卷二，清道光二十七年刊本。

金逸曾和陈基同梦到秋水楼台，在卒前数日见到有仙人相邀请到秋水渡，对此陈文述以充满激情的口吻赞赏金逸，"因思闺阁中妙丽之质，幽艳之才，皆天上谪仙人也"。所以他接下来在诗作中反复咏叹"几生修到比肩人，一枕游仙亦同梦……小谪红尘廿五年，乘鸾人去玉成烟。仙郎怕说前生事，曾读南华第二篇。……我闻斯言亦怆神，空将慧业证兰因。玉宇楼台无双地，碧海青天第一人……"，以沉迷的口气反复说明金逸和仙界的宿缘。

同卷中也收有悼念王倩的作品，如《梅卿女士偕竹士来游云间，养疴余白苧城仓廒，匝月而殂。自知死期，临终澈然，有〈绝命诗〉六章，其二则指余也，用步原韵以当挽歌》云，"人间何处觅鸳浆，修到梅花命不长。诗带喘成千万语，字经指画两三行。丛残绢素香销歇，惆怅音容梦渺茫。百幅婵嫣空写遍，更无人为写明妆_{女士善画，欲}_{写士女百幅未成，临终嘱勿写遗照}""世味尝深恨自平，云间归路即瑶京。梦寻白苧城应在，妆换黄绝镜尚明。夜雨有灯迟九死，春山无石话三生。镜湖烟水琴台月，知尔芳魂次第行"。《又绝句二首》之一云"便非絮果岂兰因，散雪团香当写真。一角雅空山下路，年年寒食吊诗人"。在陈文述的悼念诗中，"兰因"这个词再次出现，一方面固然由于陈文述本人在其诗作中往往喜好用这样的词语，另一方面则证明了在嘉道文人的理念中，像金逸、王倩这样早逝的才女，依然属于晚明以来冯小青所代表的"薄命才女"体系中。王倩亡故前曾作有绝命诗六首，郭麐《灵芬馆诗话》卷八录有四首，陈文述《颐道堂诗外集》卷六则全部录入，兹引如下：

半杯梨汁半瓯浆，精气销磨那得长。余火闪风偏有焰，孤鸿堕雨不成行。

遗诗呕血从零落，尘海回头叹渺茫。我不恋君休恋我，盖棺只作道家妆。

吾家仙伯老方平，约采芙蓉返玉京。断梦无依云缥缈，净因不昧月空明。

九还难向尘寰觅，万感都从魔障生。悟得去来非草草，彩幡绛节导前行。

浮云散尽月当头，到此谁能半刻留。病叶恋枝终是幻，春冰泮水不回流。

心空蓬岛三千界，梦冷元龙百尺楼。归去碧桃开未尽，人间已作一番游。

判向悬崖撒手行，匆匆况听晓钟鸣。英雄末路归三宝，儿女痴情误一生。

已绝书香悲伯道，有谁麦饭祀清明。怜君未了红尘局，何日骖鸾一笑迎。

又绝句二首云：

文字缘牵总宿因，生生死死见情真。请看收拾残花骨，还是龙华会主人。

便做神仙也怕愁，不如归去暝双眸。裁云作帐月作簟，冷卧碧城十二楼。

"半杯梨汁半瓯浆，精气销磨那得长"，王倩绝命诗的首句便将她与小青联系在一起。逝世前饮梨汁的行为，于小青而言，不无保留洁净离开人世之意，而从王倩的诗作来看，其人的修道风范较为明显，故而这种"半杯梨汁半瓯浆"的行为有可能是她日常生活方式的反映，却依然可以说明王倩心中亦有着远离尘世的念头。就陈文述的答作和王倩的诗作来看，王倩对当时文人圈子中"絮果兰因"的典故及小青的故事应该非常熟悉，故而此处的"半杯梨汁"应该是她有意识地在将自己与小青加以比照。虽然采取了这种类同于宗教祭祀的认同行为，王倩临终前的种种行为却俨然有别于小青，小青历来为人所赞赏的一点即在于她的临终写照，而王倩的拒绝写真却显示了更多的决绝。

陈文述以"兰因"感慨金逸和王倩的"薄命"，从金、王二人现存的诗作来看，金逸的风格更细腻婉约。如《弃妇词和竹士》"忍泪除簪珥，新人赠鬓云。敢云夺爱宠，妾梦总依君"，《酬朱铁门见赠之作》"已分微材老散樗，药铛花谱意如如。人间那有痴于我，病到无聊转读书"，又如《晓起即事》云"忍将小病累亲忧，为问亲安强下楼。渐觉晓寒禁不得，急将帘放再梳头"等，[1] 诗情中透露出隐约的哀怨，与小青倒有异曲同工之处，而"人间那有痴于我"一句，显然是从小青"人间亦有痴于我"一句化出，陈文述以"空将慧业证兰因"将金逸与小青联系，固然是文人技痒，却也看到了她们在情感缠绵婉约方面的共同之处。

与金逸相比，王倩对小青故事的投射则有较大差别。从王倩《寄梅馆诗钞》中的诗作来看，她在情感及文字表达上，显得更为洒脱爽朗。如《论诗四首》二首云"春山如笑，秋山疑颦。宇宙皆诗，本乎

---

1. 见金逸：《瘦吟楼诗草》，见蔡殿齐：《国朝闺阁诗钞》，清道光二十四年刊本。

天真。灵机妙悟，无陈非新。不物于物，斯能感人""良医用药，亦证古方。名将行师，亦戒陈行。要其神妙，不主故常。夫唯善学，鸿文聿影"，行文铿锵有力。又如《病起》云"匝月恹恹病，琴书堆满床。芭蕉能解意，替做一窗凉"，[1]与上文金逸的《晓起即事》相较，亦显得亢爽直接。陈基曾作有《纤纤之亡已两周矣，偶理箱箧触物生感，不能无诗，同梅卿作》三首，其中之一写到王倩"云翘亦是谪仙流，情性居然胶漆投。我自伤心眠不稳，累卿也作一宵愁"，[2]可见王倩之气量，绝非一般小家碧玉。如此才可以解释上文中，何以王倩在江南风月场中频频出现，并且和名妓多有交往了，[3]因为她文人气更重，亦不会以一般闺阁女性的缠绵悱恻来局限自我，王倩在绝命诗中表现出来的超脱和达观，正是其向来风格之表现。而作为知名的丹青妙手，拒绝临终写照，在一定程度上，又表明了她不屑混同于一般闺秀的"俗态"。陈文述以为王倩"世味尝深恨自平"，正是点出了王倩的拔出流俗之处。

3. 管筠

从以上关于小青故事及"絮果兰因"的论述中，处处可以看见陈文述的身影，陈文述曾于道光甲申年（1824）为杨云友、菊香和冯小青在西湖边修墓，遍徵文人题咏，并将之与晚明以来有关冯小青的诗文材料汇成两卷，命名为《兰因集》，又在他所编《西泠闺咏》、《西

---

1. 见王倩：《寄梅馆诗钞》，见蔡殿齐《国朝闺阁诗钞》，清道光二十四年刊本。
2. 见陈基：《味清堂诗》卷上，清道光三十年刊本。
3. 参看沈复：《浮生六记》中陈芸与妓女憨园结盟而成为被家庭逐出的理由之一，可见当时社会对闺阁女子与妓女的交往仍有相当阻隔，惟少数不拘礼法者方能为之缓颊，亦可于此见王倩行为之出格和性情之不羁于礼法。

冷仙咏》中收入对小青的题咏，陈文述对小青其人其事，可谓是给予了相当的关注。在《梅花岭吊冯小青》中，陈文述提到，"余尝谓女子有才为妾，不得志以死者，皆小青之类，留此零膏冷翠为天下后世伤心人写照耳"，[1] 这段论述他在《西泠仙咏》中又重复了一次，可见关于冯小青，此段论述更能代表陈文述的主要观点。

有才为妾不得志者甚多，何以陈文述独独眷目于冯小青？除了冯小青本人故事的凄婉动人外，于陈文述而言，小青故事和他似乎还有着密不可分的宿缘。陈文述纳有四姬，其中最得宠者为管筠，在其正室龚玉晨不理家务后，在家庭中操理实际事务的是管筠。[2] 在陈文述的诸多文学活动中，以诗词与之唱和更多的也是这位管夫人。《兰因集》收有管筠《西湖三女士墓记》文一篇和《颐道主人为菊香小青云友修墓于孤山葛岭间，营兰因馆合祀之，赋诗纪事，余既为重修三女士墓记并和四律》四首。在《西湖三女士墓记》中，在感叹了小青的悲惨身世后，她提到：

> 筠之来归颍川也，太宜人爱若所生，女公子视如同气，大妇魏成君解序铭椒之集名家谢道韫共联咏絮之吟，主人气谊云霞，肝肠冰雪，玉台有丽人之目，金钗列弟子之行，以筠之抱诗癖也，为示风雅之渊源；以筠之耽禅悦也，为讲华严之音义。玉女双鬟之石，供作砚山蕊宫花史之图，列诸屏幛。视菊香、云友未知何如，视小青则遭际较胜矣。

---

1. 陈文述：《西泠闺咏》卷九，清光绪十三至十四年西泠丁氏翠螺仙馆刊本。
2. 关于管筠其人的才华和她对陈文述的影响，可以参看陈文述：《西泠闺咏》"龚序"，清光绪十三至十四年西泠丁氏翠螺仙馆刊本。

管筠突然将自己和小青相比，在全文中显得很突兀。固然她和冯小青同样都是为人妾侍，但将自己在陈文述家中的际遇——以对比的方式加以列出，仍然显得不符合上下文的语境，和全文的氛围也不甚融洽。管筠何以在文中插入此段叙述？这在后文的《颐道主人为菊香小青云友修墓于孤山葛岭间，营兰因馆合祀之，赋诗纪事，余既为重修三女士墓记并和四律》四首中得到了交待，其中第二首云：

> 空余剩墨写来禽，无复空床坐绿阴。霜里幽兰贞女操，秋边远笛美人心。绿珠冤魄终难化，紫玉芳魂或可寻。梦里双莲因果在，生前生后费沉吟家慈梦大士携青衣垂髫女子持双头莲花而生余，说者以小青后身解之。

既然管筠为小青后身，则陈文述和其周围文人对小青的关注就有了更多附加意义。前文曾经提到，自小青故事形成之日起，部分文人一直以妒妇虐待侍妾的框架在不断演绎这段哀艳情事，在他们看来，小青悲剧完全由家庭导致，改嫁就能改变命运。因此，晚明至清初改编的小青故事中，不少都是安排小青另嫁良人，[1] 这种文学的虚构反映了当时文人社会的普遍观点。

作为小青后身，管筠的幸运恰恰重合了虚构的小青故事，这固然是一种巧合，但这种巧合中折射出来的却依然是文人的理想，即避免人生悲剧的关键在于个人的努力。姑且不论这种看法的理想化和不切实际，

---

1. 参看高彦颐：《闺塾师》，江苏人民出版社 2005 年版，第 98—101 页。

管笤的出身以及陈文述以文字为媒介对小青进行的追悼活动，从某种程度上有一种宗教祭祀和还愿的意味。[1] 在现存以小青为作者的作品中，有一首云"稽首慈云大士前，莫生西土莫生天；愿将一滴杨枝水，化作人间并蒂莲"，[2] 管笤之母梦见携带双头莲花的女子投胎转世，管笤嫁给陈文述，以侧室的身份得到家庭的宠爱和尊重，到最后陈文述修小青墓，编纂《兰因集》，在整个过程中，明为悼念小青，实则是为管笤庆祝，而为管笤庆祝的背后，则多少有着对陈文述及其家族的暗谀。[3]

概括而言，对于形成于晚明的小青故事，嘉道时期的女性，以自己的人生投射于其中，使得虚构和真实的界限被模糊，从而拓展了小青故事的传播。值得注意的是，闺阁女性对小青故事的书写中，虽然也充满了同时代男性文人的一些模式化表述，但身为女性作者，她们却有意无意地在小青故事中，传达了微弱的独属于女性的声音。如陈文述儿媳汪端在《翁大人重修西湖三女士墓诗》中写道，"焚余诗草返生香，遗集真应号断肠。齐国淑妃原著姓冯姓，蒋家小妹是同乡广陵人。镜湖桃叶鸥盟远女弟紫云适会稽马髦伯，画阁梅花鹤梦凉屏居孤山别业。最忆横波摹小影，眉楼一角写斜阳顾眉生有摹小青小影"，[4] 诗中全用女性典故，建构了一个独属于女性的文字"异托邦"，抒发女性的同体之悲、思念之情。夏伊兰《小青曲》末句云"侬家无限怜香意，一样西

---

1. 参看康正果：《泛文与泛情》，见张宏生主编：《明清文学与性别研究》，江苏古籍出版社2002年版。

2. 4. 陈文述：《兰因集》，见丁丙编：《武林掌故丛编》第八集，江苏广陵古籍刻印社1985年版。

3. 如陈文述的女弟子辛丝《顾道夫子重修菊香、小青、云友三女士墓诗用鸥波夫人韵》云，"瑶池消息返青禽，西阁依然近绿阴。才女当年何薄命，佳人再世有同心。渡头桃叶天应惜，梦里莲花佛许寻。偿得焚余久零落，鸥波芳咏和长吟"。以管笤和小青相比较，一为薄命，一为有福，则对陈文述及其家庭的奉承已是意在言中。见陈文述编：《兰因集》，见丁丙编：《武林掌故丛编》第八集，江苏广陵古籍刻印社1985年版。

冷吊美人"，以才女诗人凭吊才女，和小青咏叹《牡丹亭》所云"人间亦有痴于我，不独伤心是小青"有异曲同工之妙，从杜丽娘到冯小青，再到夏伊兰，女性在"她们"的经验中互相摸索、寻求借鉴依托从而寻找自身存在意义的脉络清晰可见，颇有隔空对话，建构女性命运共同体之感。王倩绝命诗云"半杯梨汁半瓯浆，精气销磨那得长"，身体力行地模仿小青，以自身体验丰富、延续了独属于女性的疾病书写，而"我不恋君休恋我，盖棺只作道家妆""英雄末路归三宝，儿女痴情误一生"等语，更从根本上否定、消解了男性的女性书写中最惯常采用的情爱叙事话语，发出女性探索生命存在价值的另类声音。埃莱娜·西苏曾指出女性书写的重要性，"她是在用自己的血肉之躯拼命地支持着她演说中的'逻辑'。她的肉体在讲真话，她在表白自己的内心"。[1]在男性垄断书写特权的中国古代社会，女性书写是零星的、孤独的，当时的女性也不可能产生现代的女性权益等观念意识，只是，作为那个时代最有文字表达能力的女性群体，她们通过自己的书写，隐约传达了内心深处最真实的声音，那是来自女性自身的宝贵经验，包含了她们对个人及女性群体命运的思考，也为今人了解中国古代社会丰富、多元、异质的女性文化留下了珍贵线索。

二、絮果兰因：文人的挪用与收编

如上文所述，几位闺阁女性对小青故事的理解和投射都有各自不同的角度，但在文人的书写中，往往以"絮果兰因"简单地将她们链接于"薄命才女"的传承链条之上，以供后来者咏叹凭吊，从而使得

1.［法］埃莱娜·西苏：《美杜莎的笑声》，见张京媛主编：《当代女性主义文学批评》，北京大学出版社 1992 年版，第 195 页。

女性对"絮果兰因"丰富多元的诠释被部分遮盖。如夏伊兰、金逸、王倩等人对小青故事的解读因年龄和阅历的差别呈现出截然不同的面貌，但倘若缺乏对诸人生平及作品的详细分析，则往往容易对诸人笼统作"薄命才女"观，一方面是"絮果兰因"文学符号的存在会给阅读者造成一定的"前理解"，而文人有意或者无意地向书写典范靠拢，笼统地以"絮果兰因"来演绎女性生平，以制造新的"薄命才女"，则是容易造成理解偏差的另一个原因。

嘉道文人如陈文述等，通过种种文学活动，在制造"薄命才女"方面可谓不遗余力。但透过种种热闹活动的表象，通过文字透视文人内心深处，可以发现对于所谓"薄命才女"，文人其实有着更深的寄寓。仍然可以看陈文述的小青书写，他的《小青曲·孤山吊小青墓作》云：

情天小劫罡风起，片片飞花红著水。零膏冷翠尽成烟，美人甘为伤心死。

伤心妾命薄于花，碧玉何尝是小家。佛肯慈悲仙爱惜，前身应是婉凌华。

妒妇津头风又雨，仓庚难疗胭脂虎。哪知妾不美鸳鸯，哮声猘语知何苦。

远笛哀秋带病听，断肠一卷牡丹亭。白花紫玉悲前世，絮果兰因证此生。

花开雪满湖西路，一杯自酹苏娘墓。阁门深锁绿阴床，知是他年埋玉处。

冶服明妆玉样温，碧天人远澹无痕。画师可有传神手，写出亭亭倩女魂。

镜潮红瘦芳魂醒，檀炷香销梨汁冷。凄凉自吊画中人，夕阳一片桃花影。

如此蛾眉最可怜，西泠芳草葬婵娟。姻缘领略人间世，莫乞他生并蒂莲。[1]

"哪知妾不羡鸳鸯，哕声狺语知何苦"，在小青如何看待良人和大妇这点上，陈文述的看法显然有别于妻妾争宠、妒妇迫害侍妾的一般观点。而"姻缘领略人间世，莫乞他生并蒂莲"，更是对全诗，或者说更多以小青再嫁为幸福论调的反拨。[2]陈文述建小青墓在道光甲申（1824），《小青曲》约作于此段时间前后，其时陈文述已经是年届五旬的中年人，前文已经提过他纳有四妾，而且众多女弟子中，寡居或经历坎坷者亦大有人在，对小青故事的悲剧和女性人生婚姻的波折，他无疑有更深刻的认识。"并蒂莲"是小青生前所许心愿，而"姻缘领略人间世，莫乞他生并蒂莲"，陈文述以为小青期待的"并蒂莲"——即少女理想的婚姻与人生，在现实中基本不存在，自我解脱的途径或许在于接受事实而不是不切实际地幻想。据此看来，陈文述本人虽然一直孜孜于哀悼古来才女，将大量笔墨用于咏叹薄命才女，但对于才女薄命部分源于女性不切实际的过高期待，至少在《小青

---

1. 陈文述：《颐道堂诗选》卷二十一，《续修四库全书》本。
2. 高彦颐认为，"小青传奇的女性读者认为她是真实存在的——一位被作为财产买、卖的妾。她们视其文学形象为杜丽娘的后继者，一位真爱的追求者——仅仅反对其婚姻的严酷现实，但又对此无能为力。另一方面，男性作家则将小青的形象由一位真爱的支持者，变为了一个纯粹的浪漫之人。而且，当他们将小青刻画为一位妇妒受害者时，他们也捍卫了小青悲剧所建之的纳妾体系"。见高彦颐：《闺塾师》，江苏人民出版社2005年版，第117页。

曲》中，他已经有所洞察。

本章第二节曾谈到晚明以来文人对"薄命才女"和"风雅名妓"神话的制造，但就陈文述而言，既然能够认识到"才女"神话的局限，何以还会如此热情地投身于数量众多的女性书写呢？管筠曾经委婉讽劝他尽早摒除文字魔障，[1] 但在听到这番劝告的同时或不久之后，陈文述又编纂了《西泠闺咏》，收集了大量和西湖有关的女性传说和文字，当然也包括小青传说。由此可见，陈文述本人，对女性书写，或者说这种书写所承载的对象——才女、美女，或者传奇女子，有着难以割舍的情结。

上文曾提到，嘉道文人往往用同一副笔墨描写闺阁女性和画舫女子，嘉道狭邪笔记中，亦有不少将画舫女子链接于闺阁女性的叙述，如：

> 崔秀英，……，尝买舟游西子湖，登鹭岭，步苏堤，抚西泠松柏，吊小青墓，飘飘有出尘之想。[2]
>
> 待觅著仙山返生香，好天上人间，离愁偿了。[3]
>
> 延年女弟风情甚，更与挑灯诉小青。[4]
>
> 彩云吹散恨茫茫，留与词人话断肠。欲续宣和旧香谱，素香不是返生香。[5]

---

1. 见陈文述：《西泠闺咏》"龚序"，清光绪十三至十四年西泠丁氏翠螺仙馆刊本。
2. 西溪山人：《吴门画舫录》，清嘉庆十一年红树山房刊本。
3. 子尊：《洞仙歌·题宫雨香校书折梅小照》，见《秦淮画舫录》"徵题"，捧花生：《秦淮画舫录》，有正书局民国三年刊本。
4. 石舟：《春波楼宴集赋赠主人陆绮琴》，见《秦淮画舫录》"徵题"，捧花生：《秦淮画舫录》，有正书局民国三年刊本。
5. 竹恬：《青溪杂忆诗柬捧花生同赋》，见《秦淮画舫录》"徵题"，捧花生：《秦淮画舫录》，有正书局民国三年刊本。

这里的"返生香",很明显是借用叶小鸾的典故,她的诗集即名《返生香》,上文提到闺秀孙芳祖早逝,文人题咏中多用"返生香",比之于叶小鸾。文人在青楼女子的书写中,不仅会借用闺阁女性的典故,甚至对青楼女子的书写话语也和闺阁女性有许多相似之处。如《秦淮画舫录》的"徵题"中,收有大量诗文,都将名妓比作神女下凡:

> 忆从姑射醉流霞,小谪人间阅岁华。[1]
>
> 天台何处所,仙饭饱胡麻。[2]
>
> 一枝画桨逐波柔,柳绿新楼绾旧楼。绝代风华多在水,六朝山黛尽宜秋。花天我暂留鸿爪,檀板卿劳拍凤头。小玉玲珑飞燕瘦,此身曾费几身修。[3]
>
> 岂有名葩植涧藩,移根还竖护花幡。[4]

对比陈文述笔下对闺阁女性的形容,如"天上彩鸾原小谪,台前碧凤竟长离"(《题曹澧香女史兰秀书画遗册》),[5] "玉女谪来星证果,素娥归去月为轮"(《吊屈宛仙》),[6] "玉人只合仙山住,小谪红尘又十年"(《题阆仙女士墓铭后》)[7] 等,可以发现,在嘉道文人看来,至少他们通过

---

1. 梅隐:《尉迟杯》,同题秋舲:《声声慢·余为袖珠作水仙花册子并属同人题之》,见《秦淮画舫录》"徵题",捧花生:《秦淮画舫录》,有正书局民国三年刊本。
2. 玉才:《赠吴藕香校书》,见《秦淮画舫录》"徵题",捧花生:《秦淮画舫录》,有正书局民国三年刊本。
3. 子山:《集唐校书秋水楼集事》,见《秦淮画舫录》"徵题",捧花生:《秦淮画舫录》,有正书局民国三年刊本。
4. 持在:《秦淮杂诗赠曹素琴》,见《秦淮画舫录》"徵题",捧花生:《秦淮画舫录》,有正书局民国三年刊本。
5. 陈文述:《颐道堂诗选》卷十七,《续修四库全书》本。
6. 7. 陈文述:《颐道堂诗外集》卷六,《续修四库全书》本。

文字传达出来的表象是，他们往往将闺阁女性和画舫女子等而观之。"薄命才女"和"名妓"的书写在文人社会中大行其道，折射出来的是嘉道文人对女性书写符号的深深寄寓。

一、自怜："青山憔悴卿怜我，红粉飘零我忆卿"[1]

文人，尤其是落魄不得志的文人，往往容易与薄命女子，尤其是娼妓产生共鸣，这是中国文学中屡见不鲜的题材。如白居易贬谪浔阳遇琵琶女，发出"同是天涯沦落人，相逢何必曾相识"的慨叹；吴梅村仕途黯淡，因此有"青山憔悴卿怜我，红粉飘零我忆卿"的感慨。古代社会的两性关系实质上是一种政治关系，即两性中主导与服从，主动与被动的关系在本质上是等同于政治中君尊臣卑这种境遇的。换言之，文人往往在前途无望，功名富贵俯仰于人时，更容易设身处地地感受到女性，尤其是妓女在两性关系中的被动和无力，从而激发出一种深切的同体之悲。袁洁《蠹庄诗话》卷七记载：

> 河南杨鲁生嗣曾罢官后，戏作喻体诗四章以自嘲，录其妓女从人云，"舞榭歌台迹已陈，繁华如梦试曾亲。梳妆改作良家样，清白难还昔日身。卖笑当场羞故态，怜香举世更无人。旗亭愿假髯公剑，不负从郎一段因。"……语语双关入妙。

可见对于娼妓生活处境的揣摩，文人往往于其中投入了自己的感受。嘉道时期的文人，尤其是狭邪笔记的作者和同时唱和交游的文人，大

---

1. 吴伟业：《琴河感旧》其三，《梅村集》卷十一，《四库全书》本。

多是些功名淹蹇、沉抑下僚的文人，因而更容易于流连歌楼酒馆之际与娟女产生惺惺相惜的感觉，试看如下记述：

> 湖北钟祥县胡枫舲孝廉名宗简，二十年载酒江湖，尝画青衫红泪图，自题五律四章，一时和者皆莫之及。刘湘圃题七律四首有句云，"虚名到手成何益，绝世如卿亦可怜。落魄由来才子惯，伤心难得美人同"，枫舲极为倾倒。[1]

> 楚侬赋诗云，"我本飘萍卿断梗，白门同是月残时"。姬为涕泣久之。[2]

> 盛畹香，行大，居城中，……，往来多知名士。未几，为郡吏计购去，随风飞絮，无力自持。邯郸才人，竟归厮养。[3]

> （余）昨于书麓中得甫元《听琵琶诗》，亟录于此，以志今夕之感。诗云，"……听之令我生远愁，人生沦落何堪说。红粉飘零莫漫嗟，青衫憔悴凭谁恤。卿今一艺已成名，我不如卿但呜咽"。[4]

青衫红粉的文学典范，使得流连于花场的文人往往会于此种典范中投射个人的际遇和感受。从这点上来讲，有学者认为嘉道狭邪笔记出现的重要原因之一在于"文人无行，科举失志，往往以青楼美名相风雅"，[5]的确道出了部分文人书写狭邪笔记的内心动因。晚明以

---

1. 袁洁：《蠹庄诗话》卷七，清嘉庆二十年桃源袁氏刊本。
2. 珠泉居士：《续板桥杂记》，清乾隆五十七年西西山房刊本。
3. 西溪山人：《吴门画舫录》，清嘉庆十一年红树山房刊本。
4. 个中生：《吴门画舫续录》，清道光来青阁刊本。
5. 侯忠义、刘世林：《中国文言小说史稿》，北京大学出版社1993年版，第351页。

来，文人在青楼游戏中往往将花场文人化、科举化，如前文提到文人在"莲台令规"中以科举头衔称呼妓女，以为游戏。"神圣"的科考被拿来和妓女等而狎玩，充满轻蔑和不屑，又何尝不是一种苦苦追求而不可得的反弹呢？文人以自己在社会结构中的位置来观照妓女，并以文人社会的等级来建构妓女群体，花榜的选举、名妓的评点，在妓女为求进入更高等级而作的努力追求和追求不遂后产生的痛苦中，文人实际上将自己在社会中的失意转嫁到了妓女身上，如：

> 安徽许春池进士跃鲤为京江教授，工于时文，诗有风趣，赠吴素云"最是此情难遣处，百花榜下有刘蒉"。盖以《秦淮花略》中素云未入品题故也。可谓善谑。[1]

于妓女的处境中，投射并感受到自我的失落，由他人相似的遭际中，观照自我的不幸，故而嘉道文人的"怜妓"其实就是"自怜"。甚至在文人的赠妓诗中虽然往往将青衫红粉并提，但这种观照、投射的对象——妓女，在他们的心目中仍然处于远远低于文人的位置上：只是他们用来观照自我人生的镜子，却完全不是如"青衫红粉"的词语结构那般，二者处于并列的位置。如：

> 昆陵诗妓吴素云文秀善歌，题《秦淮花略》云，"绝妙群芳谱，开编照眼赊。君才真似海，妾命不如花。附骥惭时辈，登龙

---

1. 袁洁：《蠡庄诗话》卷九，清嘉庆二十年桃源袁氏刊本。

美副车。秋风归棹近，何日到侬家"，居然轻妙。[1]

很难说这位吴素云不是出于揣摩文人心态，从而以如此谦卑仰慕的口吻题作了此诗。但从袁洁对此诗的赞赏来看，吴素云这种自我贬抑的态度，并在诗作中毫不掩饰对文人的阿谀，很符合部分文人的心思。自怜者在内心深处多少都会有些不自信，当文人在更低社会等级的妓女身上观照自我命运，并于妓女的奉承中寻求心理安慰时，已经充分说明了文人的"怜花"中，有相当部分是出于对自我的怜惜，也是对自我受挫于社会的弥补。

这种微妙心理，同样可以用来解释文人孜孜于书写"薄命才女"的动因。史震林撰《西青散记》云，"人生须有两副痛泪，一副哭文章不遇识者，一副哭从来沦落不遇佳人"，[2] 而《西青散记》的结构，也基本以不得志的才子和不如意的佳人互为参照。才貌双全的双卿只有在以史震林为首的文人的观照中才呈现出真金的本色，而以双卿为代表的佳人对才子的仰慕，则使得史震林笔下的这批"边缘文人"[3] 获得了心理上的无比满足。对于双卿，因为她早已是有夫之妇，出于塑造贞节才女的目的，史震林不能过多渲染她在情感上对才子的渴慕。文中其他女性则担当了这样的任务，如侍儿安香，在众多豪家子弟的追逐下，却宣称"宁为才子妾，毋为俗人妻"。女性对才子、文人的渴望，与其说是生活中的真实，不如说是以史震林为代表的文人的愿

---

1. 袁洁：《蠡庄诗话》卷九，清嘉庆二十年桃源袁氏刊本。

2. 史震林：《重订西青散记》卷二，清刊本。

3. 参看康正果：《边缘文人的才女情结及其所传达的诗意——〈西青散记〉初探》，见张宏生、张雁编：《古代女诗人研究》，湖北教育出版社 2002 年版。

望在文本中的反映，在《西青散记》的封闭文本中，只有这样的女性才能入选并被放大，归结到底，书写的过程也是选择的过程。文人笔下，女性对"才"的渴望，在一定程度上弥补了社会对文人之才蔑如而带来的心理缺憾。对"才"的关注，贯穿于《西青散记》中，同样，也只有透视文人对"才"所流露的遗憾和伤痛，才能更好地理解文人对"薄命才女"的惋惜。

支如增的《小青传》提到小青福薄，倘若不让她读书识字，则可以更健康长寿，以文字为表征的"才"，在文人笔下成为给人生带来更多负面影响的不祥之物。"从来识字忧患始，何况生身作女子"，[1] "可怜文采涴浮尘，为有才华宜薄命"，[2] 对"才女"命运的感慨，首先集中在对"才"的攻击上。才女为何薄命？除了诸多少女由于过于理想纤弱，而不能适应现实生活外，还要看到的是部分才女"幽兰心苦偏工怨，暮竹寒多善写愁"，[3] 从而通过文字建构了福薄才女的符号。并且，在传统社会中，从有余暇从事文艺创作的角度来考量，寡居的女性比之家庭主妇，具有更多优势，这也是何以女诗人中寡居者占到相当比例的原因，而寡居妇女，往往更会在诗文中倾吐愁怨，这是女性诗词呈现愁怨苦恨清冷色彩的一个重要因素，但这是结果，却并非原因。嘉道文人对女性的感慨，往往一开始就套用"才能碍命"的模式，将结果转换为原因在文字中表现出来。

在才女的命运中寄托自己对于"才"的感慨，是他们采取这种书

---

1. 顾广圻：《题小维摩诗稿》，《思适斋集》卷二，《续修四库全书》本。
2. 杨芳灿：《题〈永愁人集〉后》，《芙蓉山馆全集》卷一，清光绪十七年无锡刘氏刊本。
3. 陈文述：《辛酉春日过京口奉访佩香女士不值留赠四律》，《颐道堂诗外集》卷六，《续修四库全书》本。

写方式的一个重要因素。"别有心情聊寄托，美人身世似才人"，[1]文人对才女的惋惜和哀悼，多少和他们对自我的感慨有些吻合，如陈文述哀悼其仲弟不得意的一生，"少日文章已出群，可怜薄福是聪明"，又如王昙曾作诗赠陈文述，感叹才人在现实生活中的困厄，"名士心肝轻呕尽，英雄年岁易消磨"，[2]文人之"才"不仅没有带来期待中的功业，反而导致了人生不幸。其实在科举时代，文人之才倘若不能通过考试在谋取官职方面发挥作用，则"它"可能还会给文人的人生带来一些负面影响。如《儒林外史》所描述那般，被科举淘汰的部分文人固然可以通过文才结交同人，为自己在文人圈子中赢得一席之地，但比较相对正统的"庙堂"，这种"江湖"声誉发挥的作用依然是有限的。即使像陈文述、郭麐等在江南文人圈中享有文名者，也要为食指奔波，更多声望和文名不如他们的文人，倘若又缺乏一定的谋生技巧，在经济上陷入困境自是难免了。与陈文述父子交好的许多文人，如凌霄、舒位、王嘉禄等都以潦倒终其一生，似乎再次印证了"才"在某种程度上，对命运会形成妨碍这一观点。

说到底，这依然是社会结构以及文化传统的问题，社会重视文才、国家以文才取士，使得文人在文化上始终处于一种优越的地位，但国家体系中又没有提供足够多的职位使得野无遗材，而一旦失去了跻身官场的可能，则文人之"才"在社会竞争中并无优势。在理想和现实巨大的差距之间，经历诸多不如人意的挫折，体会到人生的残酷，从而对导致自己高自期许的"才"产生失落和怀疑，这是相当

---

1. 郭麐：《题〈兰因集〉后》，陈文述：《兰因集》，见丁丙编《武林掌故丛编》第8集，江苏广陵古籍刻印社1985年版。
2. 见陈文述《颐道堂诗选》卷九，《续修四库全书》本。

一部分文人都要经历的理想幻灭的过程。所谓"似此仙才赋仙子，教他那得久人间"，[1]"才多每损福，嗟实颇有之。女子抱慧心，难与白发期"，[2]文人感慨才女福薄，正是以之为观照对象，将伤心点落在"才"上，借才女之酒杯浇自我之块垒。有趣的是，长期以来，一直是文人在感叹才女的福薄，而嘉道时期，亦有少数才女，在为自我薄命伤感时，亦借文人的不达来观照自我命运，从而寻求解脱途径。如嘉庆时期著名的才女熊琏所嫁非偶，她曾作有《金缕曲》，哀叹自己身为才女而薄命：

> 薄命千般苦！极堪哀，生生死死，情痴何补。多少幽贞人未识，兰消蕙息荒圃。埋不了，茫茫黄土。花落鹃啼凄欲绝，剪轻绡，那是招魂处。静里把，芳名数。
>
> 同声一哭三生误。恁无端，聪明磨折，无分今古。玉貌清才凭吊里，望断天风海雾。未全入，江郎《恨赋》。我为红颜聊吐气，拂醉毫，几按凄凉谱。闺怨切，共谁诉？[3]

才女对自我薄命的书写在中国文学中亦不少，在一定程度上，才女对自我命运的感慨多少受到了文人社会中流行的"才女薄命"神话的影响。熊琏的特别之处在于，她并没有将对人生和社会的探讨停留在这一已为公论的层面，而是更进一步，用"薄命才女"的结构观照、对应"薄命才人"，从而破除性别的局限，将观照的视野拓

---

1. 李恩树：《绿云山房诗草》题词，见芳蓉君：《绿云山房诗草》，清光绪四年刊本。
2. 夏尚志：《翠螺阁诗词稿》题词，见凌祉媛：《翠螺阁诗词稿》，清咸丰四年刊本。
3. 熊琏：《澹仙词钞》，清嘉庆二年刊本。

展得更为开阔。她曾作有《沁园春·题片石夫子独立图》，为其老师江片石代吐不平。所谓"词流从古飘零，唯挥洒千言抒不平。叹青云梦冷，才人薄命；红尘福浊，竖子成名"，从红颜薄命到才人薄命，虽然熊琏的认识还停留在才人不得志的窠臼中，但她的词作实际"篡夺"了文人的男性话语权力，用女性的命运框架来笼廓、反观文人，在得出才女与才人共同承受"薄命"宿命结论的同时，也从反面证明了文人营造"才女薄命"神话的匠心所在：即对于"才"的凭吊和伤感，在对"才女"的哀悼中，往往有着文人对自我的伤感和怜惜。

二、惜花："他生愿作司香尉，十万金铃护落花"[1]

在嘉道文人的笔下，无论是对闺阁女性还是画舫女子的记述，都有着夸张和溢美的倾向。固然，文字和真实的生活之间，永远都会存在差距，因为文本的封闭结构使得它无法穷尽万象，即使是对同一种描叙对象亦如此。无论是才女还是名妓，在文人的笔下表现出来的都是同一种形象、同一种声音，"她们"照应的其实就是"他们"——文人。但必须看到的是，对文人笔下"才女"和"名妓"书写的夸诞和不实，当时的文人并非视而不见，如上文提到的《吴门画舫续录》作者对"惜狭斜中重歌舞而轻文墨者十八九也"的感慨和陈文述对小青愿望的感叹，都说明了部分文人对当时流行的女性书写保持着清醒的态度。

倘若将"才女"和"名妓"的书写，看作嘉道时期文人社会中已

---

1. 袁枚：《随园诗话》卷九，载王英志《袁枚全集新编》第九册，浙江古籍出版社 2015 年版，第 337 页。

经存在的文字符号，在文字符号的影响下，嘉道文人纷纷以粉丝般的姿态作出了认同的回答，其中或许有部分人会认为——事实就是如此。由于没有足够的材料，对于认为事实就是如此的文人，在嘉道文人占到多少比例，很难给出确切的回答，而这个比例也无法统计。能看到的是，由"薄命才女"和"风雅名妓"等符号编织的"神话"叙述中，依然有着如陈兆仑、高学沅、陈文述和个中生等清醒者，能够透过"偏见"，看到"偏见"后面被遮蔽的部分。是的，"才女"和"名妓"的神话，就是文人社会的流行书写，也称得上是文人社会的流行"偏见"。相较于彼时山氓野老、市井俗夫对女性的认知，文人制造的"才女"和"名妓"原本是对世俗的反拨，但文人"以缔造另一种更新颖的流行，对巨大的流行威力进行反制，反流行的结果，竟是缔造新的流行。当创新的风格流行了之后，后来的流行终将成为被对抗、被扬弃的对象，如此循环轮回，这就是流行文化的真相"。[1] 这段论述是毛文芳在分析文震亨《长物志》如何缔造晚明社会中"长物"神话时所发，笔者以为同样可以借用来剖析晚明到嘉道时期文人对"才女"和"名妓"神话的制造。

对晚明文人的"反俗"之举，四库馆臣批评为"矫言雅尚，反增俗态"。这样的评价在近代也不乏回应，陈寅恪就曾讽刺陈文述恭维陈长生"福慧双修"，以为"此四字甚俗，颐道居士固应如是也"。[2] 终其一生，陈文述始终致力于他的"衾史韵事"，包括大量招收女弟子、奖掖闺阁文学、为才女修墓以及编纂专门的女性文集等，在以国

1. 毛文芳：《物·性别·观看：明末清初的文化书写新探》，台湾学生书局 2001 年版，第 142 页。
2. 陈寅恪：《寒柳堂集》，三联书店 2001 年版，第 3 页。

家政治等宏大叙事话语为宗的文人社会中，陈文述在女性及女学方面投入如此之多的精力，也算得上是反俗了。殊不料这种反俗的举动不仅在当时就使得他为时流侧目，[1] 在百年之后亦为学者所讥讪，与他同时，奖掖女学之辈甚多，都不像陈文述这般受到非议，究其原因，恐怕在于太过。

只是，虽然陈文述的举动显得过于出格，他是否真的就只是一个致力于制造、追逐"雅尚"的俗人？这样的疑问可以推之于嘉道时期众多流连在"花场""仙场"的文人，是否他们都是为文字符号所蒙蔽而看不到面前的"名花""神女"，实际只是芸芸众生中再普通不过的女人，也有着种种不能免俗之处？回答应该是否定的。那么，何以诸多文人会置事实不顾，以无比的热情通过自己的文字来制造"才女"和"名妓"的神话，除了前文提到文人在"才女"和"名妓"身上寄托了对自我的怜悯外，对女性的怜惜和尊崇，应该也是包含在文人"才女"和"名妓"神话制造中的另一层意义。

被嘉道文人崇奉的袁枚曾写过"他生愿作司香尉，十万金铃护落花"，表达他对女性的爱护和尊崇之情。龚鹏程在其《怜花意识：文人才子的心态与诗学》中评价袁枚，"他的信仰，其实就是女人（以及女性化的、女性性角色的少男）。他的人生观，就是要爱花、护花、怜香惜玉"。[2] 以女性为花的比拟，在晚明早已出现，秦淮风月场中的花谱、花榜以及称呼女性为"花娘"，都表明了文人以"花"观美人

---

1. 当时文坛的才女顾春对陈文述的招摇不以为然，甚至在自己的文集中对之加以痛诋。见顾春：《天游阁集》卷五，邓实辑《风雨楼丛书》刊本。
2. 龚鹏程：《中国文人阶层史论》，兰州大学出版社 2004 年版，第 259 页。

的态度。在袁枚的时代，从其生平行径和行为来看，"花"所指代的对象似乎还应包括闺阁女性，这从当时最著名的小说《红楼梦》也可以看出。曹雪芹将他最钟爱的女主角比为绛珠仙草，而小说以花卉比喻女性之处更是随手拈来。林黛玉葬花，以花自比，宝玉以晴雯为"芙蓉"，大观园历次诗会中以"花"比附多名性情各异的闺阁少女，甚至曹雪芹所认为的"千红一窟（哭），万艳同杯（悲）"，也是以"花"指代闺阁少女。同时另一部小说《镜花缘》，更是以百花贬谪人间的故事而建构全书框架，足见以"花"指代女性是当时文学作品的常见手法。既然以"花"来指代青春美好的少女是普遍观念，如此则嘉道文人的"惜花"意识，鲜明地折射了那个时代的特点。

以"花"来共同指代"闺阁"和"画舫"，差可说明何以在嘉道文人的笔下，对这两类截然不同的女性，在描述上却有如此之多的相似之处。嘉道狭邪笔记中，频频记载画舫女子喜好阅读《红楼梦》，甚至与文人共同探讨《红楼梦》。《风月梦》中曾出现妓女弹唱《红楼》曲目，而以闺阁少女为赞赏对象的《红楼梦》亦不乏对妓女的记述，以"花"来指代女性而不拘于其身份高低贵贱，以文人眼看待"闺阁"和"画舫"，而以为一律平等，这应该说体现了部分嘉道文人较为进步的女性观念。事实上，如苏珊·曼所提到的那样，"闺阁"和"画舫"之间的界限是流动的，而且也很容易被打破。[1]突如其来的变故可能会使闺秀沦落风尘，而画舫女子亦可以采取"从良"这一形式，重新进入社会的家庭体系中。狭邪笔记中的名妓，往往与文

---

1. Susan Mann：*Precious Records：Women In China's Long Eighteenth Century*，Stanford，Calif.：Stanford University Press，1997. p.42.

闺阁与画舫

人有着情感的纠葛，亦随时有着被纳入儒家伦理体系的可能。如《吴门画舫录》记载名妓杜宛兰嫁给陈善后，陈文述请求与之相见，"至则迟久不出，强之，方出。天人玉立，光采照耀，一揖而退，重帘寂然"，名妓进入家庭后，比于和文人交往的许多闺秀，反而显得更遵守伦理规范。故文人对"闺阁"和"画舫"的叙述有相同之处，也是当时社会现象的反映。

文人的"惜花""怜花"，和晚明以来尊崇"情教"的风气也分不开。晚明"唯情"思潮澎湃，"尊情""尚情"的例子不胜枚举，汤显祖的《牡丹亭》能够打动无数读者，是因为它契合了当时的社会思潮。晚明文人笔下的痴男怨女，经过清初的才子佳人小说、戏曲，至于《红楼梦》而发展到极致。在《红楼梦》中，"情"被张扬到相当高度，国家、社会、婚姻甚至性爱都被排斥在"情"的体系之外。与此"情"的观念相应的是作品中男女主人公的变化，与晚明传奇乃至清初才子佳人小说中"才子""佳人"不同的是，宝玉、黛玉排斥仕途经济，过去作品中频频出现"落难公子中状元"的情节，在此几乎被完全消解。宝玉亲近女儿，希望大观园中的生活得以永远维持，他的梦想不外乎"活着，咱们一处活着；不活着，咱们一处化灰化烟"，对于女性的出阁变老等不可阻止的改变，则充满了失落和惆怅。应该看到的是，像宝玉这样依恋女性并且自外于国家政治宏大话语的新型"情种"形象，在现实生活中是实有其人的。袁枚的退隐，部分是出于他的主动选择，而他对女性的眷念，使得当时人有随园为大观园、袁子才为贾宝玉的揣测。[1] 嘉道狭邪笔记中频频出现对袁枚韵事的追

---

1. 参看龚鹏程：《中国文人阶层史论》，兰州大学出版社 2004 年版，第 268—269 页。

忆并非偶然，袁枚的影响已经通过其门生弟子同乡等流遍江南，嘉道文人对闺阁的奖掖和对画舫的迷恋中，多少都有着对袁枚的"模仿"，陈文述、袁通、汪世泰等人的行为，都足以说明袁枚的影响是远远及于身后的。

但是，还要看到的是，文人的"惜花"意识中也有着贬低女性的或隐或显的意图。文人以"花"比喻女性，花之价值在于颜色美丽、色泽芬芳而具备可赏性，只有美丽多才、多愁善感的女子才能被文人纳入"怜惜"的视野，丑陋的、衰老的、不慧的、粗俗的女人，则完全逸出文人的视线，宝玉的死鱼眼珠之说，袁枚对丑妓的痛訾，以及狭邪笔记中出现的众多"仙女"，从正反两个方面说明了文人的注目所在。以"惜花"为宗旨，因为"花"的芬芳美艳，故而文人以描述"花"的语气来形容女性，使得文人的女性书写中充满了赞赏的口吻和光彩流溢的文字：

> 杜凝馥，……，一时有牡丹之目，性爱兰。……七夕生为写同心兰册。
>
> 钱星娥，……，好事者以《廿四诗品》品吴下名花，姬曰纤秾，妹曰流动，人谓能如其分，妹名湘蘅。
>
> 谈瑞珠，……，性爱花，姹红嫣紫，罗列妆台。品其香之优劣，尝谓花忌太艳，艳则香减，故芬芳馥郁，恒在白卉无色中，意盖举以自况。[1]
>
> 小姑居处，兰香姓名。人乃唯唯，吾亦云云。众芳之谱，群

---

1. 西溪山人：《吴门画舫录》，清嘉庆十一年红树山房刊本。

玉之经。[1]

大罗天上，金粟前身，小谪人间，昙华幻影。[2]

诗不可以无品也，闺阁之诗，尤以品为贵。……尝譬之花木焉，……，惟梅之清妍，兰之幽秀，其色澹然，其香澄然，其神与韵萧然，泠泠乎其品之异俗也。且梅可以喻隐逸，兰亦号王者，香不必与松柏杞梓争材，而自非凡卉所能拟。论诗闺阁，此其最上者乎？[3]

从以上记述可以看出，文人的"惜花"意识，贯通在其女性书写中，使得女性书写的文字亦呈现出"花""玉"满纸的感觉。以"花"观照女性，女性的困厄和毁灭，如同美丽的花朵漂泊风尘，乃至早早凋谢，对此，文人充满了深深的惋惜：

从来香粉易飘零，蒿坟鬼唱魂销句。[4]

人原似月难留影，诗果如香定返魂。[5]

沈素琴，……嗟乎，紫玉谁怜，黄衫何处，姬殆古之伤心人欤！[6]

汪素月，……，品花者以牡丹目之。……以齿稍长，不胜迟

---

1. 捧花生：《秦淮画舫录》前之弁言，而"捧花生"之名号，亦可见作者"捧花""惜花"之用心，《秦淮画舫录》，有正书局民国三年刊本。
2. 丁丙：《绿云山房诗草》序，见劳蓉君：《绿云山房诗草》，清光绪四年刊本。
3. 魏谦升：《翠螺阁诗词稿》序，见凌祉媛：《翠螺阁诗词稿》，清咸丰四年刊本。
4. 杨芳灿：《题永愁人集后》(集为邑才媛龚静照著)，见《芙蓉山馆全集》卷一，清光绪十七年无锡刘氏刊本。
5. 陈文述：《题疏香阁遗集后》，见《颐道堂诗外集》卷七，《续修四库全书》本。
6. 西溪山人：《吴门画舫录》，清嘉庆十一年红树山房刊本。

暮之悲。

周素珍，……，兰玉早凋，倏焉物化，又殊可惜也。[1]

可见，以"花"观人，对于如花生命所遭受的污染和困顿，不忍、同情之心都会在文人的笔下有所流露。或许正是在这种"惜花"意识的指导下，对普世界薄命的女子俱作"同情"的观照，才使得嘉道文人往往有意忽略，或者说缩小了"才女"和"名妓"身上的缺陷，从而制造出文人世界的"理想"女性形象。文字反映的固然是虚幻，但这种虚幻，从另一个角度来讲，则又折射出来了文人的寄寓和理想。

与文人的"惜花"观念相关联的还有晚明以来文人对女性的宗教崇拜，[2]从晚明到嘉道文人的女性书写中往往可以看到，文人喜好以贬谪人间的仙女来看待女性，无论"她"是闺阁女性，还是画舫女子。这种观念是如此盛行，以至女性在诗文中亦隐隐透出对自己是"仙女"下凡想象的确信不疑，如前文提到管筠以为自己是小青后身，又如闺秀感慨"瑶池轻悔谪红尘，小住兰闺二十春。浴佛僧方传盛会，洗儿母尚话前因"。[3]江南地区盛行的扶乩风气，对这种观念的形成应该也有一定影响。[4]

---

1. 个中生：《吴门画舫续录》，清道光来青阁刊本。
2. 高彦颐认为，"晚明时，官方对女性宗教力量的恐惧，从用敕令宣布一些有关大量女性追随者的教派为'邪教'，到儒家训诫劝告家庭主妇避免迷信，都可以充分证明。但与此同时，许多士大夫却公开认可了女性在宗教上的特异灵力，渤子和昙阳子吸引了大批士大夫和文人信徒。在私人家庭中也一样，丈夫和父亲们公然促进女性族人的宗教虔诚，以至达到了在她们死后将其神化的地步"，见《闺塾师》，江苏人民出版社2005年版，第212—213页。
3. 凌祉媛：《二十生辰自述》，见《翠螺阁诗词稿》，清咸丰四年刊本。
4. 参看许地山：《扶箕迷信的研究》，商务印书馆1999年版。

要注意的是，文人在将女性描述为天仙下凡的同时，也将自己视为贬谪人间的仙人，如史震林称自己"弄月仙郎"，陈文述以"碧城仙馆"自号，《秦淮画舫录》中唱和的诸人则将文人和名妓的宴会比之为"群仙"会。[1]"仙人"贬谪于凡间的观念在当时文人社会中如此流行，甚至《红楼梦》也以神瑛和绛珠的故事建构全书，至于《红楼梦》采取这种结构是当时流行观念的反映，还是《红楼梦》的流行造成了这种观念的播扬，殊难以回答，但二者之间应该有着相互影响。如此，文人为自己的"惜花"找到了合理的解释，这其中本来就有着前世的宿缘，"海思云愁几度春，再来原是谪仙人"。[2]仙人和仙女在天上原本有缘，在共同贬谪人间的过程中，仙人自然要义不容辞地担负起护卫仙女的职责。只是在"十万金铃好护香"[3]之类的论调下，在文人对女性命运的怜惜中，感叹自己"谪仙人"身份的同时，这种"惜花"中又多少有着"自怜"的成分了。说到底，文人对女性的痛悼中，更多是对自我的惋惜，还有迷恋！

必须看到的是，无论"自怜"还是"惜花"，在文人的女性书写中，女性始终是作为纯粹客体而存在。无论才女还是名妓或者其他女性，她们面貌的生动性、人生的复杂性以及她们对女性故事的多元投射和思考，都被浓缩为单一的书写符号，而丰富多元的女性经验也被男性挪用、收编于男性故事的叙述，女性的声音被消解，女性的主体

---

1. 子山：《乙亥冬日重抵白下集听春楼有怀亡弟子固》云"玉楼天已微才子，金屋谁曾贮美人"，《题宫雨香校书折梅小照》云"秋风八月群仙集，中有才人倏联璧"，见《秦淮画舫录》"微题"，捧花生：《秦淮画舫录》，有正书局民国三年刊本。
2. 杨芳灿：《为陈云伯题〈碧城仙梦图〉》，载《芙蓉山馆全集》卷七，清光绪十七年无锡刘氏刊本。
3. 杨芳灿：《香修曲为严蕙榜作》，载《芙蓉山馆全集》卷八，清光绪十七年无锡刘氏刊本。

性被遮蔽甚至压制。从这个角度来看，清代中期江南文人的情感话语表述中，固然已经出现所谓转向内心世界、肯定个体、主体自我觉醒等昭示"现代性"的因子，[1]但这些新变化、新气象更多局限在男性群体内部，而他们的女性观念、女性书写依然折射出传统性别秩序的难以撼动！

---

1. 参见［美］李海燕：《心灵革命：现代中国爱情的谱系》，第一章"情教"部分，北京大学出版社 2018 年版。

下　编

第四章
车持谦及其"画舫"系列

第一节 "捧花生"其人其事考

嘉道狭邪笔记有一个共同点，即作者署名时都用字号而不是真名。"珠泉居士""捧花生""西溪山人""个中生""雪樵居士""琅玕词客""惜花居士""二石生"等，狭邪笔记的作者及同时作序者，一方面振振有辞地说狭邪笔记自有其存在意义，[1]另一方面又将真名隐去，从中不难感受到嘉道文人作狭邪笔记的矛盾心态。

这批狭邪笔记中，影响最大者，当推捧花生的"画舫"系列（包括《秦淮画舫录》《画舫余谈》和《三十六春小谱》）。因为这批狭邪笔记，在创作上多少都有些奉《板桥杂记》为圭臬，《板桥杂记》中所载诸人诸

---

1. 如捧花生《秦淮画舫录自序》云"或又疑平章金粉，无裨风化，适为淫惑之书，虑损劝惩之旨。余曰'《烟花录》、《教坊记》，隋唐以来，副载经史，区区撰述，何足以云。且苾经不芟桑濮，阎浮亦陈采女，风花水月，竟又奚伤哉"，《秦淮画舫录》，有正书局民国三年刊本。又吴锡麒《吴门画舫录》序云"然而烟花之录，拾自隋遗；教坊之记，昉于唐作。一则见收于史，一则并附于经，似乎结想蟒蛾，驰音桑濮。偶然陶写，何碍风雅"，西溪山人：《吴门画舫录》，清嘉庆十一年红树山房刊本。

事，都以南京为背景展开活动，这使得以南京为描写对象的狭邪笔记，在同时诸多品花笔记中，有一种更顺理成章接续地方传统的意味。而除《板桥杂记》外，南京的诸多狭邪笔记中，捧花生的"画舫"系列，对同时及后来的狭邪笔记都产生了一定影响。如陈裴之在其《香畹楼忆语》中载有时人对《秦淮画舫录》的评价，并于行文中插入陈撰《秦淮画舫录序》一篇。又如"琅玕词客""惜花居士"著《秦淮廿四花品小传》，明确提出"是编继捧花生《秦淮画舫录》暨《三十六春小谱》而作。凡前集所载之人，兹不重赘"。如此，则经由《板桥杂记》，《续板桥杂记》和《画舫》系列，再到《秦淮廿四花品小传》，南京的狭邪笔记似乎已经形成自己的传承体系，而在这个体系中，捧花生的"画舫"系列凸显出承上启下的作用。又如记载宁波妓业的《十洲春语》也提到"盖仿余澹心轶事，捧花生余谈之例"，[1]且卷前旁人题辞有"题《十洲春语》集捧花生《秦淮画舫录》句"[2]之语，可见捧花生《画舫》系列的重要性。

一、车持谦及其生平考

"捧花生"为何许人？前文已经提到陈裴之《澄怀堂诗集》卷十二有《上元车上舍秋舲_{持谦}》一诗，说到嘉道时期三部著名狭邪笔记的作者，[3]关于董鳞和程开泰的生平还有待进一步考证，这里要详细提到的，是号称"捧花生"的车持谦及其生平。清陈作霖辑《金陵通传》卷一百二十"车氏"传对车持谦有详细记载：

1. 二石生：《十洲春语》（下），载虫天子：《香艳丛书》，人民文学出版社1992年版。
2. 冶仙：《十洲春语》题词，二石生《十洲春语》，载虫天子：《香艳丛书》，人民文学出版社1992年版。
3. 参看本书第二章中第一节之"苏州"部分。

持谦，字秋舲，鼎贲之曾孙也，上元诸生。性冷峭，慎取友，与杨辅仁、顾槐三结苕岑诗社。家贫，以书记幕游，博洽耆古，尤长史学。尝著《秦淮画舫录》，虽纪冶游，而笔削有法，后深悔之。生平服膺顾亭林，乃为作年谱考据详赡，后来撰述之家率以是书为权舆。至于金石之学，致力尤深。游踪所到，必有椎拓。宋王象之《舆地纪胜》有"碑记"一门，明人抄撮为《舆地碑记目》四卷，世无藏本。持谦取顾广圻《传录册》与同县陈仲虎覆校刊之别，著《金石丛话》、《钱谱》、《印谱》、《纪元通考》、《薇西小舫》近稿。妻方曜，字莲漪，工诗，著有《红蚕阁稿》。继娶袁青，字黛青，著有《燕归来轩诗草》，咸丰癸丑之变，投水死。持谦弟持谨，字子廉，号澹修，著有《草草草堂诗稿》。

通过这不足三百字的介绍，可以简单勾勒车持谦其人的生平：首先，"上元诸生""家贫，以书记幕游"，是江南寒士的典型谋生方式，说明他是嘉道江南寒士中的一分子。其次，"博洽耆古，尤长史学"是其治学特点，这种特点在《秦淮画舫录》的书写中也有所体现。复次，他有两位夫人，方曜和袁青，这两位夫人在胡文楷的《历代妇女著作考》中都有记载。[1]管同曾在文集中提到"江宁车君子谦娶方氏不永年，乃取其先武子事绘为一图，系之以诗文而属予为记"。[2]看来

---

1. 胡文楷《历代妇女著作考》"《红蚕阁遗稿》"云"是书嘉庆十五年庚午（1810）刊本，与袁青之《燕归来轩吟稿》，王瑾之《味蘖居近稿》合刻，前有叔方维甸序，车持谦序及诗，冯金伯、屠倬题词。凡诗四十三首，分体编次。又附录剩句诗余八首"，商务印书馆 1957 年版，第 180 页。关于"袁青"则可参看本书第一章第一节中的相关论述。
2. 管同：《因寄轩文集》，清道光十三年安徽邓氏刊本。

方曜为车持谦前妻，车氏因其早卒而对之有深深的思念。袁嘉《湘痕阁词稿》有《瑶池燕·题车子尊姊丈玉台春影图》、《湘月·题车子尊姊丈捧花楼图》，如此则车持谦为随园孙女婿的身份已经可以确定。张惟骧辑《疑年录汇编》卷十三载"车持谦"条，云其生卒年为乾隆戊戌年至道光壬寅年（1778—1842）。袁嘉《湘痕阁词稿》有《金缕曲》二首，其一序云"壬寅仲秋小住石梁黛华姊以词见寄倚此代柬并以慰之"，其中提到"片纸传天外，痛分襟，又悲镜破""看古来贤母留名在，酸辛境，要耐得"，其二则云"我亦伤心者，怎忘情高歌"，内容很明显是悼念和安慰，可以基本确定车持谦卒于道光壬寅年。

《秦淮画舫录》前有杨文荪1817年序，《画舫余谈》前有车持谦1818年序，如此则《画舫》系列大致应完成在1817年以前，其时车持谦已年近不惑。《画舫余谈》前云，"辑《秦淮画舫录》竟，偶有见闻，补缀于后。凡数十例，则题曰《画舫余谈》，亦足新读者之目"。《画舫余谈》中曾出现"戊辰（1808）恩科""甲子（1804）乙丑（1805）之交"等叙述，其时车持谦正好是二十余岁的青年。如此则《画舫》系列记叙车持谦本人和南京一帮名士的画舫冶游，应该是他回顾四十岁以前青年时期的经历而作。《金陵通传》说他"后深悔之"，也无非是文人渐入暮年后回首往事的常有心情，或许只是一种姿态，不足为信。[1]

1.《秦淮画舫录》"王翘云"条云王翘云故事，"因嘱松壶道人，仿李香于侯生故事，添缀枝叶而成者。颜伽小云兰村海树湘眉竹士诸君，皆为填词。今卷中人已不可作，而湘眉小云亦已与彩云俱化"。"小云"为陈裴之，陈卒于道光七年（1827），这说明车持谦后来对《秦淮画舫录》作过补订。其时车持谦已经是年近五旬的中年人，尤恋恋于《画舫》的修订，更足以说明他对《画舫》系列的重视。

二、金陵车氏家族考

如果说仅凭以上材料还不足以了解车持谦其人，陈作霖《金陵通传》卷一百二十"车氏"传对其祖上记述甚是详细，据此可以整理出车氏一族的清晰脉络：

车万育，字与三，又字敏州，先世居湖南邵阳。万育举康熙二年进士，由庶吉士历任兵科给事中，指陈时政，不阿权贵。吴三桂作乱，父留原籍，道梗不通，万育泣涕请假南下，到邵阳时父已前卒，一恸几绝。即奉继母及兄弟百余口同迁金陵，遂家上元。康熙南巡，召见问治河方略，卒后复召见其子鼎晋问病状。谕令江宁熊赐履题其墓曰"古之遗直"。著有《历代君臣交警录奏疏》《怀园集》《唐诗读余集》。

车鼎晋，字丽上，一字平岳。幼聪颖，举康熙三十六年进士，改庶吉士。连主广西顺天乡试，以父病乞假归，旋遭忧。康熙南巡，召校全唐诗，固辞，命开局江南乃受。诏服阙视学福建，以廉明称。后以两弟罹文字祸，忧惧卒。著有《天竹山房诗集》及杂著。

车鼎丰，字遇上，晚年更名道南，号双亭，副贡生。生平专力宋五子书，著有《晚闻轩集》《朱子文语纂编》等。

车鼎贲，字须上，晚更名世南，号南东，亦诸生。著有《正正字通韵》、《小四书集注》等。[1]

车敏来，字逊躬，号望亭。以熙五十二年举人充教习，入《诗经》馆纂修。期满试第一，除新会知县。雍正初运粤铜至京，以荐改发山西补安邑，有异政，迁保德知州。爱民如父。素工吟咏，有《偶然草》。

车复来，字雪斋，诸生。

车研，字养源，一字静年。为文极敏，既补诸生，以章奏幕游督抚间。

车硕，字介石。乾隆九年举人，官知县。

车确，字绛年，诸生。

车廷俊，乾隆三十五年举人，官河南知县。

车廷雅，诸生。

车持谦，诸生。

可以看到，从车万育到车持谦，车氏家族的士人与政治渐行渐远。到车持谦这一辈，除车廷俊外，已基本无缘于功名，成为了外于政权的寒士。而且车持谦的曾祖车鼎贲曾因曾静案被论死，所以除车鼎晋一支还比较兴旺外，车鼎丰和车鼎贲两支均不见详细记载，应该是已经沉抑于社会中下层。车持谦兄弟的功名不显，和这件事情多少有一定关系。

车持谦的著作，除《画舫》系列外，还有《顾亭林年谱》《金石丛话》《钱谱》《印谱》《纪元通考》《薇西小舫》等，基本都属于史学

---

1. 车鼎丰、车鼎贲以曾静案罹祸，见张万钧、薛予生编：《大义觉迷录》，中国城市出版社1999年版。

著作，且大多散逸。另外，陈作霖编《国朝金陵词钞》收其词 4 首，《国朝金陵文钞》收其文 1 篇，但都不被关注。除了《画舫》系列和作于晚年的《顾亭林年谱》，[1] 车持谦留世作品并不多。从《顾亭林年谱》来看，车持谦对晚明史事极为谙熟，对涉及南京的南明历史更是考索翔实，从中可以觇见他作为史家的严谨功力。而另一方面也可以看到，从《画舫》系列到《顾亭林年谱》，对晚明史事的兴趣贯穿了车持谦一生的创作和治学。本章对车持谦及其《画舫》系列的研究，也会以"晚明"作为重要的参照背景。

第二节 《画舫》系列与《板桥杂记》的互文

嘉道狭邪笔记，往往以余怀《板桥杂记》为圭臬，于行文中处处追步曼翁前记。这不仅表现在作者（或者作序者）在序言中坦承其创作为接续《板桥杂记》，而且在笔记的整体书写中，亦往往营造出一种追慕前明风雅的氛围。

就车持谦《画舫》系列而言，前者如"夫白门柳枝，青溪桃叶，辰楼顾曲，丁帘醉花，江南佳丽，由来尚已。迨至故宫禾黍，旧苑沧桑，名士白头，美人黄土，此余曼翁《板桥杂记》之所由作也。今捧花生以承平之盛，为群屧之游，跌宕湖山，增综花叶。华灯替月，抽

---

1. 现所见车持谦编《顾亭林先生年谱》清刊本前有陶澍作于道光丁酉年（1837）的序，车持谦本人作于道光己亥年（1839）的自序。车序中提到他于道光乙未（1835）年之前就已经开始了对顾亭林年谱的编订工作，则应该是车氏五十岁左右才开始修纂顾炎武的年谱。且车持谦于"再记"中称陶澍为"陶文毅师"，可见他与陶澍有一定师承关系，或者曾客陶澍幕府也未可知。

筋撅笛之天；画舫凌波，拾翠眠香之地。南朝金粉，北里烟花，品艳柔乡，纾怀琼翰。曼翁杂记，自难专美于前"，[1] "盖窃仿曼翁之体，而以丽品为主，雅游轶事，因以错综其间。不必于从同，实亦未尝不同已。"[2] 后者如《秦淮画舫录》"赵艾龄"条云艾龄"尝私慕苇舟太史，欲仿清娱随龙门故事，自媒于太史，太史未之许也"，又如董秀"人或以香扇坠目之，姬亦幸以李香自负也。"就体例而言，《画舫》系列也完全脱胎于《板桥杂记》，例分雅游、丽品、轶事。《秦淮画舫录》分为"丽品"和"征题"，但《画舫余谈》全记冶游和轶事，应该说在体例上与《板桥杂记》是一脉相承的。

在克里斯蒂娃看来，互文文本包含横向轴（作者＋读者）和纵向轴（文本＋语境）两个层面，横向轴和纵向轴汇聚一处，揭示一个事实，"每一个词语（文本）都是词语和词语（文本和文本）的交汇；在那里，至少有一个他语词（他文本）在交汇处被读出"。[3] 从这个角度来看，对比《画舫》系列和《板桥杂记》的相似、相异之处，能发现更多嘉道文人写作、传播《画舫》文本的复杂心曲。

"《板桥杂记》何为而作也？"余怀回答得很清楚，"有为而作也""此即一代之兴衰，千秋之感慨所系也"。盖曼翁历经申酉之变，旧院欢场，鞠为茂草，天下易手，山河憔悴。于彼时绮梦既阑，一腔故国之思尽寄情于艳体香奁，故《板桥杂记》虽备载秦淮风月，论其要旨微言，其实更接近于《东京梦华录》一类笔记。嘉道时期的江南文人固然对《板桥杂记》推崇备至，但其地虽存，斯时不再，文字、

1. 陈裴之：《秦淮画舫录》序，捧花生《秦淮画舫录》，有正书局民国三年刊本。
2. 捧花生：《秦淮画舫录》自序，有正书局民国三年刊本。
3. ［法］朱莉娅·克里斯蒂娃：《符号学：符义分析探索集》，复旦大学出版社 2015 年版，第 87 页。

文情上的复制，不过是要隔空与晚明展开对话交流，对话中最终流露的却是他们心底另样的声音。

一、纪人与纪地

余怀作《板桥杂记》是为寄托故国之思，《板桥杂记》实质上属于遗民文学。虽然奉《板桥杂记》为圭臬，《画舫》系列的创作目的却有很大不同，这在稍早一些时候刊行的《续板桥杂记》中已有所体现，"聊使师师简简之名，得偕江水以俱长尔"，[1] 珠泉居士以为他的创作是为了使更多的青楼女子留名。车持谦对此说得更深刻一些，"良以一代之兴，有铭钟勒鼎者，黼黻朝堂，以成郅隆之化。即有秦歌楚舞者，点缀川野，以昭升平之状"。[2] 为了强调这种创作的合理性，他将纪史的功能性归之于《板桥杂记》，从而为自己的"继承"找到更具说服力的源头。事实上，"以补金陵之琐事"只是《板桥杂记》的一个侧面，它的主基调还是抒发故国哀思，寄托荆棘铜驼之感。但到车持谦创作《画舫》系列时，"纪人"和"纪地"已经成为了其创作的直接目的。

所谓"纪人"，也就是珠泉居士所说，"聊使师师简简之名，得偕江水以俱长尔"。人间知己，惟有于青楼中求之，这似乎是中国青楼文学中反复重弹的一曲老调。"风花过眼几纷更，楮墨长留不断情"、[3]"一编留得鸳鸯牒，未许情尘委逝波"，[4] 名士与美人的风流韵事，

---

1. 珠泉居士：《续板桥杂记》缘起，清乾隆五十七年西西山房刊本。
2. 捧花生：《秦淮画舫录》自序，有正书局民国三年刊本。
3. 严骏生：《秦淮画舫录》题词，见捧花生《秦淮画舫》，有正书局民国三年刊本。
4. 谈承基：《秦淮画舫录》题词，见捧花生《秦淮画舫》，有正书局民国三年刊本。

原本就为人所关注，倘不加以叙写点染，就让它这般随时光流逝未免可惜，所以往往要借助文人的生香妙笔，"挽住春风二百年"。[1]而青楼中不仅有美女、有才女，更值得记载的还有奇女子，处于《板桥杂记》和《画舫》系列之间的《续板桥杂记》在车持谦之前就已经注意到了这一点。《续板桥杂记》记载张玉秀济某公子之难，珠泉居士"别时许作一传"，感慨"吁，异哉。姬之所为，殆有大过人之才识而济以豪侠果断者，不图于青楼中得之。余既深嘉其志，且喜其得所归也，为之缀序其事，以偿夙诺云尔。"又记马姬、潘姬周济士人事，云"余于二姬犹及见之，一卖花，一挈妓，曾不若寻常婆子耳，而济困扶危，各具一副侠肠，大为穷途生色，孰谓若辈中无人物耶。爰采入轶事以传之，且以风彼须眉，钻研钱孔，曾二姬之不若者"，都是记载奇女子，使之传世、讽世。

《秦淮画舫录》"于三"条，记载不知名的金陵娼女于三救助士人，由衷感慨"噫，今之居青楼者，所斤斤为阿堵物，稍或不给，遽加白眼，欲求貌为真挚，已不可得，而况生死不渝者哉。姬之笃行，岂第可风若辈中人，即须眉而丈夫者，忝然讲友谊，矜气节，一旦临大事，依违不决，若将勉焉，不知凡几矣。余故录之，为舞柘枝簪杏花者，立一前马。并以语游宴花丛中人，必当择人而与，毋徒以色艺定优绌耳"。将妓女之德置于色艺之上，体现了作者超出于流俗之处。

正因为以"传人"为主要目的，《秦淮画舫录》的体例虽直接脱胎于《板桥杂记》，但在继承中却有新变。《秦淮画舫录》纪人，以人物为纲线，夹杂雅游、韵事于其中，比之《板桥杂记》，更多体现了

---

1. 邬鹤丹:《秦淮画舫录》题词，见捧花生《秦淮画舫录》，有正书局民国三年刊本。

以人为本的思想。[1] 而且纪人以条，条分缕析，主传中还有附传，如"王小荇"条下标"琴儿附"，"杨龙"条下标"秋桂附"。又以家族为单位纪人，如纪金陵王家，先以王家的朋友岫云为引，次及王瑞兰、王小兰、王稚兰，然后记其家之媳马又兰，层层推进，却又主次分明，秩序井然。陈作霖《金陵通传》评价《秦淮画舫录》"虽纪冶游，而笔削有法"，观车持谦在《秦淮画舫录》中采用的纪人手法，确实体现了史学家特有的条理和逻辑，这或许也是《秦淮画舫录》能在众多花部笔记中脱颖而出，独标一格的一个重要原因。

《画舫》系列的另一个重要创作目的是纪地。珠泉居士曾认为秦淮繁华，"良辰美景，乐事赏心，洵升平气象也"，将金陵烟花的兴盛视作升平景象的表征。这虽然不是一种独创性的说法，但在《画舫》系列中却得到了更突出的表现。如"故联俊侣，洽欢悰，必以秦淮为最。乃自燕子桃花，徒传旧曲；帕盟盒会，久断前闻。甄综已虚，妍华不发，水波黯黯，楮墨沉沉，几使澹心《杂记》一编，芬飨莫嗣。此捧花生《画舫录》所由昉也。"[2]《秦淮画舫录》"张素云"条云"亦见时际升平，士大夫得以优游艺事，与曲中诸姬作文字之饮，而诸姬亦藉是涵濡气质，相得益彰。远之可方楚润国容，近亦不在湘兰寇下之下。倾城名士，共著芳声，固北里之艳谈，亦南都之盛轨也"，也是点明了南京风月和升平世界之间的关联。

值得注意的是，与车持谦《秦淮画舫录》题辞唱和的诸人中，金

---

1. 捧花生：《画舫余谈》中提及记述钓鱼巷妓女的缘由云，"今之钓鱼巷，犹明之珠市，人不屑居之，而间有佳丽，钓鱼巷亦然。余于《画舫录》中，不少登采，盖以人为重，不以地限也"，可见他"以人为本"的思想，有正书局民国三年刊本。
2. 杨文荪：《秦淮画舫录》序，见捧花生：《秦淮画舫录》，有正书局民国三年刊本。

德恩参与嘉庆十六年（1811）《江宁府志》的编修，马士图于嘉庆二十年（1815）完成《莫愁湖志》的撰写，汪度、谈承基、罗凤藻参与道光四年（1824）《上元县志》的编修。清代大修方志，从清代中期开始直到晚清，南京出现大修方志、地志的情状，应该说是南京文人对本地文化关切的一种表现。而车持谦在《莫愁湖志》题辞中云"青溪风月蒋山烟，也累搜罗手自编。今日开函难忍俊，又输一着让君先（下注：余方纂《秦淮画舫录》《钟山志》未成）"。可见他本人将《秦淮画舫录》的编纂等同于《莫愁湖志》《钟山志》的编写，青溪风月其实更多展现的是南京独特的本地文化。求之于《秦淮画舫录》，欧阳长海跋认为《秦淮画舫录》"间综平安之游，足志建康之缺"，说明车持谦及周围的朋友更多是将《秦淮画舫录》的编写视同修纂金陵地志，而非简单地记载平康冶游。

将秦淮风月视为南京文化的组成部分，将南朝金粉的迷人视为江南优越文化的指代，这种情绪在明清以来的江南文人中表现得非常明显。如明代陈大声嘲讽北地妓女，"门前一阵骡车过，灰扬。那里有踏花归去马蹄香？棉袄棉裤棉裙子，膀胀。那里有春风初试薄罗裳？生葱生蒜生韭菜，腌脏。那里有夜深私语口脂香？开口便唱冤家的，不正腔。那里有春风一曲杜韦娘？举杯定吃烧刀子，难当。那里有兰陵美酒郁金香？头上松髻高尺二，蛮娘。那里有高髻云鬟宫样妆？行云行雨在何方，土炕。那里有鸳鸯夜宿销金帐？五钱一两等头昂，便忘。那里有嫁得刘郎胜阮郎？"[1] 又如袁枚讽刺粤妓"久闻广东珠娘之丽。余至广州，诸戚友招饮花船，所见绝无佳者，故有'青唇吹火拖

---

1. 蒋一葵：《长安客话》载陈大声"嘲北地娟妓曲"，《说郛》本。

鞋出，难近多如鬼手馨'之句。相传潮州六蓬船人物殊胜，犹未信也"。[1]征之于嘉道时期的其他狭邪笔记，如《秦淮廿四花品》"宫如珍"条云，"前岁夏日偕吴门诸友偶过枇杷花下，值姬晚凉梳掠，独坐闲庭，……，举座叹其艳绝，咸谓板桥素产名姬，吴苑莺花无此雅韵。余虽代为逊谢而实心窃喜之"，作者之喜中明显地带有地方色彩。又如《秦淮闻见录》在引述上文陈大声的诗后评论说"近日秦淮曲中，人人竞秀，户户争华。陈设仿商彝汉鼎，绮窗嵌云母玻璃。曲槛长廊，望彻湘帘绣幕；晓风残月，声传凤笛鸾笙。奇服艳桩，雀裘珠绣，瑶钗宝珥，火齐猫睛。味厌山珍海错，人思火枣冰梨，浅斟低唱，飞琼恰霄汉飞来；檀板金樽，玉娟比瑶池玉洁。遥想大声见闻，习惯故乡风景。故一见赵女燕姬，直是人间天上"。[2]对南朝金粉，江南佳丽的优越感，骄傲感溢于言表。

作于太平天国乱后的《白门新柳记》《秦淮艳品》等，都提到曾国藩克复金陵后大兴秦淮画舫以制造升平气象。《秦淮艳品》云"金陵为六朝故都，士大夫裙屐是矜；人物仪容，遂称极盛，观南部烟花录，可得其大概也。"又云"上元甲子，金陵恢复，节相曾文正公坐镇江南，招集流亡，不遗余力。而植柳白门，招舟红板，尤加意于秦淮，所以白下燕莺，归从沪上；广陵芍药，移植金陵。荒烟蔓草之中，时见画船箫鼓。许君养和，杨君晓岚，遂有白门新柳之记。盖歌咏莺花，实以导扬棠荫也。余自癸丑（1853）避乱，……，而窃幸兵燹之余，犹见六朝金粉，非长官培养之力不及此。"[3]直接点明了金陵

---

1. 袁枚：《随园诗话》卷十六，载王英志：《袁枚全集新编》第九册，浙江古籍出版社2015年版，第612页。
2. 雪樵居士：《秦淮闻见录》，清道光十八年一枝山房刊本。
3. 张曦照：《秦淮艳品》识，载扫叶山房：《秦淮香艳丛书》，江苏古籍刻印社1987年版。

风月的政治、文化含义。或许这才可以更好地解释嘉道江南文人，尤其是南京本地文人作狭邪笔记的心态。

二、对清初历史的重新思考

叶凯蒂论及晚清上海文人对晚明理想的建构时提到"对于晚清文人来说，晚明作为一个历史时代，充满了矛盾的内涵。这个在文化思想上成就斐然，代表着文人独立与豪放的生活方式的时代，同时却标志着一个朝代的危机和最终的灭亡。而这两者之间的因果关系，又是清初朝廷推行的史学观。由这观点造成的对晚明的疑虑，甚至于否定，一直持续到清代中期才开始动摇"。[1]

明末南部烟花的繁盛远轶前代，而秦淮名妓频繁出现在东林名士、南都胜流身侧。明王朝在农民军摧枯拉朽的攻势下迅速灭亡，南明小朝廷更是不堪一击，清初知识分子经过天翻地覆的历史变动，于江上烟消，海上风平之时，痛定思痛，审视历史，往往将政治的腐朽、士人的无能归咎于江南水土的柔美和平康佳丽的娇媚。所以余怀在《板桥杂记》中沉痛地写道，"一声《何满》，人何以堪？归见梨涡，谁能遣此！然而流连忘返，醉饱无时，卿卿虽爱卿卿，一误岂容再误。遂尔丧失平生之守，见斥礼法之士，岂非黑风之飘堕、碧海之迷津乎！余之缀茸斯编，虽以传芳，实为垂戒"。其核心内容仍然是红颜祸水、女色亡国一类老调，而南京的山温水软，柔媚动人，似乎也在无形中担负了使士人颓志、国事衰微的指责。如此环境下，余怀作《板桥杂记》，隐隐有"知我罪我，余乌足以知之"的担忧，"余之

---

1. 叶凯蒂：《文化记忆的负担》，见陈平原、王德威、商伟编《晚明与晚清：历史传承与文化创新》，湖北教育出版社 2002 年版，第 53 页。

缀茸斯编，虽以传芳，实为垂戒”的表示正显示了这种担心。

但是，从乾隆晚期到嘉道时期，经过一百多年的发展，宇内清平，四海无事，士大夫陶然于花酒烟月中，冶游文字之作，已视为自然寻常之事。"试向伶工水榭，演就传奇；还从画士山房，描成绝代。行见屋韬驿舍，争传金屋之姿"，[1] 笔下的从容和自得毫不掩饰；"即从黑海惊波，唤醒青楼幻梦矣。如曰倚翠偎红，风流绝世，评花谑柳，歌咏宜人，犹浅之乎测珠泉也"，[2] 对狭邪笔记甚至予以很高的评价。而针对"又疑平章金粉，无裨风化，适为淫惑之书，虑损劝惩之旨"的问难，车持谦不以为然"《烟花录》、《教坊记》，隋唐以来，副载经史，区区撰述，何足以云。且葩经不芟桑濮，阎浮亦陈采女，风花水月，竟又奚伤哉"。[3] 经作者之口说出对"风化""劝惩"的不屑，比之余怀的心怀疑虑、战战兢兢，相去已不可以道里计。固然因为车持谦本心认为《秦淮画舫录》之作为经史副载，是金陵地志的记载形式之一，所以说起来理直气壮。另外，则实由于嘉道时期社会环境的变化，士人思想比之清初已有很大改变。

稍后于车氏，张际亮叙福州妓业著有《南浦秋波录》，认为"又云金陵秦淮一带，夹岸楼阁，中流箫鼓，日夜不绝。盖其繁华佳丽，自六朝以来已然矣！杜牧诗云'商女不知亡国恨，隔江犹唱后庭花。'夫国之兴亡岂关于游人歌妓哉。六朝以盘乐亡，而东汉以节义，宋人以理学亦卒归于亡耳。但使国家承平，管弦之声不绝，亦是妆染太

---

1. 青阁居士：《续板桥杂记》序，见珠泉居士《续板桥杂记》，清乾隆五十七年西酉山房刊本。
2. 默堂主人：《续板桥杂记》序，见珠泉居士《续板桥杂记》，清乾隆五十七年西酉山房刊本。
3. 捧花生：《秦淮画舫录》自序，有正书局民国三年刊本。

平，良胜悲苦呻吟之声也"。[1] 而光绪年间金和序《秦淮艳品》则云：

> 岂知钟情非我辈不能，好色固圣人弗禁，柳下之坐怀何，子贡之三挑非诞。相如茂陵私聘，犹正色而上书；公瑾少年顾曲，却锦衣而破贼。马季长帐后张乐，实为康成之经师；杜樊川尽夜冶游，不与太牢之党祸。宝瑟随车，陆好田寺勋名迈世；玉钗持烛，宋尚书文章秘府。彭泽高致，闲情之赋不讳；冬郎劲节，香奁之体斯创。宅身则风流自赏，名世则忠孝无惭。以视夫囚首垢面，苟希颜闵，羸马敝衣，自命伊旦，儒林丈人以家客致富，天子执政以伴食取客者，试问薰莸于同器，恐嗟泾渭之分流。况夫惜惜遘难，蹋碧血以御寇；盼盼感旧，挈缟巾而殉主。一妹弃其朱绂，信国士于未显。汧国键其绮阁，酬公孙之凤恩。天堑促战，梁夫人锐于中兴，炎荒留侍，六如亭毅于从一。琴操逃禅而息影，香君毁容而拒聘，皆表表于尘土之中，而光光有士夫之行。若而人者，又岂慕道学传之荣名，窃性理书之绪论哉。[2]

金和对清初以来"风流"与"忠孝"势难两全的观点作了一番完全的否定。金氏之序虽作于晚清，但他生于 1818 年，青少年时期正生活在嘉道之际，他的这种议论应该说仍是嘉道江南士人思想的流衍。

明末清兵南下，南都胜流如钱谦益、龚鼎孳之流皆倒屐出降。嗣后海内初平，清廷开科取士，江南士人中，忘家国之痛，君父之恩，

---

1. 张际亮：《南浦秋波录》。
2. 见张曦照：《秦淮艳品》，载扫叶山房《秦淮香艳丛书》，江苏古籍刻印社 1987 年版。

热衷于功名利禄，觍颜再事新朝者，不乏一时名流。如吴伟业、侯方域等人，当年秦淮河边常系马，此时也纷纷北上，希求干谒。对此，当时人是有看法的，但碍于政治情势，或感于故友情深，虽然不满，却都采用皮里阳秋手法，隐喻指责者多，当面痛斥者少。一百多年过去，清廷江山日益巩固，从朝廷到民间，对清初叛降士人的态度已经发生一百八十度的大转弯。乾隆中后期，弘历开始着手重写清初历史，对清初士人进行重新定位，《贰臣传》和《逆臣传》的编写标志着朝廷政治思路的完全转向。[1] 正是在朝廷转向的影响下，清代中期的江南文人才可以在秦淮狭邪笔记中毫无顾忌地讥议晚明名流，同时高度赞誉在他们看来更有骨气的秦淮女子。如：

> 蕊君叩余曰，"媚香往矣。《桃花扇》乐府，世艳称之，如侯生者，君以为佳偶耶，抑怨偶耶？"余曰"媚香却聘，不负侯生，生之出处，有愧媚香者多矣。然则顾非佳偶也。"蕊君颔之，复曰'蘼芜以妹喜衣冠为湘真所距，苟矢之日，风尘弱质，见屏清流，愿蹈泖湖以终耳，湘真感之，或不忍其为虞山所浣乎？'余曰"此蘼芜之不幸，亦湘真之不幸也。横波侍宴，心识石翁，后亦辛为定山所误，坐让葛嫩孙郎，独标大节，弥可悲已。卿不见九畹之兰乎，湘人配之而益芳，群蚁趋之而即败，所遇殊也。如卿净洗铅华，独耽翰墨，尘弃轩冕，屣视金银，驵侩下材，齿冷久矣。然而文人无行，亦可寒心，即如虞山定山壮悔当日，主持风雅，名重党魁，已非涉猎词章，聊浪花月，号为名士者可比。辛

---

1. 参看张玉兴：《明清易代之际忠贰现象探颐》，《清史论丛》2003—2004 年号。

至晚节颓唐，负惭翠袖，何如杜书记，青楼薄幸，倘不至误彼婵媛也。"[1]

又如"当四方兵戈纷扰告警之书，日不暇给，而河上笙歌，尚复喧阗竟夜。甚至社屋已迁，宫车晚出，致身殉难者，了不乏人。二三鼎轴之臣，转事委蛇观望，卒之偕白马来朝。彼北里小女子如方李河东，反次第以奇节表著。于戏，祖宗养士三百年，只图宴乐，无与颠危，徒令后之人眺揽其间，谓天地英灵之气，不钟于朝右之男子，而钟于女闾之妇人，亦可慨也夫"[2]。如此肆无忌惮的文字，在清初严酷的政治环境中，是难以想象的。也只有将之放到嘉道截然不同的语境中，才能更好地理解江南士人的愤激之所由来，也才能更清楚地看到《画舫》系列与《板桥杂记》的不同。

三、想象与书写的矛盾

嘉道时期的江南文人徜徉在秦淮河畔，追忆晚明故事，为已经逝去的那份繁华唏嘘感慨，并有意无意地将"当下"与彼时进行同位互代，将自己与周围的秦淮女子比之与晚明的江南名士和名妓，沉浸于自己营造出来的"晚明秦淮"的虚拟氛围中。前文提到赵艾龄和董秀都模仿晚明名妓的做派，又如《秦淮画舫录》中提到校书翘云与汪世泰缱绻难舍，咬破舌尖，涂血于帕上以赠之。汪世泰将这件事公之同好，南京文人纷纷题咏，比之于《桃花扇》中香君故事。又如其时陈裴之著有《香畹楼忆语》，处处追步清初冒襄的《影梅庵忆语》，全文

---

1. 陈裴之：《秦淮画舫录》序，见捧花生《秦淮画舫录》，有正书局民国三年刊本。
2. 马功仪：《秦淮画舫录》跋，见捧花生《秦淮画舫录》，有正书局民国三年刊本。

充满了浓重的怀旧情绪。

"从来名士悦倾城，今倾城亦悦名士耶？"（《香畹楼忆语》）。嘉道时期秦淮风月场中的"倾城"们，所悦究系何人，所恋究系何物，其答案仍然只能在以《画舫》系列为中心的秦淮狭邪笔记中寻找。

《续板桥杂记》云：

> 王二，苏州人，早堕风尘，由琴川转徙金陵。余于庚夏相晤于熊氏河房，容貌亦自娟妍。第苦贫乏不能自存，赠以赀，且为之誉，得渐生色。及辛岁抵宁，则被服丽都，座客常满矣。绨袍虽在，已无恋恋故人之色。余笑而诘之，姬面发赪，一座粲然。

又云：

> 金二，本姓丁，苏州人。居钓鱼巷，艳名颇著。余于庚夏曾一遇之。明眉慧眼，纤趺柔腰，几欲倾其流辈。惜两颧微高，婉容稍减。有某公子者，甚与善，珠玉锦绣，稠叠赠遗，尝于一月中，费金千计。两情胶漆，引喻山河，秋以为期，丝萝永托。闻者咸谓金姬能博公子欢庆，将来得所归。公子亦喜得阿娇，拟以金屋贮之。一日公子启扉而入，阒其无人，询之邻姬，则姬于前夕尽室以行，不知所往。公子疑信参半，书空咄咄，侦骑四出，踪绪杳然。悲愤填膺，一病几殆。噫，青楼薄幸如金姬者，其尤哉。

《秦淮画舫录》云：

王瑞兰行七，肌理莹洁，玉光无瑕，不必斤斤修饰，而眉睫间时流雅韵。吾友再芝有仲容之姣，姬矢志欲事之，再芝守家范，卒不允也。后见伶人张桂华演《玉簪》《茶絮》出，极缠绵之致。姬谓张作且然，倘偕真伉俪，必非如李十郎鲜克有终者。乃买小蜻蜓亲赴苏台晤张之大妇，关说定，仍返金陵，就桂华于家。其母颇诟谇，姬固始终安之。……七夕生云，姬先与筠如公子一见倾心，双盟啮臂，姬偶小恙，公子为之称药量水，琐屑躬亲，姬亦盛感之。迨公子随宦他徙，戒途不发，为姬作平原之留，期以三年相守。姬亦画梨花满地不开门图以表志，乃公子去未半载，而姬已许归桂华。嗟乎，呆牛痴女，河汉相望，千古钟情人，可胜浩叹，不谓才逢箫史，又拍洪崖。如姬其人者，夫亦太褊急已。是则青楼薄幸之名，在袅袅亭亭，且自不少，宁独责平安杜书记哉。

又云：

玉姿似是郡中人，姓刘氏，本居长乐渡旁。一日植于东关水榭，明珰翠羽，顾盼若流，急管繁弦，错杂如诉。盖近为一髡奴所狎，往还甚数，已为僦屋移家矣。丹伯曰，玉姿先偕瞽师某善，凡所与昵，大抵类此。姬其琐骨化身耶？否则见金夫不有躬，姬亦太无俚耳。

显然，"倾城"们爱万贯财远胜于七步才，与市井街巷中的普通男子有着普通的情感纠葛，这些在《板桥杂记》中只是一笔带过的内容，却在嘉道狭邪笔记中被放大，从中折射出嘉道时青楼中强烈的市井气息和琐碎氛围。《板桥杂记》中的女性，貌美如梅，气质如兰，凛节如松，不愧"倾城"之称。一百多年过去，秦淮河边的这些风月女性，容貌节操固不待言，才华又如何呢？

《续板桥杂记》云：

> 汤四汤五，扬州人，姿首皆明艳，而四姬尤柔曼丰盈。余尝戏之曰，"子好食言而肥欤？"姬不解，误以言为盐，率尔对曰，"吾不嗜盐。"闻者绝倒。

《画舫余谈》云：

> 忆同雨芗、棣园过某姬姊妹家，寒暄之次，余偶问曰"卿等均习文字否？"其姊曰"阿妹固无所不识也。"余戏之曰"然则一字亦能识耶？"姬正色而对曰"然"，二君皆匿笑。

《青溪风雨录》云：

> 冯月香，一字月窗，神清骨瘦，词简态妍。曾于文士宴集之际，出诗扇一柄，诩为名士题赠。席上传观，皆称佳构。小霞方生后至，览诗笑曰，"此《瓯北集》中散花曲也，自道其暮年情景，略以赠卿，殊不相伴。"众皆大噱。

本为才女云集的曲中，到嘉道时期，已为胸无点墨、徒有其表的女子所占据。比之晚明名妓，嘉道曲中女郎质量的下降已是一个不争的事实。苏珊·曼在论及清代中期女性文学时指出，清代女性文学的一个重要特点就是名妓文学的衰落和闺秀文学的兴起。一方面是由于缙绅闺秀的有意压制，另一方面，清代娼妓质量的下降却是导致名妓文学衰落的直接原因。[1] 清代娼妓业不同于前代的一点即在于官妓的取消，遂有乾旦的兴盛和私营娼妓的兴起。彼时的中国大地上，尤其是北部中国，取代了过去名妓位置，与文人们惺惺相惜的是乾旦，这只要翻看张次溪编订的《清代燕都梨园史料》和时人小说《品花宝鉴》，便可了解当时举国若疯，只为檀郎的癫狂景象。文人们已被乾旦所吸引，骈集于青楼的不过贩夫走卒、引车卖浆者之流。兼之私人经营娼妓，过去受限于官府的种种佐觞陪酒之任务都被取消，青楼只剩下盈利的一面。如此循环，秦淮风月的堕落，自是题中应有之义。及至晚清，陈作霖辑《金陵琐志》时，所看到的秦淮已经"今则船上皆安高楼，大可容数十人。男女杂坐，媟嫚无状，以仇家湾大中桥一带为桑濮"，使他不禁感慨"顾靡丽粗俗若此乎？是诚余澹心之所不及料也已"，由此益发可见时代环境对人文地理之影响。

值得玩味的是以车持谦为代表的这批秦淮狭邪笔记作者的心态。近人曾经非常讽刺地写道："论起这种娼妓以及优伶等类，差不多是邪

1. Susan Mann: *Precious Records*: *Women in Long Eighteenth Century*, Stanford, Calif.: Stanford University Press, 1997. pp.122—123.

僻性成的人。偏有一班痴人自命风流，把她们看得清高无比。有时还用极清高的手段去对付她们，像捧以诗文等等蠢事。她们也自然装出一付假面目，叫这些痴人来入套，而背后没有不笑骂的。作者以为世上再没有比这些痴人再可怜的了"。[1]可见在一般人心目中，都觉得文人秀士这种行为难以理解。即便是这些写文作序者，本身也非常矛盾。马士图在《秦淮画舫录》题辞中不无肉麻地吹捧车氏及诸妓，但他在《莫愁非妓辩》一文中却刻薄地讽刺，"夫古人之妓，家妓也，女乐也。如谢太傅白太傅携妓游山，不过借歌舞佐觞，原非妻妾可比。近代之妓，青楼人也，徒荐枕席而已"，"若烟花贱质，安能迎邀九重之歌咏乎?"[2]鄙视之情根本不加掩饰。如此则他为《秦淮画舫录》题辞不过是不忍拂朋友之意，阿谀之辞绝非出自本心。车持谦等毕竟都有一定的史学素养，固然其本意是为了揄扬金陵地方文化，记载一时平康盛事，却毕竟还能够实事求是，据笔直书，保留了许多会破坏"秦淮故事"想象的真实材料。而除了对历史的反思和重读外，"秦淮感旧"还包括更丰富的内蕴，为透视其时江南文人的内心提供了一个较好的视点。

第三节　青楼书写的背后：理想与策略

从余怀的《板桥杂记》，可以清晰地看到他本人对青楼书写的焦

---

1. 刘云若：《红杏出墙记》，百花文艺出版社1987年版，第234页。
2. 马士图：《莫愁湖志》，清光绪八年刊本。

虑。同样的焦虑也见之于嘉道文人笔下。在他们理直气壮为青楼书写辩护的声音里，分明也有着发自内心的疑惑和不自信。既然内心深处并不真正完全认同青楼书写，[1]何以嘉道狭邪笔记中的青楼会被他们写得如此美好，充满了种种诗情画意呢？

从车持谦生平来看，其人才华富赡，《顾亭林年谱》见解独超，时有灼论，像这样具有良好史学修养的学者，青楼的种种黑幕纵然能够于青年时期蒙蔽他一时，终会有清醒之日。前文说到，车持谦《画舫》系列前有 1817、1818 年左右的序言，不论《画舫》系列究竟完成于何时，付梓时车持谦已是四十岁的中年人，据文中内容来看，他后来还对《画舫》系列作过修订。如此则《画舫》系列即使出自青年车氏之手，但直到作者迈进人生的成熟阶段，却依然认同其中描述，文中倘有与实际不符之处，恐怕不能简单归之于作者心智幼稚、认识不足。作者的文本，虽然在问世之后读者会有千百种的读解，但于作者而言，文本不可避免地会打上深深的主观烙印，要探讨《画舫》系列中书写和现实的差距，恐怕还是要落实到作者本人的创作观上。

一、"种情人"与"传情笔"的理想

嘉道时期，诸多《红楼梦》的续书、改编文本等不断出现，现存嘉庆八年（1803）刊刻的《醒石缘》传奇前，就有车持谦的一篇序言。《醒石缘》为江宁文人万荣恩所作，共分为《潇湘怨》（又名《红楼梦传奇》）四册和《怡红乐》（又名《后红楼梦传奇》）二册，主要是演

---

1. 这里的不真正认同青楼书写包括两个方面，一方面即上文提到的对青楼文字本身的不认同，在嘉道时期，还包括对青楼文字美化倾向的不认同。如陈裴之《香畹楼忆语》中提到，"捧花生撰《秦淮画舫录》，以倚云阁主人为花首，此外事多失实，人咸讥之"，《湘烟小录》，清道光四年刊本，就提到了时人对《秦淮画舫录》吹捧"名妓"作派的不以为然。

《红楼梦》本事而成。从车持谦的序言庶几可以看出其基本创作观：

> 词者诗之余，曲者词之余也。何以言之？青莲之箫声咽，香山之汴水流，此以诗填词者也；坡公之大江东去，屯田之晓风残月，此以词度曲者也。由诗而词，由词而曲，曲固滥觞于诗，而体裁更严于诗，非不经之学也。今之人多奴视之，殊不可解。即间有留心之士，亦不过取古人院本改头换面，敷衍成章，如赵承旨所谓戾家把戏，奚足称道！故当此而求一娴于音律者，卒不数数觏。吾友万子玉卿，少年倜傥，博学多文，以读书余力，借《红楼梦》说部谱为《醒石缘》传奇，内分《潇湘怨》、《怡红乐》二种，顷过我浣香馆，出以相示。试为翻撷之，见其中引商刻羽，滴粉搓酥，虽置之古传作中，几无复辨。乃玉卿复愀然曰：萧恭有云，仰眠床上，看屋梁而著书，千秋万岁谁传此者？每一念及之，便觉现在之抠出心肝，适为多事。余曰：子误矣。古才人撰著，亦幸而传于今耳。使不幸而不传，岂遂无以表见乎？且余览子此作，方将觅十七八女郎按红牙，拍柔声，缓唱于氍毹之上，使当筵有如王伯舆者放声一哭，知天壤间有此种情人，复有此传情笔，是亦已矣，奚遑他计哉？玉卿曰唯，爰嘱书之以为序。

车持谦的序言作于嘉庆五年（1800），其时车持谦二十二岁，这篇序言应该说反映了他青年时期对创作的基本看法。从两人的对话能看到，作为传统社会的一介普通文人，万荣恩对自己著作的传世性有着深深的怀疑，这或许和他对人生虚无的感受有一定关系。在《醒石缘》自序中，他写道"幼阅临川先生四梦，心甚乐之，窃叹浮生一度，不过梦境中耳，戏剧中耳。功名靡定，无非幻境浮沤；富贵何常，不啻电光石火"。虽然看透了个人的人生不过是历史长河中的微弱一划，他依然谭循圣人"立言"的教喻，写下了洋洋洒洒六册传奇，[1] 并为它能否传世伤感不已。对万荣恩的伤感疑惑，车持谦不以为然，"知天壤间有此种情人，复有此传情之笔"，精粹地传达出了青年车持谦对创作的观念。所谓"种情人"，即情根深种之人的称谓？无论如何，"种情人"应该包含钟情的意思。在车持谦看来，"传情笔"是为天壤间的许多"种情人"而设，文字的功能和作用在于刻画出天地间的"情"，只要能够达到此种目的，即使不传，亦没有太多遗憾。

万荣恩《醒石缘》传奇两种，依然以宝黛的"月宴"和"情圆"而结束，虽然未能脱去明清传奇生旦最后当场团圆的窠臼，却仍然继承了晚明文人以"情"为天地间无往而不胜之利器的思路。作为《醒石缘》校谱者之一的车持谦，对万荣恩的这种安排无疑是认同的，所谓"情之所至，生者可以死，死者可以生"，从此种理念出发去写狭邪笔记，《画舫》系列中屡屡出现钟情男女的形象，自是不足为奇了。如：

> 吴喜龄，字藕香，……某公子与有茂陵之约，事垂成，忽舍之去。适南州司马江上行春，酒次偶值之，遽以扁舟载入五湖。唯钟情人，乃能享此艳品，彼赶热郎，直禙禙耳。[2]

---

1. 万荣恩《醒石缘》自序中提到"(《醒石缘》)虽曰穷态极妍，究非到处常行之技，故极加删校，仍不失为洋洋洒洒之文"，《醒石缘》传奇，清嘉庆五年江宁万氏青心书屋刊本，可见他对自己文字的重视和得意。
2. 捧花生：《秦淮画舫录》，有正书局民国三年刊本。又《画舫余谈》中提及某公子为稼庭，有正书局民国三年刊本。

这件韵事的记载也见之于郭麐笔下，"吾友徐稼庭宝善往在金陵眷一姝，号藕香，缠绵至有嫁娶之约，中间多故，几不克践，今卒归于徐，徐有《种藕成莲图》"。[1] 郭麐和同时文人对这件韵事多有唱和，但却未像车持谦这样，将普通的妓女从良上升到"种情人"的高度。或许正因为车氏心中存了要为狭邪场中的痴男怨女刻画"种情人"这一念头，他才会在笔下极力摹写讴歌妓女的痴情，试看如下两例：

> 张喜子，扬州人，先居钓鱼巷，所谓欢喜团者也，……秣陵曾生漆工也，姬与绸密如伉俪，各有要约，而势不能遂。今年生将贩漆汉阳，往与姬别，姬知其不可留也，置酒为饯，并款生宿。夜半梦酣，姬已缢于生侧，比生之觉，姬早已化去。生旋亦雉经以相报，为其家人解救，得不死。岂生之待姬者有未至耶？抑姬仍有望于生耶。噫！

> 候姬双龄，吴人，……与里中施郎善，施固小经纪，亦倾心于姬。而假母方以姬为钱树子，迨施之囊橐垂罄，假母更无暖眼。一日，施自姬家卯饮回，忽咆哮若中毒状，家人方驰赴姬处询之，乃姬亦玉碎花残，香魂如属缕巳。盖姬与郎计，事终难谐，秘谋饮鸩，同就地下为连理枝耳。事闻，莫不重其情而哀其遇。以诗词吊之者如束笋。钱塘袁兰村作《鸩媒曲》一篇，最为悱恻动人。[2]

---

1. 郭麐：《灵芬馆诗话》续卷二，《灵芬馆全集》，清嘉庆光绪间刊本。
2. 捧花生：《秦淮画舫录》，有正书局民国三年刊本。

从以上材料可以看出，对于曲坊里巷中的烟花女子，正因为她们身上具有的痴情，才让车持谦感念不已，将其采入《画舫录》中。

侯双龄的故事在当时轰动一时，时人对之多有记载，这一本事在不同文人的笔下呈现出完全不同的框架，如雪樵居士《青溪风雨录》和同时文人邱孙梧《易安斋诗集》中《红兰曲》都对此有所记载，并且提到是男子下毒致使侯双龄死亡，而此前侯双龄对此并不知情。车持谦在《画舫余谈》中对邱孙梧的记述不以为然，以为"盖传闻之误，非其真也"，事实上，死者已矣，真相如何是无从得知的，所谓"盖姬与郎计，事终难谐，秘谋饮鸩，同就地下为连理枝耳"，一个"盖"字已经很清楚地说明了对这件事情的缘由，车氏也不过是推测之辞。之所以否定他人的叙事框架，不过是因为车持谦胸中横亘了一个"情"字，因而会将这场血腥的杀人故事转述为痴男怨女的共赴情死。[1]

值得注意的是，《秦淮画舫录》中还出现过对画舫名妓爱好《红楼梦》的描写，如"（金袖珠）姬嗜读《红楼梦》，至废寝食，《海棠》《柳絮》诸诗词，皆一一背诵如流，与吴中高玉英校书同抱此癖，玉英尤著意书中"真假"二字。两姬其皆会心人耶，抑皆个中人耶"。所谓"会心人"和"个中人"，在车持谦看来，深处大观园的红楼女儿和辗转于烟花巷中的风尘女子，只要具备真情，那么，在本质上，她们没有根本的不同。或许只有从这一点，才能够理解具有高度史学修

---

1. 凌霄《快园诗话》卷八记载秦淮妓侯桂琳云，"妹双琳，有与施二郎服鸩事，张蠡秋为谱《苏香记》传奇，余题句有曰'烦君多炼娲皇石，尽补人间离恨天'"，清嘉庆二十二年刊本，可见凌霄的观点也与车持谦相似。这种比较可以明显地看出文人写作观念对其女性书写的影响。

养的车持谦作《画舫》笔记时，频频美化青楼女子的良苦用心了。

宇文所安曾谈到《金瓶梅》和《红楼梦》二书的异同，以为《金瓶梅》是一部真正的成人小说，是真正属于文人的小说，因为《金瓶梅》"要我们读者看到绣像本的慈悲。与其说这是一种属于道德教诲的慈悲，毋宁说这是一种属于文学的慈悲。即使是那些最堕落的角色，也被赋予了一种诗意的人情；没有一个角色具备非人的完美，给我们提供绝对判断的标准。我们还是会对书中的人物作出道德判断——这部小说要求我们作出判断——但是我们的无情判断常常会被人性的单纯闪现而软化，这些人性闪现的瞬间迫使我们超越了判断，走向一种处于慈悲之边缘的同情。"[1] "即使是那些最堕落的角色，也被赋予了一种诗意的人情"，能够以慈悲心、菩萨眼来看待挣扎在烟花巷中的风尘女子，洗去罩于她们身上的层层污浊，发现这种种污浊之下动人的人性和跳跃的光芒，车持谦在《画舫》系列中对烟花女子的刻画，可以说和《金瓶梅》的描写有不同而同之处了。正因为能够以"同情"之心去忖度青楼女子的处境，车持谦才会在《画舫》系列中不遗余力地赞美青楼女子，以种种动人的笔墨渲染南京风月场，如：

> 桂枝，……随园鼠姑花开时，游人蜂涌，姬偕其眷属至园中。穿花拂柳，倩影珊珊，山重水复之间，嫣红一点，真觉动人春色不须多已。余与绂笙邺楼坐因树为屋，望见之，姬即来起居胜常，羞晕双圆，几于不忍平视。
>
> 赵三福，……紫珊兰村频伽叔美湘眉数与之游。姬亦以诸君

---

1. 宇文所安：《秋水堂论〈金瓶梅〉》序，见田晓菲：《秋水堂论〈金瓶梅〉》，天津人民出版社 2003 年版。

文采风流，乐与宴集。

> 如袖珠、芳兰、蔻香、莲卿、小燕，皆尝次弟招同竹恬、菊
> 生、笠渔、子隽、抑山、再芝、珊青为诗画近局。流连竟日，传
> 播一时，亦见时际升平，士大夫得以优游艺事，与曲中诸姬作文
> 字之饮。而诸姬亦藉是涵濡气质，相得益彰。[1]

可见，车持谦笔下的嘉道名妓，羞涩美好一如大家闺秀。南京的风月
场中，名妓与文人宴会赋诗，歌舞升平，欢快一如大观园中的公子小
姐。龚鹏程提到唐末以降，文人阶层渐渐向下流动，"不仅在社会各
个阶层中都有文人，不只存在于上流社会；文人本身的阶层也向上向
下扩张领土。文人流入社会底层，社会底层的人，如娼妓、戏子、贩
夫、屠沽、货郎儿，都逐渐学为文人，吟诗作对起来了。出现向文人
阶层类化的现象"。[2] 车氏在《画舫》系列中的描述，从某种程度上来
讲，的确是建构了一个妓女世界的文人社会，符合文人标准和理想
的妓女被高高地放在这个虚构世界的高层，其他庸脂俗粉或者根本没
有入选资格，或者遭到作者的贬斥。换言之，《画舫》系列中的脉脉
风光不过是车氏本人以文字建构的理想国，它与真正的青楼世界有着
相当的出入。上文所引的对曲中粗俗妓女的描写，虽然比重不多，但
在现实生活中应该占到绝大多数。参看同时人所著的狭邪小说《风月
梦》，淋漓尽致地描写了嘉道时期青楼妓女的种种欺诈手段，比之狭
邪笔记的含情脉脉，那种两性之间赤裸裸的算计和搏杀，或许更能够

---

1. 捧花生：《秦淮画舫录》，有正书局民国三年刊本。
2. 龚鹏程：《中国文人阶层史论》，兰州大学出版社 2004 年版，第 75 页。

反映出青楼世界的真相。

必须看到的是，不管是于桃夭年华遽然早逝，还是所遇非人，抑或年华老去而依然憔悴于风尘之中，中国文学对烟花女子的"传统"同情，在《画舫》系列里依然得到了很好的继承，但比传统更深刻，或者说超越了一般大众思考层面的是，车持谦在内心深处似乎并不以妓女从良为可喜。如上文所述，《画舫》系列记载了如吴喜龄等人从良的美满结局，但还要看到，在更多时候，车持谦于不经意中流露了他的惆怅：

> 陆绮琴名桐，……亦慧心人也。近闻依一木客，徙居细柳弄中。春波楼已易为客寓，每值打桨过之，辄为惘惘。
>
> 陆朝霞，……尝买画舫，邀菓宾、鄞楼，载游桐湾桃渡间，朝霞拨四条弦歌篷弄数阕。菓宾复倚洞箫和之，东船西舫，莫不停桡悄听，艺也而进乎神矣。归午山司马，后芳讯遂杳。
>
> 赵福，……瓜期已迫，花诺犹虚，品藻英流，卒鲜惬意。忽一朝脱籍，从鹅湖生去，闻者愕然。[1]
>
> 四松堂，自润香去后，春色寂然已。先是山右某贾剧厚姬，百计为其赎身，挈之西去。姬亦无如之何，遽辞香国，遂闭车箱。行至中途，遽尔示疾，竟殁于道上。名花历劫，太璞遭焚，姬之不禄，实贾之所致也。[2]

---

1. 捧花生：《秦淮画舫录》，有正书局民国三年刊本。
2. 捧花生：《画舫余谈》，有正书局民国三年刊本。

文中提到的这几位风尘女子，按照一般观念来衡量，无疑已经找到了很好的归宿，何以车持谦在谈到她们的从良时，笔下却有着遮掩不住的惆怅呢？固然由于这些画舫女子的青春中，有着车持谦及其朋友们画舫冶游的少年记忆，他回想起来不无时光流逝的感慨。但往深层发掘，则可以发现，在车氏看来，这些画舫女子本身具有的高超技艺和她们本人的美丽，都是世间美好的事物，但"世间好物不坚牢，彩云易散琉璃碎"，随着时间的流逝，这美好的一切都将归于尘土。这种既定的命运，不仅画舫女性作为风尘女子不可避免，也不会因为她们的从良而有实质性的改变；不仅她们嫁给商人不能改变，即使嫁给读书士子也不能改变。从这点来讲，车持谦《画舫》系列已经部分突破了此前青楼文学中"文人—妓女—商人"的三角关系，更多地关注到了女性作为个体而言，在男权社会里不可避免的人生悲剧，而这同样也是文人作为个体而言，不可抗拒的人生悲哀。如前文所引"王翘云"条，车持谦悲哀地悼念亡友，"今卷中人已不可作，而湘眉小云亦已与彩云俱化"，时间就像流水一样往前，毫不留情地卷走一切，红粉名士，最终都会归于尘土，惟其如此，越发可见种种人生美好的难能可贵。在《画舫》系列中，车持谦寄托了深刻的人生思考，所以才会对画舫女子不吝赞美，将南京的风月场写得如同大观园般美好。在"悲胜时之难再"这一点上，比之同时的狭邪小说，车持谦的《画舫》系列或者更能传达出嘉道文人的心声。

二、由色悟空的书写策略

上文已经提到，从余怀到嘉道文人，对于写作狭邪笔记，还是有着几分顾忌的。虽然从写作者到作序者，嘉道文人为狭邪笔记写作的辩护声音理直气壮，但事实上，正因为考虑到会有种种非议，辩护才会相应而生。换言之，辩护本身便折射了嘉道文人内心的焦虑。

对于不能写、不该写的内容和题材，中国文学的一个传统或者说技巧，往往是开始时先酣畅淋漓地叙写一番，最后于结尾处收煞笔墨，换上一副严肃的面孔说教一遍。较早如汉代的赋体，从枚乘的《七发》，司马相如的《上林赋》《子虚赋》等，都是淋漓尽致地将天下美物描述得极尽其致，最后曲终奏雅，将文章的中心落到讽喻之上。这种劝百讽一手法在中国文学中形成了悠久的影响，种种难登大雅之堂，未能体现圣人教喻的文字，遂找到了堂而皇之的写作理由。就青楼文学而言，《教坊记》《北里志》中欲拒还迎的说辞，应该是较早的源头了。至晚明清初，随着色情小说的兴起，对这种手法的运用更是比比皆是，最典型者如《肉蒲团》，从这部小说的又一个名字《觉后禅》可以看出，《肉蒲团》的文字结构，虽然在同类小说中略高一筹，但论到人物的苍白无力，是远远没有达到色而后空的说理效果，盖作者本意，不过是要借尘世中的几个俗男女写出自己的意淫文字，所谓"止淫风借淫事说法，谈色事就色欲开端"，无非欺人之谈。虽然《肉蒲团》及同时诸多小说对这种手法的借鉴较为拙劣，却也有将之运用得相当到位的作品，如《金瓶梅》等。不可否认，《金瓶梅》的作者也会沉浸在自己的文字中，以欣赏的态度作大段情色渲染，但从头至尾，《金瓶梅》弥漫着"落花无返树之期，逝水绝归源之路"的人生悲哀，尤其是第七十九回西门庆死后，对西门家渐渐败落的描写，与前数十回西门大院花团锦簇的景象形成鲜明的对照，从中可见作者深刻的人生情怀。而于文末收索处，再来看文中的种种情色及热闹描写，不无当头棒喝之感，于此，读者才能稍稍领悟作者设计的由色悟空的叙事手法之用心。

《金瓶梅》之后，更好地继承并发扬了这种艺术手法的作品，当推《红楼梦》，所谓"因空见色，由色生情，传情入色，自色悟空"，关于《红楼梦》的主题，虽然历来争辩不休，但整部作品的意绪，应该说的确包含了贬谪红尘、阅历繁华、由色悟空的人生体验之意。关于《红楼梦》对其后青楼文学的影响，学界已有公论，而由色悟空的叙事手法，在清末狭邪小说中更得到相当的继承。即以本书的叙述范围——嘉庆道光年间而论，此间问世的狭邪小说，包括《风月梦》《花月痕》等，都充满了对"空"与"色"的困惑。以《风月梦》为例，该书以"过来仁"的口吻，"回思风月如梦，因而戏撰成书"，期待着"或可警愚醒世，以冀稍赎前愆，并留戒余后人勿蹈覆辙"，[1]其叙事结构，依然在由"色"到"空"中打转。嘉道狭邪笔记在思想上受到《红楼梦》影响，在结构上吸取了传统青楼文学和同时狭邪小说的模式，也以由色悟空的叙事手法缓解其书写焦虑。汪度在《秦淮画舫录》序中谈到了他作为一个读者的阅读感受，其阅读心理的一波三折颇值得玩味：

> 惟夫志瑶英之美者，必表异于连城；撷桃李之秾者，亦延芳于群卉。方其金钱会启，华鬘天开，窥臣则无事登墙，送客则何嫌交舄。覆来翠被，眉语初成；报到金钗，指纤微露。际春光之骀宕，极遐想之回皇。怀岂能忘，见难日惯，侦秘辛之杂事，趁太乙之余辉，斯则宋大夫因以逞词，陶令尹于焉作赋者矣！又况

---

1. 邗上蒙人：《风月梦》自序，北京大学出版社1990年版。

秦淮者，袭梁陈之旧艳，腾燕赵之芳誉；骄纨縠于丁年，送郎花底；敞楼台于子夜，迎汝桃边。倚木兰之楫，箫管既坐之两头；叩琵琶之门，藻翰复腾于众口。宁无金屋，问贮者之其谁；亦有琼浆，思乞之而未可。遂至伤菱华于绮岁，慨落溷于韶龄，半幅红罗，鸳真作结；一杯碧酿，鸩亦为媒。屏铅膏之旖旎，身依蘑葡林中；盼车马之稀疏，泪满琵琶江上。既零星而整比，爰次第以编排。捧喝一声，书成三叹，然则命曰秦淮之画舫，实即觉岸之慈航乎？

从汪序来看，整个阅读过程中，他先看到风月场中的种种色相并深深地沉醉于其中，然而伴随着这种沉醉，他同时看到了繁华色相之下的种种颓败，遂慢慢清醒，并渐渐对之疏离。一句"然则命曰秦淮之画舫，实即觉岸之慈航乎"，固然是此类文字中的老调重弹，但结合他的阅读体验，他最后得出这样的结论却并不显得突兀。

余怀《板桥杂记》作于亡国之后，故常常于行文中回思往事，对比今昔，于繁华与萧条，热闹与冷清的对照中凸显亡国之恨。车持谦没有亡国体验，但在《画舫》系列中，他同样通过这种对比突出了人生之痛。如上文提到的"王翘云"，王翘云曾与汪世泰交好，啮血于素绢上以为定情。汪世泰示之同好，同人纷纷为之作画题咏，《秦淮画舫录》"徵题"就收有当时文人围绕此事所作的题咏，足见一时之热闹。而车持谦在《画舫录》中回忆当年盛况后，回到现实，则已经是"今卷中人已不可作，而湘眉、小云亦与彩云俱化，竹士、频伽、兰村、海树又各散处一方"，这种"冷"与"热"的强烈比照，使得车持谦不由得发出"名士美人，沦落同慨"的感叹。又如《秦淮画舫录》"陈小凤"条云：

> 陈小凤，年十四，……忆客夏招同湘亭、云伯、鄣楼、珊青诸君，逭暑河上。小凤亦在座，云伯大醉，时已纨如三鼓，天且微雨，云伯喃喃，强欲送小凤去，而山公方倒著接䍦，势不能行。踟蹰间，珊青遽掖衣以背负小凤至其家。吁，偻指狂游，三週鵃蝉，云伯近赴山左，珊青亦客雉皋，余与湘亭鄣楼尚恋恋鸡肋。小凤昔之垂髫，今乃及笄矣。年光如女树，可胜叹哉。

所谓"年光如女树"，抒发的也正是"树犹如此，人何以堪"的感慨。车持谦将青楼女性的人生阶段与文人等而论之，在女性身上寄托了文人对于人生种种缺憾的感慨。或许正因为要传达出那种美好热闹随着时间流逝的悲哀，使得昔"热"今"冷"的对比更加强烈，车持谦才会在《画舫》系列中着力刻画青楼女子的美好和秦淮风月的旖旎，惟其如此，才能让世人领悟到种种色相破灭之后，突如其来的"空"了。

与《秦淮画舫录》不同，《画舫余谈》的体例更加随意，车持谦也承认《画舫余谈》是他"信手编入，无所谓体例"。如果说《秦淮画舫录》主要记载了南京风月场文人与妓女的交往生活，《画舫余谈》则展现了南京城市市民的生活状态。《画舫余谈》中，充满了绘声绘色地对南京城市及秦淮繁华的描写，从文人、名妓、琳琅满目的小吃、活灵活现的风土人情等，种种色相，一一呈现。从作者的行文来看，对这遍布繁华的现世世界，他基本持欣赏态度。但由色而悟空的书写策略可能始终是横亘于其心的念头，故于密布的种种色相中，作者时不时地会写出自己的突然感受，或者插入和前后文氛围极不协调的片断描写，以此警醒读者，抑或提醒自己，如在文中突然出现的心理活动：

> 幼时汎舟丁字帘前，见有西瓜皮泛泛从上流来，中竖小零丁。剪纸为之，端楷书"收买游船当票"六字，叩问同游，咸不顾而笑，亦奇。

这条描写的前后文分别对应着画舫名妓因不得列入《秦淮画舫录》的悲伤和秦淮河边各酒家店铺的描写，在如此上下文中夹入这样一段幼年见闻，起到了突然中断叙事的作用，使得读者瞬间对上下文中的红尘热闹产生了突兀的陌生感。这段回忆写出了作者幼年对某个小问题的迷惑，而通过这样一个小疑惑，他传达了迷惘的人生情绪。这样的迷惘，或许就像杜丽娘游春时感受到的悲伤一样，虽然突兀，却很好地表现出了人在"色""空"突然转换间感受到的空虚和无助。类似的叙事在《画舫余谈》中总会间断出现，如：

> 甲子乙丑之交，弄藤绷者，半皆年少而有力，往往趁夕阳红处，十数舟衔尾而进，……正当心摇目炫之时，众桨齐回，有若戒令，彼此愕眙，噤不发声，俛视衫裙，半已斑斑溅湿矣。其名曰抢水，又曰放水缫头，互相矜尚。不如此，不得谓之时。务此者恒至咯血。（作者注：这段文字的上下文分别是对袁枚的咏美人诗和娼家女子秘戏图的描述。）

又如：

> 鸦片，《本草》一曰哑芙蓉，……，少年子弟流恋平康，珍如
> 慎卹，诸姬亦间以娱宾，罔知利害。罟擭陷阱，不待驱而自蹈之，
> 可哀也夫。（作者注：这段文字的上下文是对《画舫录》盗刻问题
> 和白铭《品花诗》的记述。）

于红尘色相的迷恋中始终保持着清醒的态度，对种种色相采取沉醉却
又疏离的心度，从而于色中悟空，并将这种意图传达给阅读文本的读
者，通过这种"进入—疏离—超脱"的模式，《画舫》系列成功地缓
解了写作狭邪文字的焦虑。所谓"诺，子诚善我者也。翌日玉台对
簿，绛书皈禅，其待援子为左证耳"，[1] 对于汪度在序言中谈到的阅读
感受，车持谦是认同的，可见其时作者对这种由色悟空书写策略的应
用和同时文人对此种策略的心领神会，而从这个角度，才能够更好地
理解作为史学家的车持谦在为青楼写传时，往往多溢美之辞的良苦用
心了。

　　如上所述，在嘉道文人的笔下，文字符号和它的所指之间，往往
存在着相当的差距。诚然，自有文字以来，对于文字是否能够，或者
说能在多大程度上准确地把握住它所指向的对象，一直是个令人疑惑
的问题。所以圣人有言"书不尽言，言不尽意"，而现代语言学鼻祖
索绪尔针对此则提出了语言的"所指"和"能指"两个概念，可见古
今中外的哲人对于语言或者说文字表达理念的准确程度都是充满怀疑

---

1. 汪度：《秦淮画舫录》序，见捧花生：《秦淮画舫录》，有正书局民国三年刊本。

的。联系到木书的论述范围和论述要点，探讨嘉道时期江南文人对女性的书写和现实之间的差距，以及这种差距折射出来的文人心态和社会风尚，是本书立论的一个重要切入点。车持谦的《画舫》系列在同时狭邪笔记中卓然自成一家，其时文人对之有不少吹捧溢美之辞（这从诸人的序跋和题词可以看出），但批评之声也不时出现。颇为有趣的是陈文述父子都曾为《秦淮画舫录》作序，对之吹捧甚高，而在自己的著述中，陈裴之却明确表达了对《秦淮画舫录》的不满，机锋所至，直接指向"不实"。事实上，那是同一个时代，同一个文人圈子的习气，《画舫》系列中纵然有种种失实之处，陈裴之本人的文字却也落入了同样的窠臼。

第 五 章
陈裴之的真情与幻情

陈裴之（1794—1826），字小云，又号梦玉生。是陈文述的独子，其妻汪端则是清代著名的女诗人。近年来，随着性别研究在古代文学领域的渐渐深入，陈文述和汪端及其周围的人群得到了更多关注，包括陈文述和他的女弟子，汪端和她唱和往来的名媛闺秀等，但对二人生活中的重要人物——陈裴之，却一直较少有人提及。事实上，在当时与女性唱和往来密切的江南文人圈中，陈裴之是非常活跃的。考其生平活动及著述，对于了解当时文人与女性交往的情况及影响，是很有必要的。

第一节　用世之志与入世之痛

陈文述《裴之事略》云，"余二男三女，皆龚宜人出，长女华婳，字萼仙，次即裴之""生之夕，余方卧病，闻空中噪声者，心异之。是岁，先奉政公馆富春，裴之方坠地，适家人赍平安信以百金至，余病亦瘳，咸谓是儿有福"。[1] 作为家中长子长孙，陈裴之很快以天赋的

---

1. 陈文述：《颐道堂文钞》卷一三，《续修四库全书》本，以下所引皆同。

聪明和自觉的勤奋，获得了家长的钟爱，"三四岁即解四声，余以古人诗文句枕上授之，一二过即了了上口。所尤喜颂者，'池花对影落，沙鸟带声飞'，周王璧台之上汉帝金屋之中二联。六岁，余在京师，作家信寄余，能达其意。七岁为诗，十岁为古文，喜观通鉴晋书南北史"。陈文述对陈裴之的描述，固然因父爱而难免滤镜加持，但不可否认，与一般孩童相比，陈裴之的确在少年时就表现出文学天分。《澄怀堂诗集》卷一收有陈裴之九岁时写的《寒夜闻雁怀家大人京师》一诗云"为问天涯雁，寒衣到未曾。西风蓟门雪，落日潞河冰。云水排千点，烟霄下一绳。慈亲方课读，霜暗小窗灯"。虽然笔法和语气都显得稚嫩，但确有几分早慧儿童的灵气。"奉政公尝令言志，愿作忠臣孝子"（《裴之事略》），"忠臣孝子"四个字，可以说贯穿了陈裴之一生的追求。

一、立志与科考

嘉庆丁卯年（1807），陈文述由皖江改官，全家人迁往苏州定居。苏州作为当时全国最富庶的城市之一，又历来有着人文渊薮之称，对奔波江湖多年的陈文述而言，移居江南无疑是个很好的安慰。这个选择同时也是陈裴之人生的一次重大转折点，对于十三岁的少年来讲，人生的地图才刚刚展开，就已经显示了更广阔的前景。

苏州，也的确没有辜负陈家父子的期望。到苏州的第二年，在父辈的安排下，陈裴之聘定了一代才女汪端为妻，汪端和他的爱妾王紫湘，对他的文学人生产生了相当的影响，这将在后文中论到。十五岁时，陈裴之师从萧抡，"读书西园，赋《夏内史诗》、《卢忠肃诗》"。关于萧抡，陈文述在《萧樊村传》中有详细记载，萧抡曾跟随姚鼐学习古文，诗文都以清微简洁为宗。陈文述提到，"余少年所为诗，瓣香梅村，多伤繁富，君谓予曰'君之诗，春华有余，秋实不足。独不闻蒲柳之姿，望秋先零；松柏之质，经霜弥茂乎？愿捐弃故技，更受要道也'。余始憬然，乃更究心于汉魏李杜韩白苏黄诸家之作，有未合者，君纠摘不遗余力，余必然即时改定。"[1]因文而见人，可见萧抡应该是古道君子一流的人物。

汪端《梦玉生事略》也曾提到，"子山先生为嘉定钱辛楣宫詹高弟，经学渊深，尤邃于史，诗文皆沉雄博大，以理为主。君得其师承，顾学有根柢"。[2]跟随这样的老师学习，少年时代的陈裴之，诗作都以清正古雅为主。观其早年之作，如《励志效张茂先》《灯下闻家大人论诗》等，都属于这种。《励志效张茂先》云，"士生三代后，志在三代前。三代至今日，不及三千年。天仍古日月，地仍古山川。盛衰与治乱，过眼如云烟。惟有数正人，姓氏悬中天。……""励志不在奇，立心贵忠孝。勿欺天可格，毋违圣所教。屋满矢旦明，寝门侍色笑。忠勿误激烈，孝勿饰文貌。……""读书贵经术，用世贵经济。经济数大端，持要略苛细。农桑与礼乐，行之有次第。治国先齐家，不在权与势。……""硕学重老成，英才期少壮。立功名亦成，当仁师不让。吾爱贾长沙，识量何高旷。一篇治安策，远虑铭功状。……"[3]用词古雅，内容严正，满载着儒家君子对未来的设计和期望。而所谓"硕学重老成，英才期少壮。立功名亦成，当仁师不让"，足见他对自己的期望之高。出身名门，从小生活在优越的环境中，受到良好的教

---

1. 陈文述：《颐道堂文钞》卷一三，《续修四库全书》本。
2. 陈裴之：《澄怀堂诗集》前附，清道光汉上题襟馆刊本，以下所引皆同。
3. 陈裴之：《澄怀堂诗集》卷一，清道光汉上题襟馆刊本。

育，无怪乎少年陈裴之会这样满溢豪情地憧憬未来了。

在苏州，他不仅得到良师的教育，还结交了一批志同道合的朋友，"既旋吴门，萧君馆余兰台聚斋，裴之与吴门七子朱酉生、王井叔、潘功甫、沈闰生、吴清如、彭永我、韦君绣订交，余谬以马齿，为后进见推。复有后七子广七子续七子之目。后七子者，孙子和、蒋澹怀、曹艮甫、陆东萝、曹稼山、戈顺卿、褚仙根也；续七子者，王二波、叶莒生、沈式如、沈兰如、陈小松、徐玉台、刘小春也；广七子者，乔鹭洲、顾春洲、顾子雨、程蘅乡、毕石卿、黄友莲、萧晋卿也。裴之皆与通缟纻之好。裴之名不在七子中，与毛晋卿毕子筠为三君"。[1] 通过与这些友人的交往，陈裴之拓宽了交游的圈子，也开阔了视野，反映在其诗文创作中，他早期的诗歌都充满着昂扬的斗志和奋发的精神。如上文提到的《励志效张茂先》，又如《自题草堂读书图》云：

> 读书不读《易》，无以通阴阳。读书不读《书》，无以资赓飏。
> 读书不读《礼》，无以明纲常。读书不读《史》，无以鉴兴亡。
> 读书不读《诗》，无以扬芬芳。读书宜识字，训诂严偏傍。
> 读书宜谐声，音均辨宫商。读书宜博览，百家供糇粮。
> 读书宜鉴别，俗说扫秕糠。读书宜鉴古，谱系追三皇。
> 读书宜通今，舆图览八荒。读书贵有守，用舍随行藏。
> 读书贵有为，经济纡岩廊。原本在忠孝，发挥成文章。
> 在天为日星，光芒烛文昌。在地为河岳，秩祀隆珪璋。

---

1. 陈文述：《裴之事略》，见《颐道堂文钞》卷一三，《续修四库全书》本。

皆从读书出，汲古源流长。郊陬游麒麟，阿阁巢凤凰。
草堂十笏地，邺架兼曹仓。四壁风雨来，一灯照书囊。
中有万间厦，草堂非草堂。[1]

言必称忠孝，少年学子对礼教以及经典书籍的信仰，和以天下为己任的热情洋溢于纸上。前文曾提到，陈裴之一生以忠孝为追求，于国尽忠，于家尽孝是他人生行途的双轨，自始至终，他的追求没有偏离过轨道。天赋的聪颖，良好的家境和师友的鼓励更使得他对自我充满了期许，期待着可以一显身手、有所作为，这种期待在他与当时名流英豪结交时表现得格外明显。如"天趣参鱼鸟，中原识凤麟。他年缵家学，我亦诂经人"（《过诂经精舍登第一楼呈阮云台先生》），[2] "重来第一楼台立，谁是湖山第一流"（《望湖楼歌呈阮云台先生》），[3] "台海先臣遗一剑，楼船努力事功名"（《奉陪靖侯都尉郊游作》），[4] 无不显出青年的朝气和骄傲。正因为有这样高远的志向，他没有将视线局限在世俗生活的种种琐屑中，而是将之投向了苍远的历史和辽阔的未来，在对历史的感叹中倾吐心中的洋溢，在对未来的勾画中树立人生坐标。

陈裴之喜好到处游历，游览山水，登临古迹，也写下了很多咏古诗，如《栖霞岭吊岳武穆王墓》、《葛岭洪忠宣祠》、《三台山吊于忠肃公墓》、《昆山顾亭林先生墓》等，都写得苍遒有力，慷慨悲歌。如《栖霞岭吊岳武穆王墓》，"父兄久作他家物，君相都从敌国来。和议

---

1. 陈裴之：《澄怀堂诗集》卷三，清道光汉上题襟馆刊本。
2. 3. 4. 陈裴之：《澄怀堂诗集》卷一，清道光汉上题襟馆刊本。

居然成上策，奇功如此惜英才。魂归白马潮千叠，泪洒黄龙酒一杯。郁郁南枝终古在，夜乌啼上月轮哀"。[1] 又如《昆山顾亭林先生墓》，"可知天意要横流，如此人才老一邱。野史亭中闲岁月，逸民传里古春秋。天荒地老留青简，剩水残山葬白头。魂魄有灵宁恋此，昌平风雨哭松楸"，[2] 宛如劲歌悲哭，读来慷慨激昂，字字惊心。

虽然诗文写得不错，但和很多心高气傲的才人一样，陈裴之不屑仅仅以文人自命，同时的许多人都提到了这一点。如"五千卷室著吟身，自与红尘隔两尘。韩范襟期班马笔，知君不仅是诗人"，[3] "乃与纵谈国家大计，兵刑钱谷盐漕水利，心维手画，靡不赅贯，始叹为天下有心人，非翩翩浊世佳公子可比"。[4] 他自己也以此自勉，并不以文才为立身之本，如《赠龚定庵从舅自珍即题所著古文后》云，"不才未敢学君狂，湖海豪情也未忘。西北果能兴水利，东南始可论河防。徙薪今日谋宜早，筹海他年愿待偿。一事语君劳记取，休言阿士善文章"，[5] 字里行间明显流露出不以文人自居的傲气。

十七岁时，陈裴之以县试第一名的成绩考中秀才，成功的开始仿佛昭示了他会在科考路上一帆风顺，其实不然。似乎应验了那句"小时了了，大未必佳"的古话，此后的四次省试，他都名落孙山。其实人生本来充满了种种变数，加上考试本身又偶然性极大，陈裴之的词赋之才不见得适合于那种死板僵硬的考试机制，这已经为无数落第才

---

1. 陈裴之：《澄怀堂诗集》卷一，清道光汉上题襟馆刊本。
2. 陈裴之：《澄怀堂诗集》卷四，清道光汉上题襟馆刊本。
3. 陈用光：《澄怀堂诗外》序，见陈裴之《澄怀堂诗外》，清道光三年刊本。
4. 叶世倬：《澄怀堂文钞》序，见陈裴之《澄怀堂文钞》，清道光三年刊本。
5. 陈裴之：《澄怀堂诗集》卷三，清道光汉上题襟馆刊本。

人所证实。虽然或许也明白这个道理，但这样的现实，对于自负才华的陈裴之来讲，仍然难以接受。他的《澄怀堂诗集》记载了不少因科考不顺而吐出的牢骚，如"所悲贱子蓬蒿人，爪甲安得元宾尘。低眉俯首不快意，冀博一第娱重亲。不然浮名果何物，肯事庸学销青春"（《得铁云丈论营田书欲寄》），[1] 道出了科考压力下苦苦挣扎的痛苦和不甘。

二、求仕与经济

仕途无望，以陈裴之的家世背景，做一个优游于文章歌赋，逍遥林下的文人似乎也不失为另一种可行的选择，但家庭变故使他不得不从诗酒逍遥的幻想中清醒过来，面对残酷的现实。首先是他弟弟的去世，陈裴之有一个非常聪明的弟弟陈苟之，"裴之与苟之同生于寅，家人呼苟之曰小虎，因呼裴之曰大虎，曼生为镌绣虎小印，因呼小虎为玉虎也。龚宜人以小虎之殇也，悲感成疾，因此辟谷，惟以东阿胶越中女儿酒自给。裴之奉母，求得欢心，无所不至。初，裴之以弟小虎聪颖能读书，冀可博科第，己则欲以文章名世，不求仕进。及是，始究心举业，既不售，思改图"。[2] 陈苟之的逝世，不仅对陈文述夫妇打击极大，也使得作为唯一的儿子，陈裴之必须承担起家庭的重任。嘉庆丁丑戊寅年间（1817—1818），苏州瘟疫流行，陈裴之的仲叔季叔两家病逝不少亲人，使得他的祖父母悲痛不已。陈裴之曾经对他的几位堂弟寄予厚望，他曾题堂弟凤池《秋窗夜读图》诗云，"阿兄投笔倦飞腾，望尔青云努力登。好别质文攀阮瑀，莫图温饱愧王曾。流

---

1. 陈裴之：《澄怀堂诗集》卷三，清道光汉上题襟馆刊本。
2. 陈文述：《裴之事略》，见《颐道堂文钞》卷一三，《续修四库全书》本。

光有限愁难再，阴德无名信可凭。况有慈亲勤画荻，机边忍负读书灯"，[1] 一片殷殷期待之情跃然纸上。他的几位堂弟在这次瘟疫流行中无一幸免，也给了陈裴之不小打击。作为大家族的长子，陈文述一直担负着父母昆弟的经济重担，此时陈文述"官江南日久，食指众，戚族寒士待以举火者数千家"，[2] 仅凭陈文述一人的俸禄，支撑这样一个大家庭的开支已日渐吃力。对此，陈裴之"中夜踌躇，谓非仅博一第娱亲可卸责也。养亲贵于养志，非求禄无以为养"。[3]

作为嘉道时期的读书人而言，科考无望并不完全意味着仕宦之途的不通，通过种种调和手段，仍然还是可以得到一官半职的。陈裴之采取的是"援武陟例入赀为通判"，即捐官的方式。在入赀捐官和等待最终结果的这一段时间里，陈裴之忙着以经济谋略自见于世，陈文述提到陈裴之是颇有几分用世之才的，他"急思用世，则佐余议海运议河渠。致书从兄午桥侍御查君梅史，言西北水利。余摄篆常熟，则佐余治漕务。余任江都，则佐余开瓜洲新河，建彩虹桥。余摄南掣同治，醵使曾公宾谷都转钱公恬斋知其临事不避险阻，命佐余移改捆场浚仪征河"。[4] 如此看来，陈裴之跟随父亲，的确做了一些经济事业。

嘉道时期正是清代经世致用思潮兴起的时期，陈文述曾就任江南一带地方官，颇做过一些治理河渠水道方面的工作，其文集也收入了不少这方面的论述文章。也算是秉承家学，陈裴之一直对治理河渠、经营盐务等事务较为留心，陈文述摄治宝山是在嘉庆戊辰（1808）年，陈裴之当年十四岁，就辅佐父亲治理漕务，应该得到不少锻炼。

---

1. 见汪端：《梦玉生事略》，见陈裴之：《澄怀堂诗集》，清道光汉上题襟馆刊本。
2. 徐尚之：《陈小云司马传》，见陈文述：《颐道堂文钞》卷一三，《续修四库全书》本，以下同。
3. 4. 陈文述：《裴之事略》，见《颐道堂文钞》卷一三，《续修四库全书》本。

在苏州候选的那段时间，他"取颐道先生桂叶堂藏书数万卷，排日读之，尤留意于天文地理兵法河渠钱谷盐漕农田水利等书，精研穷究，灿若列眉。每当宾筵广座，纵论天下大计，风发泉涌，慷慨激昂，人目为陈同甫刘龙洲之流，非仅以文学名也"。[1]嘉庆辛巳年（1821），陈文述被选派为江都知县，陈裴之偕同妻子奉送祖父母就养于扬州，并于同年迎娶爱姜王紫湘。"广陵古佳丽地，吴中诸诗人常往还下榻于颐道先生宾馆。君暇日辄侍汾川公暨重慈，泛舟虹桥，登平山眺望。蜀冈烟柳，竹西歌吹，题咏殆遍。王柳村、阮梅叔、张子贞、汪月樵、吴山尊、汪剑潭、竹海父子皆广陵诗坛前辈，并与君缔忘年交。尝官阁文宴，君酒间走笔赋《玉钩斜》七律四章，声情哀艳，隶事清新，同人推为绝唱"。[2]虽然陈裴之不屑于仅仅以文人自命，但与同仁的文学交游活动还是比较活跃的。据徐尚之《陈小云司马传》记述，"君踪迹所至，老辈英流无不倾倒。在广陵与汪剑潭阮梅叔结红桥诗社，在白下与唐陶山侯青甫结青溪诗社，在钱唐与马秋药屠琴坞结西湖诗社。在吴门最久，余家鸥隐园有水榭曰清华池馆，君常读书宴客于此。应求之广，坛坫之盛，为百余年来所未有"，更说明了陈裴之用世之心的热切。与同仁在一起的文学活动并不仅限于文学，如《答舒铁云孝廉论西北营田书》、《骆马湖呈同事诸君》等，都抒发了他热烈的用世之情。他在扬州时还作有《西北营田议答查伯葵问西北水利书》一篇，洋洋洒洒上万字，是收入《澄怀堂文钞》的唯一一篇文章，可见陈裴之对其用世之文的高度重视，更可见陈裴之其人的用世之心。

---

1. 2. 汪端：《梦玉生事略》，见陈裴之：《澄怀堂诗集》，清道光汉上题襟馆刊本。

对封建时代的文人而言，从开始读书，进入尘世中伊始，就面临着"出"与"处"的矛盾。完全忘掉士人的职责，悠然自外于政权之外，不管出于何种思考，似乎都违背了圣人知其不可为而为之的奋斗原则。但倘若一再热衷功名，处心积虑地走仕途一路，往往又有被认作是禄蠹之徒的危险。最好的折中之法，可能是普济苍生、立不朽之功业，然后功成身退。既要有所作为，又要在功成之后急流勇退，这是在儒家入世和道家出世二者之间寻求到的最好的结合点，但事实上，古往今来能够做到这般的人寥寥无几。姑且不论身居其位者往往驽马恋栈，大多数处于金字塔底的士子终其一生都无法自见于世，所谓的功成身退在更多时候只是一种前提都不成立的假想，唯其如此，才更烛见士子内心深处对功名的强烈渴望。陈裴之在还远远未曾踏入仕途的时候，内心深处就有了被人看作利禄之徒的焦虑。徐尚之《陈小云司马传》云，"君外英发而中实恬淡，虽筮仕以后，昼携壮士，夜接词人，酒阑烛跋，恒与余论心曲，以重慈在堂，父迈母病，仔肩甚重，掉鞅名利之途，有大不获已于中者，非知进而不知退者也"。照这里的字面意思来看，陈裴之的热衷功名完全是为了养亲计，并不完全同于那些知进而不知退的利禄之徒了。

姑且不论从养亲角度出发的干求功名，是否从根本上来讲，也只是为了满足自己的一片私心，陈裴之的内心深处，入世的动力是否仅此一种呢？他曾作有《即事寄知己》诗云，"青山休笑宦情浓，十载凌云赋未工。偶许金银窥夜气，漫随傀儡舞春风。感深乌乌私情处，人在鱼龙曼衍中。但得买山供负米，摇鞭那待管弦终""未能抚字况催科，天使闲官足啸歌。似此功名思烂熟，与人家国事如何。尽孤青眼殷勤望，空识苍生疾苦多。京洛故人传拜衮，掩书腰带几摩挲"。[1]字里行间，自怜自叹中虽然也流露了内心的真实感受，但结尾句"京洛故人传拜衮，掩书腰带几摩挲"恐怕才是他彼时最直接的感受。所谓最直接的感受，是指作为个体而言，人内心的想法是如此的纷繁复杂，思来想去，有时候恐怕连自己都会信以为真。陈裴之口口声声说做官只是为了养亲，只是为了苍生，但内心深处对处于同一起点"故人"们的纷纷拜官并不能无动于衷，这就充分说明了他的仕途追求并非像他和周围的人那样说得如此撇清。他的这种心曲在《葛秋生自曲阿官廨寄横桥吟馆画册索题纪与许玉年滇生诸昆仲联吟旧事作也》中表现得更加明显，"少年同学尽飞腾，簪笔铜池傲五陵。回首横桥烟树里，最难忘是读书灯"，[2]当年的同学都纷纷飞腾，自己却"四踢槐花，辄成康了"，每当听到这样的消息，固然也会为故人高兴。但相形之下，难道丝毫今昔对比、自惭不平的情绪不会涌上心头吗？其中的复杂情味恐怕只有他本人最清楚了。

正因为内心深处有那么多复杂的想法纠结在一起，陈裴之面对仕途的种种变动波折，始终都不能释然，从这个角度来讲，他并不适合从政，即使确有经济事务的才干。据现存材料来看，陈裴之在科举失败后，绝意于考场，想通过纳赀捐官和以经济才干自见当世的方式走仕途，由于他曾经在陈文述治理河渠水道的事务中做过一些工作，也的确显露了一定才干，还颇能得到一些官吏的赏识。《梦玉生事略》就曾提到陈裴之"受知于阮云台、庆蕉园两宫保，孙寄圃节相，曾宾谷醝使，钱恬斋都转，吴省庵观察，王箦山廉访"，他

---

1. 2. 陈裴之：《澄怀堂诗集》卷八，清道光汉上题襟馆刊本。

自己也说，"余以樗散之材，受知于阁部河帅、节使、都转及琅琊、延陵两观察"，[1] 足见以他的家世、才学，要在仕途有所作为应该是可行的。

观其诗文集，陈裴之在这段时间所作诗词中，记载这些经济事务的作品数量不少，如《仪征浚河呈孙寄圃节相、曾宾谷鹾使、钱恬斋都转即送节相旋金陵》《瓜洲浚河》《骆马湖呈同事诸君》《频年浚河治枭屡为寄圃节相所知近以彭城骆马湖清理滩地微劳甄叙入告蒙恩以同知衔通判留江苏补用感呈节相并呈黎湛溪河帅、韩三桥中丞、吴省庵观察》等，都充满了一种被人所赏识而产生的兴奋和激动。如《频年浚河治枭屡为寄圃节相所知近以彭城骆马湖清理滩地微劳甄叙入告蒙恩以同知衔通判留江苏补用感呈节相并呈黎湛溪河帅、韩三桥中丞、吴省庵观察》云，"微劳何幸录微名，提挈云霄仗老成。贾谊文章愧年少，谢安踪迹本苍生。曾无长策酬知己，胜有孤忠答圣明。治谱敢云家学在，国恩重处宦情轻"。[2] 从中可见，陈裴之是那种比较书生气的文人，热情而又理想化。当遇到挫折时，消沉不已，但一旦境况稍稍好转，就立刻又充满了希望。河渠事业原本复杂，所以陈裴之往往"不敢告劳，然出门一步，惘惘有可怜之色"。[3] 即使如此辛苦，但只要有了一丝从政做官的希望，他又立刻高兴得像个孩子，信誓旦旦地表示要以国恩为重，宦情为轻，但孰轻孰重，明眼人自是一望而知。抱的希望越大，投入得越多，一旦事情没有朝着自己假想的方向发展，受到的打击就会格外大，天下事莫不如此。更何况宦海风波原本

---

1. 陈裴之：《香畹楼忆语》，见《湘烟小录》，清道光四年刊本。

2. 陈裴之：《澄怀堂诗集》卷十，清道光汉上题襟馆刊本。

3. 汪端：《梦玉生事略》，见陈裴之：《澄怀堂诗集》，清道光汉上题襟馆刊本。

要比平常生活诡谲数倍都不止，陈裴之以这种天真的态度勾勒未来，自然难免在现实面前一再碰壁了。

陈裴之本来是在上司的保举下奏请以襄办仪征骆马湖功绩，加同知头衔留用江苏，但吏部的答复是纳赀未足，且加同知头衔与例不符，驳回了这次申请。虽然后来在上司的再次努力下，以抓获巨枭大盗的功绩再次入奏而获得通过，但第一次奏请未能成功带给陈裴之的打击可谓不小。其时正是道光三年，不巧这年他祖父去世，父亲丁忧去官，全家从扬州又迁回到了苏州。而上司又在这段时期将他召到南京，以治枭事情相委托，他"涉江历淮，侦缉枭匪，长途冰雪，小队弓刀，急景凋年，备尝艰险"，[1] 在写给家人的书信中都充满了哀怨。如寄给紫湘的词中写道，"年来饱识江湖味，今番怎添凄婉？远树埋烟，残鸦警雪，人在黄昏孤馆。更长梦短，便梦到红楼，也防惊转。雁唳霜空，故乡何事尺书断"，[2] 语气凄切，令人动容。仿佛正应了"祸不单行"的古话，不幸的事情接踵而来。道光四年，紫湘由于积劳成疾逝世，陈裴之为之悲痛不已，特意为紫湘写了《香畹楼忆语》一文，文中充满了对爱情和事业双重失败人生的种种问叹。紧接着，消息传来，吏部通知他注销同知头衔，补足通判捐纳款项，进京诠选。

道光五年正月，三十一岁的陈裴之北上入京候选，他虽然在人生之途上一再遇到挫折，却始终没有放弃自己的初衷。初到京城，帝都气象无疑给了他新的希望，他作有《初至京师》一诗云，"长安古

1. 汪端：《梦玉生事略》，见陈裴之：《澄怀堂诗集》，清道光汉上题襟馆刊本。
2. 陈裴之：《香畹楼忆语》，见《湘烟小录》，清道光四年刊本。

意帝京篇，初拜苍龙魏阙前。笔札待为平子赋，公卿争问贾生年。诗坛有客招吟侣，酒肆何人醉谪仙。他日交芦庵畔住，渔樵来听话钧天"，[1] 以"贾生""谪仙"自许，谦虚中又不乏自高，可见他对北京之行抱有很大的期望。在北京，除了结交朋友，参加各种诗会吟诗作赋外，他一如既往地向长辈同仁大谈他的经世韬略，如《与徐星伯年丈松论江河二源赋此纪之》《试灯夕吴兰雪年丈嵩梁招同潘芸阁学士锡恩谈北直水利即事有作》等，长篇宏论，刺刺不休。事实上，帝京岂少能人，对河渠水道等事务素有经心者更是大有人在，他的那点微臣之心未必就会有人真正赏识。在陈裴之和他的家人看来，"族伯父荔峰学士素重君才，招延馆之于家。英煦斋相国及鲍双湖吴兰雪查又山许青士诸公见君咸品题激赏，以国士目之"，[2] 感动中不乏自大。事实上，观其在北京的活动，不过到处参加一些文人宴会，写一些无聊的诗词唱和，如《宝侍郎宅中红梨一本三年不花今发逾盛绘图徵诗用禧尚书韵》《荔伯同蔡友石世松杨叠云殿邦两年丈招偕查春园有新世丈赵菊言盛奎查又山元偶两年丈野寺看花因雨还集富贵神仙馆春丈首吟索和即次元韵》《荔伯招同友石春园又山诸丈富贵神仙馆看牡丹适赴王兰卿侍御丙招归命补诗记事叠用看海棠前韵》《蒋励堂相国六十寿诗》等。陈裴之的北京之行，到头来还是让他失望了，吏部的最后结果是分派他出任云南府南关理民厅通判。据陈裴之的说法，云南距离江南太远，他无法照顾父母，或许其中还有更多的原因未足为外人道，总之他以称病辞职的方式拒绝了这次诠选，从此也告别了他的仕宦之途。

---

1. 陈裴之：《澄怀堂诗集》卷十一，清道光汉上题襟馆刊本。
2. 汪端：《梦玉生事略》，见陈裴之：《澄怀堂诗集》，清道光汉上题襟馆刊本。

离开北京之前，他写了两首诗歌告别北京的亲友，其中的压抑郁闷一望而知。《谒选得滇南通判去江浙水陆万里慈亲多病迎养为难会旧疾复作乞病旋南留别京师诸故人》云，"烟树春城万柳齐，一鞭挥手暮云西。梦依慈母啼乌鸟，心怯贤臣访碧鸡。但许终身供菽水，目甘从此判云泥。海棠巢畔联吟处，花发应劳忆旧题"，《将出都门留别族伯荔峰阁学子嘉子诵两弟沈寿石妹婿》云，"小阁阴阴怅别筵，尊前离绪觉潸然。鹭鸥凉梦心如水，鸿雁秋声字满天。怜我英雄学儿女，愿公富贵比神仙。棣华交映兼葭倚，努力声华惜盛年"。[1] 惆怅、落寞等种种情绪交织其中，可见他内心的伤感。其时正是道光五年孟秋，好像是在这次从北京回到江南的路途中，他意外地碰见了少年时代的恩师张云巢。关于张云巢，陈文述曾在《裴之事略》中提到，"（陈裴之）十七岁钱塘县试第一，入邑痒为博士弟子，今薜使张公云巢官仁和令，与余京师旧交。知余子，谓许青士曰'云伯余好友，其子试仁和，如此文，我岂不予以第一，何以必试钱塘避嫌耶，抑不肯出我门下耶？'余闻而感之，介友人致意曰，'省垣两邑，籍贯互通，然寒家世世试钱塘，非敢自外，他日相遇，当令其执贽门下'。故裴之于张公称弟子。"从十七岁到三十一岁，十余年的时间弹指一挥，如今已过而立之年，却依然一事无成，再见到少年时的恩师，自是百般滋味在心头了。所以他的这首《袁浦舟中赋呈张云巢廉访师》写得惆怅满怀：

昌黎赏东野，节度容牧之。天公生才使抑塞，又生贤哲相

---

1. 陈裴之：《澄怀堂诗集》卷十一，清道光汉上题襟馆刊本。

274　　　　　　　　　　　　　　　　　　　　　　　　闺阁与画舫

扶持。

扶持所以济其阨，抑塞所以昌其诗。不然秀句出寒饿，安能振拔无瑕疵。

百节况为老亲屈，一心自荷明公知。公识鲰生年最小，童子军期致身早。

槐花五度落西风，初心何肯谋温饱。戟门手版许驰驱，当事怜才真不少。任城师相黎襄勤师曾宾谷节使王賓山观察钱子寿吴省庵两先生

寸管朝筹刍楗材，长缨夜缚萑符盗。万艇飞移楚岸艖，十旬勤浚真州道。

虽闻三策沮长沙，此心自可焚香告。一官远堕西南天，老母参药何能便。

温峤绝裾古相诮，王阳回驭今犹传。赐言不幸又多中，黄河浊浪胶军船。

两贤相遇肯相厄（任城师相煦齐相国），河运海运烦周旋。但识公非与公是，安能避怨还避嫌。

既分泾渭报知己，名心冷过西泠泉。相国留我不肯住，归鞭径指淮南烟。

遂初雪涕送师相，宦辙远隔吴与钱。黎王先后跨箕尾，爱才独有南丰贤。

频年牛马走何益，此日乌鸟情容宣。东阁梅花话无恙，北堂萱草忧难蠲。

生平读书颇自好，仕宦不进潜鱼盐。射策无缘乃投笔，负米乏术甘执鞭。

湘皋苦觅卓锥地，每况愈下殊可怜。只今自怜还自喜，双旌

河上逢夫子。

　　当日搜才自隗始，今日穷途何足齿。同舟仍许话艰辛，尺书差可谋甘旨。

　　天教抑塞独扶持，是在先生同节使。况闻大用契宸衷，一夫失所公深耻。

　　吁嗟乎，一夫失所何足耻，君不见先生于我犹如此。[1]

今昔对比的惆怅，宦海浮沉的落寞，读来令人恻然动容。而到此为止，陈裴之已经基本摒弃了仕途之志。

三、幕游与幻灭

　　官虽然做不成了，但生活还得继续，人还要面对现实。当时陈文述因为丁忧去官，陈家家大业大，经济负担比较沉重，陈裴之之所以孜孜于谋求一官半职，也是为了分担家里的经济重任。如今做官不成，如何增加家庭收入仍然是迫在眉睫的事情。徐尚之《陈小云司马传》云，"先是君以两淮盐务为国家财赋所从出，近年以来，亏帑至数千万，销数愈少，欲究其弊之所在，整顿之先于邗上营鹾业曰汪仁玉，既又营鹾店于汉口曰程裕茂，及是乃请于部，改程曰陈，亲至湖北经理之。会李公鹿苹总督两湖，与君世父荔峰阁学同年，并与颐道先生旧识。知君在楚，恒招入署，令以年家子礼见询，问鹾务利弊，君言扬商之累在乏本，借贷办运则利归贷，故帑恒不足；汉口之弊在不缉私，名缉私而不得实心之人以经理之，且经费钜无所出，故因循

---

1. 陈裴之：《澄怀堂诗集》卷十一，清道光汉上题襟馆刊本。

之弊久而愈深滞销，误课终累国家帑藏也。李公韪君言，檄君办两湖总缉"。汪端的《梦玉生事略》则提到，"君乃思幕游养亲。而前在广陵以文章品行见知于艖使曾公宾谷、张公云巢暨楚督李公鹿苹。至是并以书劝君为楚北之游，理盐策事，藉营甘旨"。以他的才能和兴趣而言，经营盐务，幕游养亲成了另一条比较现实可行的道路。

　　道光六年（1826），陈裴之溯江而上，到武汉经营盐务，因为受到年家长辈的赏识，进入这位李公鹿苹的幕府总理缉管盐务事宜。陈裴之在李府中，"饬商议经费，淮艖将有起色"，[1]不巧的是，当年这位李公就调任两粤，替任者嵩公走马上任，即派陈裴之入川管理盐务。之所以将他从武汉抽调到四川，根据徐尚之的说法，是因为陈裴之在督管武汉事务时，处事过严，"众虑不便，阴使远"。[2]考虑到事情重大且经费不足，陈裴之乞假求归吴门筹措经费，于当年秋冬之际回到苏州，这应该是陈裴之在入世之后受到的又一次沉重打击。所以他这一阶段所作的诗词，充满了沮丧郁闷的情绪，俨然有看破红尘之感。如"英雄名士俱消歇，如此江山只惘然"（《月夜赤壁怀古》），"文采人多忌，樊笼我亦愁"（《鹦鹉洲》），"梅子山前藓路斜，已弃萍梗寄天涯。绮梦疏于秋后叶，名心澹似雨前茶"（《汉阳秋望寄仲文》），[3]情绪低沉，仿佛入世之心已经渐渐淡薄。他回到苏州，心情黯淡，家人都竭尽所能地安慰他，陈文述更是以自己入世四十余年的经验为他筹划分析，详细交代入川之后要注意的种种事宜。由于四川要求来年正月就要赶到巴东，陈裴之不能在家中度过年关，临近岁暮就起身回到

---

1. 2. 徐尚之：《陈小云司马传》，见陈文述：《颐道堂文钞》卷一三，《续修四库全书》本。
3. 陈裴之：《澄怀堂诗集》卷十二，清道光汉上题襟馆刊本。

第五章　陈裴之的真情与幻情　　　　　　　　　　　　　　　277

湖北。惨淡经营多年，事业依然毫无起色，甚至全家团圆的节日也只能漂泊在外，他心情沮丧，其时作有《重有楚中之行并将入蜀留别家人》一诗，"风尘萧瑟感江关，又上烟波万里船。云水茫茫迷去路，江湖寂寂感流年。客怀憔悴题襟后，心事苍凉罢酒前。从古浮生尽如此，几人将相与神仙"，[1]一派萧索寂寞之情，相隔数百年，也仍然能让人感受到他的辛酸和无奈。

道光六年年底，陈裴之回到湖北，因为接任的嵩公对他还比较信任，他一时之间又比较奋发感动，准备大干一场，"思数年之间复准鹾旧规以充国家之左藏。私贩中固多亡命，亦不乏有用之才，将化其桀骜不驯之气，收罗之以为国家之用"。[2]但这种宏伟的抱负还没有来得及实施，他就突然病倒了。陈裴之多年来一直患有疝气，但一般发作后很快就会恢复，这次也许是长期漫游在外且心情一直比较抑郁的原因，发病后很快就一病不起。其时已快到小除夕，同行诸人不得已给苏州陈家报信，以催促陈文述西来。陈文述接信后，终夜不寐，于道光七年正月初二日动身，十天后到达武汉方知陈裴之已经于道光六年十二月十六日亡故，一恸几绝。陈裴之逝世时，身边只有少数朋友，父母亲人都未能亲自为之入殓，以一代才人而如此早逝，且一生都抑郁不得志，难怪时人都有"天道茫茫，安得叩问彼苍而问之"[3]的不平了。

观陈裴之一生，从钱塘到苏州、扬州、北京，直至最后病逝于武汉，其人生追求的轨迹是少年立志，又先后经历了科考、经济和作幕

---

1. 陈裴之：《澄怀堂诗集》卷一三，清道光汉上题襟馆刊本。
2. 3. 徐尚之：《陈小云司马传》，见陈文述：《颐道堂文钞》卷一三，《续修四库全书》本。

三个阶段。他做事情都是认真投入，到头来却处处碰壁，几乎可以说一事无成，以至于他在给父亲的家书中都沉痛地写道，"裴之终鲜兄弟，大人鞠育教养三十余年，既不能博科第为门户光，又不能历官阶为禄养计，十余年来，六张五角，初志屡违，无一而可"。[1]究竟是什么妨碍了他在当时的社会中得遂初心呢？

陈裴之其人，应该说是比较有热情，讲情义的，这从旁人对他的评价可以看出。如徐尚之记载，"庆蕉园将军云，'先文端公四督江南，惟得一袁简斋。吾易历中外三十年，乃得云伯父子，微特文章经济，其情谊气意之真挚如小云者，吾未见其次也'"，"韩桂舲司寇曰，'小云以别驾需次京师，六品官耳，又甫数月，然人情缘性情之挚焉'。王柳村曰，'小云文章似陈同甫，诗与张紫岘相伯仲。若其为人，重意气，慷慨任事，是鲁仲连一流'"等等，徐尚之自己也评价陈裴之，"君性真挚，孝友发于天性，门以内无间言，于忠孝节烈之事尤不遗余力"。可见，陈裴之在当时江南的文人圈中，口碑很不错，而他也的确出于意气，做过好几件为人所称道的事情。其中包括为吴门续七子之一的王嘉禄经营后事，使得王嘉禄之母曹墨琴夫人不无感动地说，"吾儿交多贤豪长者，死友惟陈司马一人而已"。他与嘉道著名诗人舒位为忘年交，在舒位逝世后照顾其家人不遗余力。南京诗人凌霄病逝于苏州，是陈裴之为他料理身后之事，并将凌霄的女儿许配给舒位的儿子，并为这对夫妇在苏州置办房产，使得凌霄的遗孀能够依靠女儿女婿生活，不至于老无所归。又曾经买舟送病重的王昙回乡，使其人不至于客死异乡。如此种种，都说明了陈裴之是一个性情

---

1. 陈文述：《裴之事略》，见《颐道堂文钞》卷十三，《续修四库全书》本。

中人，这一方面和天性有关，另一方面恐怕也离不开从小受到的传统儒家思想的熏陶，其文集中有许多讴歌颂扬忠臣孝子烈女的诗篇即为明证。他的这种人生热情表现在各个方面，对待事业更是有一种超乎常人的执着。

传统的中国社会，尤其是官场上，是按着一种微妙的方式在运作。这个古老国度的许多场合，大到历史的书写、圣人的教谕，小到官府的布告、同僚之间的官样社交等等，无不充满了一种堂而皇之的宏大叙事，但在具体的生活里面，起着调节作用的则往往是与之截然不同的另外一种方式。"王法不外乎人情"，很好地道出了中国传统社会一直在"王法"与"人情"之间努力寻求的平衡点。所以经过了人生理想和现实冰冷的碰撞之后，吴敬梓才会在《儒林外史》中借高老先生之口痛切地道出，"到他父亲，还有本事中个进士，做一任太守，——已经是个呆子了；做官的时候，全不晓得敬重上司，只是一味希图着百姓说好；又逐日讲那些'敦孝弟，劝农桑'的呆话。这些话只是教养题目文章里的词藻，他竟拿着当了真，惹得上司不喜欢，把个官弄掉了"。[1] 几乎可以说，但凡是认真读过四书五经，曾经从内心深处热切地信仰着圣人教谕的读书人，真正入世后都会经历一种幻灭的感觉。圣人的教谕原本是针对人性弱点而发，真正坚持起来往往要付出相当的代价，倘若又处于一种众人皆醒我独醉的状况之中，那处境就越发地不妙了。从陈裴之的经历和文章来看，终其一生都始终没有动摇过对"忠孝"的信仰与追求，所以他在家是真孝子，于朝廷也是竭尽所能地多做事情。只是传统社会的读

---

1. 吴敬梓：《儒林外史》，人民文学出版社 1958 年版，第 356 页。

书人，往往就像吴敬梓在《儒林外史》中描述的那般，在被生活痛打之后，或者被同化，或者选择逃离，真正能够坚持初衷，与碌碌庸众不断抗争的人可谓寥寥无几。而从陈裴之的经历来看，他显然在不断抗争，但这种抗争在众人不经意的冷漠面前却显得无力，还有一点可笑。他的不合时宜在其文集里曾经有过微妙的流露，尽管只是一个短暂的瞬间，但陈裴之的寡然不合于众已经被清晰地展现了出来。

《澄怀堂文集》卷十一有两首诗记载了他在京师与伯父及当时一帮文人唱和的情况，一首是他本人所作，一首是陈嵩庆的答诗。陈裴之诗《法源寺海棠盛开同人集花下为花暖妆即席有作》云，"香国看花约肯忘，花时重与集禅堂。护他新睡烧银烛，乞得春阴奏绿章。当局有人咨海运，飞刍无策奠河防。群公忧乐关天下，蜀锦川红醉不妨。"在海棠花开，歌舞升平的时候还系心河防，陈裴之也算得上是心忧天下了。对此，陈嵩庆的答词是"佳时胜集两难忘，墰坫雍容盛此堂。卯酒醉酣脂有晕，丁香秭亚锦为章。谭邪易惹红情艳_{是日坐客纵谈颇涉遐想}，攀折真须绿字防。拙宦敢忝朝局议，玉缸花扑了无妨。"末句表明他对朝局并不是那么关心，或者只是一种谦辞，老练也好，淡漠也好，至少久经宦海的陈嵩庆在此表现出了一种巧妙的疏离，而其他的座客则谈辞涉及了香艳狭邪的内容。在这热闹的冷漠之下，陈裴之的不合时宜被残酷地凸显了，除了他自己在热切地关心工作，其他人却表现出了相当的冷淡。可以想见，这种情况曾不止一次地出现在陈裴之的薄宦生涯中。

徐尚之和陈文述曾不约而同用"露才扬己"形容陈裴之，徐尚之道"（陈裴之）持才锋太露，颐道先生尝诲令读书养气，并以苏子由所注《道德经》贻之，曰'知足不辱，知止不殆，吾所得力，尔或不能。知白守黑，知雄守雌，所当究心。独不闻庄生桂树伐膏煎之喻乎？'君承庭训，颇自韬晦，然干将莫邪，扃谲匣中而光气上烛斗牛，在君亦不自知也。"陈文述则在陈裴之即将动身入川前结合自己的亲身体验告诫他，"尔露才扬己，喜见长，本干众忌，尔即此心可白，在他人终防汝之发其覆。且吾闻把持盘踞之人，其力甚巨，足以鱼肉汝也。吾膝前只汝一人，汝母又多病惮远行，吾与汝各有一官，可求升斗之禄。汝此行至楚，如众情不协，当权衡出入，赔累无多，当代汝偿。为数过多，则明告众商，达之观察，上达制府。嵩公当代大贤，观察虽与汝小嫌，是介闻亦长者。所赔总缉之费，于公费中调剂，不致负人。子身归来，不汝瑕疵也，何必豺虎之与群而魑魅之与处乎？汝此行宜自爱，勿饮食宴会，勿犯霜露涉波涛，勿闻甘言而轻信，勿预闻外事轻为人排难解纷。吾涉世四十年，阅事较汝多，稍知情伪，故号退庵以自箴也。人情叵测，吾不能不惴惴焉。"[1]拳拳爱子之心，跃然纸上。而"勿闻甘言而轻信，勿预闻外事轻为人排难解纷"，则陈裴之平日为人之热情率真可见。以这样一颗真诚的赤子之心和天真的处世态度，在宦场处处碰壁是可想而知了，他虽然不屑仅仅以文人为世人所知，骨子里却始终有着文人的清高和热情，容易将一腔为宦场摒弃而伤悲的心事倾注于文字之中，从而使得百年之后的读者依然能够透过时光的阻隔清晰地勾勒出其生平。这究竟是他的幸运，还是不幸，恐怕冥冥之中，他对此也难以回答。

---

1. 陈文述：《裴之事略》，见《颐道堂文钞》卷十三，《续修四库全书》本。

第二节　文情交融的闺阁唱和

晚明以来情教思想的传播，使得文人将书写视角更多地投向女性和日常生活，在一定程度上拓展了文学书写的范畴。如果说"诗言志"的传统让文人始终骋心于宇宙天地等宏大叙事，那么，对日常生活的书写，则往往需要他们调动更多自然的或者艺术的情感，来表现丰富的内心世界，从而使得"诗缘情"的传统在明清时期得到了更好的展现。

一、闺阁生活的日常化书写

陈裴之如今更多被提起是因为他有一位才华横溢的妻子，他们的婚姻，在当时的文人圈子中一直被称羡不已。汪端在《梦玉生事略》中提到陈裴之"年十七，应童子试。……是岁允庄来归，闺中琴弹瑟应，日事唱酬，砚匣笔床与镜奁脂盝相错陈于左右。琴川内史归佩珊为作供砚图，盖以宋王元黄娘况之。吴门曹墨琴夫人为题卷首，君自书四绝于上。然时人谓君伉俪之才远胜王黄也"。以妻子的身份如此评论丈夫，连带褒奖自己，或许一方面因为汪端本为才华高绝的一代才女，也自视甚高，故而不会像一般小家女子那样扭捏作态，另一方面，则是由于他们那种金童玉女的婚配在当时人看来，是天作之合，美满无比，所以汪端也不过是如实记录。如石蕴玉为汪端《自然好学斋诗》作序云，"今允庄夫人以出风入雅之才，为茹古含今之语，而又得才子以为之耦。闺房静好，琴瑟和鸣，此真文齐福齐。人生适意之遭，无有过于此者。"又如"天之生一才人也不易，生一闺阁之才更不易。闺阁有才而又得全家之多才以张其才则尤不易"，汪端"归陈小云通守，其夫妇娣姒姊妹间皆出风入雅，小韫争奇角胜于纱橱镜槛之际，雄视一时诸人"。[1]从夫妇两人的文集来看，温馨和谐的家庭生活不仅极大地温暖了陈裴之那颗日渐冰冷的入世之心，对两人文学创作的影响也不可低估。

陈文述在《孝慧汪宜人传》中谈到汪端最初于归陈门时，"宜人素读余诗，既作羹汤，即启行箧，呈所作稿本乞加评诲，依依若侍慈父。余亦深喜之若得娇女也。与裴之一灯双管，拈韵分笺，每有新作，即呈鉴定，以博欢颜"。[2]处在一门风雅的家庭环境，汪端的文学才华得到了很好的培育和发挥，与同时有"才子""仙才"之称的丈夫在一起，闺中唱和，题诗角胜的愉悦屡屡现于汪端笔下。如《丙子孟陬上旬与小云夜坐以〈澄怀堂集〉〈自然好学斋诗〉互相商榷偶成二律》云，"不将艳体斗齐梁，不骛虚名竞汉唐。月下清钟闻泰华，雨中斑竹怨潇湘。诗张一帜原非易，胸有千秋未肯狂。论罢人才筹水利，立言岂独在辞章""明珠翠羽非吾好，善病工愁未是痴。花落琴床春展卷，香温箫局夜谈诗。班昭续史他年志，伏胜传经往事悲。流俗何须矜月旦，与君得失寸心知"。[3]正因为有不屑于斫斫文辞的夫子勉励，汪端自觉地将自己区别于轻鬖浅愁的一般闺秀，豪迈地说出"明珠翠羽非吾好，善病工愁未是痴"之语。她以"班昭续史"和"伏胜传经"自勉，以一人之力，独自承担了《明三十家诗选》的编

1. 张云璈：《自然好学斋诗集序》，汪端：《自然好学斋诗集》，清同治十三年刊本。
2. 陈文述：《孝慧汪宜人传》，见汪端：《自然好学斋诗集》，清同治十三年刊本。
3. 汪端：《自然好学斋诗集》，清同治十三年刊本。

选工作，在这种漫长又艰苦的编选过程中，陈家一门尤其是陈裴之，给予了她极大的帮助和鼓励。

陈裴之《澄怀堂诗集》卷十《内子允庄选明诗初二集刊刻告成为题四律》云，"一代诗坛三百年，明贤何必逊唐贤。高吟李杜能分席，清入王韦亦比肩。标格尚留千载后，风骚原在六朝前。不师中晚师初盛，尽许人间万口传。""似尔评诗较论公，拈毫辛苦胜雕虫。力从沙砾更番拣，顿使秕糠一扫空。万里对题劳驿使_{孙仲衍邝湛若诸集阮云台制府}粤中购得专弁寄吴门，十年清俸损家翁_{各家全集多于文澜阁借钞}。卷中甲乙丹黄处，共忆寒宵剪烛红。"据此看来，汪端编选明诗，陈家一门从物质和精神方面都给予了她很多支持。汪端的诗集中，与之次韵唱和最多的男性文人就是陈裴之。这些诗作，部分是夫妇二人共同评点当时诗坛人物，抒发彼此的文学见解和观点，如《佩珊书来以诗稿嘱为点定题一律归之同小云作》。汪诗云"一纸瑶华气胜兰，论诗愧说两词坛。吟残画阁秋风冷，坐到罗帏夜月寒。白璧微瑕容我指，红闺知己似君难。从今绝代生花笔，莫付纷纷白眼看。"陈诗云"愁说西风翠袖单，朝来芳讯报平安。美人香草逢秋瘦，仙子梅花耐岁寒。彤管才华传不易，名山事业定尤难。一编珍重千秋想，重与闺中剪烛看"。[1]汪端以归懋仪为闺中知己，从女性的角度出发对之给予了高度的赞誉，夸奖中渗透着自己的人生感悟，对"纷纷白眼"表示了极大的不屑，行文中表现了其作为才女的高傲心气。陈裴之的诗作则充分理解了女性作诗、传诗艰难的现实处境，"彤管才华传不易，名山事业定尤难"，宽容中既有文人常有的功名不顺感慨，亦不乏基于男性性别优势的自

---

1. 陈裴之：《澄怀堂诗集》卷五，清道光汉上题襟馆刊本。

高。体验感受虽然有所不同，在爱惜闺才方面，二人却达成了一致，一方面陈家自有珍视女才的家学渊源，另一方面也不排除汪端对他的影响。

对陈裴之而言，汪端作为才华高绝的才女妻子，给他带来的不仅有爱情的甜蜜，还有朋友的宽容和知己的理解。二人结缡之始，陈裴之诗集中描写新婚的诗句充满了年轻丈夫的憧憬和类似于才子佳人的甜蜜。如《澄怀堂诗集》卷六《偕允庄归武林舟中作》和《鸳鸯湖咏鸳鸯示允庄》，前诗云"彩鸾伴侣白鸥盟，喜挂归帆共尔行。柳外珠帘明晓色，梅边玉笛倚春声。轻风将雨程程送，新水如云渐渐生。赢得高堂开口笑，一床斑管两书生。"后诗云"比翼分明似比肩，如芳美眷惜芳年。几生修到鸳鸯侣，愿作鸳鸯不羡仙"。以如此深情的笔调叙说他和汪端的结合，以爱情甜蜜忠贞的象征——鸳鸯，来比喻他和汪端之间的感情，这样的诗句在整部《澄怀堂诗集》很少见。汪端的性格和追求，决定了她不可能像一般的闺中女子那样多愁善感，汲汲以丈夫为天而渐渐忘却自我的追求，这从她的诗作和终其一生以文学为信仰可以看出。陈汪两人结合时，都只是十六七岁的少年，对于这桩传统的门当户对的姻缘，年轻的陈裴之无疑充满了浪漫的遐想。

关于二人姻缘的本末，陈文述在《裴之事略》中记载得很清楚，"余将试吏皖中，同年许青士饯余西湖，携之（指陈裴之，笔者注）游花神庙，遇华君秋槎于竹素园，一见赏之，曰'此金童也，宜配玉女'。汪君季怀有才女曰端，年相若，貌相似，才亦相当，寄居吴门，非是不足以配，请任蹇修之役""是岁，子妇汪端来归，闺房之中，各以诗稿就正，擘笺分韵，恒至夜分。姻党观者咸谓华君之言不诬。吴门周云岩为写《供砚图》也"。正所谓才子佳人信有之，事实上，陈裴之本人也是以神仙眷属来比拟他和汪端的结合。其《自题寒宵供砚图》四首云，"替炙红丝映短檠，替簪斑管写新评。十眉环侍修官史，不羡风流宋子京。""兰膏寒晕玉缸花，拥髻揅书共斗茶。明月亦知人意澹，送将梅影上窗纱。""不续东莱博议篇，琴床箫局话缠绵。高堂生怯春寒重，绣被薰香唤早眠。""翠幰鸳帏紧护持，清寒况味几人知。红闺第一消魂景，不在香浓梦浅时。"这四首诗下录有席佩兰的《供砚图》序，云"宋诗人王元，妇黄娘，伉俪并好吟咏。每中夜得句，黄必起燃灯烛，供笔砚以俟。好事者绘图美之。邵无恙《名媛杂咏》所谓'贪看玉梅花上月，起温香砚侍郎书'是也。钱唐陈小云秀才与其配汪小韫夫人琴弹瑟应，较之王黄之才奚啻倍蓰。归佩珊女士为作《供砚图》，曹墨琴夫人为书卷首，属余识其缘起如此"。[1] 甜蜜的新婚生活甚至使得诗人以带有浪漫色彩的眼光去看待历史中的种种文人韵事，如《澄怀堂诗集》卷六收有《题神仙眷属画屏四首效龙尾山樵名媛杂咏体》，分别是《吹箫晓泉画萧史弄玉》《乞浆毕仲恺画裴杭云英》《写韵顾西梅画文箫彩鸾》《授诗改七香画杨义灵箫》，他以充满诗意的笔墨描绘了这四件浪漫故事，读者自是不难领会这种书写与作者本人生活之间的联系。

但这种以充满柔情的笔墨来写夫妇生活的诗句，在陈裴之的诗集中仅此几首。陈裴之与汪端结合时，还是十七岁的少年，人生阅历的缺乏或许使他最初将夫妇关系赋予了更多浪漫的情爱色彩。随着婚姻生活的渐渐展开，才女之"才"与世俗生活之间冲突的种种不协调慢慢展现，他开始不再将她完全视为女性的符号化身，从而也难以再用

---

1. 陈裴之：《澄怀堂诗集》卷五，清道光汉上题襟馆刊本。

那种迷醉的笔调来赞美妻子了。妻子更多地成为了他的良朋益友，或者红粉知己，却不再像前几首诗那样，是情爱话语的对象。作为才女的汪端，才华高绝，对世俗生活表现出一种超脱的淡漠，也包括对夫妇情爱的疏离。《香畹楼忆语》提到，"丁丑冬朔，家大人自崇疆受代归，筹海积劳，抱恙甚剧。太夫人扶病侍疾，自冬徂春，衣不解带。参术无灵，群医束手。余时新病甫起，乃泣祷于白莲桥华元化先生祠，愿减己算，以益亲年；闺人允庄复于慈云大士前，誓愿长斋绣佛，并偕余日持《观音经》若干卷，奉行众善。乃荷元化先生赐方四十九剂，服之，病始次第愈。自此夫妇异处者四年"。长达四年的分居，导致陈裴之纳妾王紫湘。对此，汪端表现得毫无嫉妒，紫湘逝世后，她流露出来的悲痛也的确发自内心，甚至在紫湘逝世后几年，她和陈裴之的诗作唱和中还有许多对紫湘的思念之作。苏垣在《自然好学斋诗》题词中对她的这种大度表示了由衷的赞叹，"哀艳诗成恸紫湘，生时何虑宠专房。闺中不解闻狮吼，应笑璇玑织锦忙"。

笔者怀疑汪端的这种不妒，并非是处于正室位置而勉强做出的一种姿态，或许才女的心思，本来就没有专注于家庭生活，"允庄方选明诗，复得不寐之疾。左灯右茗，夜手一编，每至晨鸡喔喔，犹未就枕。自虑心耗体孱，不克仰事俯育，常致书其姨母高阳太君、嫂氏中山夫人，为余访置簉室"。[1] 她沉浸在文学艺术的世界中，对尘世的种种烦忧选择了自动疏离，包括对陈家这个大家族食指生计的细致考虑，对家庭中种种复杂微妙关系的巧妙周旋，同样还包括作为妻子对巩固丈夫情爱所应具备的种种心计手段。陈文述在《孝慧汪宜人传》

---

1. 陈裴之：《香畹楼忆语》，见《湘烟小录》，清道光四年刊本。

中暗示汪端和陈裴之的姐妹陈莘仙、陈苕仙的关系相处得并不融洽，似乎是由于她本人才华英特，秉性高傲，颇有几分目下无尘的意思。但笔者以为，像汪端那样的才女，其"才"主要是集中在文学词藻方面，对于世俗生活的种种微妙隐约，人情世故的丝丝回环曲折，她或许处于一种浑然不觉的状态中。所以当其临终之时，对自己专注于文学事业，忽略了家庭的种种琐事，似乎有所醒悟。[1]尘世四十年，孜孜关注于文字，热心于文学生涯，却忽视了身边最简单的人和事物。过犹不及，才女对世俗的自动疏离，从另一个维度来讲，和寻常女子执著于世俗生活，是不是同样没有参透人生的真实呢？

　　检汪端《自然好学斋诗集》，渐入中年后她对陈裴之的心情有了更深的理解和更多的关心，颇多对丈夫的安慰之词。而早期诗作中，和陈裴之相关的基本都是共同探讨对诗歌的看法和对他人的评价，涉及儿女私情之作则较少。相比林佩环的"修到人间才子妇，不辞清瘦似梅花"和同时许多闺阁诗人对夫子的缱绻难舍，汪端在丈夫面前，很少表现出缠绵柔情的一面。或许也因如此，陈裴之渐渐了解了汪端作为才女的不同凡俗，他开始将妻子看作是真正能够了解他的朋友，而不像少年时那样，将两人的相处涂抹上种种浪漫的色彩。尤其在爱妾紫湘逝世后，认识到人生的艰辛和情爱的虚幻，种种刺心刻骨的感受，都在他一首首寄内诗中得到了倾诉。如《澄怀堂诗集》卷十一《河间遇雪寄允庄》云"妆阁梅花倦拥炉，料应怊怅到征夫。惊沙簌簌飞难起，斜日荒荒澹欲无。散絮因缘随席涴，听风情味异江湖。凡心冷过轮蹄铁，忍忆青溪唱鹧鸪。"汪端的和诗云，"今岁关山瘁仆

---

1. 见陈文述：《孝慧汪宜人传》，见汪端：《自然好学斋诗集》，清同治十三年刊本。

夫，去年春宴共围炉。香飘珠箔寒深浅，灯澹银屏梦有无。疲马单车愁北地，疏梅残雪忆西湖。蓟门风雨征衫薄，怕听芳林叫鹁鸪。"昔年江南，今日塞北，西湖风光映照蓟门风雨，漂泊不仅仅在于身体的迁移，更在于心灵的孤寂和冷清。汪端的和作，能够以情度情地体会对方的感受，从而使得陈裴之感动不已，视其为闺中知己，频多寄赠唱和之作。

汪端曾寄给陈裴之一首诗作，大意是说她梦见了死去的紫湘，惆怅不已，这首名为《寄小云湘中》的诗云"词人哀怨例浮湘，碧杜红蘅为尔香。金剪裁衣霜渐冷，银灯照梦漏初长。城高却月空秋草，阁迥晴川又夕阳。惆怅氾人环佩杳，听残瑶瑟数峰苍"，其下注有"谓紫湘"云云。对此，陈裴之回赠《汉皋岁暮书寄允庄即用见寄原韵》，云"安舆满望迓扁舟，人海波添旅客愁。大别惊心宜远道，离骚善感况深秋。怜卿梦系湘中草谓紫湘，笑我名轻水上鸥。莫话当年投笔事，数奇飞将例难侯""可独伤心为紫湘，更无媚寝恋思香。运筹八阵名空壮，负米三巴路更长。流涕有人怜贾谊，息肩无术愧王阳。望云强说归期早，只恐归来鬓渐丝"。夫妇之间可以毫无顾忌地谈论丈夫的爱妾，彼此都心无芥蒂，这说明陈汪二人之间并不同于一般夫妻那般卿卿我我。陈裴之或许是将汪端视作可以倾诉心事的朋友、知己，而非情爱依恋的对象，他们两人的关系有些同于其父母，陈裴之的母亲龚玉晨中年以后长斋信佛，完全无意于家庭琐细，诸事完全委托于侧室管筠和文静玉，陈文述的诸多香艳之作，叙述的对象也是管文二人。这种夫妇情爱的淡漠一方面固然是礼教的限制所致，另一方面恐怕也和作为才女的龚玉晨、汪端等自我疏离于世俗有关。陈文述父子毕竟是名士，其过人之处在于能够理解才女与世俗生活的种种隔阂，并且成全之，所以才会有汪端《明三十家诗选》和《自然好学斋诗集》的问世。从这个角度来讲，汪端的不妒自在情理之中，因为男女之情本就不是她人生追求的重要目标。

二、《梦玉词》的文情相竞

人世间的缘分遇合，往往在于恰当的时候遇到恰当的人。紫湘逝世后，陈裴之在《香畹楼忆语》中回忆二人相识之由：当时他的诗到处流传，为紫湘所见，赞叹不已，"絮果兰因，于兹苫矣"。彼时汪端忙于编选明诗，加之身体虚弱，已经难以担任主妇一职。或者，才女疏离于夫妇情爱使得情感丰富的诗人陈裴之在内心深处觉着情感无从寄托，种种原因叠和一起，纳妾已是势在必行。陈裴之也是南京苏州风月场的常客，"嗣知吴中湘雨、仁云、兰语楼诸姬，皆有愿为夫子妾之意，历请堂上为余纳之，余故以为不可"，固然他口口声声说"绿珠碧玉，徒俦艳情，温清定省，孰能奉吾老母者，采兰树萱，此事固未容草草也"，似乎是为了照顾父母而苟于人选。事实上，真正的原因恐怕在于阅人无数的陈裴之甚是挑剔，而才貌双全的紫湘一旦出现，立刻就成了不二人选。

紫湘姓王，名子兰，号紫湘，又号香畹、畹君，出身于秦淮人家。关于秦淮王家，车持谦在《秦淮画舫录》中有详细记载，但于紫湘则含含糊糊，或许是因为她后来嫁给了陈裴之而不便再于花部笔记中对之品头论足。虽然出身门户人家，却不妨碍紫湘得到陈裴之的由衷爱慕，他们一见钟情，互通款曲后，裴之即禀明堂上，"嗣是重亲惜韩香之遇，闺人契胜瑀之才，搴芳结缡，促践佳约"。然后以父母之命、媒妁之言、香车画鹢，亲自迎归，使旁人皆有"足为蘼芜、媚香一辈人扬眉生色矣"的艳羡。入门后，凭借自己的贤惠和才华，紫湘更是得到了陈家一门上下的钟爱。

紫湘嫁给陈裴之后，对他直接的影响便是使其诗词风格为之一变。可以将初嫁之时，陈裴之为汪端和紫湘所作的诗歌作一比较。前者如《内子允庄以诗稿索题为书四绝》云"字比簪花兼有格，句如咏絮更多才。生平爱读徐陵序，今日吾家有玉台""亲研铜雀试香螺，我比文箫福慧多。一卷乌丝亲手写，彩鸾唐韵问如何""钟嵘《诗品》世谁知？玉舞珠歌笔一枝。绝妙蕙楼留本事，自然好学自然斋""沉吟墨会抵催妆，不学鸳鸯学凤凰。自有碧城家学在，莫教天壤比王郎"。[1] 字里行间有骄傲、有佩服，更有男性自尊作祟的不服。

再看看紫湘来归时，陈裴之所作《香畹楼本事诗》四首云"玉树琼枝国，青天碧海盟。缘留花一笑，梦证石三生。儿女英雄感，神仙眷属情。瑶池旧俦侣，或是董双成""北烛迟芳讯，西施出若耶。蛾眉二分月，蝉鬓六朝花。彩凤琴三叠，文鸳帐九华。旧家桃叶渡，桃叶最宜家""大妇怜中妇，闺中第一流。爱因花绰约，惜为玉温柔。偏髻呼如愿，双鬟话莫愁。还劳祝燕姞，香畹署红楼""聊慰生平愿，重亲悉致欢。芳心兼解语，秀色劝加餐。温酒陪宵饮，添衣问晓寒。北堂多笑语，慈竹颂平安"。[2] 一派怜惜温柔的语气，用词浓艳华美，比之汪端，显然陈裴之在紫湘那里更能得到缠绵的情感和自尊的满足。又如录于同卷的《闺中四时词》云"红霞夜嚼唇脂冻，壁衣香暖栖幺凤。翠羽枝头怯晓寒，一声惊破桃花梦。妆残小试春衣单，低鬟

---

1. 陈裴之：《澄怀堂诗集》卷五，清道光汉上题襟馆刊本。
2. 陈裴之：《澄怀堂诗集》卷十，清道光汉上题襟馆刊本。

拂镜邀重看。柳丝含雨不成碧，和烟乱搭红栏干""烟蘅绿草蔷薇院，一树海榴摇宝钏。桃笙八尺枕书眠，鬓花低亸秋萝扇。浴罢兰汤卸翠钿，蜀馨香送枕函边。曲池西畔轻黄月，移照鸳鸯自在眠"等，像这种大胆又细致的描述，其对象当然只能是紫湘，倘若移置在汪端身上，则给人不伦不类的感觉。

紫湘对陈裴之文学创作最大的影响，还在于词作。对此，时人已有评说，"君以旷代逸才，为经世有用之学，余事作诗，亦复卢牟悔存，凌轶瓶水，大江南北，眼底鲜有抗衡者。填词最后，最不经意。乃自紫君归君后，侍研吹箫，含商嚼徵，遂臻如此绝诣。世之号为词宗词伯者，得不心艳心折耶！"[1] 陈裴之对此也有所认识，他作有《台城路》词，序言提到，"仆少囿帖廓，长累菹盐，嗣以乌乌之私，复为牛马之走。仰屋著书，既苦弗逮，寻声按谱，益病未能。洎自紫姬归我，诧擅吴张，闺人弁言，颜曰梦玉。吹花嚼芷，所作遂多。"据此看来，紫湘的来归直接促成了陈裴之在诗词创作方面的突飞猛进。检陈裴之《梦玉词》(《澄怀堂诗集》)，其中为紫湘所作不少，内容主要表现在五个方面：

1. 初见后的思念

陈裴之和紫湘在秦淮一见钟情后，彼此思念不已。《香畹楼忆语》形容两人分别之际，"月落乌啼，霜浓马滑，摇鞭径去，黯然魂销"，可见用情之深。《梦玉词》录有陈裴之作于这一阶段的词如《三台令》《菩萨蛮》等，无不深情缱绻，宛转低回。如《菩萨蛮·重过绷秋水榭》云，"今年五展云珰信，今番一舸蓬山近。遮莫晓妆成，隔帘闻

---

1. 蒋志凝：《梦玉词》序，陈裴之《澄怀堂诗集》，清道光汉上题襟馆刊本。

钏声。 梧阴凉压地，风碾衣香细。含笑出帘来，玉釭花夜开。"先是"隔帘闻钏声"，然后"含笑出帘来"，两个动作将情人之间心期暗许，闻声相思的心情刻画得栩栩如生。

2. 新婚时的甜蜜

《香畹楼忆语》记载，"余朗玉山房瓶兰，先苗同心并蒂花一枝，允庄曰'此国香之徵也'。因为姬营新室，署曰'香畹楼'，字曰'畹君'。"为紫湘的来归，陈裴之特赋《国香》词云，"悄指冰瓯，道绘来情影，浣尽离愁。回身抱成双笑，竟体香收。拥髻《离骚》倦读，劝搴芳，人下西洲。琴心逗眉语，叶样娉婷，花样温柔。 比肩商略处，是兰金小篆，翠墨初钩。几番孤负，赢得薄幸红楼。紫凤娇衔楚佩，惹莲鸿争妒双修。双修漫相妒，织锦移春，倚玉纫秋"。"叶样娉婷，花样温柔"，将紫湘的貌美多情渲染得生动巧妙，而"回身抱成双，笑竟体香收"云云，则将陈裴之新婚的喜悦点染得非常生动。紫湘对这首词大加赞赏，以为"君特、叔夏，此为兼美。"此外，陈裴之还作有一套《菩萨蛮》长调，共计八阕，叙写他和紫湘新婚生活的种种细节。如"澡兰香里窥新浴，慵来妆裹明秋玉。薄暝画帘垂，许郎重画眉。 钗梁金凤飐，触响憎珠钏。香扑小眉山，两鬟鱼子兰"，又如"罗裙淡染潇湘色，秋衣叶叶当风立。谁说玉芙蓉，似郎还似侬。 轻纨霜月满，悄送流萤远。软语怪檀郎，怎知今夜凉"。行文缛丽温软，香艳之气弥布字里行间。

3. 闺中知己的感动

难能可贵的是，陈裴之并没有仅仅将紫湘视为一般的爱宠，他对她是有知遇之心和知己之情的。《梦玉词》收有不少陈裴之在外时寄给紫湘的词作，如《虞美人 寄畹君》《浣溪纱 瓜步夜泊示畹君》《齐天乐 袁浦羁旅得畹君吴下书感寄》，都写得比较凝重，不同于上文所引《菩萨蛮》的种种谐浪调笑的口吻。如《虞美人》云，"踏冰瘦马投荒驿，负了卿怜惜，累卿风雪梦天涯，休说可人夫婿似秦嘉。 平生知己饶姝丽，望远书频寄，榴裙红沁泪痕多，况是比肩爱宠更如何"，自责的语气中透露出奔走在外的丈夫对闺人的内疚和思念。又如《浣溪纱》云，"斜背银釭掩画纱，今霄酒醒异天涯，二分明月六朝花。 月子弯弯休望远，花开缓缓共归家，青衫无泪湿琵琶"。"酒醒天涯"和"青衫琵琶"的典故穿插在词中，不仅刻画了旅人的落寞，也点明了紫湘在他心中红粉知己的地位。

4. 慰病的哀愁

《香畹楼忆语》记载，因为入门后过度操劳家务，加上为陈裴之祖父去世和陈裴之改选江南两件事情伤心，紫湘很快就疾病缠身。对她的病情，陈裴之表现得分外焦虑，《梦玉词》的词作透露了他在紫湘患病期间的心情。如《洞仙歌畹君春病即事言愁》下阕云，"怕侬添闷损，强整啼妆，着意温存握纤手。露冷玉鱼凉，膏火煎愁，终难熨，翠眉微皱。况屈指光阴近黄梅，料黯黯芳心似梅酸透。"又如《齐天乐隐庵主人索题三生同听一楼钟诗意，为端玉夫人作也。时畹君卧病浃旬，药炉经卷，怅触抒怀，不觉其声之萧黯也》云，"飘来一杵清霜外，珠枕梦才催醒。凄入檐铃，悲分砌叶，悄倚斜廊同听。关河夜艇，记渔火江枫，照人孤冷。絮语兰因，四禅往事定重省"等，都写得凄清伤感，透出词人内心的酸冷和怅然，由此可见紫湘在陈裴之心中的分量。

5. 悼亡的凄丽

《梦玉词》中为紫湘而作的词，从比例上来讲，悼亡词最多。如《台城路》《虞美人》《菩萨蛮》《孤鸾》《浪淘沙》等，都是记录他在紫湘亡后的种种哀思，往往融情于景，言为心声，格外动人。如《菩萨蛮》云，"此生已分柔老乡，而今怕说金陵好。同渡不同归，出门双泪垂。家书无别语，昒伴归魂去。眉月冷朱楼，入门双泪流。"将回忆与现实对照，生死相隔的痛楚溢于言表。又如《虞美人》云，"今年八月春如许，侧径寒蜇语。伤心可似玉钩斜，风露墙阴，红煞断肠花。妆台泥渍鸳蜂蜜，艳夺缃桃色。唇脂靥粉尽思量，那待断肠，花始断人肠"。如果说《菩萨蛮》更多的是词人情感的倾吐，整首词的风格依然以清新雅淡为主，而《虞美人》则通过种种鲜明色彩意象的叠加，虽然也传达了词人的哀恸之情，但哀思却在一定程度上被凄丽的文辞冲淡了。而《台城路》《孤鸾》《浪淘沙》等词，基本都是这种风格。

不仅是他的悼亡词，从整体上来讲，《梦玉词》都给读者一种缛丽的感觉。上文提到陈裴之曾作有《菩萨蛮》一套长调，表达他和紫湘新婚生活的甜蜜。在同一个词牌之下，通过文辞的叠加，加强对情感的表达，本是中国文学中常见的手法，但《菩萨蛮》堆砌了大量缛丽的词藻和浓艳的意象，除了留给读者七宝楼台、炫人眼目的感觉，却难以感受到他的真情。紫湘评价陈裴之的词，以为可以兼美君特、叔夏，从陈裴之词作的缛丽风格来看，的确和吴文英比较接近。陈裴之和其朋友都认识到了紫湘对他词作的影响，如蒋志凝在《梦玉词》序提到，"玉骨晕采，兰芬悦魂，君特叔夏，闺评允矣。蒙谓言情写艳处，抽蕉剥茧，活色生香，一句一转，一字一珠，有勾萌毕达之妙，静志居琴趣方斯蔑矣。至其文外言表，别有一种缠绵悱恻之致，直从心坎流注妙腕，发为馨逸之气，凄戾之音，醉人心魄，荡人肠魄。消受艳福以此，折除庸福以此。此是天生隽骨，沉沉芳艳，并不自知其所以然也"。据此来看，紫湘的来归，唤起了陈裴之内心深处的缠绵悱恻之情，而表达这种情感最好的艺术形式，莫过于最适合"言情写艳"的词。吴文英和张炎的词，以意象绵丽，表情达意回环曲折而著称，他们的这种艺术风格，正好和陈裴之当时的心境达成一定的契合。从这点来讲，紫湘其人，对推动《梦玉词》的创作，是不可忽略的重要因素。

值得注意的是，《梦玉词》已经涉及了如何平衡"文"与"情"之间关系的问题。事实上，重"文"胜"情"的倾向，在《梦玉词》中表现得很明显。陈裴之回忆紫湘于归，"结响发声，动成凄警，识者阴讶不祥，自亦不知其所以然也。犹记今夏偕紫姬养疴秣陵，侯青甫、汪鄞楼、车秋舲、金雨乡、宋北台、欧阳药谐诸君，过饮纫秋水榭。评泊拙词，众曰'紫君香案书仙，非君莫属，然君于镂心刻骨之作，幸为混沌少留余地，紫君当占勿药耳。'此诸君过爱重之言，酒半以诙谐出之，孰知紫姬于余归省慈闱之际，遽作秋云散去。呜呼，芝兰之馥，厄甚黄杨；孔翠之采，毒逾鸩鸟。吾琴可碎，吾砚可焚，思之痏心，悔之奚及。"（《台城路序》）按字面意思来解释，是说陈裴之在以紫湘为对象而创作的词中，往往有意无意地将词写得非常凄清忧郁，以至于外人都不以为然。陈裴之对其诗词文字的重视，和那个时代的大多数文人差别不大，而加强文辞的艺术性，是使得文字能够更好流传的一种手段。在以紫湘为书写对象的《梦玉词》中，从开始的相遇到最后的悼亡，《梦玉词》在词藻上的投入越来越多。这里说的投入，不仅指词采的华丽，还包括文字承载的情感。"为文而造情"本是文人之忌，而为了营造更好的艺术效果，陈裴之不知不觉中越陷越深。如果说《梦玉词》已经透流露了为文造情的端倪，那么，在

《香畹楼忆语》中，这种"文"与"情"的对立，甚至成为了整部文本哀恸基调之下的另一种声音。

第三节　为文造情的悼亡《忆语》

道光四年甲申（1824），紫湘逝世，陈裴之哀恸不已，为其作有《香畹楼忆语》。《忆语》问世伊始，即获高度赞誉。时人以为"昔琴牧子谓非董宛君之奇女，不足以匹冒辟疆之奇男；今以余观孟楷、紫湘之事，遇奇而法，事正而范，郑重分明，风概既远轶冒董，即就《香畹楼忆语》与《梦玉词》笔墨而论，尤非雉皋所及"。[1] 认为"须用冷金笺画乌丝栏，写《洛神赋》小楷，装以云鸾缥带，贮之蛟龙筐中，薰以沉水迷迭，于风清月白、红豆花间开看之"，[2] 对之给予了很高的评价。

一、"香畹楼"与"影梅庵"的互文

《香畹楼忆语》一文，如陈裴之友人所云，"题曰《香畹楼忆语》，仍影梅庵旧例也"，[3] 明确地指出了《香畹楼忆语》是模仿《影梅庵忆语》而作。《影梅庵忆语》的作者是大名鼎鼎明末"复社四公子"之一的冒襄，详细记述了他与亡姬董小宛从相识到最后死别九年间种种恩爱情事，以清新流畅的文笔和"余不知姬死而余死也"的真情打

---

1. 2. 马履泰：《湘烟小录》序，见陈裴之：《湘烟小录》，清道光四年刊本。
3. 闰湘居士：《湘烟小录》序，见陈裴之：《湘烟小录》，清道光四年刊本。

动了一代代读者。在它的影响下，有清一代直至民国甚至形成了一种"忆语"体的新型悼亡散文，《香畹楼忆语》踵步其后，也称得上此类作品中的佼佼者。

《香畹楼忆语》虽是仿《影梅庵忆语》而作，同是叙说高门大户的贵族公子和青楼妓女之间的爱情故事，但时已相隔一百多年，江南地区的人文风气、社会氛围有了极大变化，陈裴之的思想、生平与冒襄也截然不同，所有这些形诸于文章，使得《香畹楼忆语》迥然有别于《影梅庵忆语》。最为明显者，是陈裴之在《香畹楼忆语》中表现出对紫湘的一往情深，完全不同于冒襄对董小宛一派居高临下的俯视。

董小宛与冒襄的感情中始终存在着主动与被动、接受和施与的主从关系，换言之，董小宛从不曾得到过冒氏发自肺腑的、平等的爱。董小宛脱离风尘，归于冒氏，冒襄称之为"骤出万顷火云，得憩清凉界"。[1]然而，在这个"清凉界"里，董小宛却管弦、洗铅华、勤妇职，"服劳承旨，较婢妇有加无已。烹茗剥果，必手进，开眉解意，爬背喻养。当大寒暑，折胶铄金时，必拱立座隅，强之坐饮食，旋坐旋饮食，旋起执役，拱立如初"。[2]也许董小宛对传统妇德的认同和冒辟疆的赞美都是发自内心，然而任何一个具有现代意识的作者读到这里，都难免会为董氏一腔痴情却只换来了自我的完全丧失而慨叹不已！而当江山易主、天下大乱之际，冒辟疆多次逃难，均有舍下小宛之意，如"余即于是夜，一手扶老母，一手曳荆人，……。维时更无能手援姬，余回顾姬曰'汝速蹒步，则尾余后，迟不及矣！'姬一人颠连趋

1. 2. 冒襄：《影梅庵忆语》，沈宗畸辑《拜鸳楼校刊小品四种》刊本。

蹶，仆行里许，始仍得昨所雇舆辆"。[1]患难之际，仍然嫡庶分明，冒襄的确称得上是名教中人。

与董小宛不同，紫湘一开始就得到了裴之更多真诚的感情，她甚至成了陈裴之创作《梦玉词》的源泉。紫湘逝后，陈家阖门都撰写了悼文、悼诗，以致时有"过情""逾礼"之讥。百年之后，朱剑芒做《香畹楼忆语考》也不无感慨地说，"前清乾嘉时代，中国的旧礼教如何重大？陈氏世代居官，对于礼法当然也非常的讲究。王紫湘无论怎样贤孝，不过是小云的一个侍妾！一旦病殁，小云作的忆语，自不可少，小云夫人和小云姊妹各赋哀词，倒也无所谓奇特，所奇的，小云母亲竟为她儿子的亡姬，特撰一篇非常沉痛的传文，这真是古来所无有的！但因紫姬生平，实在使人怜爱，四年堂上侍奉，深得太夫人的欢心，她的死亡，决不能以寻常姬妾目之，特撰此传，正所以表示极度的痛悼，纵然为古今所无，原也不必去论他！我所谓奇之又奇的，便是这位颐道居士陈文述，竟为他儿子的亡姬也是'潸焉出涕'，做起诔词来了！在旧礼教没有打破时，此种文字，不但仅见，简直是大笑话了！"[2]在礼法森严的封建时代，紫湘以妾侍的身份享此殊荣，也算是难得！从《影梅庵忆语》到《香畹楼忆语》，其间不过百余年时间，而董姬和紫湘所受待遇则有云泥之别。造成这种差别的原因，固然也和个人的性格、时代的变迁不无关系，而陈裴之一家尊重女性，推崇妇学的家风则在其中起着至关重要的作用。

如上文所述，可以看到，比之董小宛，紫湘是幸运的，在裴之的

---

1. 冒襄：《影梅庵忆语》，沈宗畴辑：《拜鸳楼校刊小品四种》刊本。
2. 朱剑芒：《香畹楼忆语考》，载《美化文学名著丛刊》，世界书局 1936 年版。

呵护和陈家长辈的关照下，她始终都保持了自己的个性，至少在表面上，《香畹楼忆语》给了读者这种感觉。然而值得思考的是，文本的记述与真实的生活之间，究竟相隔了多少呢？西方女性主义批评家认为"小说赋予男性作者随心所欲建构'女人'的前所未有的机遇"，"这些欲望以及表达这些欲望的叙述声音被表征为女性自己的欲望和声音，由此造成一种假象，好像我们在小说中听到的实际上就是女性的声音"。[1] 不仅仅只是男性叙述者与女性叙述对象，从广义的范围上来讲，所有的叙述者与被叙述对象之间，都存在着这种"代替发声"的矛盾。叙述者所发出的声音，常常不见得就能代表被叙述对象自己的意愿，在那种声音的背后，往往隐藏着叙述者自己的愿望。那么，在《香畹楼忆语》的述说下面，隐藏着什么样的愿望呢？

前文曾经提到，克里斯蒂娃认为考察文本的互文，可以从纵向轴和横向轴两个方向展开。纵向轴包括文本和语境，也就是说，在文本写作之前的前文本，构成与文本进行对话的重要语境。《香畹楼忆语》既然是接踵《影梅庵忆语》而作，考察《影梅庵》和《香畹楼》之间的关联，自然成为进入文本的重要途径。《香畹楼忆语》模仿《影梅庵忆语》的痕迹在文中处处可见。两者都是写高门大户的贵族公子和青楼妓女之间的爱情故事，角色的相似使陈裴之和紫湘及他们周围的人自觉或不自觉地将他们与冒董二人的浪漫情事拉来进行对比。如《香畹楼忆语》所述，陈裴之与紫湘初次见面时一见钟情，二人心有灵犀却不便开口，友人遂引用张明弼《董小宛传》中叙写冒辟疆、董小宛初见时脉脉含情的词句"主宾双玉有光"，点破了两人之间微妙

---

1. ［美］苏珊·S. 兰瑟：《虚构的权威》，北京大学出版社 2002 年版，第 40 页。

的情形。陈家托六一令君为媒，令君诧曰："从来名士悦倾城，今倾城亦悦名士"。"名士悦倾城"一语，即出自《影梅庵忆语》。蕙绸居士序陈裴之《梦玉词》，谈到紫湘初归陈家，"秦淮诸女郎，皆激扬叹羡，以姬得所归，为之喜极泪下，如董青莲故事"，则秦淮诸女郎皆以紫湘嫁陈裴之比于董小宛归冒辟疆。而《香畹楼忆语》记"姬最爱月，尤最爱雨，尝曰'董青莲谓月之气静，不知雨之声尤静'"，则紫湘也是自比为董小宛。甚至《香畹楼忆语》之作，一方面固然是为了抒发悲怀，另一方面陈裴之的心中，未尝又不存了与《影梅庵忆语》一较高下的念头。闰湘居士为《湘烟小录》作序，将这点说得非常明白"《影梅庵忆语》，世艳称之。然以公子之才品，远过参军；紫妹之贤孝，亦逾小宛。且此段因缘，作合之奇，名分之正，堂上之慈，夫人之惠，皆千古所罕有。前日读君家大人慈训有曰'惜身心而报以笔墨，俾与朝云蒨桃并传，公子其有意乎？"

和《影梅庵忆语》相比，《香畹楼忆语》在文体上有较大的变化。《影梅庵忆语》承袭晚明散文独抒性灵、不拘格套的风格，行于所当行，止于所当止，随笔道来，轻盈流转。《香畹楼忆语》以之为例，未免下笔前就存了几分"做"的意思，立意要有所突破，有所逾越，自然便不得不在文笔的润饰、文章的组成方面下功夫了。文体杂糅，是《香畹楼忆语》与《影梅庵忆语》的重要区别。《香畹楼忆语》一文计约一万二千余字，其中插入诗16首、词10首、挽联6首，共二千余字，差不多占全文的1/6，比重较大。这些诗词挽联穿插于行文之中，往往能起到烘托情境、渲染氛围的作用。如裴之与紫湘初遇时，彼此有情，裴之遂作诗试探，末句云："关心明镜团圆约，不信扬州月二分。"对此，紫湘心领神会，回答说"几生修到人如玉，同听箫声廿四桥"。用诗词表情达意，历来是中国爱情文学的传统，陈裴之本是词家高手，《香畹楼忆语》大量引用诗词，使之能够恰如其分地表达那种细腻委婉的感情，为文章添色不少。但另一方面，在很多场合不厌其烦地征引诗词，也容易显得重复累赘。如紫湘回家休养时，与陈家诗笺往来，《香畹楼忆语》全部录入陈裴之、紫湘及其汪端的诗作，除博得旁人"此二百二十四字，是君家三人泪珠凝结而成者，始知《别赋》《恨赋》未是伤心透骨之作"的感叹外，与全文并未形成一种水乳交融、不可分割的关系。且当时紫湘的病情还未到不治，而陈裴之诗云"情根种处即愁根""伴影带余前剩眼""回首重闱心百结"，语颇不祥，在文中更显得生硬、突兀。

像这样插入与全文整体不甚和谐诗作的情形，文中还有几例，最明显者莫过于《香畹楼忆语》中突然羼入陈裴之旧撰《〈秦淮画舫录〉序》一篇。洋洋洒洒写了近千言后，作者大概也自觉不妥，遂借旁人之口说："兄生平佳遇虽多，然皆伸礼防以自持，不肯稍涉苟且轻薄之行。今得紫君，天之报兄者亦至矣。"作为了此一段公案的理由，虽也能勉强自圆其说，但整体上不和谐的痕迹却并未因此一句话抹去，而这种文体杂糅的情况在《影梅庵忆语》中是很难见到的。

周瘦鹃曾经评价《香畹楼忆语》，认为"《香畹楼忆语》的不如《影梅庵忆语》处，在陈郎玉自夸过甚，如'从来名士悦倾城，今倾城亦悦名士'，如'云生朗如玉山，所谓仙露明珠者，讵能方斯朗润耶？'虽借他人之口出之，究竟觉得肉麻；他如'时一大僚震余名，遇事颇为所厄'，'余受知于彭城都转，请于阁部节使，檄理真州水利，并以库藏三十七万，责余司其出纳''余以乌乌之私，惧官远域，牛马之走，历著微劳。黄扉辱国士之知，丹诏沐劝能之谕，纶音甫逮，吏议随之，挈养衔恩，未甘废弃''余以樗散之材，受知于阁部河帅、节使、都转及瑯琊、延陵两观察，河渠戎旅，不敢告劳'。这些话唠唠叨叨的夹叙在《忆语》之内，足见他的功名心是很重的"。[1]

陈裴之"自夸过甚"，的确是《香畹楼忆语》和《影梅庵忆语》的明显区别。《香畹楼忆语》是陈裴之为紫湘作传，作者本应在文中不遗余力地为他的爱姬作生平写照，然而我们看到的《香畹楼忆语》，却是陈裴之本人无处不在的《香畹楼忆语》，在不停叙说自己经历、录入自己文章的同时，他已经把《香畹楼忆语》变成自己的人生写照。换言之，不知不觉中，主宾已经倒置。恰恰因为这是作者于无意中所为，才在更深程度上流露了他内心深处的真正欲望。

二、求文名之幻情

《香畹楼忆语》是悼亡文章。钱钟书曾在《围城》里说到，"文人最喜欢有人死，可以有题目作哀悼的文章。""文人会向一年、几年、几十年甚至几百年的陈死人身上生发。'周年逝世纪念'和'三百年祭'，一样的好题目。死掉太太——或者死掉丈夫，因为有女作家——这题目尤其好；旁人尽管有文才，太太或丈夫只是你的，这是注册专利的题目"。[2]话虽不无刻薄，却在某种程度上揭示出文人作悼亡文的深层心理动因。

每个民族都或多或少会对死亡有敬畏之感。"死亡的个人意义是多维的，时而突出个体内部要素（死对'自我性'的影响），时而又突出人际要素（死对亲人的影响），时而又突出超个体要素即哲学要

---

1. 周瘦鹃：《香畹楼忆语赘言》，周瘦鹃校：《香畹楼忆语》，大东书局 1933 年版，第 7 页。
2. 钱钟书：《围城》，人民文学出版社 1980 年版，第 234 页。

素（是否可以从根本上克服死或至少克服死的恐惧）"。[1]因此各个民族都会有咏叹、伤感死亡的文学，藉以表达对人类命运的思考。"抚存悼亡，感今怀昔"是所有悼祭文学共同急于倾吐的哀思，正是在关系密切者的死亡面前，今日的荒凉寂寞对比往日的甜蜜幸福，才越见得人生的无奈；正是在这种人对自身命运无法把握的观照之上，烛见了个人的渺小和自然的不可抗拒。从这点上来讲，悼祭文学所蕴含的情绪和"天高地迥，觉宇宙之无穷；兴尽悲来，识盈虚之有数"那种个人在绵缈的宇宙面前体验到的无力和虚弱，实有相通之理。而在各种悼祭文学里，悼亡文学又最能激发出人无法超越自身局限的憾恨之感。"除却巫山不是云，曾经沧海难为水"，真正撼人心弦的爱情体验如同生命，具有不可复制性，一旦失去，便永难挽回。也因为夫妇关系，本是人生中最亲密、最难掩饰的人际关系，悼亡文的作者对之有深刻的个人体验。诉之于文，其中蕴含情感的普遍性，包括对爱人的思念、对死别无力回天的憾恨，往往能激起他人强烈的共鸣。

共同丧悼文化心理支配下形成的以悲为美、嗜赏悼亡文章的"体贴之同情"，使得悼亡文字成了文人圈内的一个文学传统，这只要翻检历代文人集的"亡室事略""先室忌辰有感"等，便不难得到印证。这种文学传统迎合，也鼓励了悼亡文学的创作。当文学体式的创作已经成为一种传统，也意味着在这个传统内，成千上万的前人之作已经凝固成固定的创作模式，后来者要想使自己的文章被纳入传统，就得在一定程度上篡改自己的情感、文字，使之能够被接受。此处要点出的是，当悼亡文已成为文人津津乐道、细细欣赏的客体时，悼亡文

1.［苏］伊·谢·科恩：《自我论》，三联书店 1986 年版，第 344 页。

的作者有时更看重的是自己文字的不朽，对逝去哀魂的思念反而退居其次，成了作者建构精美文章的一段材料。漂浮在悼亡文字里行间的已不再是痛入肺腑的哀思，即便有，也很难说不是伪装。埋藏在其下的是文人热烈跳动的求文名之心和那种强烈的凸显自己生存意义的愿望。诚然有些本末倒置，但这才是隐藏在哀艳文辞和惆怅悲情下的真实的创作动机。曹雪芹曾在《红楼梦》中借贾宝玉之口说："诔文挽词也须另出己见，自放手眼，亦不可蹈袭前人的套头，填写几字搪塞耳目之文，亦必须洒泪饮血，一字一咽，一句一啼，宁使文不足悲有余，万不可尚文藻而反失悲戚"。[1] "尚文藻而反失悲戚"，的确一语道中了某些悼祭文的肯綮。

为"尚文藻而反失悲戚"，本是由文人求文名之心所致，而由于个人社会身份以及性格等的不同，这种求文名之心的强烈程度还是有差别的。以冒襄和陈裴之比较而言，冒襄为明末复社"四公子"之一，出身显贵，文名早扬，没有必要也不大可能借《影梅庵忆语》来使自己名传后世。所以《影梅庵忆语》中，可以读到冒襄的冷酷、忏悔和不掩饰的骄傲，却很难说他是在矫揉造作地为文而造情。陈裴之则不同，作为名父之子和世家公子，陈裴之内心深处是非常骄傲的。他不屑以文人自居，但对自己的诗才和文字却颇为看重。如上文所述，他早年作有《自题草堂读书图》，所谓"在天为日星，光芒烛文昌。在地为河岳，秩祀隆珪璋。皆从读书出，汲古源流长"，可见他对文字的重视程度。对于才华高绝的汪端，虽然他也承认自己不及，但仍然自傲地说"自有碧城家学在，莫教天壤比王郎"，足见其心气

---

1. 曹雪芹：《红楼梦》，人民文学出版社 1964 年版，第 1130 页。

之傲。虽然科场蹭蹬，其往来交际的朋友中，却有许多都是社会名流，这从《香畹楼忆语》中唱和的文人名单可以看出。

因为父亲陈文述是显贵阮元的入室弟子，历任知县，又热衷交际，往来应酬的都是名流，陈裴之处于这样的环境中，周围的朋友如马履泰、唐仲冕、侯云松、屠倬、孙原湘等，都是功名文章皆能得意。陈裴之既然功名已经无望，以文字求得与之相颉颃的心思难免会更加强烈些。如王嘉禄为王芑孙次子，年少多才，与陈裴之不相上下，陈裴之作诗赠之则云“我是钱塘江上客，让卿独步秀江东”(《次韵酬井叔招饮》)，一个“让”字，以退为进，足见其内心之傲兀。同样的记载也见于汪端所作《梦玉生事略》，“井叔为惕甫典簿季子，年最少，诗才雄丽，英锐自喜。每集辄全作社题，限晷刻而就，悯然有压倒元白之意。君走笔和之，工力悉敌，风格凌驾其上，井叔卒无以难。两人者，始而契密，继而龂龂不相下，又久之则契密如初。盖输攻墨守，君能以气折服之也”。可见，在文字上，陈裴之是断然不能让人半步的。这种重视文字，竭力凸显自我的意识，求之《香畹楼忆语》，也处处可见，如前文提到他在《香畹楼忆语》中多处插入自己的诗词散文，又借他人之口，反复夸耀自己的才情等。

不仅如此，尤为可笑的是陈裴之在《香畹楼忆语》中表现出的一副“仙郎”做派，这一点上他大有乃父之风。陈文述是江南女学的热心推动者。他广收女弟子，提倡妇才，积极修缮前代美人遗迹，种种过情之举，虽也招来了不少嘲讽，却究竟也无伤大雅。而陈文述最为人所不满、所诟病者，是他那种以仙人自许、以仙才自喜的自矜心态。陈寅恪先生就曾以嘲笑的口吻点出了陈文述的这一心态，“云伯以碧城仙馆自号，其为仙也，固不待论"。[1]中国文人历来有游仙的梦想，当这梦想在现实生活中得不到满足时便往往容易转化成近似臆想的"仙才"情结，即幻想自己是谪仙下凡，仙才在天上时与仙女结交，即使已被贬凡间，也仍然不忘与仙女诗词唱和，同时还要将这一副怜香惜玉的做派带到人间，将仙才服务的范围拓展到人间才女的身上。陈文述是一个有浓重"仙才"情结的文人，据他自己所说，有一次扶乩曾就前生事叩问降坛的仙子，仙子说他："前生是玉局修书使者，所至有玉女侍侧。"得知这一消息后，他喜不自胜，将这一光辉前生在诗文中反复提及。[2]其自号"碧城仙馆"，正室龚玉晨号羽卿，长女、次女分别字之曰萼仙、苕仙，足见其以仙人自居而将家人都归之于神仙眷属的心态了。

作为陈文述的独子，陈裴之究竟怎样看待父亲这以现代人眼光看来不啻痴人呓语的举动呢？当时人曾以"仙才"许于陈裴之，如王嘉禄在《澄怀堂诗集》题词中说，"一时梨枣竞痴符，解有仙才似此无。"又如王赓言云，"直从天外想遗音，一字吟成一字金。自古文人参慧业，只今诗句杂仙心"。[3]可见，在朋友的揄扬鼓吹之下，置身于遍布"神仙眷属"的家庭中，又同是家中的男性成员，其心理会较自觉地认同于父亲的"仙才"梦，并在这个"仙人"链接环上找到自己的位置。事实上，陈裴之将自己与妻妾许为"神仙眷属"，如他在《香畹楼本事诗》中提到，"玉树琼枝国，青天碧海盟。缘留花一笑，梦证石三生。儿女英雄感，神仙眷属情。瑶池旧俦侣，或是董双成"。

1. 陈寅恪：《论再生缘》，见《寒柳堂集》，三联书店 2001 年版，第 5 页。
2. 参看陈文述：《西泠闺咏》"龚序"，清光绪十三至十四年西泠丁氏翠螺仙馆刊本。
3. 王嘉禄：《澄怀堂诗集》题词，见陈裴之：《澄怀堂诗集》，清道光汉上题襟馆刊本。

而以"仙郎"自许的优越感，在《香畹楼忆语》中也有迹可征。《忆语》记紫湘姊妹语，"姊妹花中如紫夫人者，空谷之幽芳也，色香品格，断推第一。天生一云公子非紫夫人不娶，而紫夫人亦非云公子不属，奇缘仙耦，郑重分明，实为天下银屏间人吐气。我辈飘花零叶，堕于藩溷也宜哉！"虽有别于冒襄以贵族公子之尊俯视小宛的骄傲，但字里行间透出的那种以拯救者自居的高姿态，与之实有同调！紫姬病重时，为此就邻觇占之，曰："前身是香界司花仙史，艳金玉之缘，遂为法华所转，爱缘将尽，会当御风以归尔。"又是"司花仙史"，又是"金玉之缘"，将占卜者的信口之谈郑重其事地载入《忆语》，其以仙人自居，视紫湘为谪居人间的神仙眷属之一员的心态已是一览无遗。

康正果曾经指出陈文述之所以如此不厌其烦欢天喜地地述说自己"仙界"履历，是"要给他的文才找出一条仙界的宿根，为他的诗文活动涂饰幻美的色彩"。[1]以"仙才"自命，热衷于编造、讲述仙界宿缘之类的故事，归结到底是为了更极致地发挥幽怨的诗情，让诗名传播得更久远罢了！对陈文述、陈裴之等而言，文字的不朽才是最重要的，而遍布于行文中的哀情、天上人间的凤缘等等，与华丽的藻饰无异，都不过是修饰文字，使之显得更加哀感顽艳的手段。陈文述安慰余痛未了的儿子说，"汝母方为作小传，静初、允庄等，皆有哀词。汝宜爱惜身心，报以笔墨，俾与蒨桃、朝云并传，当亦逝者之心也。"对此，陈裴之的反应是，"余因恭录一通，并衣履焚之灵次。呜呼紫姬，魂魄有知，双目其可长瞑矣！""余撰忆语千言万言，不如太夫人

---

1. 康正果：《泛文与泛情》，见张宏生编：《明清文学与性别研究》，江苏古籍出版社 2002 年版。

此作实足俾汝不朽。郁烈之芳，出于委灰；繁会之音，生于绝弦。彤管补静女之徽，黄绢铭幼妇之石。呜呼紫姬！魂其慰而，而今而后，余其无作可也！"

又如《忆语》记录汪端的挽词，称作"同人叹为情文相生，面面俱到"。金陵延陵女史寄来短笺一联，陈裴之"因倩汝南探花，仿簪花妙格，书之吴绫，张诸座右"，称许为"此与昭云夫人篆书林颦卿《葬花诗》，以当薤露者，可称双绝"。《忆语》录有时人挽联多首，陈裴之云"词坛耆隽，赢锡哀词，摅余怆情，美不胜屈"。再如《忆语》云，"佥曰：'离恨天中，发此真实具足语，白甫此笔，真有炼石补天之妙。'又鹅湖居士用余丙子年题铁云山人《无题》旧作'昙花妙谛参居士，香草离骚吊美人'之句，书作挽联，既见会心，又添诗谶，钗光钏响，触拨潜然。"如此之类的言语，掺杂在作为悼念文章的《忆语》中，显得极不协调，仿佛一出歌曲总是动不动就要跑调，陈裴之在悼念他的爱姬时却总要分心去关注自己和他人的文字。不可否认，陈裴之对紫湘怀有深深的爱意，只是这种通过华丽缠绵词句传达出来的"情"比之他内心深处的真情，究竟扩大、夸张了多少倍，这实在是一个耐人寻思的问题。

陈文述希望能借文辞以传斯人之不朽，而这些文字透露给我们的信息是，文人对文辞的关注其实远过于对逝者的哀悼，那遍布于字里行间的哀伤，如果说都是作者的真情流露，至少也有相当一部分是出自于为文而造情的需要。事实上，紫湘逝世后，不仅陈家人，陈文述的学生、陈裴之的朋友以及其他亲眷都作有悼念诗文。这些哀悼文辞后被编为一集，由阮元命名为《湘烟小录》并刊刻发印。在《湘烟小录》中，可以看到文人们关注、痴迷的是悼念文辞本身，对那个逝去的生命反而表现出淡然的漠视。如称赞《香畹楼忆语》："以苏辛之高亮写姜张之幽远，觉文通别恨二赋尚有逊其凄怨处"，[1] 再如"哀言别创千秋例，二老文章大妇诗"、[2] "天遣文章新样出，班姬史笔传丁孃"，[3] 又如"今虽彩云易散，翠墨长留，君可稍纾其哀，姬更无憾于死。惟侘傺如鄙人，酒阑灯跋，倚声歌之，益觉无以为怀尔"。[4] 死亡对他们而言，反而是天赐之幸，因为没有死亡，文字就无从表现，无从寄托，由此可见文人才女为文之用心。

当文人对文字的追求已经超过对生命本身的重视，生命或者说死亡于他们已经成为了一个文字书写对象的时候，人性就被异化了。也只有从这个角度，才能够更好地理解陈裴之在《忆语》中羼入大量诗文的用心了。真情经过夸张、发酵，成了服从于行文或者说传名需要的一段"幻情"。"催我空江打桨迎，误人从古是浮名。当筵一唱琴河曲，不解梅村负玉京"，陈裴之的所作所为也算是无负于紫湘。只是，他虽然悟到了"误人从古是浮名"，到头来却依然不能不为浮名所误而不觉。诚如张岱所言，"慧业文人，名心难化，正如邯郸梦断，漏尽钟鸣，卢生遗表，犹思摹拓二王，以流传后世。则其名根一点，坚固如佛家舍利，劫火猛烈，犹烧之不失也"。[5] 文人才子为文之用心，诚可谓至死难休！

---

1. 张蘩:《题郎玉司马所撰〈香畹楼忆语〉后即寄汪允庄女甥》,《湘烟小录》题词,见陈裴之:《湘烟小录》,清道光四年刊本。
2. 叶廷琯:《读郎玉弟〈湘烟小录〉缀成韵语代写哀思》,《湘烟小录》题词,见陈裴之:《湘烟小录》,清道光四年刊本。
3. 孙原湘:《小云司马兄寄示〈湘烟小录〉情文交挚使人不忍卒读才华衰减勉题四绝以博破涕之笑》,《湘烟小录》题词,见陈裴之:《湘烟小录》,清道光四年刊本。
4. 蒋志凝:《梦玉词》序,见陈裴之:《澄怀堂诗集》,清道光汉上题襟馆刊本。
5. 张岱:《陶庵梦忆自序》,上海杂志公司民国二十五年版。

第 六 章
蒋坦和关锳

第一节 《秋灯琐忆》创作年份考

《秋灯琐忆》是嘉道时期杭州文人蒋坦为其妻关锳（秋芙）而作。清人著述中颇有论及《秋灯琐忆》处，如徐世昌《晚晴簃诗汇》云"后秋芙死，蔼卿为制《秋灯琐忆》，皆幽闺遗事"，[1] 陈继聪《蒋文学坦》云"未几，孺人病死，临去了了念六如偈，闻者叹为得力净修。君哀之甚，为制《秋灯琐忆》，皆幽闺遗事，文极为隽雅，视冒辟疆《影梅庵忆语》更过之"，[2] 将《秋灯琐忆》与冒辟疆的《影梅庵忆语》相提并论，《秋灯琐忆》是《影梅庵忆语》之后又一篇出色的悼亡佳作，似成定论。

一、《秋灯琐忆》是否悼亡之作？

虽然清人认为《秋灯琐忆》系悼亡之作，这一说法在民国时却

---

1. 徐世昌：《晚晴簃诗汇》卷一百四十，《续修四库全书》本。
2. 陈继聪：《忠义纪闻录》，载周俊富辑：《清代传记丛刊》，明文书局1985年版，第165页。

遭到了质疑。1936 年，上海世界书局出版了《美化文学名著丛刊》，收入明清"性灵"作品十种，其中就包括《秋灯琐忆》。《秋灯琐忆》前附有朱剑芒的一篇考证文章，提到"《秋灯琐忆》并不是悼亡作品""被我发现了《秋灯琐忆》系写在关锳未死以前的一个证据。魏伯滋作的《琐忆》原序，本已说过'今观蔼卿茂才《秋灯琐忆》一编，比水绘影梅诸作，情事殊科，词笔同美'。所谓'情事殊科'，即指冒氏之作为悼亡而蒋氏之作并不是悼亡。此序作于咸丰壬子六月，壬子为咸丰二年。关锳《梦影词》也有篇自序，而后面写的作序年月为咸丰四年甲寅六月。假使蒋之《琐忆》，果为悼亡而作，试问两年之后，他的夫人怎么还在世间，为刊印自己的词集而特做这篇序文：这不是真确的证据，要把'《琐忆》是悼亡作品'之说完全推翻的吗？"

与朱剑芒同时的周瘦鹃也持类似看法，在 1931 年大东书局出版的《〈秋灯琐忆〉赘言》中，他详细分析了《秋灯琐忆》的成书时间，"我以为《秋灯琐忆》之作，实在秋芙生存时代，但看原书魏滋伯一序，从头至尾，没有提到蔼卿为悼亡而作，只说'饮绿餐秀，倡妍酬丽，从来徐淑，不仅篇章，自是高柔，无虚爱玩，篑谷晚食，文不独游，莲庄夏清，赵乃双笑，闺房之事，有甚画眉，香艳之词，罔恤多口。'这些话占了全序三分之一，无非说他们伉俪间唱随之乐，曾无一言提及秋芙之死，接着说，'偶成小品，首示鄙人，间述闲情，弗删绮语。'这明明是说他作绮语述闲情而已，非为悼亡而作也。末尾又说，'更积岁月，重出清新，神仙眷属之羡，当不止如漱玉之所序矣。'那就更有希望他往后继续做去的意思。便是以《秋灯琐忆》全书而论，也从没有说起秋芙一个死字，但看结尾最后的一节，'数年而后，当与秋芙结庐华坞河渚间，夕梵晨钟，忏除慧业，花开之日，当并见弥陀，听无生之法；即或再堕人天，亦愿世世永为夫妇，明日为如来涅槃日，当持此誓，证明佛前。'这都是晚年和秋芙谋共同享福的话，一望而知。因此我敢断言《秋灯琐忆》是在秋芙生存时蒚卿兴到而作，并不在秋芙死后，为哀悼而作的。"

周瘦鹃言之凿凿，《秋灯琐忆》并非悼亡作品，仿佛已经无懈可击。但仔细推敲，内中有不少疑点。陈继聪在《蒋文学坛》中还提到"余与王广文最契。岁己未秋，广文应试省门，寓蒋君家。余访之，辄留饮，每以莼羹饷我。时蒋君在座，广文誉我能古文，遂以关孺人传相属，而手持诗集、《秋灯琐忆》及孺人词稿相赠。"[1] 蒋坦既然委托陈继聪为关锁作传，并将夫妇二人的诗作和《秋灯琐忆》赠与作传人，《秋灯琐忆》倘并非悼亡之作，蒋坦自会对之说明。而前文中陈继聪非常肯定地说到《琐忆》为悼亡作品，这一印象应该来自蒋坦。

《秋灯琐忆》中，也有诸多费思量处。文中忽而"癸卯"（1843）、甲辰（1844），忽而"丁亥"（1827）、"壬辰"（1832），又间有"因忆去年今夕""去年燕来较迟"之句，却不点明"今年"是何年，很明显并非作于一时，而是由写成于不同时间的诸多片断集结而成。最明显一处，《琐忆》云"忆戊申秋日，寄秋芙七古一首，……，此稿遗佚十年，枕上忽记及之，命笔重书，恍惚如梦。"戊申年是道光二十八年（1848），往下数十年，将"当年"包括在内，其时正好是咸丰七年（1857）秋日。《秋灯琐忆》有咸丰七年时候的记述，魏伯滋的序作于咸丰二年，这说明朱剑芒读到的，即现今流传下来的《秋

---

1. 陈继聪：《忠义纪闻录》，载周俊富辑：《清代传记丛刊》，明文书局1985年版，第165页。

灯琐忆》和魏伯滋为之作序的《秋灯琐忆》根本就不是同一个版本。然而，倘缺乏有力的证据，关锳的卒年得不到确定，则《秋灯琐忆》是否可被归为悼亡作品，始终是一个难以回答的问题。

二、《秋灯琐忆》新考

在查找本书资料的过程中，我意外在国家图书馆发现刊于咸丰七年，收有蒋关二人作品的《三十六芙蓉馆诗存》，才使围绕《秋灯琐忆》创作年份的疑团得以澄清。

《三十六芙蓉馆诗存》扉页上题有"咸丰七年太岁在丁巳秋八月钱塘蒋氏开雕"，则此版本最早应刊于咸丰七年。它是合集，收有关锳的《三十六芙蓉馆诗存》、《梦影词》和蒋坦的《愁鸾集》、《秋灯琐忆》四部作品。《愁鸾集》中收有《悼亡》诗八十首，《出门》诗二十首，全系蒋坦悼念关锳而作。《愁鸾集》前有蒋坦序"丁巳正月廿一日，亡妇关孺人殁于外家"，《悼亡》诗中云"三十六峰秋雨后，不知何处哭湘君"，旁注"'三十六芙蓉馆'，妇自题书斋额也。今妇年适符其数，咸以为谶云。"丁巳年是咸丰七年（1857），关锳时年三十六岁，古人计虚岁，周岁应为三十五岁，如此则关锳的生卒年应为 1822 至 1857 年。关锳殁于 1857 年正月，《琐忆》中却有同年秋日的记述，说明《秋灯琐忆》中有部分内容是蒋坦于妻子亡故后添加。而且《琐忆》云，秋芙"弹于夕阳红半楼上。调弦既久，高不成音，再调则当五徽而绝。……乃知猝断之弦，其谶不远……？"这部分记载在《愁鸾集》中可以找到相对应的内容，《出门》诗云"甲寅岁除夕，予自北乡至。到门闻鼓琴，弦猝绝其四。时妇方健饭，事过亦不记。而妇起改弦，颜色已大异。逾年妇乃病，此事竟日废。始信事有讹，措词贵吉利。"从中可知，此事发生于甲寅（1854）年间。该本《秋灯琐忆》也收有魏伯滋作于咸丰二年的序言，而关锳的《三十六芙蓉馆诗存》也收有严保庸作于道光己酉（1849）年的序言，虽是新刊本，却都用旧序。咸丰二年（1852），距离蒋关成亲之道光癸卯年（1843），正好十年，这说明《秋灯琐忆》最初应该是蒋坦为纪念二人结合十年而作。此时距离关锳去世尚有五年，蒋坦纵然再无所忌讳，也不会在《琐忆》中说出"乃知猝断之弦，其谶不远"之类的话。由此，可以推知，"乃知猝断之弦，其谶不远"是悼亡语，《秋灯琐忆》中有部分内容是蒋坦于关锳亡故后添加。

《秋灯琐忆》既然是作于关锳生前，何以蒋坦会在文中毫不忌讳地说出种种凄清之语，以致后人一眼望去，便感觉其为悼亡作品呢？随手拈出数处，如"秋芙每谓余云，'人生百年，梦寐居半，愁病居半，襁褓垂老之日又居其半，所仅存者，十一二耳，况我辈蒲柳之质，犹未必百年者乎！庾兰成云"一月欢娱，得四五六日"，想亦自解语耳。'斯言信然"，"平生未作百里游，甲辰峨江之役，秋芙方病寒疾，欲更行期，而行装既发，黄头促我矣。晚渡钱江，飓风大作，隔岸越山，皆低鬟敛眉，郁郁作相对状，因忆子安《滕王阁序》云：'天高地迥，觉宇宙之无穷；兴尽悲来，识盈虚之有数。'殊觉此身茫茫，不知当置何所！明河在天，残灯荧荧，酒醒已五更时矣。欲呼添衣，而罗帐垂垂，四无人应，开眼视之，始知此身犹卧舟中也"。又如"余自聘及迎，相去凡十五年，五经邂逅，及却扇筵前，剪灯相见，始知颊上双涡，非复旧时丰满矣。今去结褵又复十载，余与秋芙，皆鬓有霜色，未知数年而后，更作何状？忽忽前尘，如梦如醉"，纪念十年结缡时，却发出人生如梦的慨叹，在三十出头如日中天的生命阶段却表达出一派颓废的心境。蒋坦这种不近情理的笔墨和感叹，使得有研究者推断，"为什么蒋蔼卿在秋芙生前，不避忌讳，写得如此凄凉惨戚，以致读者误以为是悼亡文字呢？除了性格的颓放之外，我猜测与秋芙死后他作了补充、修订有关"。[1]对蒋坦的性格作了"颓放"的论断。

然而，从《秋灯琐忆》的描述看来，蒋关二人实为嘉道时期文人与闺阁伴侣的典型，生活中处处充满诗情画意，出于什么原因让蒋坦这般深深惆怅，且写出如此凄凉清幽的文字呢？这恐怕还要回到蒋关二人的生平，本章接下来将对蒋关二人的生平作详细的考证，同时考察他们与同时文人交游的情况，以期能够透过文字的迷雾，更好地还原蒋关二人真实的生活状态。

第二节　蒋坦、关锳身世及交游考

现今可以见到的记载蒋坦生平的资料约有四种，即丁丙辑《国朝杭郡诗三辑》、周庆云《历代两浙词人小传》中对蒋坦的记述，清人陈继聪所辑《忠义纪闻录》中的《蒋文学坦》和蒋坦的父亲蒋焜为其《花天月地吟》所作的跋。其中，丁丙的一段描述简明扼要，将蒋坦一生的主要信息囊括其中：

蒋坦，字平伯，号蔼卿，焜子，钱塘诸生，有《息影庵初稿

---

1. 涂元济：《闺中忆语五种》，中国广播电视出版社 1993 年版，第 191 页。

集外诗》《愁鸢集》。蔼卿五岁从俞霞轩读，生秉异质，数行俱下。弱冠补弟子员，更从黄韵珊大令游，学益进，才名籍籍。场屋不利，厌弃举业，肆力于诗古文词，所居在城东仓巷，别筑枕湖吟馆于水磨头中，有夕阳红半楼。湘帘棐几，掩映垂杨，胜侣联吟。初刊《花天月地吟》，续刊《红心草》，又删并为《息影庵初存稿》八卷。淑俪关孺人名镁，字秋芙，娴倚声，解弹琴，性尤好佛，蔼卿亦究内典矣。偕隐家园，绝无簪绂之念。时遗产尚饶，春秋佳日，画舫清尊，玩游湖山；夏则避暑西溪，所谓槐眉庄也。每当宴客，孺人从屏后窥之，或即席斗诗，有佳句命侍儿取观之，评以甲乙，饮久瓶罄，则手脱金钏为沽酒资，以故西泠才人无不乐就君也。未几，孺人化去，为《秋灯琐忆》，文极隽雅，视冒辟疆《影梅庵忆语》更过之。自此益落拓无聊，日索句于荒畦老树间，以写幽怨。庚申劫后，走慈溪依王广文伴石，颇笃友义。辛酉仍还杭饿死。余仅刊其《西湖杂诗》百首，入《武林掌故从编集外诗》。尚有《外国谣》一卷二十四首，《六朝南北宫词》二百六十一首，《五代十国宫词》一百五十首，《逃禅诗》一百八首。[1]

周庆云的蒋坦小传云：

坦字蔼卿，钱塘人，诸生。有《百合词》二卷，《夕阳红半楼词》二卷。先世业盐，有园亭歌伶之乐。蔼卿生禀异质，弱冠善

---

1. 丁丙：《国朝杭郡诗三辑》卷七十九，清同治十二年至光绪十九年钱塘丁氏刊本。

文章，工书法。配秋芙，娴倚声，解弹琴，尤喜内典。偕隐家园，联吟礼佛，出则文坛吟社，客满樽盈。别筑枕湖吟馆于水磨头，春秋佳日，游宴极欢。未几，秋芙死，蔼卿为制《秋灯琐忆》，皆幽闺遗事，文极隽雅，视冒辟疆《影梅庵忆语》更过之。杭州辛酉戒严，奔慈溪，依其友王广文景曾。比返，寇又至，以饿殉焉。[1]

丁丙是蒋坦和关锳同时之人，丁丙妻子凌祉沉有《翠螺阁诗词稿》，前有关锳作于咸丰四年的序言，看来彼此都比较熟悉。且丁丙为杭州本地人，又曾经担任过杭州地方知县，蒋关两家既然世居杭州，丁丙的记载应该说具有相当的可信性。丁丙之传覆盖了蒋坦的出身、师承、婚姻、著述四个方面，周庆云的小传则对之有一定的补充。本节将以丁周二人的小传为出发点，结合蒋坦的诗文集来考索蒋坦的生平。

　　据丁丙和周庆云的记载，蒋坦生平著作主要包括《息影庵初存稿》八卷、《秋灯琐忆》《西湖杂诗》以及《百合词》《夕阳红半楼词》等。《息影庵初存稿》现已佚失，但现存《花天月地吟》道光甲辰（1844）年刊本和《红心草》道光丁未（1847）年刊本，而《息影庵初存稿》本是《花天月地吟》和《红心草》主要内容的合集，并且丁丙所记载的《西湖杂诗》《外国谣》《六朝南北宫词》《五代十国宫词》和《逃禅诗》等都收入了这两本诗集，因此蒋坦的主要诗作都保存了下来。20 世纪 30 年代周瘦鹃校正的《秋灯琐忆》后附有《百合词》

1. 周庆云：《历代两浙词人小传》卷十一，民国十一年乌程周氏刊本。

50 余首，再加上《三十六芙蓉馆诗存》，蒋坦的泰半作品都存世，为了解其人其事提供了较充足的第一手资料。[1]

一、家世出身

蒋坦父亲名蒋焜，丁丙《国朝杭郡诗三辑》卷三十八有详细记载，"蒋焜，字书奴，钱塘诸生。书奴与蒋村为昆仲行，渊源有自，风雅斯崇。尝筑槐眉山庄于西溪，书画琴尊，日涉成趣。凡河渚芦葭，永兴梅竹，探讨几遍。后复买屋于城东仓巷，命子蔼卿妇关秋芙居之，己则策一蹇驴往来其间，行歌弗辍。时人目为诗呆。"《国朝杭郡诗三辑》卷二十九"蒋炯"条云，"蒋炯，字葆存，号蒋村，仁和瘭贡，官湖北广济知县，有《蒋村草堂稿》。葆存居杉墩，近太仆山，其地山环水转，长松古桧，梅花竹箭，弥望无际。其中澄湖曲汊，掩映烟岚。蒋氏聚族于斯，饶粳稻鱼鰕菱橘之利。屋数十椽，聚书万卷，覃研铅椠，物外翛然。"可见，蒋氏在钱塘是大族，蒋坦的父亲、伯父等都是钱塘名士。《国朝杭郡诗三辑》收入蒋焜诗两首，分别为《甘小苍明府索题陈秋坪遗墨册子》和《和俞霞轩湖上别归艳体诗原韵》。后者云，"烛暗香残亦可怜，落花风雨五更天。信通锦段金裁句，梦断蓝田玉化烟。渴病未消春中酒，闲愁捷悟夜参禅。嫦娥偏少团圆夕，有恨才登上界仙"，香艳缠绵，深情可见。如此看来，蒋坦强烈的文人气质可能也有家学渊源。蒋焜曾为蒋坦《花天月地吟》作跋，这是关于蒋坦家世和青年师承最详细的材料，其中提到：

---

1. 关于蒋坦生平，郑发楚编著：《西溪蒋坦和〈秋灯琐忆〉》，杭州出版社 2012 年版，梳理比较细致，可以参看。

予初娶于俞，次娶于鲍于徐。当徐之未嫁也，痛父卒于粤西官舍，扶病归予，经年未离枕席。吾父知其不起，命择汪姬副焉。壬午初秋二日，吾父七十有九寿辰，称觞之夕，梦庭栖白凤数十，一堕予怀而醒。时虞山归佩珊夫人馆于巢园，夫人姬师也，谓姬曰"若孕矣，梦兆必得佳儿。"明年秋，为吾父大耋之庆，戏彩三日，子坦生，父喜曰，"昌吾后者，必是儿也。"命名曰凤徵，凤徵，即坦也。又明年，徐氏卒，儿哀号不食乳者竟日。吾父以儿姬出也，且喜姬之贤孝，命焜续为夫妇，儿又喜形于色，襁褓之中，若有知若无知。厥后侍予，怡色婉容，若所素习。去年夏，汪偶遘疾，茗炉药碗，儿必亲理，从未假手臧获。后渐剧，欲以身代，急赴云栖寺道场忏悔。是晚竟逝，讣者不敢以实告，但以危笃促回，走归闻信，昏晕遽绝。百计救苏，哀毁欲死，至今形神终槁，其孝敬之出于天性也如此。儿同母弟三人，曰埙曰堂曰基，皆生数年而殇，每遇一弟之亡，枕泪经年未干。故自幼以迄成童，喜乐之日常少。增，楼姬出也，儿以诸弟之故，凡饮食游处，其保护爱惜，有甚于予者，其友爱之出于天性也又如此。酒食征逐，素非所好，然老成典型，未尝不敬慕之。如祝一帆之侍慈母，章竹士之笃友于，皆以师事之。若朱益甫张沛如年相若也，孝弟以勖，诗书以励，忠告善道，颇得他山之助，其交谊之出于天性也又如此。……四岁从余霞轩先生入小学，七岁即学韵语，吟哦之声，推敲之状，中夜不辍。十二从母舅鲍听樵先生学制艺，不假启悟，发蒙自中肯綮。洪蔗农先生授以天崇名作，皆能得其神韵，又出斩新花样，自树一帜。二十拔补弟子员，颇见赏于宗工，其颖悟之出于天性也又如此。

如此，大致可见围绕在青年蒋坦身边的重要人物。蒋焜先后娶过三任夫人，即俞氏、鲍氏、徐氏，蒋坦的母亲汪姬原为蒋焜的侧室，母以子贵，因生下长子蒋坦而被扶正。除了汪姬之外，蒋焜还有一位姜侍楼姬，蒋坦的弟弟蒋增就是楼姬所出，蒋增在《秋灯琐忆》中曾被提及。陈文述在《花天月地吟》序言提到，"蔼卿母夫人玉仙汪氏，予诗弟子也。予与尊甫邻虚子交垂二十年，时蔼卿才数岁。见其骨秀于玉，神寒若金，以为迦陵仙音，必非凡鹄之无凤慧，自是天才"，这条内容至少提供了三个信息，即蒋坦的母亲汪玉仙为陈文述的女弟子，蒋焜与陈文述交情匪浅，蒋坦作为后辈在幼时就得到了乡前辈陈文述的赞许。查考陈文述生平材料，其浙江籍的女弟子有名汪琴云者，字逸珠，钱塘人，有《沅兰阁诗》。但根据《国朝杭郡诗三辑》卷九十五的记载，她守贞未字，而且是汪端的姑母，不可能是蒋焜的侧室。在可靠资料没有得到进一步发现以前，关于汪玉仙生平的考证只有俟诸来日了。

除了父母之外，在蒋坦的生活圈子中，还有一位对他影响极大的族人，即屡次在蒋坦文集和《秋灯琐忆》中提到的家宾梅蒋恭亮。《国朝杭郡诗三辑》卷七十九"蒋恭亮"条云，"蒋恭亮，字宾梅，钱塘诸生，有《花韵轩诗钞》。宾梅素性慷慨，豪于诗酒，不事科举。游淮扬间，跌宕文史，声誉日起，归里僦居西湖，与从弟蔼卿、妻陈氏时相唱和，联吟刻烛，极一门之盛。又尝戏集同人姓名为酒榜，大都憔悴之士所以寓意也。辛酉死于发逆之乱"。朱友三曾作有《题蒋宾梅花韵轩稿》一诗云，"不向穷途泪暗垂，酒阑摇笔写新词。绝怜妻有风人致，闲教儿吟月子诗。得意竹声风过后，赏心梅动月来时。相逢愧我无才调，愿乞生花管一枝"，[1]看来这位蒋恭亮之妻陈氏也是风雅中人。《国朝杭郡诗三辑》卷九十七"陈湘英"条云，"陈湘英，字云妏，号花溪女史，海宁人，钱塘诸生蒋恭亮室。女史少工吟咏，尤善倚声，与娣妇关秋芙唱妍酬丽，相得益彰"。关锁的《三十六芙蓉馆诗存》中有悼念陈湘英的诗作，字里行间，深情眷眷，可见蒋关夫妇二人与蒋陈夫妇是以亲眷之情而兼师友之谊。

蒋坦《红心草》卷三有《寄雨亭侄师俭》。《国朝杭郡诗三辑》卷八十三有"蒋承俭""蒋师俭"条。"蒋承俭"条云，"蒋承俭，字敬哉，钱塘人"，收有《宾梅从父花韵轩稿题词》一诗。"蒋师俭"条云，"蒋师俭，字雨亭，钱塘人"，收有《敬题宾梅从父诗词合钞》一诗。关于蒋坦族人的记载，进一步证实了蒋家在杭州是书香世家。综合丁周二人的小传和蒋焜的跋语，蒋坦的祖父曾担任上洋地方官，"先世业盐，有园亭歌伶之乐"，家中还有槐眉山庄、枕湖吟馆、巢园等产业，蒋坦出身富庶的士人家庭，已基本可以肯定。而根据材料来看，蒋家后来家道中落，经济的败落给他本人和家庭生活带来了很大影响，在其诗作中也有相当反映，是研究蒋坦其人其文不可忽视的一个重要方面。

二、师承长辈

根据上文提到的两段材料来看，在蒋坦青年时期曾带给他影响的老师共有四位，俞霞轩、鲍为霖、黄韵珊和洪蔗农。

俞霞轩，《国朝杭郡诗三辑》卷三十七收有夏之胜《感逝杂诗》

---

1. 丁丙：《国朝杭郡诗三辑》卷七十三，清同治十二年至光绪十九年钱塘丁氏刊本。

一组，中有《俞霞轩明经兴瑞》一诗云，"转战文场二十春，明经老去贡成均。心旌料得犹摇曳，珍惜遗编问主人_{指蒋氏也}"，这里的蒋氏抑或是指蒋坦？《国朝杭郡诗三辑》卷三十二中有"俞兴祥"条云，"俞兴祥，字子云，兴瑞弟，海宁诸生"。"俞兴瑞"在《国朝杭郡诗三辑》条目中遍检不得，按理既然目录中有俞兴祥，对于俞兴瑞也应该交代一二，编者反而存而不取，不知是何道理。或许俞兴瑞其人，在当时杭州的文人圈中为大家所熟知，所以编者点出此人存而不论，也未可知。《秋灯琐忆》提到蒋关二人联姻，"因倩余霞轩师为之蹇修，筵上聘定"，能够参加蒋关两家的家宴且为两家说合，俞兴瑞和蒋家的渊源之深可见，其在蒋家的地位或许不仅仅是普通的开蒙老师。根据蒋焜称呼鲍为霖为蒋坦的母舅，而蒋焜原配为俞氏，笔者推断俞兴瑞或许也和蒋焜的原配妻子家族有一定关系。

鲍为霖，《国朝杭郡诗三辑》卷三十七"鲍为霖"条云，"鲍为霖，字奏云，号听樵，钱塘诸生，有《力改斋吟草》。听樵橐笔远游，多模山范水之作稿八卷，桐城许氏丽京为之序，有女玉士，工书善咏，能传其家学"。《三辑》收有他《秋思》《七夕词》《苕溪夜泊》三首诗，其中《七夕词》云，"云叶霏霏翦晴霁，碧螺澹澹描山髻。晚花低染暮烟新，秋光比似春光丽。曝衣庭院风露清，兰闺小玉深含情。不须更待星月上，几番呼侣相邀迎。下阶罗袜宁愁冷，怅望明河乌鹊影。画屏银烛悄无声，庭静梧桐戛金井"，遣词造句清丽婉约，看来也是作闺怨诗的行家。联系上文蒋焜曾步俞兴瑞艳体诗韵作诗，似乎可以略见蒋坦的师学渊源。

黄燮清，原名宪清，字韵甫，一字韵珊，号吟香诗舫主人，浙江海盐人，道光乙未举人，家居拙宜园，为杨晚研别业，改葺晴云阁为倚晴楼。继又得砚园废址，自号两园主人。颖敏过人，才思秀丽，所撰乐府诸词曲，流传人口，几欲接武前贤。庚申后，始出为县令，有政声，未几卒。撰有《倚晴楼集》《拙宜园词》《国朝词综续编》等。[1]黄燮清是嘉道时期的曲中名家，关锳《梦影词》前有其作于咸丰五年的序，云"春阴既阑，宿醉犹滞，庭树冉冉，堕红不升。池台深深，丛碧俱晕，种泪于枕，络愁以轮。其起也无端，其灭也何逝，索解不获，谁喻斯怀，则秋芙女士梦影之词也"，语词华美纤秾，这种行文风格可能也对蒋坦的文学生涯产生了影响。

洪蔗农，《国朝杭郡诗三辑》卷五十六"洪鼎元"条记载，"洪鼎元，字宝皆，号蔗农，文炳孙，钱塘人。道光乙未举人，官会稽教谕。蔗农谕文专重理法，不屑以词采机调为事"。蒋坦《红心草》卷二有《哭洪蔗农夫子》。

在蒋坦的师长中，值得格外注意的是陈文述。前文已经提到，陈文述是蒋坦母亲的老师，与蒋焜有多年交情，在蒋坦童年时就对他期望很高。在为蒋坦《花天月地吟》作序时，他指蒋诗的内容为"艳情一也，愁绪二也，古感三也，博览四也，恳挚五也"，予以很高评价。蒋坦对陈文述也满怀感激，曾作有《陈云伯太夫子_{文述}邮寄〈花天月地吟〉序诗以谢之》云，"拟赋高轩愧未成，弁言褒到补亡笙。熊丸两世传诗学，象教千秋奉佛名。黄海风流花一县_{时公宰繁昌邑}，碧城星散女诸生。皖云浙水多迢递，耆旧难瞻洛下英""邮签珍重接红亭，驿柳同垂老眼青。杯棬久空东阁酒，图书犹剩北堂铭_{公旧惠先太孺人碧城弟子印}。三千粉黛鸳鸯社，十二因缘孔雀经_{公近著《西泠闺咏》《莲花筏》}

1. 庄一拂：《古典戏曲存目汇考》，上海古籍出版社 1982 年版，第 784 页。

诸作。欲绣平原迟买线，愿从白传画围屏"。同卷中还收有《哭陈云伯太夫子》：

> 忆昔垂髫日，依亲拜伏虔。维摩华藏室，弥勒佛龛缘。
>
> 地下刀环梦，房中锦瑟弦。碧城隔银汉，何处旧游仙。
>
> 孝友王深父，文章蔡议郎。宦途胡可托，老病转堪伤。
>
> 琴鹤遗西蜀，衣冠弃北邙。门前好桃李，一夜下河阳。
>
> 夜火明丹旐，愁云拥素帷。黔娄中丧妇，伯道竟无儿。
>
> 身世知何极，人琴不可期。秋风一回首，凄绝盖棺时。
>
> 一卷箧中集，千秋身后名。他生疑顾恼，当世失张衡。
>
> 室有青蝇吊，门无白马鸣。伤心蒿里曲，迸作断肠声。[1]

从世俗眼光来看，陈文述的一生也算是热闹圆满。而蒋坦偏偏认为他"宦途胡可托，老病转堪伤""黔娄中丧妇，伯道竟无儿"，以二十余岁青年的人生阅历而发出这般知心感慨，可见蒋坦对陈文述了解之深，怀念之切。而蒋坦曾在赠友人的诗作中不无自喜地提到，"我是兰闺旧书记予有兰闺书记小印，劳君珍重写真真"（《寄赠费晓楼画师丹旭》），[2] 这不由得让人联想到陈文述的"蕊兰书记"小印的韵事和"我是婵娟旧书记，遗编珍重护灵芸"的名言，[3] 二者之间或许有一定联系。

《红心草》卷四有《书张情斋先生䘵巢园记后并序》，同卷收有

---

1. 2. 蒋坦：《红心草》卷一，清道光二十七年刊本。

3. 见康正果《泛文和泛情》，见张宏生编：《明清文学与性别研究》，江苏古籍出版社 2002 年版。

张衢的《巢园记》，是张衢为蒋焜所作，可见张衢和蒋焜、蒋坦父子关系的密切。张衢，字越西，号晴斋，又号病痱道人，浙江萧山人，约道光元年前后在世。弱冠补诸生，尝客都中，善书画，诗辞古文，宗法晋、魏；填南北曲有名，京师菊部争演之。寿逾八十，著有《芙蓉楼》《玉节记》传奇，《贤贤堂诗文集》《翠娱轩词》《信芳录》等。[1]

　　《红心草》卷前有伊念曾作于道光二十七年（1847）的序言，卷五有《题伊墨卿太守秉绶西溪消夏图与小石诗僧了学倡和卷子为少沂作》。伊念曾，字少沂，号梅石，福建宁化人。嘉庆十八年拔贡，官严州同知。善书画，工篆、隶、镌刻，兼写山水、梅花。于诗亦有所长，著有《守研斋诗钞》。[2]伊念曾与父亲伊秉绶同为嘉道时期的著名官吏和文人，从伊墨卿序言和蒋坦诗作来看，二人关系比较密切，这说明青年蒋坦交往的圈子中不乏一时名流。

　　《红心草》卷四有《题夏松如丈之盛三友图遗照为子仪作》。夏之盛，《国朝杭郡诗三辑》卷三十七记载"夏之盛，字松如，钱塘诸生，有《留余堂诗钞》初集、二集，《新安纪行草》。松如三岁丧父，七岁丧母，姑秦氏抚之成立。未弱冠即游于庠，应省试十有五七，荐不得一通。少入东轩吟社，与仲昀制府交尤挚。好蓄金石彝器，考证精塙。道光壬寅，海夷之讧，避兵新安，行程半月，得诗百余首，曰《新安纪行草》。胡书农学士谓其襟怀洒洒，绝无惶怖语，是特借避寇以看大好山水耳，比归旋卒，年五十有一。姬人杨素书亦工吟咏，诗

1. 见钱仲联主编：《中国文学家大辞典》清代卷，中华书局1996年版，第429页。
2. 见钱仲联主编：《中国文学家大辞典》清代卷，中华书局1996年版，第170页。

附刻《留余堂集》者甚果多。女伊兰著《吟红阁诗》刊行，已采入续辑中"。夏之盛在道光时期杭州的文人圈中为人所关注，很重要的一个原因在于他的女儿夏伊兰。如同那个时期许多为人所咏叹的闺秀一样，夏伊兰貌美多才，但天不假年，早早离世，《国朝杭郡诗三辑》收有不少文人闺秀写给她的咏叹诗。蒋坦和夏之盛一家颇有渊源，他曾经在夏家坐馆，[1] 与夏之盛的两个儿子夏凤翔、夏鸾翔友谊颇笃，对其女夏伊兰的诗作也有很高的评价。

《花天月地吟》卷四有《赠罗秋墅丈文鉴》云，"名士倾城夙愿酬，情天酒海足勾留。神仙眷属双鸾镜，夫婿文章五凤楼"，提到罗文鉴的夫人工诗；又云"白发谈经开绛帐，红颜问字贽金钗"，罗文鉴是当时著名闺秀夏伊兰的老师，还收有女弟子沈兰。[2] 检《国朝杭郡诗三辑》卷三十七"罗文鉴"条云，"罗文鉴，字秋墅，一字秋士，钱塘人，郡增生，有《听彝轩诗存》。秋墅先生性至孝，色养庭闱，晨昏不闲。少受诗法于项秋子，一以王孟为宗，中年变而学宋，体格清遒，在振绮堂诗社中足张一军。别著读书随笔四卷，《清波续志》若干卷。"看来罗文鉴是陈文述之后，热心于在杭州推动女学的又一人。

三、朋友交游

1. 知己好友

从已有资料来看，蒋坦和关锳夫妇拥有一个相对固定的杭州文人交游圈，从四种收入蒋坦生平记录的资料和蒋坦的诗文集来看，蒋坦的朋友圈是他生活中不可缺少的重要交际群体。因此，考索蒋坦生平

---

1. 蒋坦：《答石砚虹丙熺见赠之作》，《红心草》卷四，清道光二十七年刊本。
2. 蒋坦：《赠沈蒉仙女士兰》，《红心草》卷二，清道光二十七年刊本。

和朋友的唱和交游，是了解其人其事的重要切入点。

要了解蒋坦关二人周围的文人圈子，不可绕开魏谦升。他曾经为蒋坦《秋灯琐忆》《红心草》，关锳《梦影词》作序，而在嘉道时期的浙江文人圈中，魏谦升也屡屡被提及。《国朝杭郡诗三辑》卷八十记载，"魏谦升，字雨人，号滋伯，景万子。仁和廪贡，官仙居县训导，有《书三味斋稿》。滋伯丈九岁能词翰，伯父春松侍御命题赋诗，立就，文采斐然，叹曰'吾家千里驹也'。后以廪贡官仙居训导，旋亦谢去。家居北郭外，面山枕湖，号春山堂者。中有紫藤石馆、春草庐、延绿轩、半廊、西山读画楼、书三味斋、真如舫、浴鸥亭诸胜。日夕吟讽其中，以著述自娱者垂五十年。尤好长短句，有翠浮阁词。"《国朝杭郡诗三辑》卷八十三记载同时杭州文人张维嘉有《春山堂八咏为魏滋伯丈赋》，魏谦升和他的春山堂八景在一定程度上代表了当时江南文人一种理想的优游生活方式，在这一点上，蒋坦和他可谓不谋而合。《国朝杭郡诗三辑》卷九十七"关锳"条云，"关锳，字秋芙，钱塘诸生蒋坦室，有《三十六芙蓉馆诗存》。女士学书于魏滋伯，学画于杨渚白，学琴于李玉峰。镜槛书床，可想文采。工愁善病，终归学佛。蔼卿茂才为女士著《秋灯琐忆》一卷，所谓闺房之事，有甚于画眉香奁之词，罔恤多口者矣。别有《梦影词》。"《秋灯琐忆》云，"秋芙向不工书，自游魏滋伯、吴黟山两丈之门，始学为晋唐格"。如此则关锳的老师除了魏滋伯外，还有杨渚白、李玉峰和吴黟山等。

杨澥，字渚白，仁和人。渚白学画于徐桐华，后私淑南田草衣，设色花卉，极得神韵。题款缀跋亦与鸥香馆惟妙惟肖，性和蔼善饮，居平安桥。暮年绘《行乞图》以讽世，戴文节跋之，称其品超富贵利达之外云。冯文介尝罗岁朝节物如花果蔬菜鸡豚鳞介玩具之类八十一种，乞绘《销寒图》，图凡九帧，帧各九物，色色生动，绝无院本之派。[1]

吴冕，字黔山，歙县人，工草圣。[2]

李玉峰，不知何许人。《秋灯琐忆》云，"酒次，李山樵鼓琴"，《花天月地吟》卷六收有《赠琴师李山樵丈秉仁用二十五有全韵》，或许玉峰是这位李秉仁丈的又一字号也未可知。

除了教关锁学习诗书画的这几位朋友外，围绕在蒋坦身边的重要朋友还有一些。《花天月地吟》卷二《送刘子瑀钟瑜之越》提到，"名场愧我仍雌伏，一见才人心悦服。当时师友托施庭午王海楼，生平肝胆推章竹士祝一帆"。

施朝干，字庭午，钱塘诸生，有《琼华馆诗存》。庭午诗幽秀生新，得于樊榭为多，亦熟南宋掌故，有《武林九补》，胡孟绅题词表之。尚著《茅山河兴废考》，且缋以图，今皆不传。施朝干诗得于厉鹗为多，蒋坦也曾作有《樊榭山房游仙三百首诗注》，看来在喜好厉鹗诗歌方面，二人有着共同兴趣。施朝干在蒋坦文集中多次出现，如《花天月地吟》卷四《孟春十日同鲍听樵母舅为霖赵次闲之琛施庭午朝干释淞雪慧闻刘笠人子瑀乔梓章竹士讯梅叔侄朱益甫钱文涛壑家宾梅孤山探梅》，又如《红心草》卷一《夏夜偕施庭午秀才朝干田望南二尹致元杨渚白布衣澂魏滋伯夏敬甫周小园朱益甫家宾梅西湖泛月有怀郭季虎兼伤刘笠人》等，可见施朝干是蒋坦生活中的重要朋友。

祝泰来，字半帆，号一帆，仁和人，道光戊子副贡。城北胭脂桥

---

1. 丁丙:《国朝杭郡诗三辑》卷三十八，清同治十二年至光绪十九年钱塘丁氏刊本。
2. 丁丙:《国朝杭郡诗三辑》卷九十九，清同治十二年至光绪十九年钱塘丁氏刊本。

数十武地耸巨石，略具山势，里人谓是宝石山峰脉。一帆居其地，榜其斋曰"燕支山馆"。嗜酒工书，意致萧瑟。晚年夫妇双修，有庞居士之风屋，旁为真修坛。一帆就坛扶口卜，佛理仙机。其词偶中尝为劝孝道情百篇梓以行世，亦颇感化愚蒙。[1] 蒋坦以生平肝胆推许祝泰来，可见两人意气相交之深。

章竹士，不知何许人，但根据蒋坦的说法，他和章讯梅为叔侄。章福廉，字讯梅，钱塘人，郡诸生。[2] 章竹士看来也应该是杭州文人。

又《秋灯琐忆》提到，"（秋芙）曾为余录《西湖百咏》，惜为郭季虎携去。季虎为余题《秋林著书图》云，'诗成不用苔笺写，笑索兰闺手细抄'即指此也"。《花天月地吟》卷五有《题郭季虎凤梁支硎探梅图》，而《花天月地吟》道光甲辰本前有苏州郭凤梁的题字，如此则郭凤梁应该是蒋坦的苏州友人。《花天月地吟》卷五还有《题郭季虎碧云仙馆图》一诗，其中提到"曳锦裁霞笔一枝，骚坛争诵《百花词》君有《百花词》行世。相逢海上怜萍水今岁夏君过访湖庄始获识荆，此别天涯问柳枝君将归吴门。逸少留题金扇字适君飞白扇惠赐，徐陵闻序玉台诗时君辑诸名媛诗付梓。秋江珍重双鱼便，好寄琳琅慰我思。"看来郭凤梁也是热心于编辑闺秀诗集的文人，诗中还提到郭凤梁的妻子李画香工诗画，姐姐郭佩芳也是能诗闺秀。

此外，夏之盛的两个儿子都是蒋坦的好友。《红心草》卷三有《夏子仪凤翔子笙鸾翔昆季索诗赋此赠之》，《答石砚虹丙熺见赠之作》以及《夏松如丈之盛三友图遗照为子仪作》等都是为夏氏兄弟而作。

---

1. 丁丙：《国朝杭郡诗三辑》卷四十五，清同治十二年至光绪十九年钱塘丁氏刊本。
2. 丁丙：《国朝杭郡诗三辑》卷八十三，清同治十二年至光绪十九年钱塘丁氏刊本。

夏凤翔，字子仪，之盛子，钱塘附贡官，江苏同知，有《爱日山房诗钞》。子仪濡染家学，诗画皆有声于时，尝镌小印曰，"诗接父传，画承母教"，盖纪实也。[1]

夏鸾翔，字紫笙，之盛子，钱塘诸生，官光禄寺署正，有《春晖山房诗集》《岭南集》等。作有《夕阳红半楼访蒋蔼卿茂才坦不值》云，"云外一声笛，高楼起暮烟。夕阳移远树，飞雁落长天。予亦寡所合，此行殊怅然。明当发高咏，兀兀共忙年"。[2]可见夏氏兄弟都是同时杭州文人圈中与蒋坦交好的朋友。

李承福，字济生，又字晓莲，号更生，晚号苏庵，钱塘诸生。更生天性孝友，行谊笃诚。尝谓三教一源，皆从善起，故生平敦孝行而不怠。[3]

另外，钱塘闺秀劳镜香的《绿云山房诗草》光绪刊本卷末有李慈铭的题词云，"尽教诸老愧须眉，瘦格簪花一序推。钱塘女士参真去，身到昙阳又几回卷首有关锁序，瑛为吾友蒋坦配，传是昙阳子后身，近亦下世。"李慈铭《白华绛柎阁诗集》卷丙有《题钱塘蒋蔼卿秀才秋林著书图》云，"抱残生计拙，好学故人疏。吴越谁同调，文章正起予"，可见李慈铭对蒋坦的相知和推许。

值得一提的是，蒋坦与嘉道时期的著名仕女画家费丹旭也有往来。《红心草》卷一有《寄赠费晓楼画师丹旭》诗两首，末句云，"画意诗情两迢递，年年春梦隔天涯"，可见两人之相契。

2. 闺秀

蒋坦和关锁二人生活在闺秀辈出的嘉道时期，身处人杰地灵的

---

1. 丁丙：《国朝杭郡诗三辑》卷六十三，清同治十二年至光绪十九年钱塘丁氏刊本。
2. 丁丙：《国朝杭郡诗三辑》卷八十三，清同治十二年至光绪十九年钱塘丁氏刊本。
3. 丁丙：《国朝杭郡诗三辑》卷六十二，清同治十二年至光绪十九年钱塘丁氏刊本。

杭州城，又以文学伉俪扬名一时，自然会有不少名媛闺秀乐于与之相交。

沈善宝、沈涟清两姐妹是蒋坦和关锳文集中提及最多，也最尊重的闺秀诗人。关锳《三十六芙蓉馆诗存》有《答沈湘涛夫人涟清》《呈沈湘佩夫人善宝》《寄沈湘佩》《送沈湘佩入都》《寄怀沈湘佩》等诗，《梦影词》有《金缕曲·答沈湘涛》《迈陂塘·再答湘涛》等，都是为二人而作。关锳《三十初度有感》提到，"闺中诸彦吾曾识，二沈江南并擅奇沈湘涛涟清沈湘佩善宝。红粉才名韩玉父韩菊如瑛，绿窗书画李文姬李佩秋湘纫。集中香名多题句鲍玉士靓，枕上梅花好绣诗朱芸楼芬。何怪垂髫两雏妹，停云落月系相思侣琼佩琪两妹。"《梦影词》则有《念奴娇·雪后召同沈湘佩善宝鲍玉士靓周暖姝来音李佩秋湘纫陈湘英云妣集巢园妙吉祥室》一词，记述她与闺秀们的唱和集会活动。蒋坦《愁鸾集》收入《悼亡》八十首，其中有诗纪念这次集会，"纸阁芦帘夜煮茶，朔月初放蜜梅花。当年墨会人何在，辛亥冬妇邀沈湘佩、鲍玉士、陈湘英、周暖姝、李佩秋巢园咏雪，自写《冬闺雅集图》，今玉士湘英已下世一半青杨有暮鸦"。《国朝杭郡诗三辑》收有蒋坦《喜晤闺秀沈善宝即送之皖中》一诗，中间提到，"忆昔西湖盛词藻，管昇管湘玉汪是汪允庄同才调。孟式诗歌最盛名方芷斋，若昭姊妹齐芳稿孙云凤云鹤云鹏。随园人去碧城荒，十三弟子金钗老。前辈风流有几人，茗才唐韵推吴鲍吴蘋香鲍玉士。谁是簪花继起人，就中我识琼蕤早朱芸楼，更有容华韩微如玉父韩菊如才，词章难得如君好。嗟我频年负书债，鹿门丈贱无由卖。酒熟思成十日留，庞荒又弃三闲隰将移寓草堂以起行总促不果。仅与闺中拥髻人，论才添得牛衣话。岂有杨雄奇字书，但摹韦毅编诗派。况闻新选玉台诗，朵云渐满乌丝界时余辑《闺雅》，闻君亦编《国朝名媛诗话》。同有名山身后心，可怜月旦何人赖。我逊乌衣逸少名，此来甘下夫人拜"。可见蒋坦对沈善宝的倾倒。更重要的是，根据蒋坦的这首诗歌，可以大致勾勒出蒋坦关锳同时，袁枚陈文述之后，杭州的著名闺秀诗人群体。

吴藻，蒋坦《花天月地吟》卷六有《赠吴蘋香女士_藻》二诗，中云，"朱楼翠幕初禅界，红粉乌纱一笑春_{女士喜作男子装}。零落碧城诗弟子，瓣香犹忆拜陈遵_{女士为陈云伯先生高弟}。"可见蒋坦对吴藻的推许有一定原因是基于碧城。

鲍靓，原名尊瑜，字玉士，为霖女，钱塘人，仁和诸生许光鉴室，有《见青阁诗稿》。孺人祖讳锟，以名进士官京外三十年，清廉如洗。父明经讳为霖，著《力改斋诗草》。孺人诗学出自家学，气格苍老，不辨为闺中人手笔，书法逼近平原。归书台茂才不十年，遽失所天，抚教茕孤，几如严师。[1]

朱芬，字芸楼，仁和人。《题蒋宾梅_{恭亮}花韵轩诗词合钞》"信是谪仙才，新诗脱口来。天涯知己少，三径为谁开"。[2]

杨徵如，蒋坦《花天月地吟》卷三有《杨摩三女士_{徵如}以画卷见贻感赋二律》。

韩锳，字菊如。关锳《三十六芙蓉馆诗存》有《答韩菊如女史_瑛》云，"一样如花嗟命薄，不堪心迹向君倾"。可见也是际遇坎坷的闺秀。

周琴，字暖姝，钱塘人，候选训导钱塘魏谦升继室。丁丙《国朝杭郡诗三辑》卷九十八记载周琴云，"滋伯丈谓余曰，年来家用日绌，

1. 丁丙：《国朝杭郡诗三辑》卷九十五，清同治十二年至光绪十九年钱塘丁氏刊本。
2. 丁丙：《国朝杭郡诗三辑》卷九十七，清同治十二年至光绪十九年钱塘丁氏刊本。

无梨枣钱以刊著作。内子寿余六十，脱金手钏请刊《书三昧斋诗文集》，好名之心，殆甚于余。然丈之著作，剞劂未竟，已毁于兵。次年城再陷，遂全家殉于难。今所传者，节义之名，至诗文虽付劫灰，名未尝不留于艺苑也。脱钏刊书，尤巾帼中佳话耳。"周琴作有《和沈湘佩夫人留别》云，"鲍令晖同吴绛仙，沈云英去赠词篇。今朝望远增惆怅，忽动离怀到酒边同座有鲍玉士吴蘋香两女史。"可见她和当时杭城的著名闺秀都有往来。

沈如兰，一名兰，字莅仙，钱塘人。尝学诗于夏松如，附见《留余堂诗钞》。[1] 蒋坦《红心草》卷二有《赠沈莅仙女士兰》四首，其末云"绛纱旧入先生帐女士为秋墅丈高弟，亲见金钗弟子行"，说明沈兰曾经同时或者先后为夏之盛和罗文鉴的女弟子。

郭佩芳，字慧瑛，江苏吴县人，聪慧早逝，著有《凤池仙馆遗诗》。其兄弟郭凤翔、郭凤梁与蒋坦有一定交往，故蒋坦《花天月地吟》卷五有《题郭慧瑛女士佩芳遗照》。

汪淑娟，字玉卿，浙江钱塘人，孝廉金绳武妻。著有《昙花集》一卷，与金绳武《泡影集》合刻，名《评花仙馆词》，前有蒋恭亮及关锳的序文。[2]

凌祉媛，字莅沅，浙江钱塘人，知县丁丙妻，著有《翠螺阁诗词稿》五卷，收入关锳序文一篇。[3]

夏伊兰，字佩仙，浙江钱塘人，秀才夏松如女，著有《吟红阁诗

1. 丁丙：《国朝杭郡诗三辑》卷九十六，清同治十二年至光绪十九年钱塘丁氏刊本。
2. 胡文楷：《历代妇女著作考》，商务印书馆 1957 年版，第 273 页。
3. 胡文楷：《历代妇女著作考》，商务印书馆 1957 年版，第 348 页。

钞》五卷。[1] 蒋坦与其父兄多有交往，在《花天月地吟》卷二有《题夏琼仙女士伊兰〈吟红阁遗诗〉后》，《花天月地吟》卷三有《吊夏琼仙女士》，对其早逝表达了深深的惋惜。

劳蓉君，字镜香，浙江山阴人，诸生陈昼卿妻，有《绿云山房诗草》二卷。收入关锁序文一篇。[2]

秦云，《三十六芙蓉馆诗存》扉页前有山阴秦云的题辞，《三十六芙蓉馆诗存》有《题秦佩芬女史云小影》二首，可见也是相交甚深的闺秀。《历代妇女著作考》"秦云"条云，"云，字佩芬，浙江仁和人，萧山参军丁文蔚妻"。[3] 李慈铭《白华绛柎阁诗集》有《赠丁韵琴文蔚即所画屏幅丁萧山人能琴工画姬秦云亦通绘事》一诗，可知秦云和丁文蔚也是一时才侣。

此外要提到的还有李芬。关于李芬，除了蒋坦诗集中有为她所作的几首诗歌外，没有其他记载。但从蒋坦诗作来看，她应该是他人生中比较重要的一位女性。《花天月地吟》卷二有《寄怀李香楼女士芬》，卷四有《初秋挈内子西湖夜游有怀李香楼女士》《岁除日孤山探梅书寄李香楼女士》等，都是为这位李香楼女士而作。《寄怀李香楼女士芬》云，"往事依稀悟雪鸿，人生离合太匆匆。君因书画称三绝，我为功名坐五穷。襟上酒痕秋怨绿，脸边银烛夜啼红。从今莫恨蓬山远，只在苍冥杳渺中。过尽伤春病雨天，槐安旧梦又三年。眼前风絮飘零感，海上云萍聚散缘。问到崔徽空有画，莫为紫玉易成烟。红楼咫尺销魂地，纵不天涯已惘然。"从字面来看，李芬应该是书画三绝

1. 胡文楷：《历代妇女著作考》，商务印书馆 1957 年版，第 351 页。
2. 见劳蓉君《绿云山房诗草》"关序"，清光绪四年刊本。
3. 胡文楷：《历代妇女著作考》，商务印书馆 1957 年版，第 373 页。

的闺秀，而"蓬山""崔嵬""紫玉""红楼"等具有特殊含义的典故在诗中出现，或许意味着李芬在蒋坦生活里有更重要的特殊地位。

3. 方外

从蒋坦文集和《秋灯琐忆》来看，蒋关夫妇还和方外之人有交往。与诗僧交往本是文人雅事，江南又历来是佛教兴盛之地，因而蒋关二人的生活圈中颇多方外朋友。

达宣，字青雨，海宁人，净慈寺僧，有《茶梦山房吟草》。青雨俗姓朱，出家白马寺，往来省会，主东城半亩居。诗禅画理，多所参悟，后继松光老人净慈法席，鲍觉生称其诗清远闲逸，是岛可一辈人。钱次轩序其诗透彻玲珑，不可方物，固非虚美，金亚伯廷尉为制塔铭。[1]《花天月地吟》卷一收有《湖楼听雨书寄青雨上人达宣》，《红心草》卷四有《青雨上人主讲南屏招住段食赋诗代供》等。

真默，字谦谷，理安寺僧。谦谷工诗善琴，主理安有年，归老金陵。[2]《红心草》前有真默所作序言一篇，《红心草》卷五有《答谦谷上人真默垂问近状》，似乎蒋坦与真默的交情甚笃。

量云，又名定涛，字莲衣，汉阳人，灵芝寺僧。莲衣父徐曾宦豫章，父殁，有激而逃于禅，剃染于普陀佛顶山，受戒律于西湖闲地庵。广颡丰髯，工书解吟，鉴藏金石，虽不及六舟之果多，然亦琳琅满室。品题砚材，尤具正法眼，藏灵芝寺，面全湖之胜，中有依光堂、浮碧轩，俯临河池，风景绝佳。一时胜流，皆乐从之。辛酉秋，移瓢楚北，不及于难。主正觉寺讲席，三年退居雄楚楼以老，年七十

1. 2. 丁丙:《国朝杭郡诗三辑》卷一百，清同治十二年至光绪十九年钱塘丁氏刊本。

有八矣。[1] 蒋坦《花天月地吟》卷五有《灵芝寺喜晤莲衣上人定涛》。

此外，《花天月地吟》卷四收有《题九峰上人画梅》《赠慧闻上人淞雪》，《红心草》卷三有《十三问楼与郎鉴上人夜话》，《秋灯琐忆》经常提到蒋关二人与佛门弟子的交往，以及种种禅思顿悟。可见蒋坦与杭州的释界交往比较密切，而这种交往显然对蒋关二人的思想及文学创作都有一定影响。

如上文所述，本节将蒋坦关锳生平的基本生活环境及交游圈作了比较简单的梳理。自《秋灯琐忆》成为明清性灵文学研究的热点以来，研究者大多围绕着《秋灯琐忆》，对文本作了诸多艺术分析和赏鉴，而对于它的作者及文本中提到的许多文人尚未作进一步的考证和探究。本节所做的基本考证，稍稍揭开近两百年来一直蒙在二人面目之上的层层面纱，也期待能在此考证的基础上，继续推动相关研究。

第三节　虚构与逃脱：心灵世界的对抗

文学史的形成在一定程度上是历史选择的结果，近两百年时间逝去，蒋坦关锳的其他著作少人问津，真正让他们人生得以让后人知晓者，要归于蒋坦的《秋灯琐忆》。从《秋灯琐忆》问世之日起，得到的评价都是"文极隽雅"，民国时期，在朱剑芒将它收入《美化生活文学名著》后，又经林语堂等人推崇，《秋灯琐忆》俨然成为明清性

---

1. 丁丙：《国朝杭郡诗三辑》卷一百，清同治十二年至光绪十九年钱塘丁氏刊本。

灵文学的代表之作。

一、《秋灯琐忆》的出世倾向

时人曾将《秋灯琐忆》比于冒襄的《影梅庵忆语》，事实上，除了同为讲述"幽闺韵事"，《影梅庵忆语》和《秋灯琐忆》的精神实质差别较大。《影梅庵忆语》是冒襄写于国破家亡之后，对董小宛的思念中纠绕着深深的故国之痛，叙述两人相识相知、定情、结合到最后分离，虽然并非完全按照时间来罗列叙事，却给人迥然有序的感觉，对亡明的悲痛和对亡姬的思念二者几乎浑然一体，从中透露出晚明文人热切的入世之心和冷静理性的反省思考。《秋灯琐忆》则不同，在本章开头笔者就曾指出，《秋灯琐忆》并非作于一时，而是由写成于不同时间的诸多片断集结而成，从中很难理清事件发生的逻辑和顺序，从这点来讲，《秋灯琐忆》更多是作者内心的独白，对事情完整的记载和叙述并非第一目的。与《影梅庵忆语》的不同还在于，《秋灯琐忆》文字凄清，有着一种强烈的脱离尘世的倾向，试看如下文字：

> 时月查开士主讲理安寺席，留饭伊蒲，并以所绘白莲画帧见贻。秋芙题诗其上，有"空到色香何有相，若离文字岂能禅"之句。茶话既洽，复由杨梅坞至石屋洞，洞中乱石排拱，几案俨然，秋芙安琴磬礅，鼓《平沙落雁》之操。归云滃然，洞水互答，此时相对，几忘我两人犹生尘世间也。
>
> 晚渡钱江，飓风大作，隔岸越山，皆低鬟敛眉，郁郁作相对状，因忆子安《滕王阁序》云，"天高地迥，觉宇宙之无穷；兴尽

悲来，识盈虚之有数。"殊觉此身茫茫，不知当置何所。明河在天，残灯荧荧，酒醒已五更时矣。欲呼添衣，而罗帐垂垂，四无人应，开眼视之，始知此身犹卧舟中也。

因叩白云庵门，庵尼故相也识。坐次，采池中新莲，制羹以进，香色清洌，足沁肠腑，其视世味腥膻，何止薰莸之别。回船至段家桥，登岸，施竹簟于地，坐话良久。闻城中尘嚣声，如蝇营营，殊聒人耳。

余为秋芙制梅花画衣，香雪满身，望之如绿萼仙人，翩然尘世。

日与半颠谈禅，间以觞咏，悠悠忽忽，不知人间有岁月矣。

维时霜风正秋，瓶中黄菊，渐有佳色。夜深钟磬一鸣，万籁皆伏。沈烟笼罩中，恍觉上清宫阙，即现眼前，不知身在人世间也。

从以上所引文字可以看出，在《秋灯琐忆》中，蒋坦建构了一个无比纯真精致的天地，与他日常所处的"尘世"形成强烈对比，而这种对比，显示了他对所谓"尘世"的强烈的弃绝倾向。或许在这一点上，《秋灯琐忆》更好地传达了明清以来文人内心深处的出世欲望，因而能唤起同为文人的读者群的共鸣，以至于百年之后周瘦鹃在阅读《秋灯琐忆》时，情不自禁地赞叹，"秋芙能琴，能画，能书，闺中有此才华，真是不可多得。而伊又以金盆捣戎葵叶汁，杂于云母之粉，用纸拖染，其色蔚绿，虽澄心之作，无以过之；曾用来给蔼卿手录《西湖百咏》。这样的雅人深致，又怎不使人羡煞呢！"又如他评价蒋坦和关锳两人游湖，云"这样的清福，正不知是几生修到的。要不是生有雅骨，那么任是住在湖山胜处，也不知道赏玩，委实是辜负了湖山不少！所以我觉得闲情逸致如蒋家伉俪，才配住在西湖，才不辜负了这一片大好湖山。"

周瘦鹃曾大力倡导性灵文学，他对《秋灯琐忆》如此倾心自是题中应有之意。确实，《秋灯琐忆》的文字隽雅空灵，读来有如深夜乌啼，有一种惊心动魄的幽怨美感。前文所引蒋焜跋中提到蒋坦曾由"洪蔗农先生授以天崇名作，皆能得其神韵"，明代天启崇祯时期，小品文一度兴盛流行，所谓"得其神韵"或者指蒋坦诗文对晚明文学的继承与领悟？可见，晚明的文学流芳，深深地滋润着清代中期甚至更久之后的文人心灵世界。

二、诗文伉俪的"工愁"书写

然而，周瘦鹃及更多评论家啧啧赞赏于《琐忆》的文采之美和蒋关二人优游的诗意人生，却对《琐忆》中弥漫的深深哀愁视而不见。如《琐忆》记述蒋关夫妇曾金钗换酒，对作者而言，固然已经尽量强颜欢笑，将窘迫审美化，却难以完全遮掩生活的困窘和难堪。而周瘦鹃居然认为，"这样的情景，虽觉奇窘，然而奇窘之中，也自蕴藉可人"，在他人的人生困苦中，却看到"蕴藉可人"四字，周瘦鹃的文人意气可见一斑。然而，《秋灯琐忆》为何颇多愁苦之语呢？事实上，我在本章第一节中提到，蒋坦生长在风光旖旎的西子湖边，出身家境富足的书香世家，娶到才华横溢的名媛闺秀，他的人生看上去似乎并无太多的缺憾。比他稍早的沈复，遭受了种种苦难，依然在《浮生六记》中以感恩的心情写道，"余生乾隆癸未冬十一月二十有二日，正值太平盛世，且在衣冠之家，居苏州沧浪亭畔，天之厚我可谓至矣"，[1] 蒋坦可谓是不知愁从何来了。

同样的疑问也可以施之于关锳，丁丙的小传说关锳"工愁善病，终归学佛"，可见"工愁"也是关锳的人生取向之一。关锳的"工愁"，给严问樵留下了深刻印象，他曾不无感慨地说，"余因叹古今才媛，文不任福，以道韫之才女已乌衣子弟，犹不免天壤王郎之憾，又何论风絮之悲，焚椒之恨，悠悠而终古者何可胜言。若夫人得蔼卿，已如玉女金童，自然福艳。又所居六桥烟柳间，风月一囊，绿波双桨，尘蝎望之几疑神仙中人。而夫人犹噫声为骚，遁愁于墨，犹畸人秋士不得已于言者。岂天下穷愁，君等例得九千斛耶？"[2]在此，严问樵的疑惑，与笔者的疑问可谓不谋而合。要解答蒋坦和关锳为何而愁，愁从何来的问题，可能还要回到两人的具体生活中寻求答案。

《花天月地吟》卷首收有瑶花仙史的乩言一篇云，"天生愁因，地接愁形，花种愁根，月筑愁城。蒋子居此，宜其感愁病愁食愁友愁而卒未闻蒋子言愁也，而卒未有知蒋子之愁者也。噫，蒋子备矣哉。虽然，吾愚未之知愁，奚能为蒋子言愁；虽然，予不能为蒋子言愁，予犹能为蒋子言愁之所以愁。初，蒋子之居玉局也，负文字才，以昙阳仙史故，犯西池禁而大力神劾之，而蕊珠碧霞诸仙史护之，未之谴也，此己卯事。越三年，为辛巳岁，复以瑶台春恨，辞投翠云仙史为金姥，觉而谪而昙阳翠云亦续降尘世。迄今二十年间，离合之缘蒋子备尝之矣，蒋子其犹梦梦欤！噫，蒋子备矣哉！予备位西池，与蒋子结一面缘，今以青鸾便快，睹故人形相而知。因以愁生形，以愁凝

---

1. 沈复：《浮生六记》，人民文学出版社 1999 年版，第 1 页。
2. 见蒋坦、关锳《三十六芙蓉馆诗存》"严序"，清咸丰七年钱塘蒋氏刊本。

根，以愁茁城，以愁坚使，欲了其因而缘已生，解其形而身已成，断其根而蔓已滋，破其城而郭复设。……蒋子以愁戴天，以愁斫地，以愁护花，以愁写月。……"

笔者之所以不厌其烦地引用这种在今人看来无异于痴人说梦的文字，是为了说明蒋坦之愁，本是其来有征。文人扶乩历来有之，蒋坦将乩仙的话原封不动地照搬上自己诗集作为序言，足见他对这种前世因缘的深信不疑。《秋灯琐忆》也谈到，"昔瑶花仙史降乩巢园，目秋芙为昙阳后身"，如此则在蒋坦关锳看来，二人本是玉局中人，偶因小过贬谪人间，因为前缘牵扯，仍然配为夫妇。以为自己是神仙中人，偶因小过贬下人间的说法在清代的文人社会中比较流行，如《西青散记》的作者史震林和他的朋友便对自己的前世深信不疑，又如蒋坦一直非常推崇的乡前辈陈文述，也是俨然以玉局中人自许，当时的流行小说《红楼梦》中宝黛人世的神话或许也是这种思想的产物。文人为何有这种虚无缥缈的幻想，或许有深层的集体文化和心理因素影响，但对蒋关而言，他们以神仙中人自许，那么，从琼楼玉宇的天国降落到烦恼丛生的人世间，生命在最开始的时候或许就是错误，如此则他们对世俗生活的种种不适也自在情理之中了。

从蒋焜的跋可以看出，从少年时代开始，蒋坦目睹了众多亲人的死亡，包括嫡母徐氏，同母弟三人和他的亲生母亲汪玉仙。根据蒋焜的说法，蒋坦天性仁慈，"幼时见杀一鱼，终身不食鱼；见割一鸡，终身不食鸡。虽不茹素，终无一牲入其口者。每入市见有鱼鳖禽鸟之生者，必买放之"。可以想见，对这个敏感脆弱的少年来说，多次体验、经历死亡，会在他的内心深处引起何等的震撼和悲凉。蒋焜记叙蒋坦"每遇一弟之亡，枕泪经年未干。故自幼以迄成童，喜乐之日常少"，先天的性格和后天的经历，或许是蒋坦多愁多病并将种种惆怅莫明的情绪形之于诗的重要原因。所以在二十岁人生旅途刚刚开始之时，蒋坦会不由自主地吟叹"只悔红尘有此身，徒教蒲柳望秋零"（《二十初度诗以志感》）。[1] 以玉局中人的身份贬谪红尘，在孩提时代就多次经历人世的死别，有了这些酸辛苦楚的体验，无怪乎他要对"有身"感到万般无奈了。

其实对芸芸众生而言，尘世的经历往往平淡多于绚烂，悲苦多于喜悦，生命本身就是一种苦痛，只在于身处其中者以何种态度来看待、超越。蒋坦以纤弱的文人之心来体味尘世，更多感觉到苍凉和不适，或许难免。并且，生活在科举时代，作为家族长孙，入仕是他证实自己人生价值最重要、最有效的方式。而不幸的是，和那个时代的多数文人一样，蒋坦的功名之路无比坎坷，二十岁考中秀才后，蒋坦的科考之路就无法往前再进一步。对此，他内心充满了深深愤懑，也有内疚，这种情绪时不时地在他写给家人的诗作中流露出来。《花天月地吟》卷一有《上二大人》云，"文章憎命怜贫病，岁月惊心感发肤。二十年来劳引哺，慈恩愧煞白头乌""无奈功名望竟虚，青衫憔悴独怜予。谁知有母常迁里，苦为生儿日倚闾。画荻尚存盘里字，传家深赖枕中书。十年未遂鹏程志，羞向高堂问起居"。所谓"人穷则返本"，这是中国传统社会文人失意时常有的心态，科考不顺，使他感到有愧于父母的期望。而关锁于归之后，蒋坦作有《赠内》诗云，"愧我名场沦落惯，三年迟尔紫泥封"，[2] 对妻子有深深的愧疚。功名蹭

1. 蒋坦：《花天月地吟》卷三，清道光二十四年刊本。
2. 蒋坦：《花天月地吟》卷二，清道光二十四年刊本。

蹬使他内心疲惫不堪，他曾对蒋恭亮倾吐心声，"相看成老大，况我旧蹉跎。春梦十年尽，愁丝双鬓多"(《与宾梅夜话》)。[1] 可见，虽然蒋坦以玉局中人自许，但他只是一介普通文人，背负着家族的重任，在科考不利时，他感受到的压力更是分外沉重。

蒋坦因失去亲人而愁，因科考不利而愁，那么关锁之愁从何而来呢？关锁"工愁善病"，对人生的失望首先源于身体的病痛。翻开关锁文集，"愁""病"的字眼几乎处处可见，《秋灯琐忆》记述她生病，有"甲辰娥江之役，秋芙方病寒疾""秋芙病肺十年""秋芙病，居母家六十余日"等，可见在她短暂的一生中，病痛的折磨一直不离左右。关锁诗词中因病痛所引发的苦闷是如此鲜明，《卧病》云，"道光岁庚戌，卧病九曲城。糠灯暗虚室，短焰青荧荧。家人有忧色，捣药无停声。蔼卿谓我言，汝病忧愁并。譬如山之木，质非金石贞。斧斤而伐之，安得长敷荣"，《病起》云"我是深闺憔悴质，年来心事易成空"，又如"去年花信到芙蕖，一病恹恹五月余"(《三十初度有感》)，如此种种，都可以看到她在病痛中深深地咀嚼人生的无助。

病痛不仅给关锁带来了精神上的痛苦，在实际生活中也造成诸多不便，在《呈沈湘佩夫人善宝》中，她表达了对这位名重江南的闺阁才女的敬仰，末句却幽怨地感慨，"知名从未瞻山斗，愧我深闺久病身"，《秋灯琐忆》也记述关锁病时"臧获陪侍，多至疲惫，其昼夜不辍者，仅余与妻妹侣琼耳"。像她这般灵心慧质的女子，却要久受病痛折磨，并为它给亲朋带来的不便而黯然，这种刻骨的感受使她感觉难尽天年，在诗词中幽怨地倾吐一二，"几年愁病困形骸，岂有

————————

1. 蒋坦:《红心草》卷一，清道光二十七年刊本。

新诗继玉台。命比秋蝉应更薄，心如绛蜡易成灰。明知太巧翻成拙，得尽天年已不才。惭愧东西说涂抹，一篇遗作枣梨灾"（《三十初度有感》）。关锳作这首诗时离她逝世仅六年，冥冥之中似乎早已注定，明清文人认为福慧难以双修的老调，似乎再次得到了印证。

除了受病痛折磨外，作为生活圈狭窄的闺阁诗人，关锳的愁怨更多来自在婚姻中感受到的种种无奈。蒋坦关锳的生活中有许多疑点，从《秋灯琐忆》和二人文集来看，他们的关系非常融洽，蒋坦文集中收有许多为关锳所作的诗篇，如《问秋芙病》《月夜偕秋芙孤山探梅弹琴巢居阁下》《秋日偕秋芙游秋雪庵泊舟芦苇深处》《题添香小影为秋芙作》等，无不一往情深。而关锳作有《题蔼卿夫子〈红心草〉》四联，其中有云，"明知庚易归田决，曾劝秦嘉就禄非。为买绣丝还贳酒，不辞典尽嫁时衣"，也表现出患难夫妻深情相依的幸福。但不可否认的是，蒋坦和关锳的婚姻生活始终笼罩着层层阴影，二人诗词也透露了一些端倪。

翻开《三十六芙蓉馆诗存》，映入眼帘的首先是《逃禅》十首，所谓"玉宇琼楼梦想中，榆花嫩白枣花红。升天莫羡三禅好，只避红尘不避风"，可见她对"三禅"的向往，对"红尘"的厌弃。而末首云，"愿入菩提不二门，不教轻易种情根。一篇好诵楞严咒，忏尽摩登凤世恩"，照此看来，她内心深处甚至从根本上否定了人间的种种纠葛，其中自然也应该包括她对夫子的留恋。在《同蔼卿昙阳重入道曲后》中，她不无惆怅地写到，"前生同是掌书仙，曾列寥阳玉殿前。入世岂知成薄命，多情未免误生天。秋风菡苕同生感，春梦桃花一笑缘。莫问灵蛇旧时事，此身犹在爱河边。"如此，则自关锳眼中看来，对夫子的牵挂，在一定程度上，甚至成了她登仙的一种阻碍，对夫妻情爱，她其实持否定态度。

值得注意的是，关锳不仅否定夫妻情爱，还否定"文字"这种清代闺秀孜孜追求的人生慰藉。在《答沈湘涛夫人涟清》中，她凄然说到，"十年沦落感，相对各凄然。文字能妨命，疏狂不碍禅"，又如《金缕曲·答沈湘涛》下阕云，"相逢各有因缘在。算人生，才能妨命，病愁何怪？只惜聪明长自误，身世漂流文海。况愁里，朱颜易改。不见花间双胡蝶，但多情即是升仙碍。知我者，定能解"。在《梦影词》自序中，她提到"余学道十年，绮语之戒，誓不堕入。于归后为蔼卿牵率，卒蹈故辙。然闺房倡酬，得亦旋弃。自交沈湘佩、湘涛诸君，笺筒往来，人始有知余词者。迩来篇章较多，蔼卿为存数十首梓行之，尘世间于是知有《梦影词》矣。噫！一念之妄，堕身文海。《梦影词》，岂久住五浊恶世间者？……文字赘疣耳"。对情爱和文字的双重否定，说明她对人生的思考已然到达完全不同的另外一重境界。

邓红梅曾撰文分析关锳，"这琴棋书画的艺术教育，使她滋长了对有才无命的女性存在方式的极端不适。这不适，不仅使她的身体处于连带性的疾病中，也使她以否定自己的现世情感和聪明才智为代价，表达出对整个世间价值的否定"，[1] 这样的分析颇有见地。前文在论述闺阁女性时曾提到，闺秀诗人才华横溢，由于过多地沉溺在文字的虚幻世界中任由思维插上想象的双翅遨游，她们往往对现实生活产生了一些抗拒逃避的念头，关锳的这些想法，在当时比较有代表性。她渴望逃离尘世，渴望摆脱一切羁绊她自由思考和呼吸的生命不能承

---

1. 邓红梅：《女性词史》，山东教育出版社 2000 年版，第 381 页。

受之重，关锁这种"入世岂知成薄命"的心曲，在其《听风听雨曲》有更深的表述：

凤凤雨雨上芭蕉，一夜秋声满画寮。谁忆残灯楼上者，熏香绣被正无聊。

何处天涯不风雨，何人今夜无愁绪。独有闺中拥髻听，眼前多少伤心处。

伤心似我更谁知，愁病年来渐不支。最忆西窗十年事，联床风雨翦灯时。

其时正在及笄年，娇小深邀姊妹怜。鹦鹉杯深秋赌酒，凤皇琴短夜调弦。

岂料人生多坎坷，离愁莫解双眉锁。此时形影各天涯，但听风雨应思我。

频年离索泪难干，病卧西风孰劝餐。入世可怜成薄命，讳愁无奈强寻欢。

秋声压枕难成寐，鬌松云髻金钗堕。红塘犹有未开莲，也应今夜添憔悴。

鼠声窸窣触琴弦，梦醒金炉早歇烟。一样听风还听雨，红颜不是十年前。

雨打珠帘声更急，纱窗料已重重湿。梧桐已到半凋时，何怪蛾眉深夜泣。

人间自是少知音，从此愁深病亦深。翠被未温灯又灭，何时会我此时心。

吁嗟乎，

人生聚散原无定，缘深缘浅何由证。怪伊风雨也无端，潇潇
故引闺中听。

从这首诗透露的信息来看，她所嗟叹的"入世可怜成薄命"主要由愁
病引起，而种种愁病，又因婚前婚后截然不同的生活状态对比导致的
失落发端。"最忆西窗十年事，联床风雨翦灯时。其时正在及笄年，
娇小深邀姊妹怜。鹦鹉杯深秋赌酒，凤凰琴短夜调弦"，在关锁的内
心深处，一直深深怀念着那段无忧无虑的少年时光，或许这是闺阁少
女的普遍心态，尤其是对于那些绅士家庭的闺阁少女而言。没有任何
经济的压力和负担，由于家长的开明宽容而得以自由地在文学天地中
遨游，《红楼梦》中众多女儿的闺中生活和宝玉那种永远不分离的想
法，其实是当时闺秀生活的真实写照。对于静处闺中的女性来讲，婚
姻往往是一道分水岭，婚后琐碎平淡的日常生活，和幸福的闺阁少女
生活相比，越发凸显出婚姻的无奈和现实的残酷。

　　蒋坦与关锁的结合，虽然是典型的才子佳人式婚姻，但那只是表
象，落实到具体生活中，关锁承受了太多她在少女深闺中难以想象的
折磨。在蒋坦《愁鸾集》之《出门》二十首云，"二十入我门，登堂
拜姑舅。我方丁母艰，婚仪尽从苟。我父哭我母，弥月不思酒。赖汝
奉甘旨，食彻问必有。我父甚欢悦，爱怜不离口。谓汝贤且才，颇能
肖吾母。我方事呫哔，焉能及井臼。生养与死葬，胥出汝一手"。上
文已经考证过关锁生于 1822 年，而蒋焜的跋语提到蒋坦生于道光癸
未年，即 1823 年。《愁鸾集》有《哀情》一诗云，"生既在子后，死
复不子先"，由此可以推出蒋坦比关锁小一岁，结缡之时关锁二十岁，
他十九岁。年龄的差距和性别的差异，让关锁在婚姻中承担了更多责

任。从上文所引《出门》诗来看，关锁入门时，蒋坦方丁母艰，不仅婚礼从简，而且操持大家庭的重任一下子全落在新妇肩上。关锁自幼由祖母抚养成人，在兄弟辈中居长，应该是贤惠能干的长姊（见《三十初度有感》），饶是如此，从诗文吟咏的闺阁少女到操持盐米琐细的大家主妇，她还是发出了力不从心的感慨，一句"盐米生涯从未惯，为君今与强支持"（《答蔼卿越中见怀次韵》）透露出她对婚姻生活的无奈。

《秋灯琐忆》也曾记载，"秋芙亦以盐米事烦，弃置笔墨"，可见琐碎的家庭事务和才女的笔墨惬意往往矛盾，关锁不得不为家庭放弃自我追求。根据蒋坦《愁鸾集》记述，蒋焜对关锁非常满意的，看来凭借勤劳贤惠，关锁得到了蒋家上下的一致称许。然而，费人捉摸的是，对这样的佳儿佳妇，蒋焜却一度让他们在外单独居住，丁丙所作蒋焜小传提到蒋焜让蒋坦和关锁夫妇居住在城东，自己则往来两边。《秋灯琐忆》云，"余居湖上十年，大人月给数十金，资余盐米。余以挥霍，每至匮乏，夏葛冬裘，递质递赎，敝箧中终岁常空空也。"关锁《三十初度有感》云"琴囊镜槛更移家，门外长堤隐白沙。茶钓清凉龙井水，春风早晚马塍花_{自甲辰至己酉移居湖上六年}""剧伤余泽存杯棬，曾共趋庭学礼诗_{翁大人于己酉弃养}"，道光甲辰至己酉（1844—1849）六年时间，蒋坦和关锁一直单独居住在外，直至蒋焜于1849年逝世。至于蒋坦所说的"湖上十年"生涯，或许是蒋焜逝世后他们可以回家居住，但仍然在湖边保留了住宅。无论如何，蒋坦关锁放弃大家族的生活单独居住在外，这是不符合当时宗族社会礼法规范的行为，联系《浮生六记》中沈复和陈芸被逐出家庭，蒋坦和关锁的生活中或许也有许多不足为外人道的心酸。

从蒋焜奔走两边来看，他想必也是不得已，其时蒋坦母亲已经下世，或许矛盾在于蒋焜的侍妾楼姬和蒋坦的庶出弟蒋增？不论事实真相如何，单独居住在外应该说是蒋关二人生活的一个转折点，从《秋灯琐忆》的记载可以看出他们的生活曾经一度陷入窘迫。《琐忆》记述，"丁未冬，伊少沂大令课最北行，余饯之草堂，来会者二十余人。酒次，李山樵鼓琴，吴康甫作擘窠书，吴乙杉、杨渚白、钱文涛分画四壁，余或拈韵赋诗，清谈瀹茗，惟施庭午、田望南、家宾梅十余人，踞地赌霸王拳，狂饮疾呼，酒尽数十觥不止。是夕风月正佳，余留诸人为长夜饮。羊灯既上，洗盏更酌，未及数巡，而呼酒不至。讶询秋芙，答云'瓶罍罄矣。床头惟余数十钱，余脱玉钏换酒，酒家不辨真赝，今付质库，去市远，故未至耳'。余为诵元九'泥他沽酒拔金钗'诗，相对怅然。是集得诗数十篇，酒尽八九瓮。数年来文酒之乐，于斯为盛。"丁未年为1847年，蒋坦关锁正居住在外，从这段陈述来看，蒋坦在家庭生活中也表现出浓重的文人气，他似乎并不关心家庭的经济收入，对经济的窘迫保持着文人清高不屑的态度，甚至将这种清高形于诗文，将经济的窘迫化为文学的审美对象，以此来淡化现实的压力。

与蒋坦不同，作为家庭主妇，关锁无法避开直接的经济压力，虽然像大多数闺秀诗人那样，对于丈夫的窘迫，她表现出相当的宽容，所谓"为买绣丝还贳酒，不辞典尽嫁时衣"或许也是她内心的真实想法，但落到生活的实处，盐米琐细毕竟并非几句诗文就能搪塞过去。按照丁丙的说法，蒋焜逝世后，遗产尚饶，他们夫妇似乎还过了一段惬意的生活，但后来不知为何又陷入窘境。关锁记述蒋焜逝世后蒋家的光景时说道，"岂有长材承继述，最难大厦强支持。有人昨夜催租到，典尽金钗事可知"（《三十初度有感》）。这首诗作于关锳三十岁时，即 1851 年左右，距离蒋焜逝世仅仅两年。两年之内，蒋坦已经散尽家产，每况愈下，这种状态一直持续到关锳逝世。蒋坦《悼亡》诗云，"贫无一物贲湘醾，地下应能谅我情。此是故园新麦饭，替卿撩草做清明"，可见几乎已经一贫如洗。

从蒋关的文集可以发现，他们一度非常窘迫，甚至到了卖文为生的地步。关锳在《寄沈湘佩》中直接诉说了对这种生活难以忍受的痛苦，"所痛余夫妇，频年赁庑居。况经忧患后，多及病愁余。卖字嗟何益，谋生百不如"。蒋坦《悼亡》诗云，"淡墨花枝研碧笺，临摹知费几灯前_{市上见妇绘牡丹画幅，十年前旧作}。又看卖入朱门去，不著胭脂那值钱"，可见关锳也是家庭里卖文卖画的一员。对于"四世能文，一门有集，廿年学道，七岁工琴，篆法甚精"（见《悼亡》诗）的关锳而言，能诗善画本是闺阁女子的骄傲，孰料有朝一日才艺居然沦为谋生工具，内心深处的屈辱和难堪恐怕难以尽说。关锳最后对文字的态度，或许与此有关也未可知。总之，在蒋关二人长达十四年的婚姻中，关锳基本都处于为家庭劳累忧虑的状态中，而导致这种状态的直接原因则是经济压力。

三、逃进心灵世界

如果说家庭经济的窘迫已经让关锳苦不堪言，那么，蒋坦在婚姻中的种种表现恐怕更让她心酸了。本章第一节曾提到蒋坦作于戊申年的一首长诗，诗中引用种种夫妻分离的典故，仿佛家庭遭受了一些变故：

乾萤冷贴屏风死，秋逼兰缸落花絮。满床风雨不成眠，有人剪烛中宵起。

风雨秋凉玉簟知，镜台钗股最相思。伤心独忆闺中妇，应是残灯拥髻时。

髻影飘萧同卧病，中间两接红鲂信。病热曾云甘蔗良，心忪或藉浮瓜镇。

夜半传闻还织素，锦诗渐满回文数。可怜玉臂岂禁寒，连波只悔从前错。

从前听雨芙蓉室，同衾忆汝初来日。才见何郎鬈合双，便疑司马心非一。

鸿庑牛衣感最深，春衣典后况无金。六年费汝金钗力，买得萧郎薄幸心。

薄幸明知难自避，脱舆未免参人议。或有珠期浦口还，何曾剑忍微时弃。

端赖鸳鸯壶内语，疏狂尚为鲰生恕。无端乞我卖薪钱，明朝便决归宁去。

去日青荷初卷叶，罗衣曾记箱中叠。一年容易到秋风，渡江又阻归来楫。

我似齐纨易弃损，怀中冷暖仗人怜。名争蜗角难言胜，命比蚕绵岂久坚。

莫为机丝曾有故，蛾眉何力能维护。门前但看合欢花，也须各有归根树。

树犹如此我何堪，近信无由绮阁探。拥到兰衾应忆我，半窗残梦雨声参。

雨声入夜生惆怅，两家红烛昏罗帐。一例悲欢各自听，楚魂
来去芭蕉上。

芭蕉叶大近前楹，枕上秋天不肯明。明日谢家堂下过，入门
预想绣鞋声。

从这首诗来看，蒋关二人在初婚时有些小矛盾，主要集中在两点：首
先，所谓"连波只悔从前错""才见何郎衾合双，便疑司马心非一"，
似乎指蒋坦用情不一，另有所爱。蒋坦肯定纳有妾室，因为他《出
门》诗云，"呱呱五岁儿，前年始学走。儿非汝所出，汝固抚育之"。
关锳逝世时蒋坦三十五岁，则五岁小儿为他得于三十岁时，此时距离
蒋关二人结缡已相距十年。《悼亡》诗云，"豆蔻花梢月似钩，迎来
桃叶暨阳舟谓彩姬。几曾少费檀奴力，自拔金钗替上头"，这里提到彩
姬，想必是蒋坦的爱宠了，可她究竟是不是这五岁小儿的母亲，仍然
难以定论。从诗中描写来看，关锳对蒋坦纳妾似乎很支持，彩姬看来
也不是她愠怒的对象。瑶花仙史的序言提到，"觉而谪而昙阳翠云亦
续降尘世"，昙阳指的是关锳，既然与关锳并列，则名翠云者在蒋坦
生命中的意义自是不言而喻。如此，则初婚时蒋坦移情的对象、彩
姬、五岁小儿的母亲、翠云，这四者究竟是否同一人，如果不是同一
人，彼此之间有无关联，限于材料缺乏，都难以定论。但可以肯定的
是，蒋坦的人生中还存在着其他女性。这是时代及社会氛围造成，不
能据此就说蒋坦薄情，但从上文所引长诗来看，他用情不一，的确对
关锳造成了一定伤害。

其次，即蒋坦对经济困窘的态度，"鸿庑牛衣感最深，春衣典尽
况无金""六年费汝金钗力，买得萧郎薄幸心"。上文已经分析过，蒋

坦有比较浓重的文人气，对家庭生活开支等具体事宜并不关心，诗中可以看到，对关锁的辛苦操劳，他固然无奈，却依然淡漠，这似乎不是一个负责任的丈夫面对困境所应表现出来的态度。《悼亡》又八首中提到，"忆聘云英十载余，樱桃花里有楼居。文章妙悟兼通佛，井灶余闲代掌书。八口饥寒才足御，一家纨绔习先除。当时王谢曾同宅，未要花开等钿车"。这里的"八口"之家，可能仅指蒋坦自己这一房人，未包括其父亲弟弟在内，因为蒋焜在世时经济似乎没有破败到如此地步。"甲帐记曾同写韵，罗衣从不暂熏香。河东门第清华甚，自嫁黥娄尽改常""闺中大义最能明，宽厚都严是福徵。恶口未闻加婢仆，嫁衣先已及亲朋。家贫租赋尤难缓，族大贤名岂易称。辛苦持家还学道，年年赢得病愁增"，可见操持这样一个大家族的琐碎家务是非常辛苦的，似乎还要动用关锁的嫁妆，而在整个过程中，却很少看到作为一家之主的蒋坦积极奔走筹划的身影。"贫贱夫妻百事哀"确为至论，关锁的确称得上传统的闺阁女性，这从她虽然心力交瘁却仍然坚持操作家务可以看出。但在经济压力过大而夫妻产生感情隔阂的时候，她也曾负气离家，"无端乞我卖薪钱，明朝便决归宁去"，已经将这次归宁的缘由讲得很清楚了。

或许正是由于这两点，蒋坦遭到了岳家的厌恶，蒋坦的诗文中，对岳家的鄙视也是毫不掩饰。一面夸奖关锁"河东门第最清华"，同时又用刻毒的话语讽刺岳家"景升诸子皆豚犬，不愧门楣仅有卿"（《悼亡》又八首），对岳家的怨恨可谓深矣。他甚至将关锁的逝世也部分归于岳家的不情，"命药如命将，治病如治兵。所贵在神速，毋以疥癣轻。妇病始在臂，反掌功能成。有如乌合众，足以偏师胜。而乃归宁久，母曰不足惩。遂令岁滋蔓，积久还丛生。十月疾少却，余将之蠡城。母乃不我告，猝以车来迎。水流亦有壑，叶落当归根。我固不足重，终恐非人情。投鼠须忌器，射鹤当惜箭。胡为同茧蚕，遽作异巢燕。东阁有行马，十往九不见。昔以黄金亲，今乃骨肉贱"（《出门》二十首）。对于关锁逝于母家这一事实，他一直耿耿于怀，"此身已是将离鸟，犹使寒枝两处栖九月十五日外母来迎，妇归时病逝已剧，固止不听"（《悼亡》八十首），"平生相敬如宾友，不许苟郎暂熨身"（《悼亡》又八首）。

在关锁逝世后，蒋坦和关家的情分越发淡薄，"乘鸾人去玉烟凉，旧恨新愁集此堂。十日婿乡浑不惯，冰盘顿顿有槟榔"（《悼亡》八十首），"若使聘钱犹具在，天公原不怒黄姑"（《悼亡》八十首），蒋坦鄙视岳家的世俗，认为自己经济的窘迫是导致翁婿关系恶化的直接原因。事实上，他自己也感叹关锁辛苦的一生，"少小香闺熟女红，樊英姊妹绮年同。生怜绝世芳兰种，却在当门众草丛""王章家世困蓬蒿，井臼艰难手独操。莫谓一心人易得，可怜谁不重钱刀"（《悼亡》八十首）。要知道蒋关中表故亲，关家同意将关锁嫁给蒋家也无非是为女儿终身幸福考虑，孰料关锁竟然会如此辛苦穷困，这腔怨恨，必然会发泄在蒋坦头上，更何况蒋坦在婚姻中又的确有种种未尽夫职之处，蒋坦未能躬自反省，反而将大部分责任推给岳家，也只能说是人之通病了。

如上文所述，由于情感的不专一和经济的窘迫，蒋坦一度让关锁及其家人比较失望。而蒋坦对此是何态度呢？在蒋关所生活的年代，男性处于性别关系的高位，纳妾与否不太可能成为婚姻关系的礁石，更重要的，还在于丈夫能否承担经济重任。从现有的资料可以看到，为个人和家族的前景，蒋坦还是做出了一些努力，比如他参加了科举考试，在诗文中也多次表达了科考失利的痛苦，可见他还是一度努力过，试图与社会的主流模式对接。但在蒋坦《出门》二十首中，有三首值得注意，诗云：

> 以身求富贵，诚若风过沤。所痛累我妇，长抱饥寒愁。
> 卯酉岁大比，痛酷吾丁忧。妇乃慰藉我，谓此非人谋。
> 譬如农夫田，不必期有秋。播种自得谷，所患力不糇。
> 斯言足炯戒，宁独书绅留。岁月乌过目，倏忽逾十周。
> 鲲鹏未冲举，骐骥犹羁囚。当时倘无妇，吾亦思行游。

> 平生未远游，游亦百里间。岂不慕山水，甚为情所牵。
> 春风二三月，桃李花成田。朝行汝车后，暮归我马先。
> 自从我父殁，此乐难如前。江湖势日下，亦不知其然。
> 故人远招我，遗以舟车钱。妇曰汝当往，毋念家人艰。
> 北风吹江水，行子衣无绵。踟蹰复踟蹰，始上梁湖船。

> 梁湖至慈湖，逶迤二百里。峰峦昼当面，颇亦秀可喜。
> 舟行五六日，日惟醉而已。二月来明州，青梅大如指。
> 青梅江上肥，行人渡平水。渡水复渡河，五月至吴市。
> 出门无一钱，何如恋妻子。我妇居湖头，我舟滞湖尾。
> 此行幸不远，别妇自兹始。

从这几首诗来看，蒋坦科考不利的痛苦很快就被游山玩水的喜悦冲淡了，倘若将蒋坦和陈裴之作比较，蒋坦比陈裴之更有文人气，对于功名的不顺他自然也会难过，但这难过的强度和力度比之陈裴之则远远不及。陈裴之以"忠孝"为人生的经纬，短暂的一生虽然屡遭挫折，却始终没有动摇他经世济民的信念。而蒋坦的世界中，对适意的文人生活的追求似乎占主导地位，所以他流连于西湖山水，作有《西湖杂诗》多首，流露了他对诗酒生涯的无比沉醉。对以琴棋书画为表征的文人生活的沉迷，在一定程度上淡化了他对现实世俗的投入。值得注意的是，《出门》诗本是蒋坦为亡妻所作的悼亡诗，在这样的语境中，却反复出现"当时倘无妇，吾亦思行游"、"岂不慕山水，甚为情所牵"、"出门无一钱，何如恋妻子"之类的言语，固然可见蒋坦对关锁的牵挂，但从另一个角度来看，在蒋坦的内心深处，和山水、和广阔的天空相比较，"妻子"似乎始终是作为对立面而存在。

换言之，如果说作为闺阁伴侣，关锁为他的人生增添了若干诗意，那么，世俗化的妻子和家庭生活带来的种种责任，却是他一直试图逃避的。蒋坦和关锁的诗集以及《秋灯琐忆》中，记载两人一起出游的诗句很多，如关锁《迈陂塘·西溪看芦同蔼卿》云，"人间事，从古浮名无据。百年难得萍聚，青裳何似，归休也。料理钓筒渔具，溪尽处，便不用扁舟，也算浮家。住柴门河渚，纵不种蒹葭，也堪约略，种带水杨树"，短短一阕，充满诗情禅意，或许共同出游是蒋坦和关锁共同选择的一种优游的生活方式。然而，在更多时候，蒋坦独自一人漂游在外，上文所引三首《出门》诗，多少流露了几许他向往自由漂游的心情。更有甚者，在关锁身染沉疴，即将离世的关键时候，蒋坦也依然在外游荡。《悼亡》诗云，"日落离亭午系帆，江潮如雪上征衫。何来春水双鱼尾，斗变平安信一缄余游萧山，急足以疾殆促归"。《秋灯琐忆》明明提到，"秋芙生负情癖，病中尤为缠缚。余归，必趣人召余，比至，仍无一语。侣琼问之，秋芙曰：'余命如悬丝，自分难续，仓猝恐无以为诀，彼来，余可撒手行耳'。余闻是言，始觉腹痛，继思秋芙令佛二十年，誓赴金台之迎，观此一念，恐异日轮堕人天，秋芙犹未能免。手中梧桐花，放下正自不易耳。"蒋坦在《悼亡》诗中愤愤不平地将关锳的疾病归于岳家的不情，而自己却在关锳临终时"游萧山"，其中种种不堪，又岂是一句"手中梧桐花，放下正自不易耳"所能解释得通。

关锳屡屡以为文字、情爱等是升仙的障碍，却依然在蒋坦困顿的时候承担起重任，"鹿门尚有文堪卖，何事功名羡慕五候"(《答蔼卿越中见怀次韵》)，"漫言福慧双修易，何事功名一念差。尚有园中新茅栗，肯教夫婿更天涯"(《三十初度有感》)。关锳可能是理性又好强，《悼亡》八十首曾记述，"乙卯游贡院，妇坐余旧时号舍太息云，'惜此身不是男儿，未能与君等下一死战'"，可见她生平志向。又如在那首著名的《高阳台·咏夕阳》中，她写道"而今休说乡关路，剩下濛濛烟水，瘦柳渔湾，短帽西风，古今无此荒寒。芦茄声里旌旗起，问当年谁姓江山？有悠悠几处牛羊，短笛吹还。"对此，王蕴章评价"沈雄激宕，中边俱彻。闺中若准张春水之例，正可称为关夕阳也"。[1] 由词观人，可见她的胸襟和抱负。然而，囿于时代局限，她只能在闺阁中度过一生，将一腔抱负化作希求夫子陪伴、平淡生活的小确幸。《梦影词》中，以寄怀蔼卿为题的词作占有相当比重，如《洞仙歌·寄怀蔼卿越中》《百字令·送蔼卿之昆陵》《河传·七夕有怀蔼卿越中》《菩萨蛮·喜蔼卿自昆陵归》等，种种一往情深之处，与

---

1. 王蕴章：《然脂余韵》，见杜松柏：《清诗话访轶初编》(八)，新文丰出版公司 1987 年版。

"闻道觉王有莲筏，与君同出爱河津"（《十三闲楼夜坐同侣琼妹》）的理想形成了鲜明对比。再观蒋坦，另有所爱的他、将家庭经济重任推之于妻子的他、在妻子病重不起时仍在外游玩的他，种种事实凸显出来的真实的蒋坦，和《秋灯琐忆》表现出来的深情款款的蒋坦也形成了深刻的反差，让人不得不再次慨叹文字的神奇力量。

前文曾经提到，从晚明到嘉道的文人，往往有着强烈的出世意愿，在现实不尽如人意时，他们会借助文字虚构一个世界，来逃脱沉重的现实。就《秋灯琐忆》而言，蒋坦在其中建构了一个无比美妙的小世界，他借此来忘却现实的伤痛和坎坷，逃脱到世俗无法追逐的小世界中去。然而，"逃脱当然是一种自我欺骗：他永远不能真正逃脱，永远不能成功地忘掉他自己是什么样的人。幻象总是要被揭穿的，他如此坚持不懈地声称它的现实性，实际上正是因为他心底里已经意识到它是幻象"。[1] 通过上文的分析，可以看到种种与文字描述不尽符合的生活真相。《秋灯琐忆》所构建的文学世界，纯真美妙得不带人间烟火气，这是蒋坦有意无意营造的效果，或许他自己也没有意识到，他借助文字的力量建构了独属于自己的心灵世界，以此对抗难以承受的现实。他混淆了真实和虚幻的界限，沉浸于心灵世界中，他逃进了自己构建的小天地，那些与这个小天地的氛围不融洽的俗务，都被他抛开。

《秋灯琐忆》中，蒋坦强调自己对夫妻情爱的珍视、对功名利禄的鄙薄、对一尘不染仙界生活的向往，事实上，他的这些想法是虚实

---

1. ［美］斯蒂芬·欧文：《追忆：中国古典文学中的往事再现》，上海古籍出版社 1990 年版，第 127 页。

掺半的，或许他自己都没有意识到其中的不实。文学作品在某种程度上是一种补偿和追求，当蒋坦的真实生活，通过种种尘封的资料得以部分再现时，一个落魄文人的过往人生得以部分展现。从这个角度看待《秋灯琐忆》，或许是一种煞风景的解读方式，但这就是真实的人生，而文字，承载的或许只是幻象！

结
语

　　本书选择历史的横断面——清代嘉道年间（1796—1850）进入，以"情感话语"和"女性书写"为线索，从"闺阁"和"画舫"两个角度切入，力求更全面、更深入地展现江南文人生活和思考的细节，这种类似福柯所说的"谱系"式的探索并不试图建构某种对宏大叙事的靠近和解释，相反，它们就是事件，它们就是它们自己。

　　应该如何书写文学史？文学史也是历史的一种，已经逝去的历史究竟应该以何种面貌呈现在后人面前，这是一个值得深思的问题。在文海星空中漂浮的著名文人是后人认识历史的第一印象，迄今为止诸多文学史的书写，亦往往采取著名文人连贯而成的形式，多少亦反映出名人决定历史的观念。然而，历史应是多角度的复合体，从这点来讲，皇皇巨著的二十四史固然是过往的历史的表征，众多的野史笔记、诗文小说，亦是在从另外的角度描述时代、讲述历史。落实到文学史的书写，重要的文学家、思想家固然是文学研究所应关注的重点，而要更全面地反映"彼时"文人的生活及文学活动，则应该将更多"第二流""第三流"的文人纳入研究视野。[1] 故而本书分析考证嘉

---

1. 虽然采取了"第二流""第三流"的说法来指待大家之后的其他文人群体，笔者却并不完全认同这种划分标准，说到底，文学作品的流传也是一种偶然和必然结合的结果。在"当时"的平面上，文人群体中彼此认同和划分的标准，往往和后世有着很大的差别。

道时期江南文人和女性的交游情况，除了袁枚和陈文述外，将更多关注给予了袁陈之外的其他文人。说到底，清代中期奖掖女学，提倡女才的舞台上，并非只有袁枚和陈文述二人在唱双角戏，水面下的冰山，也是历史的有机组成部分。

透视嘉道时期江南文人的女性书写，在过去的研究中常常为研究者所忽略的是大量狭邪笔记的出现。数量如此之多的狭邪笔记何以独独出现在嘉道时期，这其中有着偶然和必然、历史和现实的原因。晚明，作为一个文化灿烂的时代，对后世的影响不容低估，而清代中期江南城市经济的发展，从客观上为文人创造了更多表述历史的空间。"良辰美景，乐事赏心，洵升平气象也"，[1] 比之于《板桥杂记》对亡明的悲痛和反省，嘉道文人的笔下，除了对晚明的追忆和怀念外，更多折射出来的是为升平气象写照的意识。

从晚明到清中期，"情教"思想的传播，为情感话语的表述和张扬提供了更多空间。"情"作为纽带，连接了自己和他人，建构了另外一方迥异于传统等级制社会秩序的"根茎式"社会空间，嘉道文人对闺阁和画舫女性的情感寄寓和相应书写，都可被纳入这个空间。在这个空间里，"情"是衡量标准、是关系纽带，有情之人皆可被记录、被书写，个人可以暂时摆脱社会身份的束缚和社会规范的要求，在此寻求暂时的栖息和放松。然而，这个情感"异托邦"的建构者、记录者始终是男性，因为情教观念虽然导致传统性别秩序的局部松动，但男性依然是情感话语的主体，他们设置了书写话题，决定了书写模式，并将异质的女性经验挪用收编于男性故事的表述，从而继续巩固

---

1. 珠泉居士：《续板桥杂记》。

了传统的性别秩序。

从更全面的角度来描述文学史、以晚明和嘉道作为互文语境、考察男性文人的情感话语表述和女性书写模式，是贯通于本书的三条或明或暗的脉络。中国古代社会生活、古代历史文学的发展，遍布着诸多生动鲜活的细节，希望本书的写作，能为探究中国古代文学多元丰富的样貌提供一定经验和参照。

中文著作（按著者姓氏拼音排序）：

B

鲍震培：《清代女作家弹词小说论稿》，天津社会科学院出版社 2002 年版。

毕沅：《吴会英才集》，镇洋毕氏刻本。

［美］本杰明·艾尔曼：《从理学到朴学：中华帝国晚期思想与社会变化面面观》，江苏人民出版社 1995 年版。

［加］卜正民：《纵乐的困惑：明代的商业与文化》，生活·读书·新知三联书店 2004 年版。

C

蔡澄：《鸡窗丛话》，清光绪十二年新阳赵氏刊本。

蔡殿齐：《国朝闺阁诗钞》，清道光二十四年刊本。

曹大章：《莲台仙品会》，《说郛》续集本。

曹大章：《秦淮仕女表》，《说郛》续集本。

曹雪芹：《红楼梦》，人民文学出版社 1964 年版。

车持谦、吴映奎：《顾亭林先生年谱》，清刊本。

陈大康：《明代商贾与世风》，上海文艺出版社 1996 年版。

陈大康：《明代小说史》，上海文艺出版社 2000 年版。

陈大康：《通俗小说的历史轨迹》，湖南出版社 1993 年版。

陈东原：《中国妇女生活史》，上海书店 1984 年版。

陈鸿寿：《种榆仙馆诗钞》，民国四年吴氏西泠印社刊本。

陈基:《味清堂诗钞》,清道光三十年刊本。

陈乃乾编,丁宁补编:《室名别号索引》,中华书局1982年版。

陈裴之:《澄怀堂诗选》1卷,《澄怀堂诗外》5卷,《澄怀堂文钞》1卷,清道光三年刊本。

陈裴之:《澄怀堂诗集》,清道光汉上题襟馆刊本。

陈裴之:《湘烟小录》,清道光四年刊本。

陈平原、王德威、商伟:《晚明与晚清:历史传承与文化创新》,湖北教育出版社2002年版。

陈兆仑:《紫竹山房文集》,清嘉庆间刊本。

陈文述:《西泠闺咏》,清光绪十三至十四年西泠丁氏翠螺仙馆刊本。

陈文述:《碧城仙馆诗钞》,民国六年国学扶轮社刊本。

陈文述:《颐道堂诗选》,《颐道堂诗外集》,《颐道堂文钞》,《续修四库全书》本。

陈晓燕,包伟民:《江南市镇:传统历史文化聚焦》,同济大学出版社2003年版。

陈寅恪:《寒柳堂集》,三联书店2001年版。

陈寅恪:《柳如是别传》,生活·读书·新知三联书店2001年版。

陈玉兰:《清代嘉道时期江南寒士诗群与闺阁诗侣研究》,人民文学出版社2004年版。

陈作霖:《金陵琐志》,清光绪十一年至二十五年刻本。

陈作霖:《金陵通传》,清光绪三年江宁瑞华馆刊本。

陈作霖:《国朝金陵词钞》,清光绪二十八年刊本。

陈作霖:《国朝金陵文钞》,清光绪二十三年刊本。

虫天子:《香艳丛书》,人民文学出版社1992年版。

D

[法]丹纳:《艺术哲学》,傅雷译,人民文学出版社1981年版。

邓红梅:《女性词史》,山东教育出版社2000年版。

[法]蒂费纳·萨莫瓦约:《互文性研究》,天津人民出版社2002年版。

丁丙:《国朝杭郡诗三辑》,清同治十二年至光绪十九年钱塘丁氏刊本。

丁丙:《武林掌故丛编》,清光绪钱塘丁氏嘉惠堂刻板,江苏广陵古籍刻印社

1985 年版。

杜芳琴：《发现妇女的历史：The Discovery of women's History 中国妇女史论集》，天津社会科学院出版社 1996 年版。

杜芳琴：《妇女学和妇女史的本土探索：社会性别视角和跨学科视野》，天津人民出版社 2002 年版。

杜芳琴：《妇女与社会性别研究在中国》，天津人民出版社 2003 年版。

杜芳琴：《痛菊奈何霜：双卿传》，花山文艺出版社 2001 年版。

杜松柏：《清诗话访轶初编》，新文丰出版公司 1987 年版。

F

方芳佩：《在璞堂吟稿》，清乾隆十六年刊本。

［瑞士］费尔迪南·德·索绪尔：《普通语言学教程》，商务印书馆 1980 年版。

费孝通：《乡土中国　生育制度　乡土重建》，商务印书馆 2011 年版。

G

改琦：《玉壶山房词选》，清道光八年华亭沈氏刊本。

改琦：《红楼梦图咏》，清光绪五年淮铺居士刊本。

［美］高彦颐：《闺塾师：明末清初江南的才女文化》，江苏人民出版社 2005 年版。

个中生：《吴门画舫续录》，清道光来青阁刊本。

葛洪：《西京杂记全译》，贵州人民出版社 1993 年版。

龚鹏程：《中国文人阶层史论》，兰州大学出版社 2004 年版。

龚鹏程：《文化符号学》，台湾学生书局 1992 年版。

顾春：《天游阁集》，邓实辑《风雨楼丛书》刊本。

顾广圻：《思适斋集》，《续修四库全书》本。

顾夒：《城北草堂诗余》，清咸丰刻本。

顾起元：《客座赘语》，中华书局 1991 年版。

顾云：《盋山志》，清光绪九年金陵盋山精舍刊本。

顾震涛：《吴门表隐》，江苏广陵古籍刻印社 1986 年版。

郭麐：《灵芬馆全集》，清嘉庆光绪间刊本。

郭松义：《伦理与生活：清代的婚姻关系》，商务印书馆 2000 年版。

郭蓁：《清代女诗人研究》，北京大学 2001 年博士学位论文。

国史馆：《清史列传》，中华书局 1987 年版。

管同：《因寄轩文集》，清道光十三年安徽邓氏刊本。

归懋仪：《绣余续草》，清道光间刊本。

H

邗上蒙人：《风月梦》，北京大学出版社 1990 年版。

［美］韩南：《中国近代小说的兴起》，上海教育出版社 2004 年版。

何延喆：《改琦评传：清代仕女画家》，天津人民美术出版社 1998 年版。

何炳棣：《明初以降人口及其相关问题：1368—1953》，三联书店 2000 年版。

洪亮吉：《卷施阁集》，《续修四库全书》本。

侯忠义、刘世林：《中国文言小说史稿》，北京大学出版社 1993 年版。

侯云松：《薄游草》，民国三—五年上元蒋氏慎修书屋刊本。

胡文楷：《历代妇女著作考》，商务印书馆 1957 年版。

黄开国等主编：《诸子百家大辞典》，四川人民出版社 1999 年版。

黄秩模：《国朝闺秀诗柳絮集》，清咸丰三年蕉阴小澨刊本。

黄嫣梨：《清代四大女词人：转型中的清代知识女性》，汉语大词典出版社
　　2002 年版。

J

蒋宝龄：《墨林今话》，上海古籍出版社 2015 年版。

蒋捷：《蒋捷词校注》，中华书局 2010 年版。

蒋启勋等修：《续纂江宁府志》，清光绪六年刊本。

蒋坦：《红心草》，清道光二十七年刊本。

蒋坦：《花天月地吟》，清道光二十四年刊本。

蒋坦、关锳：《三十六芙蓉馆诗存》(包括《三十六芙蓉馆诗存》《梦影词》《愁
　　鸾集》《秋灯琐忆》)，清咸丰七年钱塘蒋氏刊本。

蒋星煜：《中国隐士与中国文化》，三联书店 1988 年版。

蒋一葵：《长安客话》，《说郛》本。

L

赖永海主编：《维摩诘经》，中华书局 2010 年版。

琅玕词客、惜花居士：《秦淮廿四花品小传》，清道光十五年驻春轩刊本。

劳蓉君：《绿云山房诗草》，清光绪四年刊本。

雷瑨：《闺秀诗话》，民国十一年上海扫叶山房刊本。

李鳌：《金陵名胜秦淮诗钞》，清道光八年刊本。

李伯重：《江南的早期工业化》，社会科学文献出版社 2000 年版。

李慈铭：《白华绛柎阁诗集》，清刊本。

李斗：《扬州画舫录》，清嘉庆间自然盦刊本。

［美］李海燕：《心灵革命：现代中国爱情的谱系》，北京大学出版社 2018 年版。

梁启超：《梁启超论清学史二种》，复旦大学出版社 1985 年版。

梁乙真：《清代妇女文学史》，中华书局民国十六年。

梁乙真：《中国妇女文学史纲》，上海书店 1990 年版。

廖大闻等修，金鼎素纂：《桐城续修县志》，清道光七年刊本。

凌霄：《快园诗话》，清嘉庆二十二年刊本。

凌祉媛：《翠螺阁诗词稿》，清咸丰四年刊本。

刘辰：《国初事迹》，明刊本。

刘开：《刘孟涂集》，清道光六年桐城姚氏檗山草堂刊本。

刘石吉：《明清时代江南市镇研究》，中国社会科学出版社 1987 年版。

刘嗣绾：《尚絅堂诗集》，清同治八年辰州官署刊本。

刘云若：《红杏出墙记》，百花文艺出版社 1987 年版。

鲁迅：《中国小说史略》，东方出版社 1996 年版。

陆继辂：《崇百药斋文集》，《续修四库全书》本。

陆肇域、任兆麟：《虎阜志》，古吴轩出版社 1995 年版。

骆绮兰：《听秋轩诗集》，清乾隆刊本。

［法］罗兰·巴特：《符号学美学》，辽宁人民出版社 1987 年版。

M

马士图：《莫愁湖志》，清光绪八年刊本。

马思聪：《明清易代语境下江南文人的女性书写研究》，北京时代华文书局
　　2020 年版。

马珏玶：《明清文学的社会性别研究》，人民出版社 2020 年版。

冒襄：《影梅庵忆语》，沈宗畸辑《拜鸳楼校刊小品四种》刊本。

毛文芳：《物·性别·观看：明末清初文化书写新探》，台湾学生书局 2001 年版。

毛文芳：《晚明闲赏美学》，台湾学生书局 2000 年版。

梅家玲：《古典文学与性别研究》，里仁书局 1997 年版。

梅曾亮：《柏枧山房文集》，清咸丰六年刊本。

［法］米歇尔·福柯：《知识考古学》，生活·读书·新知三联书店 2003 年版。

缪荃孙：《秦淮广纪》，南京出版社 2017 年版。

莫祥芝等修：《上江两县志》，清同治十三年刊本。

N

南帆主编《文学理论新读本》，浙江文艺出版社 2002 年版。

南京师范大学主编：《江苏艺文志》南京卷，江苏人民出版社 1995 年版。

南京师范大学主编：《江苏艺文志》苏州卷，江苏人民出版社 1995 年版。

宁稼雨：《中国文言小说总目提要》，齐鲁书社 1996 年版。

［英］诺曼·费尔克拉夫：《话语与社会变迁》，华夏出版社 2003 年版。

P

潘光旦：《冯小青性心理变态揭秘》，文化艺术出版社 1990 年版。

潘衍桐：《两浙輶轩续录》，《续修四库全书》本。

潘之恒：《金陵妓品》，《说郛》续集本。

潘之恒：《曲中志》，《说郛》续集本。

彭兆荪：《小谟觞馆诗集》，清光绪二十年钱塘汪氏刊本。

彭兆荪：《小谟觞馆诗文集》，《续修四库全书》本。

彭兆荪：《小谟觞馆续集》，《续修四库全书》本。

捧花生：《秦淮画舫录》，附《画舫余谈》《三十六春小谱》，有正书局民国三
　　年刊本。

［美］浦安迪：《明代小说四大奇书》，中国和平出版社 1993 年版。

Q

钱谦益：《列朝诗集小传》，古典文学出版社 1957 年版。

钱杜：《松壶画赘》，《美术丛书》本。

钱泳：《履园丛话》，清道光十八年刊本。

钱钟书：《围城》，人民文学出版社 1980 年版。

钱仲联：《中国文学家大辞典》清代卷，中华书局 1996 年版。

钱仲联：《清诗纪事》，江苏古籍出版社 1989 年版。

秦耀曾：《南海普陀山志》，清道光十二年刊本。

邱孙梧：《易安斋诗集》，清嘉庆十四年刊本。

R

阮亨：《安事斋诗录》，清道光仪征阮氏刊本。

阮元：《两浙辅轩录》，《续修四库全书》本。

S

扫叶山房：《秦淮香艳丛书》，江苏古籍印刻社 1987 年版。

尚小明：《学人游幕与清代学术》，社会科学文献出版社 1999 年版。

［美］施坚雅：《中华帝国晚期的城市》，中华书局 2000 年版。

施淑仪：《清代闺阁诗人征略》，文海出版社 1991 年版。

施旭：《什么是话语研究》，上海外语教育出版社 2017 年版。

史震林：《重订西青散记》，清刊本。

沈复：《浮生六记》，人民文学出版社 1999 年版。

舒位：《乾嘉诗坛点将录》，清光绪三十三年至宣统三年叶氏观古堂刊本。

［美］斯蒂芬·欧文：《追忆：中国古典文学中的往事再现》，上海古籍出版社
　　1990 年版。

宋翔凤：《碧云盦词》，清嘉庆至道光间刊本。

宋翔凤：《忆山堂诗录》，《续修四库全书》本。

宋翔凤：《朴学斋文录》，《续修四库全书》本。

［美］苏珊·S. 兰瑟：《虚构的权威：女性作家与叙述声音》，北京大学出版社
　　2002 年版。

孙康宜：《陈子龙柳如是诗词情缘》，陕西师范大学出版社 1992 年版。

孙星衍：《芳茂山人诗录》，《续修四库全书》本。

孙原湘：《天真阁集》，《外集》，《续修四库全书》本。

T

谭正璧：《中国文学家大辞典》，上海书店 1981 年版。

谭正璧：《中国女性的文学生活》，光明书局 1930 年版。

汤贻汾：《琴隐园诗集》，《续修四库全书》本。

陶慕宁：《青楼文学与中国文化》，东方出版社 1993 年版。

陶咏白：《失落的历史：中国女性绘画史》，湖南美术出版社 2000 年版。

田晓菲：《秋水堂论〈金瓶梅〉》，天津人民出版社 2003 年版。

涂元济：《闺中忆语五种》，中国广播电视出版社 1993 年版。

W

完颜麟庆：《蓉湖草堂赠言录》，清道光十六年刊本。

万荣恩：《醒石缘》传奇，清嘉庆五年江宁万氏青心书屋刊本。

王德昭：《清代科举制度研究》，中华书局 1984 年版。

王芑孙：《渊雅堂全集》，清嘉庆刊本。

王琦：《寓圃杂记》，《说郛》本。

王士禄：《然脂集例》，《昭代丛书》乙集卷 28，世楷堂藏版。

王书奴：《中国娼妓史》，岳麓书社出版社 1998 年版。

王昙：《烟霞万古楼诗选》，《续修四库全书》本。

王英志：《袁枚暨性灵派诗传》，吉林人民出版社 2000 年版。

王英志：《袁枚评传》，南京大学出版社 2002 年版。

王英志：《袁枚全集新编》，浙江古籍出版社 2015 年版。

王跃生：《清代中期婚姻冲突透析》，社会科学文献出版社 2003 年版。

汪端：《自然好学斋诗集》，清同治十三年刊本。

汪世泰：《七家词钞》（包括袁通撰《捧月楼词》，汪世泰撰《碧梧山馆词》，顾翰撰《绿秋草堂词》，汪度撰《玉山堂词》，汪全德撰《崇睦山房词》，杨夔生撰《过云精舍词》，刘嗣绾撰《筝船词》），清嘉庆间刻本。

魏嵩山主编:《中国历史地名大辞典》,广东教育出版社 1995 年版。

吴敬梓:《儒林外史》,人民文学出版社 1958 年版。

吴嵩梁:《香苏山馆诗集》,《续修四库全书》本。

吴锡麒:《有正味斋词续集》,清嘉庆刊本。

吴应箕:《留都闻见录》,清雍正刻本。

吴伟业:《梅村集》,《四库全书》本。

X

西溪山人:《吴门画舫录》,清嘉庆十一年红树山房刊本。

席佩兰:《长真阁诗稿》,清道光二十四年刊本。

冼玉清:《广东女子艺文考》,商务印书馆 1941 年版。

逍遥子:《后〈红楼梦〉》,陕西人民出版社 1994 年版。

谢无量:《中国妇女文学史》,《民国丛书》本。

熊琏:《澹仙词钞》,清嘉庆二年刊本。

徐乃昌辑:《小檀栾室汇刻闺秀词》,清光绪二十一——二十二年刊本。

徐世昌:《晚晴簃诗汇》,《续修四库全书》本。

许地山:《扶箕迷信的研究》,商务印书馆 1999 年版。

许夔臣:《国朝闺秀香咳集》,清光绪间上海申报馆刊本。

薛永年,杜娟:《清代绘画史》,人民美术出版社 2000 年版。

雪樵居士:《秦淮闻见录》,清道光十八年一枝山房刊本。

雪樵居士:《青溪风雨录》,清嘉庆二十四年一枝山房刊本。

Y

严迪昌:《清诗史》,浙江古籍出版社 2002 年版。

严迪昌:《清词史》,江苏古籍出版社 1999 年版。

严明:《中国名妓艺术史》,文津出版社 1982 年版。

杨廷福,杨同甫编:《清人室名别称字号索引》,上海古籍出版社 1988 年版。

杨芳灿:《芙蓉山馆全集》,清光绪十七年无锡刘氏刊本。

叶恭绰:《全清词钞》,中华书局 1982 年版。

叶绍袁编：《午梦堂集》，中华书局 1998 年版。

叶廷琯：《楣花盫诗》，潘祖荫辑，吴县潘氏清同治光绪间刊本。

一粟：《红楼梦书录》，上海古籍出版社 1931 年版。

一粟：《红楼梦资料汇编》，中华书局 1964 年版。

［苏］伊·谢·科恩：《自我论》，三联书店 1986 年版。

尤维熊：《二娱小卢诗词钞》，清嘉庆十七年钱塘陈鸿寿刊本。

尤振中：《清词纪事会评》，黄山书社 1995 年版。

余怀：《板桥杂记》，沈宗畴辑《拜鸳楼校刊小品四种》刊本。

余绍宋：《书画书录解题》，北京图书馆出版社 2003 年版。

余英时：《士与中国文化》，上海人民出版社 1987 年版。

袁嘉：《湘痕阁词稿》，《续修四库全书》本。

袁嘉：《湘痕阁诗稿》，《续修四库全书》本。

袁洁：《蠡庄诗话》，清嘉庆二十年桃源袁氏刊本。

袁枚：《随园女弟子诗选》，清嘉庆刊本。

袁绶：《瑶华阁诗词集》(包括《瑶华阁诗草》,《瑶华阁词钞》,《闽南杂咏》),
　　清同治六年刊本。

袁通：《捧月楼绮语》，清嘉庆九年江宁顾晴崖局刊本。

袁祖志：《随园琐记》，清光绪间刊本。

乐均：《青芝山馆诗集》，清嘉庆二年刊本。

恽珠：《国朝闺秀正始集》，清道光十一至十六年红香馆刊本。

恽珠，完颜妙莲保：《国朝闺秀正始续集》，清道光十六年红香馆刊本。

恽珠：《红香馆诗草》，民国十七年武进陶氏涉园刊本。

恽珠：《兰闺宝录》，清道光十一年红香馆刊本。

Z

臧励龢主编：《中国古今地名大辞典》，上海书店出版社 2015 年版。

臧励龢主编：《中国人名大辞典》，商务印书馆 1980 年版。

曾燠：《邗上题襟集》及《续集》，清嘉庆刊本。

曾燠：《赏雨茅屋诗集》，清嘉庆刊本。

查揆：《筼谷诗文钞》，清道光十五年菽原堂刊本。

赵崇祚《花间集》，世界书局1935年版。

赵尔巽：《清史稿》，中华书局1977年版。

赵函：《同岑诗钞》，清道光九年刊本。

赵雪沛：《明末清初女词人研究》，首都师范大学出版社2008年版。

赵执信：《海鸥小谱》，沈宗畸辑《拜鸳楼校刊小品四种》刊本。

张安治：《中国画发展史纲要》，外文出版社1992年版。

张大复：《梅花草堂笔谈》，贝叶山房影印本，上海杂志公司民国二十四年版。

张岱：《陶庵梦忆》，贝叶山房影印本，上海杂志公司民国二十五年版。

张瀚：《松窗梦语》，上海古籍出版社1986年版。

张宏生、张雁编：《古代女诗人研究》，湖北教育出版社2002年版。

张宏生编：《明清文学与性别研究》，江苏古籍出版社2002年版。

张慧剑：《明清江苏文人年表》，上海古籍出版社1986年版。

张际亮：《南浦秋波录》，清光绪刊本。

张京媛编：《当代女性主义文学批评》，北京大学出版社1992年版。

张秀民：《中国印刷史》，上海人民出版社1989年版。

张万钧、薛予生编：《大义觉迷录》，中国城市出版社1999年版。

张惟骧：《疑年录汇编》，武进张氏小双寂庵民国十四年刊本。

张仲礼：《中国绅士：关于其在19世纪中国社会中作用的研究》，上海社会科学院出版社1991年版。

张仲礼：《中国绅士的收入》，上海社会科学院出版社2001年版。

郑发楚编著：《西溪蒋坦与〈秋灯琐忆〉》，杭州出版社2012年版。

钟慧玲：《清代女作家专题》，乐学书局2001年版。

钟慧玲：《清代女诗人研究》，里仁书局2000年版。

周晖：《金陵琐事》，《续金陵琐事》，明刻本。

周嘉胄：《香乘》，明刊本。

周俊富：《清代传记丛刊》，明文书局1985年版。

周庆云：《历代两浙词人小传》，民国十一年乌程周氏刊本。

周瘦绢校：《香畹楼忆语》，大东书局1933年版。

周瘦绢校:《秋灯琐忆》,大东书局 1931 年版。

朱保炯、谢沛霖编:《明清进士题名碑录索引》,上海古籍出版社 1980 年版。

朱剑芒编:《美化文学名著丛刊》,世界书局 1936 年版。

[法] 朱莉娅·克里斯蒂娃:《符号学:符义分析探索集》,复旦大学出版社
  2015 年版。

朱绪曾:《金陵诗征》,清光绪十八年刊本。

朱绪曾:《续金陵诗征》,清光绪二十年刊本。

朱一玄:《红楼梦资料汇编》,南开大学出版社 1985 年版。

珠泉居士:《续板桥杂记》,附《雪鸿小记》,清乾隆五十七年酉西山房刊本。

庄一拂:《古典戏曲存目汇考》,上海古籍出版社 1982 年版。

英文著作:

Sulamith Heins Potter, Jack M. Potter. *China's Peasants*: *The Anthropology of
  a Revolution*, Cambridge. New York. Port Chester. Melbourne. Sydney.:
  Cambridge University Press, 1990.

Susan Mann. *Precious Records*: *Women In China's Long Eighteenth Century*, Stanford,
  Calif.: Stanford University Press, 1997.

Wai-yee Li. *Women and National Trauma in Late Imperial Chinese Literature*,
  Cambridge Massachusetts and London.: Harvard University Press, 2014.

论文(按著者姓氏拼音排序):

陈宝良:《明代传统的女性观念及其历史转向》,《社会科学辑刊》2007 年第
  6 期。

陈书录:《"德、才、色"主体意识的复苏与女性群体文学的兴盛——明代吴
  江叶氏家族女性文学研究》,《南京师大学报》2001 年第 5 期。

邓桂英：《论清代女性诗学主体性话语表达的矛盾与困境》，《湖南科技大学学报》2013 年第 4 期。

方秀洁：《性别与传记：清代自我委任的女性传记作者》，《社会科学》2020 年第 1 期。

傅承洲：《情教新解》，《明清小说研究》2003 年第 1 期。

［美］韩南：《〈风月梦〉与青楼小说》，《上海师范大学学报》2004 年第 1 期。

韩淑举：《明清女性阅读活动探析》，《图书馆工作与研究》2009 年第 1 期。

刘阳河：《身份、主体与合理性：清代闺秀家务诗词的日常化书写》，《妇女研究论丛》2020 年第 6 期。

马昕：《清代女性诗人的历史歌咏与性别意识》，《苏州大学学报》2019 年第 2 期。

乔以钢：《近百年中国古代文学的性别研究》，《中国社会科学》2008 年第 3 期。

沈沫：《"国朝诗学迈前贤"：清代才媛诗歌繁荣的综合性考察》，《贵州师范大学学报》2021 年第 1 期。

宋清秀：《清代闺秀诗学观念论析》，《文学遗产》2014 年第 5 期。

宋世瑞：《续〈板桥杂记〉作者"珠泉居士"考》，《蒲松龄研究》2021 年第 2 期。

谢桃坊：《论清代文言青楼小说》，《天府新论》1997 年第 4 期。

严程：《清代女性诗人的联吟唱和与存稿情况例说》，《清华大学学报》2013 年增 1 期。

杨霖：《明清女诗人"去女性化"现象论析》，《华侨大学学报》2018 年第 6 期。

叶嘉莹：《明清之际的女性词人》，《中国文化》2010 年第 2 期。

岳珍：《"艳词"考》，《文学遗产》2002 年第 5 期。

张宏生：《内闱与外乡：清代女性诗歌中的寄外书写》，《学术研究》2022 年第 2 期。

张宏生：《闺阁的观物之眼——清代女诗人的咏物诗》，《北京大学学报》2022 年第 1 期。

张杰：《才女"越界"、声望竞赛与明清江南社会运行》，《妇女研究论丛》2015 年第 2 期。

张玉兴：《明清易代之际忠贰现象探颐》，《清史论丛》2003—2004 年号。

庄唯：《论清代"姑苏版"中的女性符号》，《江淮论坛》2021 年第 1 期。

汪超：《闺阁、青楼场域差异影响下的文学传播与接受——以明代女性词人为例》，《中南大学学报》2010 年第 2 期。

王雪萍：《论晚明士人的"尊女"观》，《西南大学学报》2018 年第 4 期。

王英志：《袁枚手稿集外诗》(二)，《古典文学知识》2013 年第 4 期。

吴春彦、陆林：《"焦东周生"即丹徒周伯义》，《明清小说研究》2004 年第 1 期。

　　选择清代文人的情感话语和女性书写作为研究对象，对我而言，不仅仅是单纯选择了一个研究题目，更重要的是，翻检古人的文集，对于他／她们在文字中透露出来的种种思考，身处在现代时空中的我，却时时有着沁入骨中的感同身受，在深入层层资料，用心去揣测、琢磨的同时，我更多感受到的是历史和人生的难以言说，这种种触动轻啮着我的内心，让我忍不住有种用文字"歌之咏之"的冲动。圣人曾经说过"书不尽言，言不尽意"，只是，圣人虽然早已明白"道"的深邃幽远绝非文字所能穷尽，却仍然忍不住要用文字来垂诫后世，说到底，身处历史长河中的个体，永远无法克制住对未知世界的探索冲动，圣人尚且如此，凡夫俗子如我辈，更是难以免俗。本书的写作与出版，大体也是基于如此的内心诉求。

　　在本书写作的过程中，我最应该感谢的，首先是我的博士导师刘勇强先生。从研究范围的界定到思路的开拓等，每一个细节中，都凝结了老师太多的心血，没有他的指点，仅以我自己的驽钝，势必在浩如烟海的材料中迷失方向。北大中文系的张鸣、张健、夏晓虹、潘建国、李简和陈泳超老师等，对我的写作给予了很多帮助和指点，使得我能够尽快调整思路而走出误区。北京师范大学的郭英德老师和首都师范大学的侯会老师，曾作为答辩专家为我提出了很多宝贵的修改意见，在此一并致谢！本书的写作，还要感谢我的硕士导师谭邦和先生，他的关怀让我一度有勇气克服求学路上的诸多困难。

本书的主要研究对象是江南文人，上海和南京的诸多学界师长，如章培恒、齐森华、陈大康、谭帆、萧相恺、吴新雷、张宏生、俞为民、陈美林、沈新林、陆林老师等，都对我给予了亲切的指点和有益的帮助，他们的鼓励使得我能够将对江南文化的探索热情坚持下来。时光弹指而过，章陆二位师长已归道山，思之令人鼻酸，唯有谨掬心香一瓣，以谢指教之恩。

本书是在我的博士论文基础上修改而成，曾于 2009 年由中国传媒大学出版。感谢中国传媒大学的领导、师长和同事们，他们的关心和帮助，时时让我感受到生活的诗意和乐趣。回首当年写作时，还是初涉世事的青年学生，匆匆十余载时光转瞬即逝，我对书中人、书中事的解读，比之当时，无疑有了更深的感受和理解。这次经上海人民出版社再版，我对原书题目做了微调，对全书文字重新进行了校对修改，增加了情感话语等内容，期待更多方家赐教指正！

感谢上海人民出版社的马瑞瑞老师。本书缘起江南，马老师的帮助和支持，使得本书在上海再版，让我有花落江南、旧梦重温之感。冥冥之中，或许我和江南的缘分已深，唯愿在以后的工作和研究中能延续这份情怀。

感谢我的家人，他们一直是我身边最坚强的支撑！

2022 年 6 月